本书为教育部创新团队发展计划系列成果之一

国家社会科学基金重点项目:"西南民族地区农村精准脱贫的内生动力与长效机制研究",项目编号:16AJL014

广西区主席科技资金项目:"广西健康养老养生产业发展融资创新研究",合同编号:16449-03

中国战胜农村贫困

从理论到实践

HOW DOES CHINA WIN
THE WAR AGAINST RURAL POVERTY?
FROM THEORY TO ITS EXPERIENCE

潘慧 章元 著

北京大学出版社
PEKING UNIVERSITY PRESS

图书在版编目(CIP)数据

中国战胜农村贫困:从理论到实践/潘慧,章元著.—北京:北京大学出版社,2017.12
(CCES 当代中国经济研究系列)
ISBN 978-7-301-29487-1

Ⅰ.①中⋯ Ⅱ.①潘⋯②章⋯ Ⅲ.①农村—扶贫—研究—中国 Ⅳ.①F323.8

中国版本图书馆 CIP 数据核字(2018)第 071711 号

书　　　　名	中国战胜农村贫困:从理论到实践 Zhongguo Zhansheng Nongcun Pinkun: Cong Lilun Dao Shijian
著作责任者	潘　慧　章　元　著
策 划 编 辑	徐　冰
责 任 编 辑	闫格格　周　莹
标 准 书 号	ISBN 978-7-301-29487-1
出 版 发 行	北京大学出版社
地　　　　址	北京市海淀区成府路 205 号　100871
网　　　　址	http://www.pup.cn
电 子 信 箱	em@pup.cn　QQ:552063295
新 浪 微 博	@北京大学出版社　@北京大学出版社经管图书
电　　　　话	邮购部 62752015　发行部 62750672　编辑部 62752926
印 刷 者	北京大学印刷厂
经 销 者	新华书店
	730 毫米×1020 毫米　16 开本　27.25 印张　438 千字 2017 年 12 月第 1 版　2017 年 12 月第 1 次印刷
定　　　　价	75.00 元

未经许可,不得以任何方式复制或抄袭本书之部分或全部内容。
版权所有,侵权必究
举报电话:010-62752024　电子信箱:fd@pup.pku.edu.cn
图书如有印装质量问题,请与出版部联系,电话:010-62756370

序

中国已步入改革开放的第四十个年头,改革开放推动了中国经济持续快速增长,使得中国成为全球第二大经济体。同时,中国在减轻农村贫困方面成绩斐然。根据世界银行2017-WDI公布的最新数据,即使按照每人每天1.9美元的国际标准贫困线,中国的贫困发生率也从1981年的88.32%显著下降到2013年的1.85%。由于中国的贫困问题主要是农村贫困,因此可以说,上述数据表明中国在减轻农村贫困方面交出了一份十分亮眼的答卷,这一贡献足以载入史册。

尽管中国在战胜农村贫困方面为全人类的反贫困事业做出了巨大贡献,但世界银行公布的数据显示,2013年全球的贫困发生率(按照每人每天1.9美元的国际标准贫困线)依然高达10.67%。2015年,联合国提出"可持续发展目标"——到2030年在世界各地消除一切形式的贫困,这说明全人类的反贫困事业之路还很长。在世界各国致力于反贫困的今天,在中国取得巨大脱贫成就的背景下,在梳理世界各国反贫困理论与实践,尤其是在中国扶贫工作实践的基础上总结出中国减少农村贫困的经验与规律,无疑有利于推动世界各国的反贫困进程。因此,总结中国过去几十年为何能够取得减少农村贫困的重要经验,并提取中国经验中的普适性原则,向其他正致力于反贫困事业的发展中国家宣传和推广,也是中国发展经济学界的一项重要而富有意义的使命。潘慧和章元两位教授所著、由北京大学出版社出版的《中国战胜农村贫困:从理论到实践》一书,正是该使命的成果之一。

紧紧围绕中国为何能够在缓解农村贫困方面取得伟大成就这一核心问题,这本专著首先对中国缓解农村贫困上的成就进行了国际比较,然后基于中国的农户数据从慢性贫困、暂时性贫困、贫困脆弱性等前沿角度展开实证研究,并用较大篇幅从工业化、市场化的角度论证了中国缓解农村贫困的理论机制。特别的,该专著还探讨了中国扶贫政策的演变历程,并分析了习近平总书记提出的精准扶贫思想的基础。另外,结合他们在贫困地区的大量实地调研,他们还在该专著中提供了众多调研报告,对精准扶贫政策的实施效果和存在的某些问题给出了生动的描述和解释,提供了来自实地调研一线的最新进展。最后,该专著还对中国未来继续战胜农村贫困进行了展望,从城市化的视角分析了未来减少农村贫困的主要方向在于城市化,认为解决中国农村贫困问题的主要途径不在农村而在城市。这些深入的研究及实地调研对于我们理解中国减少农村贫困的机制和确定未来的政策改进方向非常重要。

尽管中国已经在减少农村贫困方面取得了历史性成就,但是中国政府并没有就此止步不前,而是在不断地提高贫困线标准,同时不断地调整扶贫政策以提高扶贫投入的效果。特别值得一提的是,在习近平总书记的推动下,中国从 2014 年年初开启了全国范围的精准扶贫。2017 年 10 月,习近平总书记在十九大报告中明确提出了"确保到二〇二〇年我国现行标准下农村贫困人口实现脱贫,贫困县全部摘帽,解决区域性整体贫困,做到脱真贫、真脱贫"的目标。这无疑是中国社会经济发展中的又一重大实践,因此值得中国经济学家们的积极跟踪和深入研究。虽然这本专著对中国当前正在实施的精准扶贫做了一些初步分析和调查研究,但是这显然还远远不够。在现实生活中,贫困形成的原因是多方面的,因而反贫困政策也是多元化的,各国解决贫困问题的路径和方法也不尽相同。因此,作为研究者,不仅要正视精准扶贫政策执行中的带有普遍性的现实问题,例如局部地区不能精准识别、某些政策缺乏长效机制、小额信贷扶贫使用期限过短、区域扶贫预算不平衡、第三方减贫成效评估存在的非公平和非公正性、部分评估指标的非客观性等诸多问题,更要继续深入研究导致这些问题出现的原因及其后果,然后才能基于科学的研究为政府优化和改进扶贫政策提出正确合理的政策建议。因此,我也很期待他们未来能够在这一领域取得更高水平的研究成果。

复旦大学经济学院　张军

目录

绪论 1

第一篇　中国战胜农村贫困的伟大成就

第一章　中国战胜农村贫困的伟大成就 7
第一节　国定贫困线的确定及调整 7
第二节　1978年以来中国战胜农村贫困的伟大成就 8
第三节　战胜农村贫困成就的国际比较 10

第二篇　中国农村贫困的成因与研究前沿

第二章　贫困研究的文献综述 15
第一节　中国农村贫困的影响因素 15
第二节　中国农村贫困率下降的原因 18
第三节　中国农村扶贫政策的效果 21

第三章 慢性贫困与暂时性贫困　28

第一节　动态视角的贫困：暂时性贫困与慢性贫困的度量　28

第二节　暂时性贫困与慢性贫困：一个新的分解方法　31

第三节　中国农村慢性贫困和暂时性贫困的影响因素分析　38

第四章 贫困脆弱性：一个前瞻性的视角　58

第一节　文献综述　58

第二节　如何更准确地预测贫困脆弱性　66

第三节　贫困脆弱性的决定因素分析　77

| 第三篇　连接要素与市场：中国战胜农村贫困的动力 |

第五章 工业化对农村贫困的渗透效应　95

第一节　工业化与农村贫困水平下降　95

第二节　工业化对农户的渗透效应——实证检验　99

第六章 劳动力转移与农业生产的规模经营　106

第一节　文献综述与理论假说　106

第二节　实证检验　108

第七章 市场化与经济增长成果的分享：中国和印度尼西亚的比较研究　115

第一节　文献综述　115

第二节　市场化对农户的渗透效应　117

第三节　实证检验　119

第四篇　从开发式扶贫走向精准扶贫

第八章　1949 年以来的农村扶贫政策　135
　　第一节　农村扶贫资金的投入渠道　135
　　第二节　中国农村扶贫政策的三个发展阶段　145

第九章　21 世纪农村贫困的新特征与新背景　150
　　第一节　21 世纪中国农村贫困分布的变化趋势　150
　　第二节　21 世纪中国农村贫困人口的新特征　153
　　第三节　贫困户进一步转移劳动力的潜力测算　154

第十章　21 世纪的农村精准扶贫政策　157
　　第一节　21 世纪扶贫政策的转变与精准扶贫的提出　157
　　第二节　实施精准扶贫政策的实证基础　167

第十一章　信贷约束与金融扶贫　175
　　第一节　农村信贷市场调查报告　175
　　第二节　信贷约束对农户规模经营的影响　186
　　第三节　农户资产收益增长模式研究：以广西为例　194
　　第四节　金融扶贫的田东经验　222

第十二章　农村合作社与规模经营　234
　　第一节　农村合作社的历史实践及其在减贫中的作用　234
　　第二节　新型农村合作社的增收效果检验　238
　　第三节　新型农村合作社减贫的成功案例研究　241

第十三章 其他精准扶贫政策 251

第一节 教育扶贫 251

第二节 移民搬迁 253

第三节 编制社会保障体系 268

| 第五篇 中国战胜农村贫困的最后一役：城市化 |

第十四章 剩余劳动力转移、粮食安全与城市化 275

第一节 剩余劳动力转移与粮食安全 275

第二节 刘易斯转折点是否到来 294

第三节 保证粮食安全前提下的农村劳动力转移边界 303

| 第六篇 中国战胜农村贫困的展望与经验总结 |

第十五章 城市化、歧视与农民工市民化 321

第一节 户籍歧视及地域歧视 321

第二节 二元劳动力市场上的户籍歧视与地域歧视 340

第三节 农民工歧视与就业机会 352

第四节 生产技术与民工歧视的变动趋势 367

第十六章 摆脱城市化的低水平均衡 382

第一节 问题的提出与文献综述 382

第二节 一个关于社会互动与同群效应的模型 384

第三节 实证检验与结论 386

第四节　同群效应与公共政策：为什么需要制度的"大推动"　399

第十七章　中国战胜农村贫困的经验与教训　408

　　第一节　中国战胜农村贫困的经验和教训　408

　　第二节　精准扶贫调研报告　414

　　第三节　2020年后的农村扶贫政策设想　420

后记　423

绪 论

一、本专著试图回答的核心问题

本专著想要基于中国扶贫的伟大成就和扶贫实践回答一个重大问题:为什么中国能够在战胜贫困,特别是战胜农村贫困方面取得举世瞩目的成就?换言之,我们想要总结中国降低农村贫困的普适经验,并同时反思中国在反贫困实践中的教训。为了回答这一问题,我们又可以进一步提出如下七大问题:经济增长是不是中国战胜贫困的最根本动力?中国的增长模式是不是益贫的?中国的扶贫政策是否具有长效机制?政府在反贫困实践中的功能和应该扮演的角色是什么?当前全国范围内实施的精准扶贫政策的效果如何?中国有哪些战胜贫困的普适经验可供其他发展中国家借鉴?中国未来战胜相对贫困还需要做什么?

二、本专著的核心观点

20世纪中国战胜农村贫困的伟大成就,主要是依靠工业化、城市化和全球化推动的经济增长,并在经济增长的过程中吸纳大量农村剩余劳动力实现的。中国的经济增长,特别是劳动力密集型产业的发展壮大是战胜农村贫困的主要动力。我们总结认为,中国战胜农村贫困的经验可以概括为如下五点:第一,工业化、城市化和全球化所推动的经济增长,为只拥有低技能的农村剩余劳动力提供了大量的就业机会,是中国战胜农村贫困的核心动力;第二,为贫困人口或者欠发达地区提供道路、灌溉设施、电力、通信等基础设施,帮助穷人连接要素与市场并打破贫困陷阱是政府在反贫困之战中最应该发挥作用的领域;第三,在为贫困人口提供硬件基础设施的同时,还应该为他们提供基础教育和医疗保健体系,以使他们的人力资本提高到一定水平,并足以胜任工业化和全球化所提供的就业机会;第四,依靠发展农业减少贫困,对于中国这样人均耕地资源狭窄的人口大国来说,这并不是一条可行之路,其农业发展的主要作用在于为城市化提供口粮;第五,建立一个全覆盖的社会保障体系对于战胜贫困必不可少。

进入21世纪之后,中国剩余的农村贫困人口分布变得更加稀疏,而且大多具有"老弱病残"的特征,因此,习近平总书记首创性地提出了精准扶贫的思想,并强有力地推动了全国范围的精准扶贫。我们调研后发现,当前实施的精准扶贫政策有助于打破地理陷阱,政府的强力介入,例如提供基础设施、教育或者技能培训、整体搬迁、信贷资金加生产和销售服务等,都有助于贫困农户从低水平均衡陷阱中跨入福利水平更高的均衡状态。调研后我们发现,当前地方政府实施的不同精准扶贫政策有很多成功的地方,也不乏失败的案例,我们认为失败的主要原因有两个:一是没有处理好政府与市场之间的关系。政府和市场在反贫困中要各自发挥各自的特长,相互配合。二是政府对反贫困政策的设计方面没有注重机制设计。设计反贫困政策时需要克服信息不对称导致的(逆向选择和道德风险)贫困户识别不精准、扶贫过程中产生"奖懒罚勤"问题,以及防止政府的扶贫资金带来地方官员的寻租行为。因此,我们认为一个能够为低端劳动力提供众多就业机会的良好经济增长环境,加上一个设计科学的反贫困政策,是任何一个国家战胜贫困的普适原则。

虽然中国在战胜农村贫困方面取得了巨大的成就,但是并不意味着中国所有的扶贫政策在制定和实施中都没有缺憾,因此我们总结出如下四条具有共性的教训:第一,在宏观层面,扶贫战略和扶贫政策需要和社会经济及区域经济发展统筹安排,以避免出台零碎化的扶贫政策;第二,在中观层面,扶贫任务目标的制定要尽可能地科学和切合实际,不能搞大跃进,不能忽略地方官员的积极性;第三,在微观层面,要尽可能地避免实施"输血式"扶贫政策,政策的制定和执行标准要简单明晰;第四,城市化要更具有包容性。

三、本专著的章节安排

本专著共包括六篇:

第一篇主要介绍中国在战胜农村贫困方面取得的历史成就。

第二篇从贫困的成因和研究前沿出发,综述了现有研究的结果,并从慢性贫困、暂时性贫困、贫困脆弱性等角度展开研究,考察了中国农户的慢性贫困、暂时性贫困、贫困脆弱性的水平、变化趋势和影响因素等,对于我们从动态的角度理解贫困的成因和制定更加科学的反贫困政策有重要的启示。

第三篇则重点从工业化、城市化、市场化等角度出发,揭示经济增长对贫困农户产生渗透效应的机制,解释中国战胜农村贫困的根本动力。

第四篇首先分析了中国农村扶贫政策由开发式扶贫向精准扶贫转变的基础,然后重点针对当前实施的各种精准扶贫政策的效果展开研究,特别的,这一篇中有我们基于西南和西北地区实地考察和访谈而产生的调研报告,这些报告分析了实践中存在的问题,并总结了经验教训。

第五篇则对中国未来继续战胜农村贫困和相对贫困进行了展望,认为城市化是中国战胜农村贫困和相对贫困的根本途径。

第六篇分析了城市化进程中的农民工歧视和城市化低水平均衡问题,并最终总结了中国战胜农村贫困的经验和教训,提出了2020年以后中国扶贫政策的设想。

第一篇
中国战胜农村贫困的伟大成就

第一章

中国战胜农村贫困的伟大成就

第一节 国定贫困线的确定及调整

中国政府早期确定贫困线是以绝对贫困为标准,被称为"国定贫困线",其计算方法如下:首先确定食物贫困线。根据当年中国农村住户抽样调查分户资料计算低收入组的食品消费清单,然后根据营养学家建议的每人每天 2 100 大卡必需的营养标准调整食品消费量,再乘以对应的价格并求和,即可得到食物贫困线。其次确定非食物贫困线。1995 年以前,主要是根据非食品消费支出的比重来计算非食物贫困线,但这种方法被认为有缺陷,因为在这里非食品消费项目选择和所谓"合理的食品支出占生活消费支出的比例"是经验的和主观的。为了克服这个问题,国家统计局实际上采纳了世界银行的建议,从 1995 年开始根据食品消费支出函数回归模型来计算低收入人群的非食物消费支出。在实际计算时,同时考虑了不同地区农户的消费习惯、家庭结构、生产结构等因素对农户消费支出、特别是食品支出产生的影响。最后,将食物贫困线和非食物贫困线加总,之后就得到贫困线。中国的农村贫困标准分别在 1985 年、1994 年和 1997 年进行了调整,其他年份则使用农村居民消费价格指数进行更新。

但是,中国确立的绝对贫困标准在国际上被称为低贫困线,仅仅是指提供生存必需的衣食等最基本支出,收入水平在这一标准范围的农户仍然难以解决发展问题。因此,从 2000 年开始,国家统计局农调队根据国家扶贫规划需要制定了低收入人口标准,基本方法是在上述食物贫困线的基础上,按低收入人口生活消费支出中 60% 应是食物支出的比例计算的。按照这一方法,2002 年全国农村低收入标准为 869 元(国家统计局农村社会经济调查总队,2003)。2007 年前,中央政府一直采用贫困线作为扶贫工作的标准,用于确定扶贫对象、分配中央扶贫资金,而低收入线则被一些较发达地区作为扶贫工作的参考依据。2008年,根据十七大关于逐步提高扶贫标准的精神,中国正式采用低收入线作为扶贫工作标准(国家统计局农村社会经济调查司,2006;国家统计局住户调查办公室,2012)。2011年,国家统计局再次修改农村贫困线,将2010年价的2 300元作为现行标准下的农村贫困线,并由国务院确定为2011—2020年扶贫工作的标准(汪萍萍等,2015)。按照世界银行的换算标准,这一贫困线相当于2005年的每天1.6美元,介于世界银行制定的低标准贫困线每天1.25美元和高标准贫困线每天2美元之间。汪萍萍等(2015)提供了对于国定贫困线设置和修改过程的介绍,以及国定贫困线与世界银行制定的国际标准贫困线和贫困度量结果的介绍。

第二节 1978年以来中国战胜农村贫困的伟大成就

UNDP发布的《2005年人类发展报告》指出:"按照每天1美元的贫困标准,中国的贫困发生率自1990年来已经下降了一半,提前完成了千年发展目标。"前世界银行行长Paul Wolfowitz在2005年10月访问中国时也曾说:"众所周知,中国在过去20年里是亚洲增长最快的经济体,并在此期间帮助4亿多人口脱离了每天1美元的贫困线。自1980年以来,中国的脱贫人口在发展中国家脱贫人口中占75%——这是一个惊人的事实,中国的减贫成就举世瞩目。"这些评价充分表明了中国在战胜贫困方面所取得的巨大成就。图1-1报告了不同标准下的中国农村贫困发生率,从中可以明显看出,无论采用1978年标准,还是2008年或者2010年标准,中国农村贫困发生率在过去都呈现出极其迅速的下降趋势,也就是说,无论采用什么水平的官方贫困线,中国的农村贫困率都保持着持续下降的趋势。

有不少研究批评中国早期制定的官方贫困线水平过低,因而低估了中国农村贫困的真实水平。因此,我们在表1-1中报告了采用每天1.9美元和每天3.1美元的两条国际标准贫困线所度量的中国农村贫困发生率,从中依然可以看出:采用低国际标准贫困线时,中国的贫困发生率从1981年的88.32%下降到2013年的1.85%,而即使采用高国际标准贫困线,贫困发生率也从1981年的99.14%急剧下降到2013年的11.09%。这再一次表明,即使采用国际标准贫困线,中国在战胜农村贫困方面也依然取得了历史性的成就。

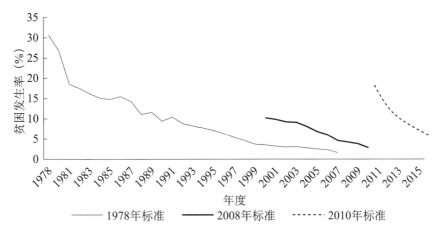

图 1-1 中国改革开放以后的贫困发生率（1978—2015）

数据来源：1993、1996 年数据来自《中国战胜农村贫困：世界银行国别报告》，其他年份数据来自《中国农村贫困监测报告 2016》。

表 1-1 国际标准贫困线度量的中国历年的贫困状况

	1981年	1984年	1987年	1990年	1993年	1996年	1999年	2002年	2005年	2008年	2010年	2011年	2012年	2013年
中国历年的贫困缺口(%)														
$1.9	43.19	29.41	21.73	24.37	20.57	13.04	13.23	10.23	4.94	3.87	2.66	1.76	1.37	0.35
$3.1	63.43	52.28	43.35	45.91	40.34	30.64	29.55	23.75	14.73	11.58	9.05	6.88	5.73	2.52
全世界历年的贫困发生率(%)														
$1.9	41.91	38.88	34.65	34.82	33.37	28.73	28.02	25.3	20.45	17.82	15.55	13.5	12.41	10.67
中国历年的贫困发生率(%)														
$1.9	88.32	75.76	60.84	66.58	57	42.05	40.54	31.95	18.75	14.65	11.18	7.9	6.47	1.85
$3.1	99.14	95.87	89.15	89.2	82.31	71.5	67.18	56.4	41.76	32.96	27.24	22.24	19.05	11.09

注：国际标准贫困线用 2011 年购买力平价（Purchase Power Parity，PPP）进行折算。
数据来源：世界银行 WDI—2017，该数据更新于 2017 年 3 月 29 日。

另外，由于贫困发生率指数只能反映总体中陷入贫困人口的比例，而无法反映陷入贫困的深度，因此我们在表 1-1 中还报告了采用每天 1.9 美元和每天 3.1 美元的国际标准贫困线所度量的贫困缺口指数，从中可以看出：如果采用高标准贫困线，贫困缺口从 1981 年的 63.43% 下降到 2013 年的 2.52%；而如果采用低标准贫困线，则贫困缺口从 1981 年的 43.19% 下降到 2013 年的 0.35%。由此可以判断，即使采用国际标准贫困线,并且用贫困缺口指数来度量贫困的深度,中国在过去四十年中也依然取得了减轻贫困的伟大成就。

第三节 战胜农村贫困成就的国际比较

为了进一步衡量中国在战胜农村贫困方面取得的成就,我们在表1-2中报告了由世界银行所估算的世界上绝大部分地区的贫困发生率。若以1993年的购买力平价1.08美元为贫困线,则在1981年,中国的贫困率高达63.8%,比世界平均水平还要高出23.4%,比印度的贫困率也高出将近10个百分点,比欧洲及中亚地区高出90倍。但到了2001年,中国的贫困率已经降低到了16.6%,比被统计的全部地区的贫困率低将近5个百分点,比印度低18个百分点,比东亚和太平洋地区的总体贫困率仅仅高出1.7个百分点。另外,与此形成鲜明对比的是,欧洲和中亚地区及次撒哈拉非洲地区的贫困率则几乎一直保持着持续上升的趋势,其中欧洲和中亚地区的贫困率上升得尤其明显,尽管这个地区的总体贫困率的绝对水平并不高。同样的,表1-1中也报告了世界银行采用每天1.9美元的贫困线所度量的全球贫困发生率,该数字从1981年的41.91%下降到2013年的10.67%,下降幅度远远小于同标准同时期内中国的贫困发生率的下降幅度。

表1-2 贫困发生率的国际比较

年份	1981	1984	1987	1990	1993	1996	1999	2001
东亚和太平洋地区	57.5	38.9	28	29.6	24.9	16.6	15.7	14.9
其中:中国	63.8	41	28.5	33	28.4	17.4	17.8	16.6
南亚地区	51.5	46.8	45	41.3	40.1	36.6	32.2	31.3
其中:印度	54.4	49.8	46.3	42.1	42.3	42.2	35.3	34.7
欧洲和中亚地区	0.7	0.5	0.4	0.5	3.7	4.2	6.3	3.7
拉美和加勒比地区	9.7	11.8	10.9	11.3	11.3	10.7	10.5	9.5
中东和北非地区	5.1	3.8	3.2	2.3	1.6	2	2.6	2.4
次撒哈拉非洲地区	41.6	46.3	46.8	44.6	44	45.6	45.7	46.9
全部	40.4	32.8	28.4	27.9	26.3	22.8	22.2	21.1

注:衡量标准为每天低于1993年购买力平价的1.08美元。
数据来源:世界银行网站www.worldbank.org/research/povmonitor。

从前面关于中国的贫困率以及贫困人口规模的横向比较中,我们已经可以从贫困率和贫困人口规模的变动趋势中看出中国对世界反贫困的贡献:按照每天1美元的标准,中国贫困人口减少的速度是最快的,除了少数年份以外,中国的贫困人口数量保持着持续下降的趋势。与跟中国情况类似的印度相比较而言,其贫困人口减少的规模远远小于中国,在20世纪80年代后期到90年代中期,其贫困人口数量没有减少,反而增加了。如果没有中国贫困人口的减少,世界范围内的贫困状况将会严重恶化。中国对于减轻农村贫困的历史性贡献,决定了总结中国战胜农村贫困的经验和教训具有重要的理论和实践意义,同时也能够对其他还拥有庞大数量贫困人口的发展中国家制定经济发展和反贫困政策提供有益的启示。

参考文献:

国家统计局农村社会经济调查司:《中国农村贫困监测报告2005》,北京:中国统计出版社2006年版。

国家统计局住户调查办公室:《中国农村贫困监测报告2011》,北京:中国统计出版社2012年版。

国家统计局住户调查办公室:《中国农村贫困监测报告2016》,北京:中国统计出版社2017年版。

世界银行:《中国战胜农村贫困:世界银行国别报告》,北京:中国财政经济出版社2001年版。

汪萍萍,徐鑫,郝彦宏,2015,《中国农村贫困标准问题研究》,《调研世界》第8期3-8页。

第二篇
中国农村贫困的成因与研究前沿

第二章

贫困研究的文献综述

第一节　中国农村贫困的影响因素

中国对农村贫困人口的统计和调查数据很不健全,对于扶贫投入的统计数据更是稀少,这严重限制了对于中国农村贫困产生原因的实证研究,但是,经济学家们仍然运用有限的数据展开研究并获得了一些重要结论。例如,Khan(1998)运用1995年的农户调查数据对影响农户贫困的决定因素进行了分析,他的研究表明:总体而言,城市家庭的特征比农村家庭的特征对是否陷入贫困的影响效果更明显;人均耕地面积的增加有助于降低陷入贫困的概率;工资收入、来自企业的非工资收入、来自非农活动的收入对于农村家庭陷入贫困具有重要的抑制作用。Gustafsson和魏众(2002)对一组覆盖19个省份的8 000个农户的数据进行了分析,发现一个农户的贫困状况很大程度上依赖于其所在的位置;教育对减轻贫困具有重要作用,它主要通过影响"你从事什么、居住在何处和拥有与控制什么"来减轻贫困;此外,贫困还与家庭从事的活动、拥有的资产和控制的资源相关。Gustafsson and Li(1998)分析了贫困人口的结构,发现农村贫困并不仅仅发生在遥远的和资源贫乏的地区,即使在拥有丰富资源的地区,当缺乏足够的基础设施和技术服务时,贫困仍然会发生。类似的,Fan et al.(2000)研究认为,中国农村贫困人口在河南、河北、陕西、山西等地区积聚,主要是由资源的贫乏,特别是土地的贫瘠及水资源的匮乏造成的。

但是Fan et al.(2000)认为,关于中国农村贫困的决定因素的研究大多运用单方程来考察农村贫困与被解释变量之间的关系,他们认为这种做法至少有两个缺陷:第一,例如收入、生产或生产率增长、价格、工资和非农就业等因素都是被同时决定的,换句话说,这些变量都是内生变量,而忽视它们的内生性将导致估计的偏差。

第二,有些经济变量通过多渠道影响贫困,例如农村基础设施的增强不但可以通过提高工业生产影响农村贫困,还可以通过增加工资和非农就业来影响农村贫困。所以,他们在使用联立方程来考察政府支出对农业生产和贫困的不同影响渠道后发现:农业的增长、更高的农业工资及非农就业的增长对缓解贫困都具有重要作用,贸易条件(Terms-of-trade)与农村贫困也具有负相关关系,表明更高的农产品价格能够提高农民收入并降低贫困。他们的研究揭示了农村公共产品的投资影响了农业产出、农产品价格、非农就业等因素,进而成为贫困的重要决定因素。

另外,Jalan and Ravalion(1998,2000a)对1985—1990年广东、广西、云南、贵州四省的农户跟踪数据进行了分析,将总贫困分解为暂时性贫困与慢性贫困之后,发现这两种贫困的决定因素是不同的。暂时性贫困最重要的决定因素包括家庭成员在生命周期中所处的阶段、财富拥有量、财富拥有量的标准差、耕地所有权等。几乎没有证据显示教育能够缓解暂时贫困,其他有关人口的和农村的特征性变量对暂时贫困也没有重要影响。人口特征对慢性贫困的影响比对暂时性贫困的影响更重要,更高的粮食产量的离差与更严重的慢性贫困联系在一起,更高的物质财富既能减少暂时性贫困又能减少慢性贫困,然而更高的物质财富的离差会加剧暂时性贫困,却能减少慢性贫困。另外,他们在观察到中国的某些地区存在着永久性贫困的现象后,提出了"地理贫困陷阱"(Geographic Poverty Trap)的假设,认为是地理资本(Geographic Capital)导致贫困地区家庭的消费无法随时间而上升,而富裕地区的家庭则可以享受到不断提高的生活标准,他们还根据1985—1990年中国南部四省的农户跟踪数据进行分析,结果发现了地理贫困陷阱存在的有力证据(Jalan and Ravalion,2000b)。另外,Knight and Song(1993)认为,城市倾向政策下对农村劳动力向城市的流动所产生的限制所导致的中国的贫困问题主要体现为农村贫困。

还有一些文献重点考察了农户拥有的社会资本对贫困的影响。社会资本这一概念最初由社会学家在20世纪80年代明确提出,到90年代已经成为各个学科研究的热点。经济学界普遍认同的对于社会资本的定义是由Putnam et al.(1993)提出的,"社会资本是能够通过协调的行动来提高经济效率的社会网络、信任和规范"。以后的大部分实证研究都遵循这三个维度来对社会资本进行度量。Putnam et al.(1993)的研究发现,社会资本的差异造成了意大利南北部经济发展的差异。由此,经济学家开始关注除了传统的增长要素之外的新要素——社会资本对经济发展的影响。经济学家的研究发现,社会资本是一种非市场力量,它能够显著地减少贫困(Grootaert,1999)。基于家庭亲友关系的社会网络是中国社会资本的一个重要方面,这种社会资本在劳动力市场上的作用已经得到证实(Knight and Yueh,2008)。Grootaert(1999)运用印度尼西亚的数据发现,社会资本能显著减少贫困,而且,社会资本对于特别穷的群体来说更加重要,因此,它被称为"穷人的资本"。早期研究认为,社会资本就是个体获取资源的人际关系网络,它能够提供共享信息,降低风险,减少机会主义行为(Grootaert,1997)。Coleman(1990)提出,社会资本与实物资本和人力资本最大的区别在于:对收益者来说,社会资本具有公共品的性质,有较强的外部性,它的作用是通过不同成员间的互动得以实现的,收益由成员共享。

随着社会资本理论的不断完善,经济学家开始关注信任对于经济发展的作用。信任有明显的外部性,它能够促进合作,减少交易成本,而且能够弥补正式制度的缺陷(Fukuyama,1995;2000)。Knack与Keefer(1997)采用了世界价值观调查(World Value Survey)中对于29个国家的信任和规范的度量,他们发现国家层面的信任和规范对经济绩效有显著影响。Zak与Knack(2001)采用相同的信任度量进一步证实了信任对于经济增长的重要作用。其次,社会资本的两个层面——家庭层面和社区层面的作用机制也有所区别。家庭层面的社会资本主要是家庭的社会网络,家庭直接通过它拥有的社会网络来获取资源,从而影响就业、家庭福利和贫困(Grootaert,1999;Knight and Yueh,2008);社区层面的社会资本包括社区层面的社会网络和信任,社会资本在社区层面充分发挥了公共品的作用,形成促进信息共享,减少交易成本,促进集体决策的长期非正式制度(Fukuyama,2000)。

基于中国数据的研究并不多,张爽等(2007)则考察了社会资本在市场化转型的过程中对于消除贫困的影响。通过对有关中国农村贫困的调查数据的研究,他们发现:社区层面的社会网络和信任都能显著地减少贫困,而家庭层面的社会网络和信任却对贫困没有显著影响,这一结果有力地表明了社会资本具有较强的公共品性质。他们同时还发现,在中国的市场化进程中,从总体上来说,社会资本减少贫困的作用在下降,而市场力量减弱社会资本的作用的影响主要出现在家庭层面,在社区层面社会资本的作用并没有显著地被市场化减弱。

从上述研究中我们可以看出:就微观层面而言,家庭所拥有的物质资本、人力资本、社会资本和政治资本,以及家庭所处的地理位置对于其是否会陷入贫困具有重要的影响。

第二节　中国农村贫困率下降的原因

第一章提供的数据表明,中国过去几十年取得了农村贫困率下降的巨大成就,因此,有不少文献试图来解释中国农村贫困降低的原因。Rozelle et al.（2000）运用四川和陕西的数据详细分析了贫困率降低的原因,他们通过分析结果发现:贫困率的绝大部分变化能够用经济增长来解释,经济增长是贫困降低的最重要因素,中国的扶贫政策对缓解贫困几乎没有作用。同样,卢锋（2001）也认为,中国农村贫困率的急剧下降要归功于市场化改革及伴随着的经济增长。Sen（2003）则认为,中国在1979年开始改革前就已经具有大大扩宽了的初等教育和基本医疗保健基础。由于中国在改革前的实际经济增长并不是特别全面,也不是很迅速,所以中国仍然保持着很高的贫困程度。但是,忽视中国在改革前提高人力资本及降低不平等的伟大成就将是一个很大的错误。CSLS(Centre for the Study of Living Standards)研究了中国的生产力水平对贫困的影响,他们的报告认为,中国经济的快速增长主要由快速的生产力增长所推动,同时伴随着贫困发生率的大幅度减少。生产力的发展对于生产的增长与贫困的减少有很大贡献,但是在农业和工业部门中的表现却不一样。他们发现,劳动生产率对贫困具有非常强的负效应,就降低贫困而言,工业部门中的生产率增长比农业部门中的生产率增长更重要。在控制了不同部门之间的不同生产率水平之后,他们发现,工业部门的劳动生产率是降低贫困的主要动力,而农业部门的劳动生产率与贫困降低之间只显示出了微弱的正相关关系。对于后者这种不显著作用,他们认为这主要是由于农产品价格比工业产品价格低,从而农业人口无法从生产率的增长中获得相应的好处。同时他们还发现,伴随着经济而增长而加剧的收入不平等对于贫困并没有产生什么影响（CSLS,2003）。

Tian et al.（2003）系统地研究了农业部门对农村贫困人口减少的作用,他们认为,世界上平均每年减少的贫困人口中,中国的贡献要占到一半,这一巨大的成就主要归功于中国农业的增长。农业部门劳动生产率的增长及非农部门就业份额的上升对于贫困的减少都具有重要影响。世界银行（2001）认为,由于农业收入构成了贫困人口的收入主体,农业发展的不平衡直接影响了贫困率:在那些农业增长速度缓慢的地区,贫困减少的速度就慢;而在农业发展迅速且能够赶上其他产业的发展速度时,贫困减少的速度就快。Fan(2003)通过中国与印度的对比研究发现,在许多欠发达地区进行更多的投资不但能够获得平均每单位投资最大程度的贫困下降,还能带来最高的经济回报。他认为,尽管在过去的二十多年中,全球贫困下降速度在放缓,但是中国却取得了减少贫困的巨大成就,这主要归功于一系列的政策和机构改革,农村居民获得社会服务和生产性资产的公平途径,以及在农村地区的公共投资。尽管继续消除贫困对中国来说尤其艰难,但是政府仍然可以通过更好地设计其政策,特别是公共投资政策,以促进经济增长,进而减轻贫困和地区间的不平等。

另外,与贫困产生的原因密切相关的一个问题是,无论根据中国公布的统计数字还是根据其他各种研究所估计的数字来看,中国贫困人口减少的速度从20世纪80年代中期以后都明显下降了,而对于这一速度的下降有着不同的解释。官方的解释为:剩下的贫困人口主要分布在资源贫乏的偏远农村地区,从而增加了脱贫的难度,这一观点与世界银行的估计保持了一致。另一方面,Khan(1998)却认为,更注重与世界经济一体化的发展战略导致了中国转型时期的增长模式更加不平衡,从而对贫困的缓解产生了负作用。具体而言,他认为其中一个原因是个人收入的增长相对于GDP增长的滞后:个人收入相对于GDP的弹性相当低,个人收入的增长比GDP的增长来得更慢。而这主要是由家庭、政府和企业之间的分配和消费与积累之间的分配的宏观经济政策造成的,而实施这样的宏观政策的原因在于政策制定者对更高的储蓄率、从而更高的增长的追求。另一个更重要的原因则是收入分配的不平等,这里的不平等包括不同省份之间的、不同地区之间的及各地区内部的不平等。

大多数学者认为,市场化、贸易自由化和经济全球化是促进各国经济增长从而减轻贫困的一个重要促进力量。在20世纪60年代早期,Bhagwati就提出经济增长是减轻贫困的基本动力,其后许多经验研究也证实了这一假说(Rozelle et al.,2000;Besley and Burgess,2003;Dollar,2001)。来自跨国的证据表明,持续的经济增长特别有助于减少贫困(Ravallion and Chen,1997;Dollar and Kraay,2002);但是广泛基础的增长对于减轻贫困而言并非总是灵丹妙药(Morduch,2000),可能的原因是那些居住在某些地区的贫困家庭难以充分地分享到总体经济增长带来的好处(Ravallion and Jallan,1999)。Anderson(2004)认为贸易自由化对经济增长的推动对于战胜绝对的贫困是最有帮助的,因为它能够创造利于穷人的新市场,刺激穷人对相对价格和新的市场机会产生反应,提供利于穷人的间接溢出效应,提高政府的公共支出等。

众多研究都发现贫困指标的下降往往与高速的经济增长有关。一般来说,通过经济增长帮助穷人的最重要方式,就是增加他们能够得到有生产力的就业机会,包括在农场和城市非正式部门的自我雇佣机会。因此,穷人被纳入经济增长轨道对于缓解贫困是非常关键的。但是,有一些穷人因为很多原因却被排除在经济增长的过程之外。比如,资本市场非常不完善会使得那些技能水平较低又没有资产的穷人难以逃脱贫困的命运。经济增长过程本身的性质也可能带来问题,比如,当存在规模经济时,经济增长过程中所存在的集聚向心力可能会使资源流出落后地区,进而强化了区域间的不平等(Budhan and Udry,2002)。

Liu(2001)使用越南的微观数据研究了市场化改革对收入不平等和贫困的影响,发现市场化改革显著缓解了越南的贫困,但是,农村贫困在市场化过程中减轻的速度要比城市贫困减轻的速度慢。虽然关于中国及越南等少数国家的市场化改革与农村贫困之间关系的研究取得了一致的结论,但是,对于其他国家的市场化改革与农村贫困之间关系的研究,却并没有得到如此一致的结论。例如,Dorward and Kydd(2005)的研究发现,与中国和越南的成功形成鲜明对比的是,在亚洲的其他一些国家和非洲大部分国家中,它们的市场化和自由化改革不仅没有带来经济的增长,反而使得贫困更加严重。他们的另一个研究发现:在次撒哈拉非洲,农村的自由化改革不仅没有带来经济的增长,而且自由市场的建立和发展也没有显著地缓解贫困(Kydd and Dorward,2004)。类似的,Gudgeon(2001)考察了全球化与消除贫困之间的联系,指出新自由化改革对消除贫困既可能带来正的影响也可能带来负的影响,这是因为全球化可能会使得一些国家被边缘化,从而错失全球化带来的发展机会。在过去的10年中,49个最贫穷的国家中有33个国家进行了重大的经济结构调整改革,但是他们的经济表现却没有真正得以改善,贫困发生率反而有所上升。随着农业贸易条款的恶化和商品贸易量的下降,农业部门的发展越来越滞后,这可能意味着市场自由化的步伐和贫困下降的速度之间没有真实的联系。与此相关的,Bhagwati and Srinivasan(2002)认为对于经济增长和减少贫困二者的关系而言,不同的模型得出的结论不同,增长也有可能导致贫困的加剧,比如典型的丰收的贫困。另外,Thorbecke and Jung(1996)提出了一个乘数分解方法(Multiplier Decomposition),以捕捉一个生产部门的产出是如何影响贫困程度的。这一方法下,乘数可以被分解为两个乘法效应:分配效应和依存效应。将这一方法应用于印度尼西亚的数据,他们的研究认为,如果希望穷人能够参与工业化进程,就必须提高他们的人力资本。Khan(1999)将乘数分解法运用于南非的数据,结果发现农业、服务业和部分制造业的增长可以降低非洲黑人的贫困;然而,要想使得部门经济增长能够有效地降低贫困,还必须让那些穷人能够直接获得生产技能。只有那些能够促进经济增长的同时也能够提高穷人的人力资本的长期经济增长,才能够带来贫困的显著缓解。这些研究表明,尽管部门经济增长对于减贫具有重要作用,但是如果仅仅有增长,而没有穷人人力资本的提高,增长未必能有效地缓解贫困。

使用宏观数据的现有研究往往无法捕捉市场化对于不同农户的影响,无法得出更具有操作性的政策建议。Ravallion(2001)认为,虽然现有的证据确实表明发展中国家的贫困人口能够从总产出的增长中受益,但是不同国家内的贫困人口受益程度是有很大差别的,在同一个国家内部贫困人口所受到的影响也是有很大差异的。跨国研究往往被数据问题所困,并且会掩盖真实的福利影响,从而会对发展政策造成误导。所以,他认为有必要对增长与收入分配的变化进行深入的微观实证分析,只有如此,我们才能够拥有确认特定政策或项目的坚实基础,这一坚实的基础正是实施增长导向政策所需要的。

我们运用来自上海市郊区的农户调查数据实证分析了市场化与农村贫困之间的关系。我们在实证分析过程中克服了运用宏观数据研究市场化与农村贫困的局限性,并使用联立方程模型解决了变量的联立内生性问题,结果发现农户的市场化与其贫困缺口具有双向因果关系:市场化确实能够在很大程度上缓解农村贫困,但是贫困农户的市场化程度具有内生性,贫困农户参与市场的程度往往远远低于非贫困农户。不考虑它的内生性,现有研究关于为农民提供市场以实现农村扶贫的政策建议很可能是无效的。

第三节 中国农村扶贫政策的效果

现有很多文献或者政府工作报告经常会用类似的语言来描述中国扶贫政策的效果:在某一个阶段,中国政府实施了一系列的扶贫政策,使贫困人口数量降低到了若干,使贫困率降低了若干百分点。这显然是一个并不严密的推断,因为导致贫困人口减少的因素是众多的,扶贫政策可能仅仅是其中的一个方面。要评价中国农村扶贫政策的效果,需要进行准确的计量分析,然后才能得出准确的结论。而这却是一个相当大的难题,因为研究者缺乏很必要的两类数据,第一类是关于贫困人口数量和贫困率的面板数据,第二类是关于各种扶贫资金的投放和落实情况。① 第一类数据的缺乏是因为中国关于贫困人口的监测统计体系刚刚开始建立,还没有积累起足够的统计数据用于实证分析。第二类数据的缺乏则因为中国现有的统计体系还无法提供这方面的详细数据,只能提供全国范围内的总量数据,特别是关于资金落实情况的数据更是难以得到。所以,数据的缺乏严重影响了对农村扶贫政策效果的评价。但是,研究人员还是在这方面做出了不少的努力,并得出了一些重要结果。

有一项针对"以工代赈"对缓解贫困的影响的详细研究表明,"以工代赈"政策把救济、增长和发展有机地联系在了一起,以劳动力密集型技术为特征的该政策利用了贫困地区劳动力资源丰富的优势,有助于改善贫困地区的基础设施和社会服务,同时增加贫困者的就业和收入(朱玲和蒋中一,1994)。Park et al.(2002)利用2001—2004年的贫困村及农户面板数据,研究了中国自2001年开始实施的以区域开发为基础的扶贫重点村政策的效果,他们使用了配对方法研究了该政策对被列为扶贫重点村的影响,结果发现被列为重点村之后,来自政府及村的投入都显著增加了,但是这些投资并没有显著提高那些贫困农户的收入或者消费水平,却分别提高了高收入户的收入(6.1%)和消费(9.2%)。但是 Jalan and Ravallion 等指出他们的估计可能在相当大程度上夸大了扶贫项目的影响,因为他们并未把所有的扶贫公共支出都计算在内(世界银行,2001)。后来,Park and Wang(2010)进一步利用中国1981年至1995年的县级面板数据研究了1986年开始的贫困工作重点县制度的效果。被指定为贫困工作重点的县在1985年至1992年间能够增加人均收入2.28%,在1992年至1995年间只增加了0.91%,但是他们认为这一结果并不能被轻易地解释为政府政策能够有效消除农村贫困。类似的,Meng(2013)则采用断点回归的方法评价了八七扶贫攻坚计划对贫困县农户1994年至2000年的人均收入水平的影响,结果发现1994年至2000年间,该政策的实施使那些被列为扶贫工作重点县的

---

① 这里主要强调狭义的扶贫政策,即专门针对贫困群体或贫困地区的投入政策。

农户人均收入提高了38%,这一效果显著大于 Park and Wang(2010)的研究所发现的效果。但是该研究和 Park and Wang(2010)的研究一样,只是考察了扶贫政策对于农户人均收入水平的影响,无法直接评价扶贫政策对于缓解农村贫困的效果。

另外,有研究运用四川和陕西的数据详细分析了贫困率降低的原因,分析结果发现:贫困率的绝大部分变化能够用经济增长来解释,经济增长是贫困减轻的最重要因素,中国的扶贫政策对缓解贫困几乎没有作用(Rozelle et al.,2000)。另一项针对各种扶贫措施的实证研究发现,在众多的政府投资中,扶贫贷款对缓解贫困的作用最小,而政府的反贫困项目之所以对减轻贫困的作用较小,主要是因为其目标瞄准机制的低效率及对资金的错误使用(Fan,2003)。Park and Wang(2010)利用中国1981年至1995年的县级面板数据研究了1986年开始实施的贫困工作重点县制度的效果,并利用瞄准缺口(Targeting Gap)和瞄准误差(Targeting Error)来评价该政策的精确性,结果发现,政治因素(是否为革命老区及是否为少数民族地区)对于一个县能否被列为贫困工作重点县具有非常重要的影响;在此时间段内,贫困政策的覆盖面上升了,但是漏出率也上升了。同时,在政府对贫困地区实施的贴息贷款、以工代赈、发展资金(或者财政转移支付)三项政策中,只有发展资金具有明显累进性,其他两项政策不具有累进性,而瞄准的不精确性可能是导致该问题的一个重要因素。另外,将总贫困分解为暂时性贫困(Transient Poverty)与慢性贫困(Chronic Poverty)的研究者在进行了二者的决定因素分析之后,发现慢性贫困与暂时性贫困的决定因素有很多不同,他们批评中国政府的扶贫措施更强调对抗慢性贫困而不是暂时性贫困,认为开发式扶贫措施有助于缓解慢性贫困,但对于暂时性贫困无能为力(Jalan and Ravalion,1998,2000a)。

实际上,什么样的扶贫政策才是最有效的,或者说,如何才能制定最有效的反贫困政策,过去几十年里是一个持续的争论。到底是通过市场推动经济的增长,并使财富逐渐转移到穷人身上?还是通过大规模的、直接的政府干预来帮助穷人?如果经济增长并不能自发地有效消除贫困,那么在考虑政府干预时,还必须考虑另外一个政治经济学问题:如何保证对穷人的再分配不产生漏出?而且在现实中,较富的借贷者往往得到了那些本应该由穷人获得的贷款补贴,往往发生的情况是价格过低的贷款导致低效率的资本使用。因此,对于上述争论也许经济学家们还不能给出一个完美的答案。

参考文献：

Anderson Kym, 2004, "Agricultural Trade Reform and Poverty Reduction in Developing Countries," World Bank Policy Research Working Paper, No. 3396, Washington D. C.

Besley Timothy, Robin Burgess, 2003, Halving Global Poverty, *Journal of Economic Perspectives*, 17(3):3-22.

Bhagwati Jagdish, T. N. Srinivasan, 2002, Trade and Poverty in the Poor Countries, *American Economic Review Papers and Proceedings*, 92(2):180-183.

Coleman, J., 1990, *Foundation of Social Theory*, Cambridge: Harvard University Press.

CSLS, 2003, "China's Productivity Performance and Its Impact on Poverty in the Transition Period," Centre for the Study of Living Standards Research Report 2003-2007, Ottawa.

Dollar David, 2001, "Globalization, Inequality and Poverty Since 1980," World Bank Working Paper, Washington D. C., http://www.worldbank.org/research/globla.

Dollar David, Kraay Aart, 2002, Growth Is Good for the Poor, *Journal of Economic Growth*, 7:195-225.

Dorward Andrew, Jonathan Kydd, 2005, "Making Agricultural Market Systems Work for the Poor: Promoting Effective, Efficient and Accessible Coordination and Exchange," Working Paper from: www.dfid.gov.uk/news/files/trade_news.

Fukuyama F., 2000, "Social Capital and Civil Society," IMF Working Paper, WP/00/74.

Fukuyama F., 1995, *Trust: the Social Values and the Creation of Prosperity*, New York: Free Press.

Grootaert C., 1997, "Social Capital: the Missing Link?" Expanding the Measure of Wealth-Indicators of Environmental Sustainable Development, Washington D. C.:

World Bank.

Grootaert C., 1999, "Social Capital, Household Welfare and Poverty in Indonesia." Local Level Institutions Working Paper, No. 6, Washington D. C.: World Bank.

Gudgeon Peter S, 2001, "Globalization and Rural Poverty Reduction: The Role of the United Nations System—Contrasting Style and Competing Models," Working Paper from www. un. org/esa/socdev/poverty/papers/paper_gudgeon. pdf.

Gustafsson, B. ,S. Li, 1998, The Structure of Chinese Poverty, 1988, *The Developing Economics*, 36:387 – 406.

Jalan Jyotsna, Martin Ravallion, 2000a, Is Transient Poverty Different? Evidence for Rural China, *Journal of Development Studies*, 36:82 – 99.

Jalan Jyotsna, Martin Ravallion, 2000b, "Geographic Poverty Traps? A Micro Model of Consumption Growth in Rural China," World Bank Working Paper, Washington D. C.

Jalan Jyotsna, Martin Ravallion, 1998, Transient Poverty in Post-Reform Rural China, *Journal of Comparative Economics*, 26:338 – 357.

Khan Azizur Rahman, 1998, "Poverty in China in the Period of Globalization, New Evidence on Trend and Pattern," Development Polices Department of International Labour Office Discussion Paper 22, Geniva.

Khan Haider A., 1999, Sectoral Growth and Poverty Alleviation: A Multiplier Decomposition Technique Applied to South Africa, *World Development*, 27(3): 521 – 530.

Knack S. ,P. Keefer, 1997, Does Social Capital Have an Economic Payoff? A Cross-Country Investigation, *Quarterly Journal of Economics*, 112(4):1251 – 1288.

Knight J. ,Lina Song, 1993, The Spatial Contribution to Income Inequality in Rural China, *Cambridge Journal of Economics*, 17:195 – 213.

Knight John, LindaYueh, 2008, The Role of Social Capital in the Labour Market in China, *Economics of Transition*, 16(3):389 – 414.

Kydd Jonathan, Andrew Dorward, 2004, Implications of Market and Coordination Failure for Rural Development in Least Developed Countries, *Journal of Inter-*

national Development, 16:951-970.

Lingsheng Meng, 2013, Evaluating China's poverty alleviation program: A regression discontinuity approach, *Journal of Public Economics*, 101(1):1-11.

Liu Amy Y. C., 2001, Markets, Inequality and Poverty in Vietnam, *Asian Economic Journal*, 15:217-235.

Morduch J., 2000, "Reforming Poverty Alleviation Policies," in Krueger A. (Ed.), *Economic Policy Reform: The Second Stage*, Chicago: University of Chicago Press.

Park Albert, Sangui Wang, and Guobao Wu, 2002, Regional Poverty Targeting in China, *Journal of Public Economics*, 86 (1):123-153.

Park Albert, Sangui Wang, 2010, Community Development and Poverty Alleviation: An Evaluation of China's Poor Village Investment Program, *Journal of Public Economics*, 94(9-10):790-799.

Putnam R., R. Leonardi, and R. Nanetti, 1993, *Making Democracy Working: Civic Tradition and Modern Italy*, Princeton: Princeton University Press.

Ravallion Martin, 2001, Growth, Inequality and Poverty: Looking Beyond Averages, *World Development*, 29(11):1803-1815.

Ravallion M., Jallan J., 1999, China's Lagging Poor Areas, *American Economic Review*, 89(2), 301-305.

Ravallion M., Shaohua Chen, 1997, What Can New Survey Data Tell Us about Recent Changes in Distribution and Poverty? *World Bank Economic Review*, 11(2), 357-382.

Rozelle Scott, Linxiu Zhang, Jikun Huang, 2000, "China's War on Poverty," Working Paper No. 60, Center for Economic Research on Economic Development and Policy Reform, Stanford Institute for Economic Policy Research, Stanford University.

Shenggen Fan, Linxiu Zhang, Xiaobo Zhang, 2000, "Growth and Poverty in Rural China: The Role of Public Investments," EPTD Discussion Paper, No. 66, International Food Policy Research Institute, Environment and Production Technology Division.

Shenggen Fan, 2003, "Public Investment and Poverty Reduction, What Have We Learnt from India and China?" Paper prepared for the ADBI conference, "Infrastructure Investment for Poverty Reduction: What Do We Know?" 12 - 13 June, 2003, Tokyo.

Thorbecke Erik, Hong-Sang Jung, 1996, A Multiplier Decomposition Method to Analyze Poverty Alleviation, *Journal of Development Economics*, 48(2): 279 - 300.

Weiming Tian, Xiuqing Wang and Fuyan Ke, 2003, "The Poverty Alleviation Role of Agriculture in China," Paper prepared for the Roles of Agriculture International Conference 20 - 22 October, 2003, Rome.

Zak P., S. Knack, 2001, Trust and Growth, *Economic Journal*, 111: 295 - 321.

Bhadan, Udry:《发展微观经济学》, 北京: 北京大学出版社 2002 年版。

Gustafsson, 魏众, 2002,《为什么中国农村人口贫富不同?》,《世界经济文汇》第 3 期。

Sen Amartya, 2003,《论不平等和贫困的概念性挑战》,《经济学(季刊)》, 第 2 卷第 2 期 257 - 270 页。

卢锋, 2001, "中国: 探讨第二代农村反贫困策略", 北京大学中国经济研究中心工作论文, No. C2001004。

世界银行:《中国战胜农村贫困: 世界银行国别报告》, 北京: 中国财政经济出版社 2001 年版。

张爽, 陆铭, 章元, 2007,《社会资本的作用随市场化进程减弱还是加强?——来自中国农村贫困的实证研究》,《经济学(季刊)》第 6 卷第 2 期 539 - 560 页。

朱玲, 蒋中一:《以工代赈与缓解贫困》, 上海: 上海三联书店和上海人民出版社 1994 年版。

第三章

慢性贫困与暂时性贫困

贫困是发展经济学最为关注的主题之一,几乎所有国际、国内及区域性开发机构都把降低贫困作为其终极目标。而若要降低贫困则首先需要界定谁是穷人,因此发展经济学领域内出现了大量度量贫困的文献,其中较为著名的是 FGT 指标族(参见 Foster et al.,1984)。度量贫困后往往需要探讨导致贫困的原因,因此出现了贫困分解的文献,其中较为著名的是增长—不均等分解(见 Datt and Ravallion,1992;万广华,2006;万广华和张茵,2006)。这个分解方法基于产出的增长和不均等。万广华和张藕香(2008)创建了按贫困决定要素的增长和不均等的分解框架;万广华和张茵(2008)则进一步提出了基于回归方程的贫困分解方法。相对于上述研究,将总贫困分解为慢性和暂时性贫困的文献则较少,这是一大遗憾,因为减轻贫困的思路、对策及效果都与贫困的性质或构成(慢性的还是暂时性的)息息相关。在实践中,不同的福利政策对于降低暂时性贫困或慢性贫困的效果可能完全不同,它们的决定因素也可能有很大差异,因此度量慢性贫困和暂时性贫困在理论和实践上的重要性不言自明。

第一节 动态视角的贫困:暂时性贫困与慢性贫困的度量

经济学家正式提出慢性贫困和暂时性贫困的概念还是最近二十年的事情,其主要目的是为了将时间维度纳入到贫困的度量中去,以便从动态或风险的视角去研究贫困。然而经济学界对相关定义和度量方法依然存在很大争议,我们将现有文献给出的定义和方法分为三类。

第一类研究直接根据个人或家庭在一段时间内经历贫困的时间长短来判断其属于慢性贫困或暂时性贫困。例如 Ravallion(1988)将那些"在一定时间段内一直经历着贫困的家庭或个人"定义为持久性贫困(Persistent Poverty),而将那些"在一定时间段内只有部分时间经历了贫困的家庭或个人"定义为暂时性贫困(Transient Poverty)。Morduch(1994)则将贫困区分为慢性贫困(Chronic Poverty)与暂时性贫困,他的定义与 Ravallion(1988)的持久性贫困和暂时性贫困相同。Hulme and Shepherd(2003)则将贫困进一步细分为永远贫困(Always Poor)、经常贫困(Usually Poor)、胶着贫困(Churning Poor)、偶尔贫困(Occasionally Poor)和从未贫困(Never Poor)。①

这类研究存在两大局限性:第一,它仅仅考虑了家庭或个人陷入贫困的时间长度而忽略了其陷入贫困的程度(Rodgers and Rodgers,1993;Jalan and Ravallion,1998);第二,这个方法还要求对个人或家庭的观察时间长度为奇数。比如,当观察到一个家庭在 4 年中有 2 年陷入贫困时(或者 6 年中有 3 年陷入贫困时),就难以判断该家庭是属于慢性贫困还是暂时性贫困。一个伴随的问题是,在使用 3 年、5 年、7 年的面板数据时,需要分别取 2/3、3/5、4/7 等不同的标准来判定暂时性贫困或慢性贫困。

第二类方法是不再根据陷入贫困时间长短来判定暂时性和慢性贫困,而是对一定时间段内的贫困进行纵向加总,这就克服了第一类方法忽视陷入贫困的程度的局限性。例如,Jalan and Ravallion(1998;2000)沿用 Rodgers and Rodgers(1993)的方法,对慢性贫困与暂时性贫困给出了不同的定义:由于消费的跨期变动而导致的贫困(Inter-temporal Variability in Consumption)为暂时性贫困,而由于平均消费持续低迷导致的贫困为慢性贫困(Poverty that persists in mean consumption over time)。根据这一定义,Jalan and Ravallion(2000)将贫困划分为三类:在所有时间内都保持贫困的持久性贫困(Persistent Poverty)、慢性贫困兼暂时性贫困(平均消费水平低于贫困线,但只在某些阶段内是贫困的)、暂时性贫困(只在某些阶段内贫困,但平均消费水平高于贫困线)。

他们利用如下公式度量暂时性贫困 TP (Rodgers and Rodgers,1993;Jalan and

---

① 对于前三种贫困,福利水平的均值低于贫困线,而对于后两种贫困,福利水平的均值高于贫困线;永远贫困为在所有时间段内都处于贫困状态;经常贫困为在大部分时间段内处于贫困状态;胶着贫困为贫困和非贫困状态的互相交织;偶尔贫困为一定时间段内只有很少时间出现贫困。Hulme and Shepherd(2003)将第一和第二种贫困归为慢性贫困,第三、第四种贫困为暂时性贫困。

Ravallion,2000):

$$TP = P(y_1, y_2, \cdots, y_T) - CP(\overline{y}, \overline{y}, \cdots, \overline{y}) \tag{3-1}$$

等式右边第一部分表示家庭或个人从时间 1 到 T 的跨时总贫困,第二部分表示其中的慢性贫困成分,它由所有 T 期的平均消费水平 $\overline{y}$ 决定。在这一方法中,总贫困和慢性贫困的度量都采用了 FGT(Foster et al. 1984)的 SPG(Squared Poverty Gap)指标。在现有文献中,岳希明等(2007)较早采用上述方法及中国的农户面板数据分析了暂时性贫困的决定因素。

上述方法虽然考虑了陷入贫困的程度,但仍然存在如下局限性:第一,它违反了 Sen(1976)的贫困加总核心公理(Focus Axiom):在对一段时间内的贫困进行纵向加总时,由于采用了 FGT 的 SPG 指标,所以非贫困年份的消费水平是不进入总贫困 P 的度量公式的。但是,在加总慢性贫困时,非贫困时期的消费水平却随着 $\overline{y}$ 而进入。也就是说,该方法在度量总贫困时不考虑非贫困时期的消费水平,而在度量总贫困的一个组成部分——慢性贫困时却又考虑了非贫困时期的消费水平,因而存在逻辑上的不一致性。第二,由于公式(3-1)中的永久性消费水平 $\overline{y}$ 还要取决于非贫困时间的消费水平[①],所以非贫困时期的消费水平会直接影响暂时性贫困(尽管不影响总贫困)。例如,假设观察到一个家庭在过去 5 年的消费流为 2、3、1、1、8,设贫困线为 4,则总贫困、慢性贫困和暂时性贫困分别为 23/80、5/80 和 18/80。接下来,假设该家庭前 4 年的消费不变,但第 5 年的消费上升为 14,此时总贫困不会发生变化,但慢性贫困却下降为 0,暂时性贫困等于总贫困。从这个例子可以看出第二类方法的一大缺陷:家庭或个人在非贫困时间内的消费水平不影响总贫困,但影响慢性贫困,进而影响暂时性贫困。第三,根据 Jalan and Ravallion(2000)的定义,慢性贫困是由不随时间而变化的永久性消费水平 $\overline{y}$ 决定的,暂时性贫困是由消费的波动性决定的,但是如果将公式(3-1)展开则可得:

$$TP = 1/T \sum_{t=1}^{T} \left[\left(\frac{\hat{y}_t^T}{z}\right)^2 - 2 \cdot \left(1 - \frac{\overline{y}^T}{z}\right) \cdot \frac{\hat{y}_t^T}{z} \right] \tag{3-2}$$

其中,z 为贫困线,并且

[①] 如果用家庭或个人的收入水平来度量其福利,则这里要使用其永久性收入和暂时性收入来度量慢性贫困和暂时性贫困。

$$\frac{y_t}{z} = \frac{\bar{y}^T}{z} + \frac{\hat{y}_t^T}{z}, \quad t=1,2,\cdots,T$$

从公式(3-2)中可以看出:不随时间而变化的永久性消费水平 $\bar{y}^T$ 也同时决定暂时性贫困,而并非仅仅由度量消费水平的波动 $\hat{y}_t^T$ 决定。这显然与他们自己对慢性和暂时性贫困的定义相矛盾。

第三类度量方法由 Foster(2007)提出。Foster 也认为公式(1)的一个缺陷在于它对家庭或个人所经历贫困的时间长度不敏感,所以他在纵向加总慢性贫困时使用了两条标准线:第一个是贫困线,用来判断家庭或个人在某个时间点是否贫困;第二个是持续时间标准线(Duration Cutoff),指一个人被划分为慢性贫困时必须达到的处于贫困线以下的最低时间比例。先将贫困家庭区分为慢性贫困和暂时性贫困之后,再对慢性贫困家庭所遭受的贫困进行纵向加总。Foster(2007)显然考虑了家庭或个人经历贫困的时间长度,但这一方法却不能度量暂时性贫困,也不能把跨时加总的贫困分解为暂时性贫困和慢性贫困(或持久性贫困)。另外,这一方法还面临着如何选择持续时间标准线的问题。

第二节 暂时性贫困与慢性贫困:一个新的分解方法

基于前面的讨论,本节旨在修正 RRJR 的方法以克服现有研究的局限性,并且能够将跨时加总的贫困分解为慢性贫困和暂时性贫困成分,同时还满足贫困加总的一系列公理。

假设在 0 时刻观察到一个家庭或个人从过去 1 到 T 期的年度消费流为 $y_1, y_2, \cdots, y_T$,采用 SPG 指标,则该家庭在过去 T 年内的跨时总贫困(Inter-temporal Poverty)为:

$$\begin{aligned} P &= 1/T \sum_{t=1}^{T} \left(1 - \frac{y_t}{z}\right)^\alpha &, \text{if } \quad y_t < z \\ &= 0 &, \text{if } \quad y_t \geq z, \end{aligned} \quad (3\text{-}3)$$

其中,z 为贫困线,α 为贫困规避系数(Poverty Aversion Index)。公式(3)意味着将一个家庭或个人在 T 年的纵向消费流看成是 T 个家庭或个人在某 1 年的横向观察值,对不同年份贫困的跨时加总就相当于对不同个人在某一年的贫困进行横向加总。这一点与 Rodgers and Rodgers(1993)、Jalan and Ravallion(2000)和 Foster (2007)等的方法完全相同。

接下来,假设在过去的 $T(T>2)$ 年内,某个家庭或个人在 M 年里处于贫困线以下,$M \leqslant T$,其余的 $T-M$ 年处于非贫困状态。不失一般性,假设该家庭从过去 1 到 M 年内经历了贫困,$M>1$[①],这时(3-3)式可精简为:

$$P = 1/T \sum_{t=1}^{M} \left(1 - \frac{y_t}{z}\right)^2 \tag{3-4}$$

其中,所有的 y_t 都低于贫困线 z。

参照 RRJR 的做法,我们将 M 年中每一年的消费分解为两部分:永久性消费(M 年的跨期消费平均值 $\bar{y}^M$)及其波动项 $\hat{y}_t^M$[②]:

$$y_t = \bar{y}^M + \hat{y}_t^M, \quad t = 1, 2, \cdots, M \tag{3-5}$$

对上式用贫困线进行标准化处理后得:

$$\frac{y_t}{z} = \frac{\bar{y}^M}{z} + \frac{\hat{y}_t^M}{z}, \quad t = 1, 2, \cdots, M \tag{3-6}$$

将公式(3-6)代入公式(3-4)有:

$$P = 1/T \sum_{t=1}^{M} \left(1 - \frac{y_t}{z}\right)^2$$

$$= 1/T \sum_{t=1}^{M} \left[\left(1 - \frac{\bar{y}^M}{z}\right)^2 + 2 \cdot \left(1 - \frac{\bar{y}^M}{z}\right) \cdot \frac{\hat{y}_t^M}{z} + \left(\frac{\hat{y}_t^M}{z}\right)^2 \right] \tag{3-7}$$

由于

$$\sum_{t=1}^{M} \frac{\hat{y}_t^M}{z} = 0 \tag{3-8}$$

所以(3-7)式可以简化为:

[①] 这里之所以令 M 大于 1,主要原因是我们认同 RRJR 关于慢性贫困和暂时性贫困分别由永久性消费(或收入)和跨期消费(或收入)的波动所决定的观点,所以需要将家庭或个人的消费流(收入流)分解为永久性成分及其波动项。如果 $M=1$,则无法分解。此时,我们定义这样的家庭为暂时性贫困,其总贫困等于暂时性贫困,而慢性贫困为 0。这与现有研究将一段时间内只经历最短时间(1 年)的贫困定义为暂时性贫困的做法一致,也符合常理。

[②] 从这里开始,本章的处理方法与 RRJR 的方法就开始有了本质的区别,他们是计算过去 T 年内的永久性收入(或消费),而我们则计算过去 M 年内的永久性收入(或消费)。

第三章 慢性贫困与暂时性贫困

$$P = CP + TP$$
$$= 1/T\sum_{t=1}^{M}\left(1-\frac{\overline{y}^M}{z}\right)^2 + 1/T\sum_{t=1}^{M}\left(\frac{\hat{y}_t^M}{z}\right)^2 \quad (3\text{-}9)$$

公式(3-9)右边第一部分可以定义为慢性贫困CP,它由M年里的永久性消费水平(用$\overline{y}^M$度量)决定,第二部分可以定义为暂时性贫困TP,它由M年内的消费水平的波动项(用$\hat{y}_t^M$度量)决定。

显然,修正后的方法与非贫困时期的消费水平无关,加总出来的是一个家庭或个人在过去一段时间内"实际已经经历过的"贫困,而按照RRJR的方法,把非贫困年份里的福利水平也加以考虑,得到的显然并非这个家庭或个人"实际经历过的"贫困;其次,修正后的方法所度量的慢性贫困只由消费的波动项$\hat{y}_t^M$决定,这一点与现有研究对于暂时性贫困的定义和理解是一致的,例如,Jalan and Ravallion(1998)认为,如果度量家庭的福利指标在一定时间段内保持不变,则暂时性贫困为0,而如果某个家庭或个人由于受到风险冲击而出现消费的波动,则暂时性贫困为正;最后,图3-1用两个不同的消费流直观地表明本章度量的暂时性贫困的经济学含义及其与消费波动之间的关系:

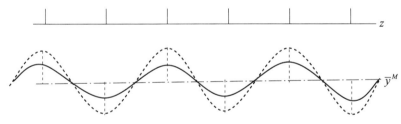

图 3-1 暂时性贫困成分的图示

上图中用两条曲线表示了两个家庭6年内的贫困状态,实线和虚线所代表的消费的平均值相同,因而其慢性贫困相同,但是虚线代表的消费的波动性更强,即由$\hat{y}_t^M$所决定的暂时性贫困则更高。一般而言,收入或消费的波动性总是由风险或者各种冲击造成的,$\hat{y}_t^M$越大,说明该家庭遭受的风险或冲击越大,因而其所经历的暂时性贫困就越严重,如果能够为该家庭提供保险,则其可以平滑消费以缓解暂时性贫困。

最后需要指出,如果一个家庭在T年内都陷入了贫困,则本章的度量和分解结果与RRJR的度量和分解结果完全相同。另外,我们也可以给出类似于Jalan and Ravallion(2000)定义的三类贫困:只有慢性贫困($M=T$,Y没有波动),慢性贫困兼暂时性贫困（$T>M>1$，Y 有波动），只有暂时性贫困（$M=1$）。① 实际上，我们划分的第三类贫困就是指在一个时间段内只有一年陷入了贫困的家庭。进一步地，我们还可以将总贫困大于 0 的家庭划分为两类：慢性贫困成分占主导地位的家庭或暂时性贫困成分占主导地位的家庭。上述定义和类型划分有助于政策制定者瞄准不同类型的贫困家庭和个人并采取不同的对策。

公式（3-9）与 RRJR 的度量框架看上去相似，但实质上有关键的差别。我们假设一个家庭在 D 年内有 M（$D>M>1$）年陷入了贫困，总贫困采用 FGT 指数进行度量，并令 $\alpha=2$。根据 RRJR 的公式（3-1），可以写出如下总贫困的度量结果：

$$P_{\text{RRJR}} = 1/D \sum_{t=1}^{t=D} \left(1 - \frac{y_t}{z}\right)^2 \quad \text{for} \quad y_t < z \tag{3-10}$$

这里用小写 y_t 表示家庭的福利水平以区别于本章的 Y_t。如果在 D 年中只有 M 年陷入贫困，公式（3-10）也可以简化为：

$$P_{\text{RRJR}} = 1/D \sum_{t=1}^{t=M} \left(1 - \frac{y_t}{z}\right)^2 \tag{3-11}$$

根据公式（3-1），RRJR 所度量的慢性贫困为：

$$CP_{\text{RRJR}} = 1/D \sum_{t=1}^{t=D} \left(1 - \frac{\overline{y}}{z}\right)^2 = \left(1 - \frac{\overline{y}}{z}\right)^2 \tag{3-12}$$

其中，

$$\overline{y} = 1/D \sum_{t=1}^{t=D} y_t \tag{3-13}$$

由于他们度量总贫困时也使用 FGT 指数，所以，我们度量的总贫困与他们度量的总贫困完全等同。根据公式（3-1），他们所度量的暂时性贫困为：

$$\begin{aligned} TP_{\text{RRJR}} &= P(y_1, y_2, \cdots, y_D) - P(\overline{y}, \overline{y}, \cdots, \overline{y}) \\ &= 1/D \sum_{t=1}^{t=M} \left(1 - \frac{\overline{Y}}{z}\right)^2 + 1/D \sum_{t=1}^{t=M} \left(\frac{\hat{Y}_t}{z}\right)^2 - \left(1 - \frac{\overline{y}}{z}\right)^2 \\ &= M/D \left(1 - \frac{\overline{Y}}{z}\right)^2 - \left(1 - \frac{\overline{y}}{z}\right)^2 + 1/D \sum_{t=1}^{t=M} \left(\frac{\hat{Y}_t}{z}\right)^2 \end{aligned} \tag{3-14}$$

有趣的是，上式所度量的暂时性贫困竟然包含了 RRJR 所定义的决定慢性贫困

---

① 事实上，由于消费或收入一般总是有波动的，所以第一类贫困在现实中几乎不存在。这一点也可以从本章使用的数据中看出。

的 $\bar{y}$，而他们在定义暂时性贫困时却认为它只由消费的跨期波动项决定。① 显然，他们给出的暂时性贫困的定义和度量结果之间存在矛盾。

将公式(3-9)与(3-14)进行比较可以发现，我们与他们的度量方法的差别起源于公式(3-4)和公式(3-11)的不同：本章将消费分解为永久性消费和暂时性消费时，只使用了低于贫困线的那些消费流，而他们则使用了所有的（贫困线以上和以下的）消费流。

图3-2直观地描绘了我们的方法及其与RRJR方法的差异。通过图3-2，我们观察到一个家庭在过去6年里的消费水平，z表示贫困线。这个家庭在第4、5、6年里的消费水平高于贫困线，所以，本章的方法在度量总贫困时只考虑第1至3年里的消费水平；$\bar{Y}$为这三年消费水平的均值，而$\hat{Y}_-$则是实际消费水平与$\bar{Y}$的差，在图中用垂直虚线的长度代表。有趣的是，当一个家庭在所有的年份里都是贫困时，我们的方法与RRJR的方法变得完全相同。从图3-1中可以直观地看出RRJR方法所存在的问题：在度量总贫困时，只有第1、2、3年的消费水平计入FGT指数，而作为总贫困的构成成分的慢性贫困却不仅取决于前3年的消费，还取决于后3年的消费。特别地，当我们要求总贫困、慢性贫困和暂时性贫困满足相加可分解这一特性时，第4—6年的消费水平不能进入计算，但RRJR却在度量总贫困的两个成分时考虑了第4—6年的消费水平，这样的度量方法一定无法满足相加可分解性。

本章只对贫困线以下的消费流进行度量和分解的理由如下：首先，正如前面所讨论的，RRJR在度量总贫困时没有考虑非贫困年份的消费，然而在度量总贫困的慢性贫困成分时，却又考虑了非贫困时期的消费，这在逻辑上前后不一致；其次，在纵向加总贫困时，一个可能需要考虑的问题是消费的平滑。如果用消费来度量家庭的福利水平，由于观察到的消费流是已经达到了的福利水平，假如此时还存在波动，则说明该波动在现有约束条件下已经无法平滑。所以，若把非贫困时期的消费计算进去，相当于度量者在事后"人为地"平滑原本已经无法平滑的消费波动。而用收入水平来度量贫困时，就不存在平滑的问题。总之，无论是用收入还是用消费度量福利水平，我们所要做的是度量实际上已经发生了的贫困。凡是低于贫困线

---

① 只要M不等于D，RRJR的度量方法始终面临这一问题。

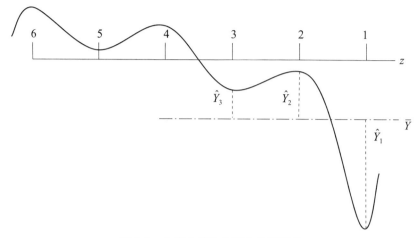

图 3-2 本章度量和分解方法的图示

的消费或收入,都是实际发生的贫困;凡是高于贫困线的消费或收入,都代表了没有发生贫困时的福利水平。因此,为了纵向加总实际上已经发生过的贫困,不宜考虑非贫困时期的福利水平。实际上,RRJR 在计算总贫困时也根本没有考虑非贫困时期的福利水平。最后,我们只考虑贫困时期的平均消费水平,还具备重要的经济学含义:在发展经济学中,政策制定者或经济学家普遍强调利用信贷或保险市场(或者社会关系网络)来跨期平滑消费以提高居民福利水平。但是,当我们观察到一些家庭的消费水平掉到贫困线以下时,说明他们在当时的约束下没有能力平滑消费。从这个意义上看,在计算平均消费水平时只考虑贫困时期的消费就相当于考虑了他们的平滑能力。相反,如果计算平均消费时考虑非贫困时期的消费就相当于高估了家庭平滑消费的能力,这样的度量结果会对平滑消费的政策评价产生有偏估计。

下面我们继续讨论我们修正后的度量方法所具备的其他一系列性质。

第一,如果令 α 等于 0,公式(3-8)中的第一部分就等于 M/D,即该家庭或个人在 D 年内有 M 年陷入了贫困,而且,如果消费没有波动,则第二部分等于 0,此时总贫困依然等于 D/M,这实际上等价于文献综述中提到的第一类研究的度量结果。如果令 α 等于 1,我们的方法依然可以根据公式(3-9)将总贫困分解为慢性贫困和暂时性贫困。

第二,如果令 α 等于 2,这里给出的暂时性贫困和慢性贫困指标具有相加可分解性,即可以用公式(3-3)度量总贫困并根据公式(3-9)进行分解,而且暂时性贫困成分也有明确的定义和度量方法。但正如公式(3-14)所表明的,RRJR 的方法却不具备这样的属性。

第三,从公式(3-9)可以看出,我们定义的慢性贫困和暂时性贫困都包含了总时间长度 D 和经历贫困的时间长度 M,这就将贫困持续时间考虑进来了,所以对贫困的持续时间是敏感的。正如 Foster(2007)指出的,对贫困持续时间不敏感是 RRJR 方法的一大缺点。如果经历贫困的时间长度 M 不变但是 D 增加,我们的度量结果是:慢性贫困和暂时性贫困都下降(只有 $M=1$ 时是个特例),这一结果也符合直觉。

第四,Sen(1976)提出了横向加总贫困时需要满足的若干公理,其中的一个为"核心公理",它要求在度量总贫困时只考虑贫困人口的福利水平。所以,在纵向加总贫困时,也可以设定一个类似的公理:在对某个家庭或个人在一段时间内的贫困进行加总时,非贫困状态时的收入或消费水平不能进入度量指标。我们修正后的方法满足这一公理,但是 RRJR 的方法不满足这一公理。

第五,Sen(1976)提出的第二个公理是"单调性公理",它要求保持其他因素不变的情况下,处于贫困线以下的福利水平的下降必须使得度量的总贫困上升。将时间纬度纳入贫困的度量时,该公理可以类推为:在其他因素不变的情况下,处于贫困线以下的某一年的福利水平的下降必须使得度量的总贫困上升。公式(3-9)的度量方法满足这一单调性公理。

第六,Sen(1976)提出的第三个公理是"弱传递性公理",它要求总贫困的度量结果要对贫困家庭之间的福利分配具有敏感性,比如当一个贫困的人向一个比他福利水平高、但也属于贫困群体的某人进行福利转移时,这个群体的总贫困必须上升。以此类推,在纵向加总贫困时,则要求度量结果对发生在两个贫困年份间的福利再分配具有敏感性。比如,某个家庭在 S 和 $S-1$ 年都处于贫困状态,但是 S 年比 $S-1$ 年的福利水平高,当这个家庭的福利发生了由 $S-1$ 年向 S 年的转移,并且发生转移后该家庭在这两年内依然处于贫困,这时弱传递性公理要求这个家庭的总贫困上升(或者至少不会下降)。根据公式(3-4)和(3-9)可知,如果发生类似的福利转移,这个家庭的慢性贫困将保持不变,而总贫困和暂时性贫困成分将会上升。①

第七,对于贫困的度量,Foster and Shorrocks(1991)提出了所谓的"子样本一致性公理":如果样本中某一家庭或个人的贫困上升了,在其他条件不变的情况下,则加总后的贫困必须上升。我们可以提出一个对应的"子阶段(Sub-stage Consistent)一致性公理":如果某个家庭或个人在某个年份的贫困上升了,其纵向加总的贫困也必须上升。根据公式(3-8),任何一年贫困的上升都会导致总贫困和慢性贫困同时上升。

第八,这里修正的度量方法可以直接用来考察政策干预或者外部冲击对总贫困、慢性或暂时性贫困的影响。比如,政府的某项信贷政策(例如信贷担保)能够减少某家庭贫困年份内的消费水平的波动,即使它不能够降低慢性贫困(即不影响 $\overline{Y}$),也能够通过降低暂时性贫困来减轻总贫困。

第九,这里给出的关于贫困的定义和类型划分非常清晰:只有慢性贫困($M=D$ 且 Y 没有波动),慢性贫困兼暂时性贫困($D>M>1$,Y 有波动),只有暂时性贫困($M=1$)。以及进一步将第二类贫困分为两类:慢性贫困占主导地位或暂时性贫困占主导地位。上述定义和分类有助于政策制定者瞄准不同类型的贫困家庭和个人并采取不同的反贫困对策。

第三节　中国农村慢性贫困和暂时性贫困的影响因素分析

下面我们把以上修正的方法应用于中国 5 个省份 1999 年至 2005 年的农户面板数据,分析这些农户的慢性贫困和暂时性贫困的分布和变化趋势,并且详细考察选择不同的贫困线、不同的观察时间长度对于度量的总贫困、慢性贫困及暂时性贫困的影响。

(一)数据来源

本节使用的数据由中共中央农村政策研究室和农业部共同组织的中国农村固

---

① 这里还可以对度量方法提出一个更加严格的"弱传递性公理"——由于要加总一个家庭或个人在过去若干年内的总贫困,如果赋予更近年份的家庭福利以更高的权重,则研究结果更有利于政策制定者把握最近的贫困状况。毕竟,我们在很多情况下可以不必太介意在久远的过去发生的贫困。考虑这种对于时间的偏好可以增加度量结果的应用性,这时可以将过去若干年中的收入或消费用时间偏好率进行平减,然后进行贫困分解。

定观察点调查得到。调查搜集了详细的农户的收入、消费、金融资产、农业和非农业生产或经营活动等信息。这些信息被以日记账的形式收集,并由调查员进行核对以确保数据质量。这一调查始于1984年,按照随机原则抽取样本,每年进行跟踪调查。调查覆盖了中国30个省(区、市)的约300个村庄、24 000个农户。下面我们将利用1999年到2005年来自江苏、浙江、山东、山西和上海5个省市共计1 832个农户构成的面板数据展开研究。需要说明的是,首先,这5个省市的农户样本不一定具有全国代表性,但是我们修正后的度量和分解方法具有重要的方法论意义。其次,这个数据的分析至少可以提供这5个省市样本农户的暂时性贫困和慢性贫困状况。更为重要的是,这个时间跨度较长的面板数据使我们可以跟踪考察慢性贫困和暂时性贫困的变动趋势,现有文献在这一点上涉及甚少。

(二)样本农户贫困状况的描述

我们采用世界银行制定的每天1美元和每天2美元的国际标准贫困线[①],并用人均消费度量家庭的福利水平。表3-1提供了这1 832个农户在各年陷入贫困的状况。从中可以看出,如果采用低标准贫困线,样本农户的贫困发生率在1995和1996年高达20%以上,但是从1997年开始明显下降,尽管在2000年、2001年有小幅度的上升,但之后至2005年一直保持下降趋势。如果采用高标准贫困线,则农村贫困的发生率更高,但是其下降趋势依然十分明显,并且与利用低标准贫困线度量出的变动趋势基本一致。

表3-2A和3-2B分别对两条国际标准贫困线下的贫困状态进行了跟踪描述:表格分别报告了在过去3年中至少有1年和2年陷入贫困,以及在过去的5年中至少有1年和3年陷入贫困的家庭数。其中,3年中至少有2年陷入贫困及5年中至少有3年陷入贫困就是Ravallion(1988)和Morduch(1994)所定义的慢性贫困。从表3-2A和3-2B中可以得出如下结论:第一,无论采用什么贫困线,无论连续观察3年还

---

① 贫困线根据官方汇率和价格指数进行了调整,并且农户的年度消费数据也都根据价格指数调整到了1995年的数据。采用这两条贫困线的理由包括:第一,众多的研究批评中国官方制定的贫困线太低。例如,1998年中国政府确定的贫困线为每年635元,即平均每天1.74元,如果以官方汇率算,这只相当于0.22美元,即使使用Penn世界表估计的购买力平价折合,也只相当于0.44美元;第二,由于本章使用的样本大多来自中国东部的经济发达地区,这里的农户收入和消费水平都相对较高,所以采用国际标准贫困线更合适。

表 3-1 样本农户的贫困发生率

年份	1995	1996	1997	1998	1999	2000	2001	2002	2003	2004	2005
贫困户数 贫困线=每天1美元	570	530	380	319	335	355	386	318	244	171	154
	31.11%	28.93%	20.74%	17.41%	18.29%	19.38%	21.07%	17.36%	13.32%	9.33%	8.41%
贫困户数 贫困线=每天2美元	1 144	1 106	1 035	927	933	926	935	822	698	616	563
	62.45%	60.37%	56.50%	50.60%	50.93%	50.55%	51.04%	44.87%	38.10%	33.62%	30.73%

数据来源：表格中的所有数据都是根据本章使用的农村固定观察点调查的数据计算而来。

表 3-2A 农户贫困状况的动态变化（贫困线=每人每天1美元）

年份	1995—1996	1995—1997	1995—1998	1995—1999	1995—2000	1995—2001	1995—2002	1995—2003	1995—2004	1995—2005
所有年份都贫困（户）	424	263	182	148	130	114	92	70	0	0
比例 A(%)	23.14	14.36	9.93	8.08	7.10	6.22	5.02	3.82	0.00	0.00
		1995—1997	1996—1998	1997—1999	1998—2000	1999—2001	2000—2002	2001—2003	2002—2004	2003—2005
3年至少有1年贫困（户）		720	645	520	504	529	523	486	398	295
3年至少有2年贫困（户）		497	384	333	318	342	346	324	228	179
比例 B(%)		69.03	59.53	64.04	63.10	64.65	66.16	66.67	57.29	60.68
				1995—1999	1996—2000	1997—2001	1998—2002	1999—2003	2000—2004	2001—2005
5年至少有1年贫困（户）				769	715	632	614	585	551	496
5年至少有3年贫困（户）				380	349	323	308	307	275	224
比例 C(%)				49.41	48.81	51.11	50.16	52.48	49.91	45.16

注：比例 A 表示所有年份都贫困的家庭占全部样本家庭的比例；比例 B 表示3年中至少有2年陷入贫困的家庭占3年中至少有1年陷入贫困的家庭的比例；比例 C 表示5年中至少有3年贫困的家庭占5年中至少有1年陷入贫困的家庭的比例。

表 3-2B 农户贫困状况的动态变化(贫困线=每人每天 2 美元)

年份	1995—1996	1995—1997	1995—1998	1995—1999	1995—2000	1995—2001	1995—2002	1995—2003	1995—2004	1995—2005
所有年份都贫困(户)	982	840	696	617	549	496	414	341	278	239
比例 A(%)	53.60	45.85	37.99	33.68	29.97	27.07	22.60	18.61	15.17	13.05
		1995—1997	1996—1998	1997—1999	1998—2000	1999—2001	2000—2002	2001—2003	2002—2004	2003—2005
3 年至少有 1 年贫困(户)		1 312	1 258	1 205	1 150	1 149	1 135	1 084	966	836
3 年至少有 2 年贫困(户)		1 133	1 067	983	956	957	921	828	712	614
比例 B(%)		86.36	84.82	81.58	83.13	83.29	81.15	76.38	73.71	73.44
				1995—1999	1996—2000	1997—2001	1998—2002	1999—2003	2000—2004	2001—2005
5 年至少有 1 年贫困(户)				1 349	1 316	1 276	1 238	1 212	1 169	1 112
5 年至少有 3 年贫困(户)				1 071	1 013	983	941	905	812	723
比例 C(%)				79.39	76.98	77.04	76.01	74.67	69.46	65.02

注:同表 3-2A。

是 5 年,至少有 1 年陷入贫困的家庭和至少有 2 年及 3 年陷入贫困的农户数量都随着时间的推移而持续下降;这一结果与其他关于中国农村贫困在改革开放后保持下降的研究结果一致(罗楚亮,2012;Chen and Ravallion,2004,2008)。第二,如果采用 Ravallion(1988)和 Morduch(1994)的定义,慢性贫困家庭在曾经经历过贫困的家庭中的比例在多数情况下都超过了 50%,只有在采用低贫困线和连续观察 5 年时,他们定义的慢性贫困的比例才低于 50%(见表 3-2A 中的比例 C)。这些结果与 Jalan and Ravallion(1998)、Gustafsson and Ding(2009)和岳希明等(2007)的结论并不一致。① 表 3-2A 和 3-2B 的数字表明,即使采用陷入贫困的时间长度来区分慢性和暂时性贫困,中国农村的贫困也未必主要由暂时性贫困构成,这还要取决于贫困线的选择,以及所采用的样本和观察的时间段。第三,如果采用 Ravallion(1988)和 Morduch(1994)对慢性贫困的定义,则慢性贫困家庭在贫困家庭中的比例也随着时间的推移而呈现下降趋势,但其下降的趋势并不稳定,在个别年份甚至还略有上升。

(三)样本农户的慢性贫困与暂时性贫困

现在我们采用公式(3-9),对每个曾经历了贫困的农户(即至少有 1 年陷入了贫困)在 T 年内的总贫困进行度量并将其分解为暂时性贫困和慢性贫困成分。表 3-3A 报告了 T 分别取 3、4、5 年、贫困线取每天 1 美元所得到结果。

从表 3-3A 中可以得出如下结论:第一,样本农户在 1995 年至 2005 年的总贫困和慢性贫困基本上在波动中呈下降趋势,暂时性贫困的波动则比较明显。第二,令人惊奇的是,不论 T 值取多少,慢性贫困占总贫困的比例都非常高,这与现有研究采用其他定义方法得出的结论完全不同。另外,这一比例在 2002 年前甚至还呈现微弱的上升趋势,这表明 1995 年至 2002 年间,样本农户的慢性贫困降低速度较慢,而 2002 年以后,慢性贫困降低的速度较快。第三,T 值越大,即在更长时段内加总贫困时,总贫困和慢性贫困就越高,而暂时性贫困则未必越高。理解这一结果并不难:总贫困和慢性贫困随着时间的增加而上升,是因为这里的度量和分解方法

---

① 这里之所以出现与国内其他实证研究不同的结果,有以下几个可能的原因:第一,使用的贫困线不同;第二,使用的农户样本来自的地区和覆盖的时间段不同;第三,使用的度量方法不同;第四,度量家庭福利水平的指标不同,有些研究用收入,有些则使用消费。因此,本章的结论只适用于本章所使用的农户样本,并不能推翻其他研究的结论。

表 3-3A 样本农户的总贫困、慢性贫困和暂时性贫困（贫困线＝每人每天 1 美元）

T=3	1995—1997	1996—1998	1997—1999	1998—2000	1999—2001	2000—2002	2001—2003	2002—2004	2003—2005
总贫困	0.035 1	0.028 2	0.023 2	0.022 5	0.023 8	0.023 8	0.020 9	0.015 5	0.011 3
慢性贫困	0.031 1	0.024 4	0.020 8	0.019 7	0.021 7	0.021 3	0.018 0	0.012 3	0.009 3
暂时性贫困	0.004 0	0.003 8	0.002 3	0.002 8	0.002 1	0.002 5	0.002 8	0.003 2	0.002 0
慢性贫困比例（%）	88.71	86.50	89.94	87.73	91.11	89.46	86.41	79.42	82.01

T=4	1995—1998	1996—1999	1997—2000	1998—2001	1999—2002	2000—2003	2001—2004	2002—2005
总贫困	0.031 7	0.026 5	0.023 4	0.023 3	0.023 2	0.021 7	0.018 0	0.013 8
慢性贫困	0.028 1	0.023 3	0.021 2	0.020 8	0.021 2	0.019 1	0.015 6	0.011 1
暂时性贫困	0.003 6	0.003 3	0.002 2	0.002 5	0.002 1	0.002 5	0.002 5	0.002 7
慢性贫困比例（%）	88.57	87.69	90.42	89.44	91.11	88.25	86.25	80.56

T=5	1995—1999	1996—2000	1997—2001	1998—2002	1999—2003	2000—2004	2001—2005
总贫困	0.029 7	0.026 1	0.023 9	0.022 9	0.021 7	0.019 3	0.016 2
慢性贫困	0.026 3	0.022 9	0.021 6	0.020 5	0.019 4	0.016 9	0.013 9
暂时性贫困	0.003 4	0.003 1	0.002 3	0.002 4	0.002 3	0.002 4	0.002 3
慢性贫困比例（%）	88.70	88.02	90.38	89.56	89.40	87.52	85.88

表 3-3B 样本农户的总贫困、慢性贫困和暂时性贫困(贫困线=每人每天 2 美元)

T=3	1995—1997	1996—1998	1997—1999	1998—2000	1999—2001	2000—2002	2001—2003	2002—2004	2003—2005
总贫困	0.150 4	0.129 7	0.113 6	0.110 1	0.113 5	0.110 6	0.098 4	0.079 4	0.063 7
慢性贫困	0.141 9	0.121 0	0.105 9	0.103 1	0.106 9	0.130 8	0.089 9	0.071 5	0.057 7
暂时性贫困	0.008 5	0.008 7	0.007 6	0.007 0	0.006 7	0.006 7	0.008 5	0.007 9	0.006 0
慢性贫困比例(%)	94.37	93.31	93.28	93.65	94.12	93.91	91.38	90.04	90.54

T=4		1995—1998	1996—1999	1997—2000	1998—2001	1999—2002	2000—2003	2001—2004	2002—2005
总贫困		0.139 5	0.124 5	0.113 8	0.111 9	0.110 1	0.102 4	0.088 9	0.072 8
慢性贫困		0.131 1	0.116 4	0.107 0	0.105 2	0.103 7	0.095 0	0.081 1	0.065 8
暂时性贫困		0.008 4	0.008 1	0.006 8	0.006 7	0.006 4	0.007 4	0.007 8	0.007 0
慢性贫困比例(%)		93.97	93.49	94.01	94.02	94.18	92.78	91.25	90.42

T=5			1995—1999	1996—2000	1997—2001	1998—2002	1999—2003	2000—2004	2001—2005
总贫困			0.133 4	0.122 5	0.114 5	0.109 5	0.103 7	0.094 0	0.081 7
慢性贫困			0.124 9	0.114 4	0.107 3	0.102 5	0.096 4	0.086 4	0.074 0
暂时性贫困			0.008 5	0.008 0	0.007 2	0.007 0	0.007 2	0.007 6	0.007 7
慢性贫困比例(%)			93.63	93.45	93.74	93.62	93.01	91.93	90.53

对于 T 是敏感的,由于样本农户的贫困随着时间的推移呈下降趋势,所以观察的时期越长,在观察期内观察到的贫困发生频率就更高,度量到的总贫困和慢性贫困就可能会更高。但是,由于暂时性贫困只由消费的波动项决定,所以观察期延长未必导致暂时性贫困加剧。

为了考察上述结果的稳健性,表 3-3B 报告了采用每天 2 美元贫困线的度量结果。将表 3-3A 与表 3-3B 进行对比可以发现:贫困线的提高使得度量出的总贫困、慢性贫困和暂时性贫困都明显上升,而且慢性贫困占总贫困的比例也明显上升。另外,从表 3-3A 中得到的结论与从表 3-3B 中得到的结论基本一致。

根据我们的修正后的方法,还可以把经历过贫困的家庭按照慢性贫困是否占主要成分对他们进行分类。表 3-4A 和表 3-4B 报告了取两条国际标准贫困线时慢性贫困在总贫困中的比例超过 50% 的家庭数量,从中可以得出如下结论:首先,从 1995 年到 2005 年,慢性贫困在总贫困中占主成分的家庭的比例保持比较明显的下降趋势,而只有暂时性贫困的家庭的比例呈现比较明显的上升趋势。

(四)慢性贫困与暂时性贫困的影响因素分析

上一节我们利用修正后的度量方法对一个来自中国农村的农户样本在若干年内的总贫困进行了度量和分解,并获得了一些全新的认识。接下来,我们将进一步利用回归模型考察影响农户的总贫困、暂时性贫困和慢性贫困的决定因素。

表 3-5 给出了农户的总贫困、暂时性贫困和慢性贫困的影响因素的定义,它们主要包括农户的人口学信息和人力资本的度量(农户的家庭成员数量、劳动力的数量、主要劳动力的年龄,劳动力的教育程度、有专业技术职称的家庭成员数量等),家庭耕种的土地面积,金融资产的数量,家庭成员是共产党员、村干部、乡镇干部的数量。

表 3-6 提供了表 3-5 中变量的统计描述,从中可以看出:样本农户的家庭成员平均数量为 3.83 个,平均拥有 2.48 个劳动力,家庭主要劳动力的平均年龄为 45.34 岁;平均每户拥有 1.10 个初中教育程度的劳动力、0.2 个初中以上教育程度的劳动力;平均每户耕种 7.41 亩土地,并拥有大约 16 626 元金融资产;另外,平均每户有 0.12 个拥有某种专业技术的劳动力,0.18 个党员,0.07 个村干部和 0.09 个乡镇干部。

表 3-4A 慢性贫困占主成分的家庭比例（贫困线＝每人每天 1 美元）

T=3	1995—1997	1996—1998	1997—1999	1998—2000	1999—2001	2000—2002	2001—2003	2002—2004	2003—2005
总贫困大于 0 的家庭数量	720	645	520	504	529	523	486	398	295
慢性贫困占主要成分的家庭数量	497	383	335	318	338	346	314	226	178
慢性贫困占主成分家庭比例（%）	69.03	59.38	64.42	63.10	63.89	66.16	64.61	56.78	60.34
只有暂时性贫困的家庭数量	223	261	187	185	187	177	172	170	116
只有暂时性贫困家庭的比例（%）	9.59	9.21	12.39	12.52	12.08	12.65	13.29	14.27	20.45

T=4	1995—1998	1996—1999	1997—2000	1998—2001	1999—2002	2000—2003	2001—2004	2002—2005
总贫困大于 0 的家庭数量	749	675	571	580	567	548	490	410
慢性贫困占主要成分的家庭数量	527	427	395	378	391	375	327	242
慢性贫困占主成分的家庭比例（%）	70.36	63.26	69.18	65.17	68.96	68.43	66.73	59.02
只有暂时性贫困的家庭数量	219	243	172	197	173	171	159	164
只有暂时性贫困的家庭比例（%）	9.39	9.37	12.12	11.24	12.16	12.49	13.62	14.40

T=5	1995—1999	1996—2000	1997—2001	1998—2002	1999—2003	2000—2004	2001—2005
总贫困大于 0 的家庭数量	769	715	632	614	585	551	496
慢性贫困占主要成分的家庭数量	557	468	443	429	418	388	343
慢性贫困占主成分的家庭比例（%）	72.43	65.45	70.09	69.87	71.45	70.42	69.15
只有暂时性贫困的家庭数量	205	243	182	181	162	161	149
只有暂时性贫困家庭的比例（%）	9.42	9.15	11.09	11.38	12.21	12.78	13.94

表 3-4B 样本农户中慢性贫困占主成分的家庭比例（贫困线＝每人每天 2 美元）

T=3	1995—1997	1996—1998	1997—1999	1998—2000	1999—2001	2000—2002	2001—2003	2002—2004	2003—2005
总贫困大于 0 的家庭数量	1 312	1 258	1 205	1 150	1 149	1 135	1 084	966	836
慢性贫困占主要成分的家庭数量	1 132	1 064	980	952	956	920	827	709	610
慢性贫困占主成分的家庭比例(%)	86.28	84.58	81.33	82.78	83.20	81.06	76.29	73.40	72.97
只有暂时性贫困的家庭数量	179	191	222	194	192	214	256	254	222
只有暂时性贫困的家庭比例(%)	6.58	6.72	6.75	7.20	7.24	7.14	7.04	7.60	8.73

T=4	1995—1998	1996—1999	1997—2000	1998—2001	1999—2002	2000—2003	2001—2004	2002—2005
总贫困大于 0 的家庭数量	1 331	1 290	1 244	1 203	1 191	1 161	1 099	992
慢性贫困占主要成分的家庭数量	1 181	1 124	1 068	1 040	1 013	963	872	748
慢性贫困占主成分的家庭比例(%)	88.73	87.13	85.85	86.45	85.05	82.95	79.34	75.40
只有暂时性贫困的家庭数量	148	159	169	154	175	197	223	236
只有暂时性贫困的家庭比例(%)	6.67	6.75	6.90	7.19	7.14	7.14	7.22	7.60

T=5	1995—1999	1996—2000	1997—2001	1998—2002	1999—2003	2000—2004	2001—2005
总贫困大于 0 的家庭数量	1 349	1 316	1 276	1 238	1 212	1 169	1 112
慢性贫困占主要成分的家庭数量	1 210	1 164	1 124	1 077	1 037	990	899
慢性贫困占主成分的家庭比例(%)	89.70	88.45	88.09	87.00	85.56	84.69	80.85
只有暂时性贫困的家庭数量	129	140	143	152	171	176	208
只有暂时性贫困的家庭比例(%)	6.65	6.72	6.90	7.03	7.06	7.24	7.27

表 3-5　变量的定义

变量	定义
member	家庭成员数量
labor	家庭劳动力数量
laborage	家庭主要劳动力的年龄
laboredu1	教育程度为初中的主要劳动力数量
laboredu2	教育程度为高中及以上的主要劳动力数量
land	家庭耕种土地面积
financialK	家庭拥有的金融资产数量(对数)
skill	有专业技术的劳动力数量
communist	家庭成员中是中国共产党党员的数量
vcadre	家庭成员中村干部的数量
tcadre	家庭成员中乡镇干部的数量
time	时间趋势变量

表 3-6　变量的统计描述

变量	均值	标准差	最大值	最小值
member	3.83	1.35	13	1
labor	2.48	1.02	8	0
laborage	45.34	10.53	16	89
laboredu1	1.10	0.93	6	0
laboredu2	0.20	0.46	3	0
land	7.41	7.04	203	0
financialK	8.05	2.52	15.21	0
skill	0.12	0.35	3	0
communist	0.18	0.38	1	0
vcadre	0.07	0.25	4	0
tcadre	0.09	0.29	3	0

为了考察总贫困、慢性贫困和暂时性贫困的影响因素,下面利用截尾分位数回归(Censored Quantile Regression)模型展开实证分析,这一方法由 Koenker and Bassett(1978)首创。与 Tobit 模型不同的是,它对于误差项的分布误设也具有稳健性(Arabmazar and Schmidt,1982),在扰动项为非正态分布的情况下,分位数估计量

比 OLS 估计量更有效。同时,分位数回归估计量还不容易受到异常值的影响。在考察不同类型贫困的决定因素时,Jalan and Ravallion(2000)和 Cruces and Wodon(2003)也都同样采用了这一回归模型。

表 3-7A、3-7B 和 3-7C 分别报告了截尾分位数模型的回归结果,其中观察时间分别取 3 年和 5 年,贫困线则取每天 2 美元(贫困线为每天 1 美元的回归结果类似)。被解释变量为连续 3 年或 5 年内的总贫困、慢性贫困和暂时性贫困,解释变量为中间年份的家庭特征。在观察时间为 3 年时和 5 年时,由于没有足够的数据,50% 和 30% 以下分位的参数无法识别,所以我们报告了 50% 和 30% 以上分位数的回归结果。模型回归后所进行的 RESET(Regression Specification Error Test)检验表明我们无法拒绝条件均值被正确地设置的原假设。最后,我们也尝试加入其他一些变量,但是我们关心的变量的回归系数的符号和大小都没有发生显著改变。

从表 3-7A、3-7B 和 3-7C 的回归结果中可以得到如下结论:

第一,无论观察时间为 3 年还是 5 年,在所有的分位数上,家庭成员的数量几乎都会显著加剧农户的总贫困、慢性贫困和暂时性贫困,而家庭拥有的劳动力数量的增加并不会显著降低家庭的总贫困、慢性贫困和暂时性贫困,甚至在连续观察 5 年时,在高分位数中,它的增加还会加剧农户的贫困。主要劳动力的年龄与农户的各种贫困都成 U 形关系,拐点大约在 50 岁左右,这说明在主要劳动力的年龄达到 50 岁之前,其年龄的增长有助于减轻贫困,但是超过 50 岁以后,主要劳动力年龄的增长会使贫困加剧。

第二,家庭中受过初中和初中以上教育的主要劳动力数量及拥有专业技术的主要劳动力数量可以代表家庭人力资本。除了在观察期为 3 年的情况下,受过初中教育水平的劳动力数量不能显著降低农户的暂时性贫困外,在其他所有情况下,这 3 个变量都能显著降低家庭的各种贫困。

第三,无论观察时间是 3 年还是 5 年,以及在任何分位数情况下,家庭拥有金融资产的数量越多越能显著地减轻总贫困和慢性贫困,但是只有在观察期为 5 年和高分位数情况下,它的增加才能显著地减轻暂时性贫困,其他大多数情况下都不能显著缓解暂时性贫困。这一结果可能表明农村金融市场的不完善使得农户无法很好地配置他们所拥有的金融资本以平滑消费。

第四，家庭中党员、村干部和乡镇干部的数量通常被用来度量政治资本。无论观察期为3年还是5年，以及在所有的分位数情况中，家庭中共产党员的数量越多越能显著缓解总贫困、暂时性贫困和慢性贫困。但是，村干部和乡镇干部的数量并没有这样一致的表现，这两个数量的增加能显著地缓解农户的总贫困和慢性贫困，但是在大部分分位数情况中都不能够显著降低暂时性贫困。

第五，家庭耕种土地面积的回归系数非常有趣：无论观察时间是3年还是5年，耕种土地面积的增大在任何分位数情况中都会显著降低农户的总贫困和慢性贫困，但会显著加剧农户的暂时性贫困。我们给出的解释是：更多的耕地意味着农户更多地从事农业生产，而农业生产往往面临着更多的外部冲击、风险和不确定性，比如干旱、洪水、病虫害等的破坏，而这些负面冲击会对农户的暂时性收入或暂时性消费产生重大影响，所以我们的回归结果发现更多的耕地会显著加剧暂时性贫困。

第六，我们将三种贫困的回归系数进行一下简单的对比可以发现一个重要的规律：慢性贫困对应的回归系数的绝对值几乎都大于暂时性贫困对应的回归系数的绝对值，这说明我们控制的解释变量主要通过影响慢性贫困而对总贫困产生影响，这一结果也与我们分解出来的慢性贫困占家庭总贫困的比例较高这一事实有关。

另外，我们也采用了 Tobit 模型对家庭的总贫困、慢性贫困和暂时性贫困进行回归，结果报告在表3-8中，从中得出的很多结论与表 3-7A、3-7B、3-7C 中得出的结论有所不同，由于截尾分位数具有更多优良的属性，并且可以得出更加细致的结果，所以我们接受截尾分位数的回归结果。

(五)结论与政策建议

基于中国5个省份1995年至2005年的农户面板数据，本节从动态的角度对农村贫困进行了详细的度量和实证分析。我们修正了RRJR的纵向加总贫困方法，并将纵向加总的贫困分解为慢性贫困和暂时性贫困，修正后的方法能够加深我们对贫困决定因素的理解，并有利于扶贫政策的制定和评价。我们的度量和分解结果以及实证分析表明：第一，根据新的度量和分解方法，样本农户的总贫困主要

表 3-7B 总贫困、慢性贫困和

变量	Quantile=0.9			Quantile=0.3	
	T=3			T=5	
	P	CP	TP	P	CP
member	0.020***	0.021***	0.000	0.033***	0.030***
	(0.002)	(0.002)	(0.000)	(0.002)	(0.002)
labor	0.001	0.003	0.001*	0.002	0.002
	(0.002)	(0.002)	(0.000)	(0.002)	(0.002)
laborage	−0.023***	−0.024***	−0.001***	−0.015***	−0.015***
	(0.001)	(0.001)	(0.000)	(0.001)	(0.001)
laborage_sq	0.000***	0.000***	0.000***	0.000***	0.000***
	(0.000)	(0.000)	(0.000)	(0.000)	(0.000)
laboredu1	−0.022***	−0.022***	−0.000	−0.013***	−0.009***
	(0.002)	(0.002)	(0.000)	(0.002)	(0.002)
laboredu2	−0.044***	−0.046***	−0.002***	−0.023***	−0.025***
	(0.004)	(0.004)	(0.000)	(0.004)	(0.004)
skill	−0.025***	−0.019***	−0.004***	−0.023***	−0.021***
	(0.005)	(0.006)	(0.001)	(0.005)	(0.006)
financialK	−0.007***	−0.008***	−0.000	−0.009***	−0.009***
	(0.000)	(0.001)	(0.000)	(0.001)	(0.001)
land	−0.000	−0.000	0.000***	−0.002***	−0.002***
	(0.000)	(0.000)	(0.000)	(0.000)	(0.000)
communist	−0.026***	−0.024***	−0.001*	−0.019***	−0.024***
	(0.004)	(0.005)	(0.001)	(0.005)	(0.005)
vcadre	0.011	0.007	0.001	−0.023***	−0.030***
	(0.007)	(0.008)	(0.001)	(0.007)	(0.008)
tcadre	−0.040***	−0.046***	−0.001	−0.050***	−0.051***
	(0.005)	(0.006)	(0.001)	(0.006)	(0.007)
time	−0.013***	−0.014***	−0.000*	−0.014***	−0.014***
	(0.001)	(0.001)	(0.000)	(0.001)	(0.001)
常数项	27.200***	28.065***	0.400**	28.682***	27.303***
	(1.610)	(1.785)	(0.204)	(1.846)	(2.090)
Provincial dummy	YES	YES	YES	YES	YES
观察值	11 386	11 809	11 984	5 153	4 959
拟 R^2	0.417 5	0.406 2	0.092 1	0.136 6	0.120 6

暂时性贫困的决定因素(Censored Quantile 模型)

	Quantile=0.4			Quantile=0.5		
	T=5			T=5		
TP	P	CP	TP	P	CP	TP
0.000***	0.038***	0.037***	0.000***	0.040***	0.041***	0.000***
(0.000)	(0.001)	(0.002)	(0.000)	(0.001)	(0.002)	(0.000)
0.000***	0.001	0.001	0.001***	0.000	0.001	0.001***
(0.000)	(0.002)	(0.002)	(0.000)	(0.002)	(0.002)	(0.000)
−0.000***	−0.015***	−0.017***	−0.000***	−0.016***	−0.016***	−0.000***
(0.000)	(0.001)	(0.001)	(0.000)	(0.001)	(0.001)	(0.000)
0.000***	0.000***	0.000***	0.000***	0.000***	0.000***	0.000***
(0.000)	(0.000)	(0.000)	(0.000)	(0.000)	(0.000)	(0.000)
−0.000*	−0.017***	−0.016***	−0.000***	−0.018***	−0.016***	−0.001***
(0.000)	(0.002)	(0.002)	(0.000)	(0.002)	(0.002)	(0.000)
−0.000***	−0.029***	−0.027***	−0.001***	−0.028***	−0.032***	−0.001***
(0.000)	(0.004)	(0.004)	(0.000)	(0.003)	(0.004)	(0.000)
−0.001***	−0.023***	−0.022***	−0.001***	−0.022***	−0.023***	−0.002***
(0.000)	(0.005)	(0.005)	(0.000)	(0.005)	(0.006)	(0.000)
0.000	−0.006***	−0.006***	−0.000	−0.007***	−0.007***	−0.000
(0.000)	(0.001)	(0.001)	(0.000)	(0.001)	(0.001)	(0.000)
0.000***	−0.002***	−0.002***	0.000**	−0.002***	−0.003***	0.000***
(0.000)	(0.000)	(0.000)	(0.000)	(0.000)	(0.000)	(0.000)
−0.000	−0.021***	−0.022***	−0.000	−0.026***	−0.030***	−0.001**
(0.000)	(0.004)	(0.005)	(0.000)	(0.004)	(0.005)	(0.000)
−0.000	−0.026***	−0.026***	−0.000	−0.018***	−0.020***	−0.001
(0.000)	(0.007)	(0.007)	(0.000)	(0.007)	(0.007)	(0.000)
−0.000	−0.060***	−0.062***	−0.000	−0.056***	−0.053***	−0.000
(0.000)	(0.006)	(0.006)	(0.000)	(0.006)	(0.006)	(0.000)
−0.000***	−0.013***	−0.014***	−0.000***	−0.014***	−0.014***	−0.000***
(0.000)	(0.001)	(0.001)	(0.000)	(0.001)	(0.001)	(0.000)
0.407***	26.626***	27.565***	0.468***	27.788***	28.480***	0.543***
(0.069)	(1.731)	(1.829)	(0.090)	(1.711)	(1.865)	(0.105)
YES	YES	YES	YES	YES	YES	YES
6 447	5 950	5 518	6 796	6 201	5 996	7 046
0.019 8	0.191 4	0.153 4	0.030 5	0.203 7	0.187 8	0.041 0

表 3-8 总贫困、慢性贫

变量	T=3	
	P	CP
member	0.029***	0.035***
	(0.002)	(0.002)
labor	−0.004*	−0.005**
	(0.002)	(0.003)
laborage	−0.016***	−0.018***
	(0.001)	(0.001)
laborage_sq	0.000***	0.000***
	(0.000)	(0.000)
laboredu1	−0.013***	−0.015***
	(0.002)	(0.002)
laboredu2	−0.037***	−0.045***
	(0.004)	(0.004)
land	−0.001***	−0.001***
	(0.000)	(0.000)
land	−0.008***	−0.008***
	(0.001)	(0.001)
skill	−0.033***	−0.034***
	(0.005)	(0.006)
communist	−0.031***	−0.036***
	(0.004)	(0.005)
vcadre	−0.019***	−0.023***
	(0.007)	(0.008)
tcadre	−0.046***	−0.054***
	(0.005)	(0.007)
time	−0.011***	−0.014***
	(0.001)	(0.001)
常数项	23.056***	28.761***
	(1.511)	(1.850)
Provincial dummy	YES	YES
观察值	12 824	12 824
拟 R^2	1.627 2	0.945 5

困和暂时性贫困的决定因素(Tobit 模型)
线＝每人每天 2 美元)

	$T=5$		
TP	P	CP	TP
0.000 **	0.024 ***	0.026 ***	0.001 ***
(0.000)	(0.001)	(0.002)	(0.000)
0.001 **	−0.000	0.000	−0.000
(0.000)	(0.002)	(0.002)	(0.000)
−0.001 ***	−0.015 ***	−0.017 ***	−0.001 ***
(0.000)	(0.001)	(0.001)	(0.000)
0.000 ***	0.000 ***	0.000 ***	0.000 ***
(0.000)	(0.000)	(0.000)	(0.000)
−0.001 *	−0.012 ***	−0.013 ***	−0.001 ***
(0.000)	(0.002)	(0.002)	(0.000)
−0.003 ***	−0.033 ***	−0.040 ***	−0.002 ***
(0.000)	(0.003)	(0.004)	(0.000)
0.000 ***	−0.001 ***	−0.001 ***	0.000 ***
(0.000)	(0.000)	(0.000)	(0.000)
−0.000 **	−0.008 ***	−0.008 ***	−0.000 ***
(0.000)	(0.001)	(0.001)	(0.000)
−0.005 ***	−0.030 ***	−0.029 ***	−0.004 ***
(0.001)	(0.004)	(0.005)	(0.000)
−0.002 ***	−0.026 ***	−0.030 ***	−0.002 ***
(0.001)	(0.004)	(0.005)	(0.000)
0.001	−0.018 ***	−0.017 **	−0.001
(0.001)	(0.007)	(0.007)	(0.001)
−0.003 ***	−0.038 ***	−0.045 ***	−0.001 **
(0.001)	(0.005)	(0.006)	(0.001)
−0.001 ***	−0.011 ***	−0.013 ***	−0.001 ***
(0.000)	(0.001)	(0.001)	(0.000)
1.249 ***	23.140 ***	27.060 ***	1.006 ***
(0.212)	(1.657)	(1.865)	(0.177)
YES	YES	YES	YES
12 824	10 992	10 992	10 992
−0.103 6	2.928 2	1.613 8	−0.110 7

由慢性贫困而非暂时性贫困构成,这一点与简单地根据贫困持续时间长短分解贫困所得出的结论恰好相反。第二,采用不同的贫困线和不同的观察时间长度,1995—2005年,样本农户的总贫困和暂时性贫困皆呈下降趋势,但是总贫困下降的贡献主要来自慢性贫困的下降。第三,基于新的度量方法,慢性贫困成分在总贫困中所占的比例远高于暂时性贫困成分在总贫困中所占的比例。第四,大部分家庭特征对于家庭的总贫困、慢性贫困和暂时性贫困都有显著影响,成员更多的农户往往面临着更严重的总贫困、暂时性贫困和慢性贫困。家庭的人力资本、政治资本和金融资本都能够显著降低家庭的慢性贫困和总贫困,但是低水平的人力资本和金融资本往往不能降低农户的暂时性贫困。另外,拥有更多耕种土地和更多地从事农业生产的农户往往面临多种外部冲击和风险,这会对他们的暂时性收入或暂时性消费产生重大影响,从而明显加剧农户的暂时性贫困。

Jalan and Ravallion(1998,2000)基于他们的度量方法给出政策建议,认为中国扶贫的重点应该放在消除暂时性贫困而不是慢性贫困上。如果我们使用的样本具有全国代表性的话[1],则采用修正后的度量方法得到的政策建议却恰恰相反:尽管按照持续贫困的时间长短所度量出来的暂时性贫困的家庭所占的比例较高,但是这并不表明其贫困程度也很严重。同时,由于慢性贫困成分所占比例较高,以及慢性贫困为主要成分的家庭的比例也非常高,所以中国农村扶贫的重点在今后相当长的时间里需要集中于减轻慢性贫困而非暂时性贫困,而这就意味着中国农村的扶贫在帮助穷人培养和积累高层次的人力或物质资源方面需要做很多工作。我们的研究结果还表明,由于慢性贫困占主要地位,所以指望通过建立和改善农村社会保障体系来达到减贫的目标可能不是最佳政策选择。从长远着手,政府应该注重支持贫困农户的教育、培养其健康意识和技能,并鼓励其参与信贷市场。最后,由于农业生产往往面临更多的风险或外部冲击,这可能会加剧农户的暂时性贫困,所以为更多地从事农业生产的农户提供保险或其他应对风险的措施将有助于降低他们的暂时性贫困。

---

[1] Jalan and Ravallion(1998)的研究也仅仅使用了来自广东、广西、贵州、云南四省的农户样本,因而也未必具有全国代表性。在这一点上,岳希明等(2007)所使用的数据较具全国代表性。

参考文献:

Arabmazar, A. , P. Schmidt, 1982, An Investigation of the Robustness of the Tobit Estimators to Non-normality, *Econometrica*, 50:1055-1069.

Chen Shaohua, Martin Ravallion, 2004, "China's (Uneven) Progress Against Poverty," World Bank Policy Research Working Paper, No. 3408, Washington D. C.

Cruces Guillermo, Quentin T. Wodon, 2003, Transient and Chronic Poverty in Turbulent Times: Argentina 1995-2002, *Economics Bulletin*, 9(3):1-12.

Datt Gaurav, Ravallion Martin, 1992, Growth and Redistribution Components of Changes in Poverty Measures: A Decomposition with Applications to Brazil and India in the 1980s, *Journal of Development Economics*, 38(2):275-295.

Foster E. James, 2007, "A Class of Chronic Poverty Measures," Conference paper, UNU-WIDER Conference on Fragile States-Fragile Groups, 15-16 June, 2007 Helsinki.

Foster J. , A. F. Shorrocks, 1991, Subgroup Consistent Poverty Indices, *Econometrica*, 59:687-709.

Foster J. , Greer, J. , and Thorbecke, E, 1984, A Class of Decomposable Poverty Measures, *Econometrica*, 52(3):761-766.

Gustafsson Björn, Ding Sai, 2009, Temporary and Persistent Poverty among Ethnic Minorities and the Majority in Rural China, *Review of Income and Wealth*, 55(1):588-606.

Hulme D. , A. Shepherd, 2003, Conceptualizing Chronic Poverty, *World Development*, 31(3):403-423.

Jalan J. , M. Ravallion, 1998, Transient Poverty in Post-reform China, *Journal of Comparative Economics*, 26:338-357.

Jalan J. , Ravallion M. , 2000, Is Transient Poverty Different? Evidence for Rural China, *Journal of Development Studies*, 36(6):82-99.

Koenker, R. , Bassett, G. , 1978, Regression Quantile, *Econometrica*, 46:

33-50.

Morduch J., 1994, Poverty and Vulnerability, *American Economic Review*, 84(2):221-225.

Ravallion M., 1988, Expected Poverty under Risk-induced Welfare Variability, *Economic Journal*, 393:1171-1182.

Rodgers Joan R., Rodgers John L., 1993, Chronic Poverty in the United States, *Journal Human Resources*, 28(1):25-54.

Sen A. K., 1976, "Poverty: An Ordinal Approach to Measurement," *Econometrica*, 44:219-231.

Shaohua Chen, Martin Ravallion, 2008, "China is Poorer than We Thought, But No Less Successful in the Fight against Poverty," World Bank Policy Research Working Paper, No. 4621, Washington D. C.

罗楚亮,2012,《经济增长、收入差距与农村贫困》,《经济研究》第 2 期 15-27 页。

万广华:《经济发展与收入不平等:方法和证据》,上海:上海三联书店和上海人民出版社 2006 年版。

万广华,张藕香,2008,《贫困按要素分解:方法与例证》,《经济学(季刊)》第 7 卷第 3 期 997-1012 页。

万广华,张茵,2006,《收入增长与不平等对我国贫困的影响》,《经济研究》第 6 期 112-123 页。

万广华,张茵,2008,《中国沿海与内地贫困差异之解析:基于回归的分解方法》,《经济研究》第 12 期 75-84 页。

岳希明,李实,王萍萍,关冰:《透视中国农村贫困》,北京:经济科学出版社 2007 年版。

第四章

贫困脆弱性:一个前瞻性的视角

第一节 文献综述

现有大部分研究都使用贫困来度量那些不幸家庭的福利状况,并将贫困定义为当期收入或消费与贫困线之差的函数。但我们知道,今天的贫困未必是明天的贫困,有很多家庭目前并非贫困,但未来可能会由于农业歉收、失业、疾病等原因而陷入贫困。所以,现有的这些研究只是度量了一个可观察时间点上的贫困,却没有将可能导致家庭未来陷入贫困的因素考虑在内。经济学家们已经意识到,一个家庭的福利状况不仅取决于它现在的收入或消费水平,也取决于其未来将要面临的风险。自从世界银行的2000—2001年度《世界发展报告》将"脆弱性"描述为"度量对于冲击的弹力——冲击造成未来福利下降的可能性"(World Bank,2001)以后,很多经济学家开始越来越多地使用这一术语。这种对贫困的前瞻性研究方法成为这一领域中的前沿。贫困的脆弱性是对家庭未来福利状况的一种前瞻性的度量,所以这一方法将风险和风险管理引入政策制定的核心。但是,对于研究者和政策制定者而言,最困难的事情在于如何根据可观察的家庭特征及其历史消费或收入数据来预测贫困,并将家庭将要面临的风险及其风险管理能力考虑在内。来自不同学科的研究者使用着不同含义的脆弱性,从而导致了不同的度量方法。

关于风险与贫困之间关系的研究及永久性贫困与暂时性贫困的区分可以追溯到Ravallion(1988)的研究。Morduch(1994)认为,如果一些家庭在所有被观察期内都陷入贫困状态,则他们属于永久性贫困(Chronic Poverty),否则,就属于暂时性贫困(Transient Poverty)。关于暂时性贫困与永久性贫困的研究发现,很多样本家庭会从暂时性贫困陷入永久性贫困,或者相反(例如Jalan and Ravallion,1998;Dercon and Krishnan，1999，等），很多研究显示暂时性贫困的家庭比例比永久性贫困的家庭比例要高。所以，从政策制定和社会保护（Social Protection）的角度来看，相对于贫困研究而言，预测哪些目前并非贫困的家庭在未来会陷入贫困、哪些目前贫困的家庭在未来仍然难以脱贫就显得更加重要。脆弱性家庭的确认及家庭脆弱性的决定因素就成为制定和成功实施扶贫政策的关键。这也是很多经济学家和政策制定者开始关注贫困的脆弱性研究的原因。

贫困是多维度的，例如收入贫困、消费贫困、教育贫困、营养不良等，所以，贫困的脆弱性也自然就具有了类似的维度。Coudouel and Hentschel(2000)认为贫困的脆弱性是一个宽广的概念，它不仅包括收入的脆弱性，还包括与健康相连的风险、来自社会排斥（Social Exclusion）的风险等，而这些风险对家庭的福利状况将会产生重要的影响。如现有的大部分研究成果一样，本章的综述也仅仅关注那些可以用货币度量的维度，比如对收入和消费贫困等的研究。

一、贫困脆弱性的定义

在一篇综述文章中，Alwang et al.(2001)认为脆弱性的定义包含五个方面：第一，它是具有前瞻性的，被定义为在未来承受一个相对于某种福利标准的福利损失；第二，如果一个家庭在未来会遭受福利损失，那么它就是脆弱的，而这种脆弱性来自不确定性事件；第三，脆弱性的程度取决于风险的特征及家庭应对风险的能力；第四，脆弱性还取决于时间维度，体现在家庭在下一个月、下一年会对风险具有脆弱性等，并且家庭的应对措施也随着时间而产生；第五，贫困和非贫困的家庭会因为有限的资产和有限的风险应对能力而倾向于具有脆弱性。根据这一总结，我们可以将现有研究对脆弱性的定义划分为三类：家庭将要面临的风险及风险所导致的陷入贫困的概率，家庭应对风险的能力，家庭应对风险之后的福利结果。

1. 风险及风险所导致的陷入贫困的概率

贫困的脆弱性与贫困之间的关键区别在于前者具有前瞻性，在给定数据的前提下，在任何时间点，我们是无法观察到脆弱性的。所以，一个可行的办法就是考虑将要影响家庭的风险，以及家庭由于这种风险而陷入贫困的可能性。Kühl(2003)采用了 Foster et al.(1984)（以下简称FGT）对于贫困的经典定义，将贫困的脆弱性定义为家庭遭受一个重大的冲击并导致福利水平降低到一个最低水平的倾向，Pritchett et al.（2000）也给出了一个类似的定义，他们认为脆弱性是一个家庭在不远的未来将要经历至少一个阶段的贫困的风险；Chaudhuri et al.（2002）将时间 t 内的脆弱性定义为家庭在 t+1 时间内将会经受消费贫困的概率；类似的，Mansuri and Healy（2001）也将脆弱性定义为一个家庭在时段 T 内至少经受一阶段贫困的概率。可以看出，他们的定义并没有本质的区别。

2. 家庭应对风险的能力

在 Alwang et al.（2001）的综述中，他们将经济学领域内关于脆弱性的研究区分为四类。其中第二类就是基于财产的方法（Asset-based Approach），这种方法认为贫困是由于缺乏足够的有形资产和无形资产。而第三种方法则强调贫困是由于家庭缺乏足够的能力来应付他们生活中的不幸，如果一个家庭的生活标准降低到"最低生活标准"以下，那么这个家庭就被认为是脆弱的。我们可以看出，这两种方法实际上都是从不同的角度来强调家庭由于缺乏足够的能力来应付未来的风险而具有脆弱性。

此外，一些研究还强调家庭的消费支出对那些可观察的冲击的反应，如果家庭的消费支出的波动与收入的波动相一致的话，那么就可以推断出规避风险的家庭缺乏能力来平滑消费的波动（Amin et al. 1999；Dercon and Krishnan, 1999 ；Glewwe and Hall，1998）。

3. 应对风险之后的福利结果

与前面两类定义不同，还有一些研究试图从风险事件或不幸事件所造成的结果出发来定义脆弱性。Kamanou and Morduch（2002）从风险与不确定性的微观经济理论出发，沿用 FGT 的贫困度量方法，将脆弱性定义为贫困的未来预期值与其现值之间的差。Ligon and Schechter(2003)则认为沿用 FGT 的贫困度量作为制定政策的指导会低估信贷、储蓄和保险等风险防范机制的作用，所以，他们定义了一个功利主义（Utilitarian）的脆弱性，将其界定为以贫困线为自变量和以家庭预期消费支出为自变量的同一凹函数之差。

二、贫困的脆弱性的度量

对应这些定义方法，贫困的脆弱性的度量一般也有三种方法：使用家庭消费的变动性来度量，使用未来消费（或其期望效用）与贫困线（或其效用）之间的差来度量,以及使用陷入贫困的概率来度量。

1. 使用家庭消费的变动性来度量

很多研究认识到,贫困的脆弱性是风险以及家庭对风险反应的函数,所以这些研究就将注意力放在了脆弱性与可观察的冲击之间的关系上。例如,Glewwe and Hall(1998)首先使用家庭消费的变化率来衡量脆弱性,然后运用下面的表达式来考察家庭对风险的反应:

$$E(c_{t+1}^i/c_t^i|\bar{x},x^i)=\alpha^i+\eta_t+\beta_t x^i \tag{4-1}$$

其中,x^i表示不随时间而变的家庭特征,随时间而变的系数β_t则可以反映出家庭对冲击的反应。

Dercon and Krishnan(2000)使用了类似的方法来考察家庭对风险的反应:

$$c_t^i=\alpha^i+\gamma x_t^i+\beta x_t+e_t^i \tag{4-2}$$

其中,β度量了家庭对总体冲击(村级水平的冲击)的暴露程度,而γ则度量了家庭对特定冲击(Idiosyncratic Shocks)的暴露程度。

Kamanou and Morduch(2002)认为,如果冲击的历史能够作为未来冲击的一个参考的话,那么度量脆弱性的一个简单起点就是比较消费的标准差与收入的变动,如果一个家庭的消费支出变动的标准差高,则可以说明该家庭是脆弱的。Coudouel and Hentschel(2000)则使用平均收入和平均收入的标准差来度量脆弱性,但是同时,他们也认识到平均收入和其标准差仅仅是脆弱性的一个方面。

尽管这些文献考察了脆弱性与风险之间的关系,但是这些方法显然都是静态的,它们的兴趣主要不在于预测未来的贫困,并且没有直接在分析中考虑家庭未来将要面临的冲击。与这些静态方法不同的是,下面的讨论中有些文献则以动态的方式来度量贫困的脆弱性。

2. 使用未来消费(或其期望效用)与贫困线(或其效用)之间的差来度量

基于FGT的贫困度量,Kamanou and Morduch(2002)使用贫困的期望值与其现值之间的差来度量脆弱性:

$$EP_{a+1}-P_{a}=\frac{1}{N}\sum_{i=1}^{G_{t+1}}\sum_{s}Pr(s,y_{it+1})\cdot\left(\frac{z-y_{it+1}}{z}\right)^{\alpha}-\frac{1}{N}\sum_{i=1}^{G_{t}}\left(\frac{z-y_{it}}{z}\right)^{\alpha} \tag{4-3}$$

其中,E表示期望,s是一个给定的社会状态,它与未来消费y_{it+1}的联合概率分布为$Pr(s,y)$,G_t和G_{t+1}分别表示现在和未来的贫困家庭数量,y_{it}和y_{it+1}分别表示家庭现在和未来的消费。这一等式右边第二部分实际上就是 FGT 的贫困度量,而前一部分则是未来贫困的期望值。

Ligon and Schechter(2003)认为使用 FGT 的贫困度量会低估风险应对机制的效果,所以,他们认为脆弱性是一种福利损失,从而使用下面的表达式来度量:

$$V^i = U^i(z) - EU^i(c^i) \tag{4-4}$$

其中,U^i 代表家庭的效用函数,z 表示类似于贫困线的某种消费水平。

3. 使用陷入贫困的概率来度量

由于脆弱性是一个前瞻性的概念,所以,在现有的研究中使用陷入贫困的概率来度量是一个较普遍的做法。Chaudhuri, et al.(2002)将时刻 t 的脆弱性使用下面的表达式来度量:

$$v_{ht} = Pr(c_{h,t+1} \leqslant z) \tag{4-5}$$

其中,$c_{h,t+1}$ 表示家庭在 $t+1$ 时期的人均消费水平,z 表示贫困线。

Mansuri and Healy(2001)则用下面的表达式来度量脆弱性:

$$V_{it}(T, 贫困线) = P(在未来的 T 时段里至少经历一阶段的贫困)$$
$$= [1 - P(没有经历贫困)]$$

其中,P 表示概率。

Pritchett, et al.(2000)也采用了类似的方式来度量脆弱性。Kühl(2003)则使用 FGT 的贫困度量方法,并用下式来度量脆弱性:

$$V_{ht} = Pr(c_{h,t+1} \leqslant z) = \int_{-\infty}^{t} f(c_{h,t+1}) dc \tag{4-6}$$

其中,$f(c_{h,t+1})$ 为家庭在 $t+1$ 时期的消费的概率分布函数,z 代表贫困线。

三、对现有定义与度量方法的评论

1. 脆弱性与变动性并非同义词

由于脆弱性所度量的是家庭未来的福利水平,所以,一些研究就使用消费的变化或其方差(或标准差)来度量脆弱性,然而这种度量方法可能是有偏误的。假设有两个消费模式(4,3)和(10,7.5),如果使用变动的百分比来度量脆弱性,它们的度量结果都是下降 25%,但是两个家庭的福利水平显然完全不同。例如,当贫困线等于 5 的时候,后者的消费水平虽然也下降了,但是它并未陷入贫困。这个例子表明了使用消费变动的比例来度量脆弱性的局限性,这种变动并没有一个统一的福利基准,而这一福利基准一般应该是被社会所认同的贫困线。

使用消费的标准差或方差来度量脆弱性也依然会存在问题。比如,假设两个家庭分别拥有下列两个消费模式(3_{t-1},4_t,5_{t+1})和(5_{t-1},4_t,3_{t+1}),角标表示时间。在当前时间 t,第一个家庭的预期消费为5,第二个家庭的预期消费为3,这两个消费模式具有相同的标准差和方差,但是,如果贫困线等于4的话,第一个家庭在时间 $t+1$ 将会脱贫,而第二个家庭在时间 $t+1$ 将会陷入贫困,但是标准差的度量结果却表明他们具有相同的脆弱性,这显然是个错误的结果。所以,这种度量方法无法识别这种福利水平的变动方向从而会导致度量结果的错误。

Kamanou and Morduch(2002)也认识到,使用标准差来度量脆弱性会给予正向风险与负向风险以相同的权重,如果使用标准差除以其平均值则有助于克服这一局限性,但是当平均值为零或比较接近于零的时候,这一方法也是有问题的。

使用消费的变动性来度量脆弱性除了面临上述缺陷以外,还有一个非常重要的缺陷是这种方法很难确定一个恰当的"脆弱线"。由于贫困的脆弱性是对家庭未来福利水平的度量,所以,在考虑如何定义和度量脆弱性时必须考虑如何设定一个恰当的指标作为评判家庭是否脆弱的标准。而使用消费的变动性来定义和度量脆弱性将面临这一难题。

2. 预测贫困的脆弱性需要一个动态框架

贫困的脆弱性研究对于政策制定者而言的优点就是使其能够事先判断哪些家庭将会陷入贫困,从而可以提前制定和实施社会保护计划。然而,有些关于脆弱性的研究却没有从这一点出发来定义和度量脆弱性。

例如,Ligon and Schechter(2002)的研究方法就是一个静态框架,他们将脆弱性定义为贫困线给家庭带来的效用与目前或过去的消费水平给家庭带来的效用之差,这种方法就丧失了前瞻性的优点。如前文所述,Amin, et al. (1999),Glewwe and Hall (1995) 和 Dercon and Krishnan(2000)等强调了家庭对风险的应对能力,并使用了类似的回归方法,但是这些方法也都是静态方法,因为他们都是直接使用可观察到的历史数据和家庭特征进行回归,然后通过风险或冲击的回归系数来反映家庭对风险的暴露程度或家庭对风险的应对能力,所以,这些系数充其量也只是对家庭过去的风险暴露或风险应对能力的度量,这未必就一定代表家庭在未来是否会陷入贫困,高风险应对能力的家庭也依然可能会陷入贫困,而低风险应对能力的家庭若在未来不遭受什么风险,也未必会陷入贫困。同时,这些方法也存在着前面讨论的脆弱线的确定难题。

另外,Kamanou and Morduch(2002)的研究虽然是从动态的角度将脆弱性定义为贫困的未来期望值与其现值之间的差,但是我们可以看出,他们的定义和度量方法只适用于对一个群体的未来贫困的度量而不适用于单个家庭,从而也就无法用来预测单个家庭的未来贫困。

3. 使用概率来度量脆弱性是否需要加权

绝大多数的现有研究都使用未来陷入贫困的概率来定义和度量贫困的脆弱性,Alwang, et al.(2001)认为这一方法能够将风险及风险反应等概念结合起来,并且不失去传统的贫困分析的精确性。但是,他们认为,一个更好的定义应该使用未来消费水平跌落到贫困线以下的时间或者跌落到贫困线以下的深度给概率以加权。这样做的理由是:陷入贫困的时间越长,消费跌落到贫困线以下越深,家庭的福利状况也越糟糕,所以,给概率以权重可以更准确地反映家庭的福利状况。Christiaensen and Boisvert(2000)也认为需要给概率以权重,并提出了一个更一般的度量方法:

$$V_{ht,v} = F(z) \int_0^z (z - c_{h,t+1})^v \frac{F(c_{h,t+1})}{F(z)} dc_{h,t+1} \tag{4-7}$$

其中,参数 v 控制着消费水平跌落到贫困线以下的程度的相对权重,与 FGT 的贫困度量方法中的参数类似。

我们认为,给未来陷入贫困的概率以权重将会产生一个新的问题,就是在这种度量方式之下难以确定一个恰当的"脆弱线",用来判断哪些家庭是脆弱而哪些家庭不是脆弱的。

4. 如何定义和度量贫困的脆弱性并确定脆弱线

根据前面的讨论,为了满足贫困的脆弱性的前瞻性这一优点,进行定义和度量时必须在一个动态的框架下进行。所以,使用家庭未来陷入贫困或保持贫困的概率来度量贫困的脆弱性是一个比较可行的方法。我们将贫困的脆弱性也定义为家庭在未来陷入贫困或保持贫困的概率,并用下式来度量:

$$V_{ht} = \int_{-\infty}^{\ln z} f(\ln c_{h,t+1}) d\ln c_{h,t+1} \tag{4-8}$$

其中，$\ln z$ 表示贫困线的对数，$c_{h,t+1}$ 则表示家庭消费水平，即家庭当期的永久性消费水平，$\ln c_{h,t+1}$ 为其对数形式。

在确定了脆弱性的定义和度量方法之后，我们还必须确定一个"脆弱线"以判断哪些家庭是脆弱的。Chaudhuri, et al.（2002）认为脆弱线的选择是一个非常主观的事情，有两条脆弱线值得注意，一个是等于在总体观察到的贫困率，一个是50%，后者被称为"高脆弱线"（Stringent Threshold）。类似的，Kühl（2003）和Pritchett, et al.（2000）在他们的研究中都选择了50%作为脆弱线，只有那些未来陷入贫困的概率高于50%的家庭才会被认为是脆弱的。在 Chaudhuri, et al.（2002）的文章中，50%被称为"高脆弱线"（High Vulnerability Threshold）。但是，所有这些研究都没有解释选择50%的脆弱线的理由是什么。本章认为，在研究中我们必须明确回答为什么那些未来陷入贫困的概率低于50%的家庭被认为是"不脆弱"的？如果选择50%的脆弱线，那些陷入贫困的概率低于50%的家庭应该被排除在政府的社会保护政策之外吗？另外，无论我们使用什么样的贫困线来度量家庭未来陷入贫困的概率，50%都能够被选择作为脆弱线吗？

在下面的研究中，也选择未来陷入贫困的概率等于50%为脆弱线，原因在于：当采用我们的度量方法时，如果期望消费水平与所选择的贫困线相等，则我们的度量方法所得到的结果正好等于50%；如果期望消费水平高于贫困线，则我们的度量方法所得到的结果低于50%，反之则高于50%。所以选择50%作为脆弱线是恰当的，它的背后隐含着一个相对应的福利水平——贫困线。在我们采用的度量方法之下，脆弱线的选择并非一个主观的事情。而且，脆弱线的选择必须考虑所使用的定义和度量方法，不同的定义或度量方法可能需要选择不同的脆弱线，因为脆弱性本身就是对家庭未来福利水平的一个度量。在我们的这种方法下，选择不同的贫困线并不影响脆弱线的选择，比如选择每天1美元的贫困线，那么此时的50%可以被看作"低脆弱线"；当选择每人每天2美元的贫困线时，50%则可以被看作"高脆弱线"。这种方法的优点在于简单明了，而且其背后还隐含着明确的被社会所接受的一种福利基准。

5. 后续研究方向

脆弱性研究已经发展成为贫困研究的一个全新而重要的领域，但是对它的研究还处于起步阶段，从前面的综述中可以看出，关于脆弱性的定义和度量方法还存在很多争论和没有解决的问题。然而，除了继续探索脆弱性的科学定义和度量方法之外，还有很多课题构成了这一领域的后续研究方向：

第一，如果要在动态的框架下定义和度量脆弱性，则面板数据往往是必需的。但是，面板数据往往很难获得，特别是在发展中国家。所以，在缺乏面板数据的情况下，如何度量贫困的脆弱性就成为一个重要的课题。例如，Chaudhuri, et al. (2002)提出了一个使用截面数据来度量脆弱性的简单方法，他们认为，如果消费支出变动的大部分能够被可观察到的家庭特征的差异所解释，那么即使是一个截面数据也能够用来预测哪些家庭将会陷入贫困。另外，如果拥有混合截面数据，则可以使用队列分析方法。

第二，关于贫困的脆弱性研究的一个核心问题就是脆弱性的决定因素。从本章的综述中可以看出，现有这方面的研究基本上都是给出一个非正规的度量然后在此基础上考虑其决定因素，这很可能会带来有偏误的结果。所以，在建立了一个严格而科学的度量框架之后，再考察贫困脆弱性的决定因素将是这一领域中的核心研究任务。当然，我们还可以借助这种科学的度量结果进行政策评价。

第三，贫困脆弱性对家庭决策也具有重要的影响，所以考察家庭的脆弱性与家庭决策间的关系就具有重要的理论意义和实践意义。例如，是否脆弱的家庭会倾向于减少子女的教育投资，是否脆弱的家庭会倾向于借助信贷市场或保险市场来回避风险等问题，都是这一领域中非常重要的研究课题。

第二节　如何更准确地预测贫困脆弱性

度量贫困脆弱性的重要性是毋庸置疑的，这是因为贫困脆弱性能够识别出那些目前并非贫困而未来可能会陷入贫困的家庭或个人，以及那些未来将无法脱离贫困的家庭或个人，一旦识别出他们之后，政府就可以制定出适当的政策来阻止前者陷入贫困和帮助后者脱离贫困。有一点很清楚，那就是仅仅基于目前的贫困状况而制定的扶贫政策可能对于那些脆弱的家庭或个人是无效的，而如果能够获得关于家庭或个人的脆弱性的信息，则现存的和未来的贫困都可以被纳入扶贫政策的瞄准目标中去，正如我们普遍认同的"预防比治疗更有效"，而要"预防"贫困则首先需要能够尽量准确地度量贫困脆弱性。

有研究表明,在我们接受的定义方法的前提下,预测贫困脆弱性的准确性与脆弱线和贫困线的选择以及未来收入的概率分布函数中的参数有关[①],所以,前者的选择与后者的决定将无疑会影响度量贫困脆弱性的准确性,然而,却从未有研究者考察过这一问题,本章的主要目的是考察选择不同的脆弱线、贫困线和不同的计算永久性收入的方法对于度量贫困脆弱性准确性的影响,从而填补该研究领域内的一个空白。本节的研究将按如下思路展开:基于1989、1991和1993年搜集的CHNS三轮面板数据,我们首先利用前两年的数据预测家庭的贫困脆弱性,然后将它与1993年观察到的实际贫困进行对比,如果两者吻合的程度越高,则表明预测方法越准确。

一、理论框架

首先,我们用 V 来表示贫困脆弱性并用如下公式定义它:

$$V_{it} = \int_{-\infty}^{z} f_t(Y_{i,t+1}) d(Y_{i,t+1}) \tag{4-9}$$

其中,下标 i 和 t 分别表示家庭和时间点,Y 代表家庭的福利水平(消费或收入),z 则代表贫困线,$f(Y_{i,t+1})$ 表示家庭未来福利的概率密度分布函数;显然,这里的 V_{it} 就表示家庭在未来 $t+1$ 时间的福利水平低于事先确定的贫困线 z 的概率。

这一定义在现有文献中被较为广泛地采用,此外,它与 Alwang, et al. (2001) 对贫困脆弱性的界定保持一致,他们认为贫困脆弱性的定义应该包含如下五个因素:第一,它是前瞻性的,并且可以用未来经历某种福利水平降低到一个社会可接受的程度以下的概率(即贫困线)来度量;第二,它由具有不确定性的事件导致;第三,贫困脆弱性的程度与家庭福利有关的风险的特征及家庭抵抗风险的能力相关;第四,它还与时间的范围有关,也就是说,一个家庭在下个月、下一年内可能是脆弱的;第五,贫困和非贫困家庭都可能因为有限的财产和应对风险的能力不强而具有脆弱性。

在公式(4-9)中,未来收入或消费的不确定性 $Y_{i,t+1}$ 由概率密度函数 $f_t(Y_{i,t+1})$

---

① 脆弱线是指在用未来陷入贫困的概率度量贫困脆弱性的情况下,以多高的比率来界定一个家庭或个人是否是脆弱的。

决定,所以在计算 V_{it} 之前必须要获得它的函数形式;在现有的研究中,有两种方法获得这一概率密度函数:第一种方法即自导法(Bootstrap Method),它是根据类似家庭的可观察特征以及过去消费的波动来生成一个未来收入的可能分布,并用它代替未来收入的未知概率密度分布。Kamanou and Morduch(2002)和 Kühl(2003)的研究中用到了这一方法。第二种方法则是事前直接假设未来的收入或消费服从某种分布,并根据家庭可观察特征或收入或消费量来估计这一分布中的相关参数。例如,Rajadel(2002)就根据夏皮罗-维尔克正态分布检验(Sharpiro-Wilk test for normality)事前假设家庭的食物消费服从对数正态分布,而这个分布的均值和标准差则根据 Christiaensen and Boisvert(2000)所提出的回归方法进行估计。Chaudhuri et al.(2002)、Christiaensen and Subbarao(2005)和 Zhang and Wan(2006)的研究也采取了对数正态分布的假设。与这些研究对应的,McCulloch and Calandrino(2003)的研究则假设家庭消费的跨期变化服从正态分布,而且对应不同家庭的分布具有不同的均值和标准差,然后他们利用面板数据来估计这些均值和标准差。另外,Pritchett, et al.(2000)的研究则假设家庭现在与未来消费之间的差服从正态分布,然后基于这一假设来预测贫困的脆弱性,而 Mansuri and Healy(2001)则将他们的工作基于历史上的冲击和度量误差都服从正态分布的假设基础之上。

由于从我们的数据中无法得到家庭消费的度量,所以用收入水平来度量家庭的福利水平,那么在预测贫困脆弱性之前就必须得到关于家庭未来收入的统计分布。关于未来收入的分布,可以有很多选择,例如 Champernowne(1953)和 Rutherford(1955)的研究所提出的几种不同分布形式。然而,根据 Singh and Maddala(1976)的研究,帕累托分布(Pareto)适合描述那些高收入群体的收入水平,而对数正态分布则适合描述低收入群体的收入水平,基于此,由于我们主要关心的是低收入群体的福利状况,所以对数正态分布的假设对于本章的研究目的而言比较可取。另外,Shorrocks and Wan(2008)也进一步提供了关于用对数正态分布假设模型化家庭收入水平的证据。

在假设了家庭未来收入成对数正态分布之后,我们需要进一步解决的问题就是估计该分布中的均值和标准差。在现有研究中,Mansuri and Healy(2001)基于 Friedman(1957,1963)的永久性收入假说,证明了永久性支出可以作为未来支出均值的一个比较好的估计量;类似的,Chaudhuri, et al.(2002)和 McCulloch and Calandrino(2003)则基于面板数据证明：观察到的收入或消费的均值和标准差可以被认为是未来收入或消费的均值和标准差的无偏估计量。在有面板数据的情况下，根据永久性收入理论，研究者可以通过回归方法将观察到的收入分解成永久性收入和暂时性收入(Mansuri and Healy，2001；Kühl，2003；Zhang and Wan，2006)，或者，也可以直接计算观察到的收入的均值和标准差(Chaudhuri, et al. 2002；McCulloch and Calandrino，2003)。在本章中，我们将沿用 Bhalla(1980)关于分解永久性收入的两种方法：一种是基于回归方法的分解，另一种是对过去的收入进行加权平均，按照这些方法得到未来收入的均值的估计值之后，便可以直接计算概率分布函数中的标准差，并进而根据公式(4-9)预测贫困脆弱性。计算过程如下：

第一，假设家庭的未来收入成对数正态分布，其概率密度函数为：

$$f(Y_{i,t+1}) = \frac{1}{Y_{i,t+1} b_i \sqrt{2\pi}} e^{-(\ln Y_{i,t+1} - a_i)^2/(2b_i^2)} \tag{4-10}$$

其中，b_i 是未来收入的标准差，a_i 是未来收入的期望。

第二，基于 Mansuri and Healy(2001)，Kühl(2003)和 Zhang and Wan(2006)的研究，我们以永久性收入作为未来收入的期望的估计值，并分别采用两种方法来计算永久性收入。

第三，用观察到的收入水平的标准差作为未来收入标准差的估计值：

$$b_i = \sqrt{\sum_t (\ln Y_{it} - a_i)^2} \tag{4-11}$$

第四，贫困脆弱性用下式度量：

$$V_{it} = \int_0^{\ln Z} f(\ln Y_{i,t+1}) d\ln Y_{i,t+1} \tag{4-12}$$

其中，$\ln Z$ 是贫困线的对数。

在这一过程中，我们将分别考察选择不同的脆弱线、贫困线及计算永久性收入的不同方法对贫困脆弱性预测精确性的影响。

二、数据来源、脆弱线与贫困线的选择

本章使用的数据来自"中国营养与健康调查"(China Health and Nutrition Survey，CHNS)，这一调查由北卡罗琳娜大学的卡罗琳娜人口研究中心和中国疾病预防控制中心营养与食品安全所共同组织。尽管这一调查不是专门为中国居民的收入

而设计,但是调查中包括了各种收入及补贴等各种详细信息,从而为我们考察中国农户的收入情况提供了可能。同时,这个调查还具有的一个优点就是它将样本家庭收入用各地区的价格指数进行了平减,以反映不同地区之间的价格指数的不同(基年为1988年)。该调查截止到2010年一共进行了7轮(1989、1991、1993、1997、2000、2004和2006年),每一轮大致调查了来自中国9个省份中的4 000个家庭、15 000个居民。该调查对象既包括农村居民又包括城市居民,由于中国的贫困人口主要集中在农村地区,所以本研究只采用了CHNS数据中的农村样本。在本章的研究中,我们抽取了在1989、1991和1993年中都被调查了的农村样本,并在删除了重要信息缺失的样本后,得到了一个由2 340个农户构成的平衡面板数据。该调查的后续若干年中的数据我们并没有采用,其中一个重要原因就是时间跨度过长的面板数据会面临严重的样本流失(Sample Attrition)问题及家庭结构变动问题。另外,虽然本章使用的样本并不能完全代表中国农村,但是由于本章的研究目的仅仅在于考察贫困脆弱性预测方法的准确性,而不在于考察中国农村贫困脆弱性的现状及其决定因素。

要利用公式(4-9)去预测贫困脆弱性,我们首先必须选择贫困线。由于国家统计局确定的国定贫困线被批评者认为,它相对于国际标准贫困线而言其水平过低,所以,本章就采用以购买力平价和农村居民CPI折算后的每天1美元和每天2美元的国际标准贫困线。① 采用这两条贫困线还有助于我们回答这样一个重要问题:贫困脆弱性预测结果的精确性与外生选择的贫困线是否有关?我们知道,更高的贫困线肯定会带来更高的脆弱性预测结果,但是我们并不知道哪一条贫困线能够带来更高的精确性。

其次,我们还必须选择脆弱线。在现有研究中,Chaudhuri, et al.(2002)认为脆弱线的选择是个非常主观的事情,并且提出两条脆弱线:第一条为观察到的贫困发生率,Rajadel(2002)的研究也采用了这一脆弱线。比如,如果一个地区的贫困发生率是40%,那么,当这个地区的某个家庭未来陷入贫困的概率超过40%时,他就被认为是脆弱的。第二条脆弱线则为50%,Kühl(2003)、Pritch-

---

① 在这2 340个样本中,如果按照购买力评价和农村居民CPI折算后的每人每天1美元的贫困线衡量,则贫困发生率为14.83%,而每人每天2美元衡量的贫困发生率则为40.21%。

ett，et al.（2000）和 Zhang and Wan（2006）等的研究都采用了这一脆弱线，并且被 Chaudhuri，et al.（2002）称为"高贫困线"。在该条脆弱线之下，那些未来陷入贫困的概率高于 50% 的家庭被认为是脆弱的。后文的研究中，我们将分别利用这两条脆弱线。①

三、预测结果与讨论

本节将报告不同计算方法下的预测结果，并针对预测结果进行简要的讨论。

1. 加权平均法计算永久性收入

一个计算永久性收入水平的常用方法来源于 Friedman（1957，1963）对家庭消费行为的分析，他用可以观察到的家庭过去的收入的加权平均数来度量其永久性收入水平：

$$Y_p = \sum W_t Y_t, \quad t = -\infty, \cdots, 0 \tag{4-13}$$

其中，W_t 为权重，Y_t 为家庭在 t 时的收入水平；

当拥有时间序列数据时，Friedman（1957）提出了在时间 t' 度量永久性收入 Y_p 的如下公式：

$$Y_{p,t'} = \delta \int_{-\infty}^{t'} e^{(\delta-\alpha)(t-t')} Y_t dt \tag{4-14}$$

其中，α 是永久性收入的增长趋势，δ 是权重；当拥有离散数据时，上述方法演变成如下的权重公式：

$$W_t = \delta \frac{(1+\alpha)^{-t}}{(1+\delta)^{-t}}, \quad t = -\infty, \cdots, -3, -2, -1, 0 \tag{4-15}$$

其中，δ 被解释为调整参数（详细论述请参见 Friedman（1957）的论述）。

在后来的一篇文献中，Friedman（1963）又提出了另外一个计算永久性收入的原理，并且提供了可以应用于个人和国家层面的数据，利用这一原理计算永久性收入的公式与计算权重的公式与前面的公式（4-13）和公式（4-15）相同，但是有一个

---

① 在我们的研究中，我们坚持以 50% 为脆弱线，这是因为在我们选择的定义方式下，当家庭的未来收入的期望正好等于贫困线时，他的脆弱性即未来陷入贫困的概率正好等于 50%，所以，50% 的贫困线的背后其实正好对应着家庭未来的福利水平等于贫困线所决定的福利水平。但是，为了比较不同脆弱线的选择对预测精确性的影响，我们在研究中依然使用了两条脆弱线。

重要的区别在于,此时的δ是一个直接估计的贴现率,而不再是前面的调整参数。在本章中,我们首先利用 Friedman(1957,1963)的方法,假设样本家庭基于他们观察到的农村家庭的收入增长速度来预期他们自己的未来收入。基于本章的样本,农户家庭的收入年平均增长率为 6.75%;其次,我们利用 Friedman(1957),Mohabbat and Simons(1977)和 Bhalla(1980)的研究方法,假设家庭能够基于过去三年的收入水平来预期未来的收入,这样贴现率大致等于 33%,从而永久性收入就可以根据公式(13)计算,并被作为家庭未来收入的期望。①

为了衡量我们能够在多大程度上可以准确地预测贫困脆弱性,我们可以将事前预测的贫困脆弱性与事后观察到的实际贫困进行对比,所以,我们将基于 1989 年和 1991 年的面板数据及上面讨论的方法预测贫困脆弱性,然后用它与 1993 年实际发生的贫困进行对比。在理想状况下,我们期望预测出的脆弱性家庭与实际的贫困家庭相吻合,但是在现实中这是不可能的。从理论上讲,例如我们选择 50% 作为脆弱线,那么脆弱的家庭是指那些在未来陷入贫困的概率等于或高于 50% 的家庭,但是,那些不脆弱的家庭在未来也依然可能会陷入贫困,只不过这个概率较低而已。同时,那些脆弱的家庭也未必全部会陷入贫困,有部分家庭可能会脱离贫困,尽管这个概率很低。

总之,在考虑了所有的因素之后,一个最简单的评价预测准确性的尺度是被预测为脆弱的家庭与 1993 年实际贫困家庭之间的重合率,重合率越高,表明预测的精确性越高,预测及对比结果见表 4-1。另外,这里值得注意的是,我们只能根据 1991 年预测出的贫困脆弱性与 1993 年的实际贫困进行对比,这主要是因为 CHNS 数据中 1992 年没有调查,但是这种对比依然具有重要意义,理由在于:首先,家庭在 1991 年所面临的不确定性事件或潜在的风险未必一定会在 1992 年立即产生效果,而可能会在 1993 年产生效果;其次,我们正在进行的另一个利用了连续 11 年的面板数据的研究表明,将预测的贫困脆弱性与后面连续 3 年中观察到的贫困进行对比,第二年和第三年所得到的精确性在保持其他条件不变的情况下与第一年的精确性保持一致,这说明即使是跨越了 1992 年的对比,所得出的结论也

---

① 根据 Friedman(1963),δ的值由时间范围而决定,而时间范围由 $1/\delta$ 来定义,所以,当我们假设时间范围为 3 年时,贴现率就等于 33.33%。

依然是稳健的。

我们可以从表 4-1 中得到两个重要结论:首先,当我们选择每人每天 2 美元而不是 1 美元的贫困线时,脆弱家庭和贫困家庭的重合率更高;其次,在贫困线相同的情况下,用样本的贫困发生率作为脆弱线所得到的预测精确性比用 50% 作为脆弱线得到的预测精确性要低。

表 4-1　预测出的贫困脆弱性与实际贫困的对比

贫困线	1991 年预测的贫困脆弱性*	1993 年观察到的贫困**	跌入贫困的脆弱家庭(户)***	重合率****
脆弱线=50%				
每人每天 1 美元	97	347	33	34.02%
每人每天 2 美元	642	941	320	49.84%
脆弱线=贫困发生率=14.83%				
每人每天 1 美元	991	347	207	20.89%
脆弱线=贫困发生率=40.21%				
每人每天 2 美元	853	941	401	47.01%

注:* 1991 年被预测为脆弱的家庭数量;* * 1993 年贫困家庭的数量;* * * 1991 年被预测为脆弱的、并且 1993 年也确实跌入贫困的家庭数量;* * * * 第三列数字占第一列数字的比例。

2. 回归方法计算永久性收入

根据 Bhalla(1980)的研究,家庭 i 在 t 时的永久性收入可以由下面的回归方程决定:

$$Y_{it} = \sum_{j=i}^{k} \beta_j X_{jit} + e^* \tag{4-16}$$

其中,

$$e^* = \gamma_i + \varepsilon_{it} + \varepsilon_t \tag{4-17}$$

Y_{it} 是观察到的家庭收入,X 是收入的决定因素,β_j 是待估计的回归系数,e^* 是一个复合随机扰动项,$\gamma_i(\varepsilon_t)$ 是与家庭有关的特定扰动项,而 ε_{it} 则是一个期望为 0 的扰动项。

根据永久性收入理论,家庭的永久性收入由固定资产、金融资产和人力资本来决定。在本章中,我们用家庭人口数量作为劳动力的代理变量,用家庭拥有的灌溉设备、农业生产设备及其他设备等的价值作为金融资产的度量,同时将家庭拥有的耕地面积也作为永久性收入的决定因素；对于家庭的人力资本变量，我们用户主的年龄、性别和教育年限来反映。表 4-2 提供了相关变量的定义，表 4-3 则提供了对这些变量的统计描述。从表 4-3 中可以清楚地看出，从 1989 年到 1991 年，样本家庭的平均收入及平均金融资产上升了，但是家庭规模和平均耕地面积却有所下降，样本数据反映出的这些变动趋势与中国的现实状况是一致的。

表 4-2　回归模型中的变量的定义

变量	变量的定义
lnfarmland	家庭耕种的耕地面积（对数形式）
lnfixassets	家庭拥有的金融资产价值（对数形式）
hhmember	家庭成员数量
hhedu	户主接受的正式教育的年限
hhsex	户主的性别虚拟变量
hhage	户主年龄

表 4-3　回归模型中的变量的统计描述

变量	均值		标准差		最大值		最小值	
	1989 年	1991 年	1989 年	1991 年	1989 年	1991 年	1989 年	1991 年
lnincome	7.90	8.52	0.86	0.75	3.61	4.50	10.12	10.86
lnfarmland	1.45	1.16	1.67	0.83	0.00	0.00	9.31	4.43
lnfixasssets	3.54	4.42	3.14	3.13	0.00	0.00	10.55	11.51
hhmember	4.39	4.31	1.48	1.46	1.00	1.00	11.00	12.00
hhedu	5.99	5.99	3.86	3.86	0.00	0.00	19.00	19.00
hhage	43.00	45.00	12.85	12.85	19.00	21.00	83.00	85.00

表 4-4 报告了固定效应模型和随机效应模型的回归结果。由于固定效应模型有利于控制变量的内生性，所以本章使用固定效应模型的回归系数来计算家庭的永久性收入，并将其作为家庭未来收入的期望。然后，基于这个期望计算家庭可观察到的收入的标准差，并基于公式(4-9)来预测贫困的脆弱性，预测结果如表 4-5 所示。

表 4-4 固定效应和随机效应模型回归结果

变量	固定效应模型	随机效应模型
lnfarmland	0.006 8　(0.013 9)	−0.074 8***　(0.009 5)
lnfixassets	0.025 7***　(0.005 9)	0.025 6***　(0.003 9)
hhmember	0.187 2***　(0.022 8)	0.167 4***　(0.009 0)
hhedu		0.046 3***　(0.004 0)
hhsex		−0.189 6***　(0.044 5)
hhage	0.307 0***　(0.010 3)	0.001 7　(0.001 2)
constant	−6.221 5***　(0.470 6)	7.295 1***　(0.086 7)
观察值	2,340	4,680
R^2	within=0.313 8 between=0.009 5 overall=0.001 8	within=0.046 2 between=0.196 8 overall=0.129 5
F 或 Wald 检验	$F(5, 2334)=1.84$ Prob>F=0.00	Wald $\chi^2=611.72$ Prob>χ^2=0.00

注:括号中的数字为标准误;＊＊＊表示在1%的程度上显著。

表 4-5 的结果表明,使用 50% 作为脆弱线,而不是使用人口负担率作为脆弱线依然可以得到更高的预测精确性;而且,更高的贫困线也会带来更高的预测精确性,这些结论与表 4-1 中的结论是一致的。最后,当我们把表 4-1 和表 4-5 进行对比后,可以得出本章的另一个重要结论:无论选择什么贫困线或脆弱线,通过对过去的收入进行加权平均的方法得到未来收入期望的同时,也能够得到相对较高的预测精确性,而用回归方法获得的精确性则相对较低。

表 4-5 预测的贫困脆弱性与观察到的贫困的对比

贫困线	1991年预测的贫困脆弱性	1993年观察到贫困	跌入贫困的脆弱家庭	重合率
贫困线=50%			
每天1美元	1 055	347	177	16.78%
每天2美元	1 211	941	523	43.19%
脆弱线=贫困发生率=40.21%			
每天1美元	2 210	347	336	15.20%
脆弱线=贫困发生率=40.21%			
每天2美元	1 262	941	537	42.55%

注:表中数字的含义同表 4-1。

最后,我们再对上述预测结果做一个简要的分析和讨论,并基于这些讨论指出未来几个可能的研究方向。

我们可以看出,本章计算的重合率的绝对水平并不是太高,这可能是如下原因导致的:一是我们只使用了两个观察点来预测未来,所以这种数据本身可能导致预测的精确性不高。二是我们的比较跨越了 1992 年,所以导致预测的结果在与 1993 年的贫困进行对比时得到的重合率降低;当然通过与我们另一个利用连续数据的研究比较发现,向前连续对比 3 年的话,每过一年所得到的重合率确实也都保持下降趋势。三是本章采用的计算重合率的方法。本章直接用预测结果与观察结果重合的部分占预测结果的比例来度量精确性,这一方法的优点是简单直接,而局限性在于没有考虑到预测的结果只是一种概率,所以这个度量精确性的方法还有进一步改进的余地。四是贫困和贫困脆弱性的特征。如果贫困主要由永久性贫困而非暂时性贫困构成,则预测的精确性会较高,这是因为这种情况下我们能够更容易根据观察到的家庭特征和过去的收入水平预测其未来,并能够更好地捕捉到未来将要发生的永久性贫困;同样道理,当我们选择一个更高的贫困线时,更多的家庭被划分为贫困家庭,这使我们能够通过预测方法在更多的群体里找到那些容易陷入贫困的家庭(当然,这一点并不是绝对的)。五是与我们使用的预测方法本身有关,比如我们采取的对数正态分布假设及计算永久性收入的不同方法等。如何利用自导法预测家庭的贫困脆弱性及如何提高不同方法的预测精确性将是未来这个领域中的重要研究方向。另外,在没有面板数据的情况下,如何利用截面数据预测贫困脆弱性,无论是就方法论而言还是对政策制定者而言,都具有重要意义,因为发展中国家普遍面临着无法得到足够好的面板数据服务于研究和政策制定的问题。

四、结论与政策含义

本章的主要研究目的是将事前预测出的贫困脆弱性与事后观察到的贫困进行对比,从而考察我们能够在多大程度上精确地预测贫困脆弱性,对比结果发现:

第一,预测的精确性与脆弱线的选择相关,本章的研究结果表明使用 50% 作为脆弱线比较合适。

第二,预测的精确性还与计算未来收入的期望的方法有关,用过去收入的加权平均法计算的永久性收入作为未来收入的期望能够得到更高的预测精确性,而使用回归方法计算得出的精确性则较低。

第三,预测的精确性还与贫困线的选择有关,其他条件保持不变,高贫困线下的预测精确性较高。

本章的研究结果对贫困脆弱性未来的研究提供了有益的启示,例如,当拥有面板数据时,使用过去收入的加权平均来计算永久性收入并作为未来收入的期望比较可行。另外,研究者和政策制定者使用贫困发生率作为脆弱线的话则并不可取,理由在于:当贫困发生率并不是特别高时,比如本章使用的样本,在每天 1 美元的贫困线下,使用贫困发生率作为脆弱线时预测出的脆弱家庭有 991 个(加权平均法计算永久性收入),而在每人每天 2 美元的贫困线下,预测出的脆弱家庭数量则高达 2 210 个(回归法计算永久性收入),这两个数字占总样本的比例高达 43% 和 95%,如此高的占比表明贫困脆弱性的预测对政策制定者而言几乎没有什么意义。总之,让一个发展经济的扶贫政策去瞄准那么高比例的脆弱家庭是极其不现实的。更重要的是,当我们用贫困发生率作为脆弱线时,保持其他条件不变的情况下,预测的精确性也会降低,从而使得这种情况下的预测结果不那么有效,也因此使得政府以此为依据的扶贫政策效率降低。

当然,本章中我们只考虑了两种估计永久性收入的方法,而且也只考察了两种贫困线和脆弱线对预测精确性的影响,尽管对数正态分布这一假设得到了支持,但采取其他分布的假设也可以成为未来研究的一个尝试。实际上,不采取任何假设的自导法也可以成为未来研究的一个方向。最后,本章的研究只建立在对过去收入的两个观察点的基础之上,当研究的目的是为了获得关于贫困脆弱性的概况,那么仅仅基于两个观察点的预测是需要谨慎对待的。所有这些问题都是未来研究的重要方向。这些问题的解决,将更有利于政策制定者依据更加准确的预测结果来制定扶贫政策。

第三节 贫困脆弱性的决定因素分析

本节的主要研究目的在于度量贫困脆弱性以及探讨多样化和教育是否会影响中国农村的贫困脆弱性。换言之,我们试图观察是否一个农村家庭参与非农活动越多样化及户主受教育程度越高,该家庭未来陷入贫困的可能性就越小。为此,我们在度量脆弱性的框架中引入组群分析方法,这是本节的第二个研究目的。

一、脆弱性的度量方法

我们借鉴 Kühl(2003)的方法,用公式(4-12)度量脆弱性。

从概念上来说,组群 c 的平均消费水平 Y_{ct} 由三个部分组成:永久性消费水平 Y_{ct}^P,暂时性冲击 Y_{ct}^{TS}(在下一期会消失),以及均值为零的误差项 v_{ct}。如下式所示:

$$Y_{ct} = Y_{ct}^P + Y_{ct}^{TS} + v_{ct} \tag{4-18}$$

具体而言,永久性消费分为以下两部分:

$$Y_{ct}^P = Y_{ct}^U + Y_{ct}^{PS} \tag{4-19}$$

其中,Y_{ct}^P 表示潜在的消费水平,Y_{ct}^{PS} 表示均值为零的永久性冲击。

因此,我们得到:

$$Y_{ct} = Y_{ct}^U + Y_{ct}^{PS} + Y_{ct}^{TS} + v_{ct} \tag{4-20}$$

其中,假定潜在的消费水平满足以下条件:

$$Y_{ct}^U = Y_{ct-1}^U + Y_{ct-1}^{PS} \tag{4-21}$$

将方程(4-21)代入方程(4-20)得到:

$$Y_{ct} = (Y_{ct-1}^U + Y_{ct-1}^{PS}) + Y_{ct}^{PS} + Y_{ct}^{TS} + v_{ct} \tag{4-22}$$

那么,

$$Y_{ct+1} = (Y_{ct}^U + Y_{ct}^{PS}) + Y_{ct+1}^{PS} + Y_{ct+1}^{TS} + v_{ct+1} \tag{4-23}$$

方程(4-23)建立了 $t+1$ 时消费水平与 t 时消费水平之间的联系。基于该方程,$t+1$ 时消费水平的期望值为:

$$\begin{aligned} EY_{ct+1} &= E[(Y_{ct}^U + Y_{ct}^{PS}) + Y_{ct+1}^{PS} + Y_{ct+1}^{TS} + v_{ct+1}] \\ &= (Y_{ct}^U + Y_{ct}^{PS}) + E(Y_{ct+1}^{PS} + Y_{ct+1}^{TS}) \\ &= (Y_{ct}^U + Y_{ct}^{PS}) \end{aligned} \tag{4-24}$$

需要注意的是,在最后一个等式中,暂时性冲击在 $t+1$ 时会消失且不影响 $t+1$ 时的消费水平。此外,永久性冲击在 $t+1$ 时的均值为零。方程(4-24)表明在 $t+1$ 时预期消费水平等于 t 时永久性消费水平。这一结论对于下文实证部分脆弱性的度量十分重要。

在计算 $t+1$ 时消费水平的期望值之前,首先需得到 Y_{ct}^U 和 Y_{ct}^{PS}。尽管从 Friedman(1957)开始已存在不少研究将消费分解为永久性消费和暂时性消费两部分,但大多数研究所用的时间序列数据不是面板数据。不同于这些研究,我们基于构造的合成面板数据运用了基于回归的分解方法来进行分析。详见 Hyun, et al. (1979), Paxson(1992)及 Mansuri and Healy(2001)。消费函数模型如下:

$$\overline{Y}_{ct} = \alpha_0 + \sum \overline{X}_{ct}^P \beta_1 + \sum \overline{X}_{ct}^{TS} \beta_2 + \overline{e}_{ct} \tag{4-25}$$

其中,$\overline{Y}_{ct}$表示组群 c 中家庭的平均消费水平,$\overline{X}_{ct}^P$ 和 $\overline{X}_{ct}^{TS}$ 分别表示决定家庭永久性消费支出和暂时性消费支出的家庭特征因素及$\overline{e}_{ct}$表示均值为零的扰动项。

二、实证分析

下面实证分析所用数据来源于 2000 年至 2004 年上海市郊区的农户调查数据,该数据要求每年每个地区的 100 户农户记录其家庭日常现金和实物收支。然后国家统计局定期检查、收集、整理和汇总农户的收支记录,形成农户调查数据库。根据国家统计局的规定,为了保证抽样调查的代表性,每年被调查农户都要更换 20%,因而这一农户调查数据可构成循环面板数据(Rotating Panel Data)。

一般来说,如果连续几年无法观察到一个家庭的状况,我们便无法获得有关冲击及家庭应对冲击的信息。例如,如果家庭对飓风的脆弱性及其对家庭决策的影响是相关的,那么该样本数据应包含这些受飓风影响的家庭(Alwang, et al., 2001)。同样的,使每个收入和消费发生相同数量变动的宏观经济冲击将不会揭示这些家庭所面临的风险(Pritchett, et al., 2000)。尽管更长的时间序列更加有益于分析,但用涵盖 5 年的农户调查数据来研究脆弱性也是可接受的。

使用面板数据必须强调两个问题(Kamanou and Morduch, 2002):样本损失和家庭结构变动。通常情况下,若将部分家庭从面板数据库中剔除,则很容易导致样本损失,进而导致消费函数的估计偏差。而家庭结构常会因为家庭分离、迁移、新生儿出生及亲友的到来而发生变动。例如,Kamanou and Morduch(2002)发现,中国 1985 年至 1986 年间贫困人口的平均家庭规模下降了 7%,但对非贫困人口来说,其降幅要小得多。这一变动导致了人均消费水平变动了 25%。为了减少这些数据问题带来的影响,我们在将非平衡面板数据构造为合成面板数据时引入组群分析方法(Cohort Analysis),即根据家庭特征将样本分成不同的组群。当将合成面板作为真实面板时，每个农户的动态行为可被相应地模型化(Verbeek and Nijman, 1993; Deaton, 1985)。理论上，在很多情况下，合成面板比真实面板更可取，因为真实面板往往因为样本损失问题而不再具有代表性(Deaton, 1985, 1997)。

尽管如此，当组群中样本家庭数量(即组群大小)不均衡时，引入组群分析方法可能会带来异质性。为了确保同质性，一个可行的方法是通过用组群大小的平方根作为权重来对组群进行加权(Deaton, 1985; Greene, 2000)。利用现有的循环面板数据，我们将具有特定特征的家庭构造成一个组群。通过这种方法，我们得到了 5 年的合成面板数据。准确来说，每一个区域的样本首先分为农户和非农户。其中，若一个家庭的农业收入比例超过当年全体样本的平均值时，那么该家庭被视为农户，反之为非农户。根据户主的受教育程度进一步将农户和非农户分为两组，其中，那些户主受教育程度高于初中水平的家庭组成了高教育组，其余家庭则进入低教育组。这样，在没有出现空组群的情况下，我们能够得到 5 年内的 24 个组群(对应于每个区的 4 个人口组群)。然而，如附录中的表 A4-1 所示，我们仍产生了 5 个空组群，其中一半来源于区域 A。这样，我们共有 115 个组群观测值可用于估计模型式(25)。

表 4-6 为各组群的平均消费水平。显然，无论在哪年和哪个区域，高教育组群均比低教育组群的消费水平高。若教育组群相同，非农户组群则比农户组群的消费水平高。可能的解释是非农户家庭有更高的净收入(见附录表 A4-2)。

表 4-6　各组群的家庭平均消费支出　　　　　　　　　　　　(单位:元/年)

年份 组群	2000	2001	2002	2003	2004
A1	14 878.22	13 099.75	15 156.19	12 507.36	11 372.93
A2	19 395.00	—	23 414.30	—	—
A3	17 007.63	17 564.38	17 460.80	20 089.34	19 009.20
A4	13 866.58	17 574.35	16 722.20	17 337.21	20 387.58
B1	11 416.19	12 315.36	11 646.52	13 908.31	11 792.75
B2	—	18 915.63	13 160.11	16 696.80	27 818.33
B3	13 061.36	13 011.93	15 848.00	14 930.86	17 377.13
B4	15 429.34	16 913.71	14 261.60	18 549.00	20 136.00
C1	10 150.11	10 249.21	9 857.31	10 794.03	14 481.77

续表

年份 组群	2000	2001	2002	2003	2004
C2	8 801.00	11 982.42	11 922.70	16 512.90	—
C3	14 919.35	14 113.67	19 091.56	16 026.89	15 715.08
C4	15 322.73	15 352.18	13 791.43	27 503.58	20 004.67
D1	8 092.72	8 252.72	6 194.85	8 387.94	4 983.43
D2	7 273.00	11 247.32	11 980.50	9 980.93	9 293.71
D3	16 843.51	13 781.48	13 477.02	14 807.34	17 163.12
D4	14 180.59	14 229.36	15 175.58	17 840.20	18 159.56
E1	9 725.06	12 584.05	10 402.69	12 441.50	10 513.96
E2	11 780.33	16 107.15	15 231.37	20 003.50	10 466.71
E3	12 571.19	15 273.57	14 066.50	13 912.27	1 4761.06
E4	13 954.05	20 079.38	15 396.53	20 024.00	21 960.88
F1	7 130.52	7 797.06	7 902.09	8 506.57	8 612.32
F2	9 347.25	7 989.98	14 078.53	9 642.23	14 126.33
F3	11 318.94	12 708.17	15 200.88	13 428.24	13 319.23
F4	11 626.29	13 646.75	12 873.14	14 817.07	18 779.27

注：A，B，C，D，E，F代表样本中的6个地区；低教育农户组群＝1；高教育农户组群＝2；低教育非农户组群＝3；高教育非农户组群＝4。

图4-1绘制了2002年24个组群的家庭平均消费曲线和净收入曲线。和预期一致：非农户组群的家庭平均净收入高于农户组群的家庭平均净收入。有趣的是，与非农户组群相比，农户组群的家庭平均消费水平和净收入水平的变动更明显，这可能表明农户组群的家庭面临的风险更高。

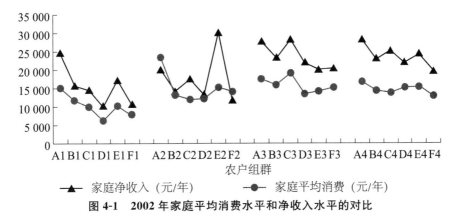

图4-1 2002年家庭平均消费水平和净收入水平的对比

现在，我们开始对消费函数(25)进行估计。首先根据 Friedman 的永久收入假说，家庭永久性消费水平由家庭固定资产、金融资产和人力资本影响的永久性收入决定。那么，$\overline{X}_{ct}^{P}$ 包括以下 8 个家庭特征（详见表 4-7 中的变量定义）：$fixassets$，$agrequip$，$deposit$，$land$，$hhedu$，$labour$，$dependant$ 和 $vehicle$。其中，$fixassets$ 和 $agrequip$ 是度量家庭固定资产的变量，$land$ 表示家庭拥有的人均耕地面积，$deposit$ 表示家庭的净金融资产，$hhedu$ 度量了户主的受教育水平，$dependent$ 表示自变量的平均个数，$vehicle$ 表示家庭拥有的汽车数以及 $labour$ 表示家庭的劳动力数量。借鉴 Paxson(1992)，年虚拟变量用于考察当年每个家庭的共同效应。我们也将 $time$ 作为趋势变量，主要用来考察制度和与其他趋势相关的影响，例如技术进步(Bhalla,1980)。

此外，$\overline{X}_{ct}^{TS}$ 包括 7 个家庭特征（详见表 4-7）：$agrlinputvar$，$nonagrlinputvar$，$medicalvar$，$clayhouse$，$oldage$，$ceremony$ 和 $distance$。正如 Paxson(1992)所指，家庭成员的健康状况是暂时性消费的重要决定因素之一。这一指标用组群中 5 年来平均家庭医疗支出的平均离差($medicalvar$)表示。若离差为正，则表示该家庭成员健康状况较差，反之则较好。Mansuri and Healy(2001)把由于疾病而没有工作的天数作为短暂性消费的决定因素之一。而我们使用变量 $agrlinputvar$ 和 $nonag-linputvar$ 度量这种冲击。

表 4-7　变量的定义与说明

变量	变量定义
fixassets	家庭所拥有的平均生产性固定资产
agrequip	家庭所拥有的平均农业生产工具的净价值
deposit	家庭所拥有的平均银行存款
land	家庭所拥有的平均耕地面积
hhedu	组群中的户主平均受教育水平
labour	组群中的家庭平均劳动力人数
dependant	组群中自变量的个数
vehicle	家庭所拥有的平均汽车数
time	年代效应
agrlinputvar	组群中 5 年来从事农业劳动时间的平均离差

续表

nonagrlinputvar	组群中5年来从事非农劳动时间的平均离差
medicalvar	组群中5年家庭医疗支出的平均离差
clayhouse	家庭所拥有的泥坯房的平均大小
oldage	超过80岁的家庭成员平均数量
ceremony	在调查年份年龄为0,1,60,70,80,90岁的家庭成员平均数量
distance	组群中住户距离镇政府、县政府和最近车站的平均距离

仪式性支出是短暂消费支出的一部分(Mansuri and Healy, 2001)。根据中国传统,凡有婚礼、生辰等重要活动时,亲戚或朋友均前来庆祝,那么家庭自然会有部分支出。在度量时,用在调查年份年龄为0,1,60,70,80和90岁的家庭成员数量作为仪式性支出的代理变量。上海部分农村家庭仍有泥坯房,其很难抵御风、雨雪等恶劣天气,因此,这些家庭在房屋维修上需多支出一部分。为了控制这一点,我们将泥坯房的平均大小作为组群变量纳入考虑范围。

在选定因变量后,我们可对模型进行估计。因为所用数据为面板数据,故应使用固定效应或随机效应模型来估计模型(25),估计结果如表4-8所示。尽管t值表明随机效应模型的估计结果更好,但Hausman检验发现原假设被拒绝。因此,下文将对加权的固定效应模型回归中的参数估计进行讨论。

表4-8 消费函数的固定效应和随机效应模型回归结果

变量	模型	
	固定效应模型	随机效应模型
fixassets	0.108 9 (0.086 9)	0.004 2 (0.097 4)
agrequip	−53.099 1 (69.785 9)	−144.688 7* (84.525 1)
deposit	−0.006 0 (0.018 3)	0.062 2**** (0.016 5)
land	−334.687 3 (238.074 2)	−159.772 0 (257.252 5)
vehicle	1 876.267 0* (998.047 2)	3 523.205 0**** (594.135 5)
hhedu	880.958 8**** (256.421 0)	421.686 3**** (119.702 9)
labour	320.698 5 (1083.330 0)	471.793 8 (1 381.129 0)
dependant	−579.990 5 (863.700 4)	2 188.526 0**** (952.135 0)
time	988.078 6 (639.813 6)	−577.955 5 (795.096 3)
agrlinputvar	105.297 8 (72.074 5)	−66.328 7 (83.557 8)

续表

变量	模型	
	固定效应模型	随机效应模型
nonagrlinputvar	−62.718 8 (68.236 0)	−18.829 8 (87.334 1)
clayhouse	2.19 69 (3.110 0)	−0.258 8 (3.741 4)
medicalvar	0.801 1**** (0.269 6)	0.621 1* (0.366 7)
oldage	889.674 5 (2 506.395 0)	5 546.121 0**** (2 129.382 0)
ceremony	2 392.020 0 (2 684.869 0)	−2 709.618 0 (3 222.996 0)
distance	259.674 5 (330.193 2)	479.675 8**** (172.571 0)
constant	−604.469 4 (5 407.732 0)	−1 759.645 0 (3 925.996 0)
	R^2 within = 0.7151	R^2 within = 0.523 0
	Prob > F = 0.000 0	Prob > chi^2 = 0.000 0

注:括号中的数字为标准误;*,***,****分别代表10%,5%和1%的显著性水平。

由于这里的模型估计的目的在于预测消费水平,所以保留 t 值较低的参数或估计项是可以接受的,特别是在考虑到 R^2 相当高的情况下。固定效应模型的回归结果并不理想,但可将消费分解为永久性和暂时性消费两部分。换言之,我们将表4-8 的前 9 项和常数项相加得到永久性消费,而其余项之和则为暂时性消费。因为残差由未知因素决定,故不应包括在这两部分中。2004 年的分解结果置于附录表A4-3 中。以下几点值得关注:首先,与预期结果一致,所有的消费数值均为正。其次,每个组群的永久性消费水平均高于其暂时性消费水平。这一情况与上海现实相符,原因是这一地区的农民因其物质资本、人力资本及其他资源可保证其基本的消费水平,但中国的农民同其他发展中国家的农民一样,生活水平均不高,因此,其暂时性消费水平相对永久性消费水平要低。最后,消费的预测值和观测值之间存在合理的正相关关系。所有这些发现均有助于证实我们回归模型的正确性并可用于验证下文的脆弱性分析。

图 4-2 绘制了永久性消费水平和教育之间的关系,其中这两项均为 5 年的组群平均值。很显然,户主的受教育程度是家庭永久性消费程度的决定因素之一。此外,每个地区代表高教育组群的曲线均在代表低教育组群的曲线上方。

在度量脆弱性之前,我们需要首先推导出未来消费的概率分布函数。现有研究主要采取了两种方法。一是利用 Monte Carlo 的自导法(Bootstrap Method),即

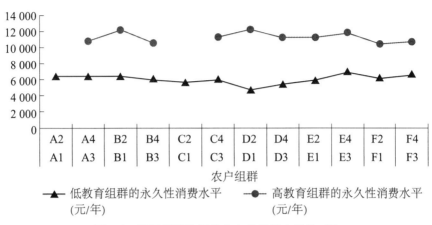

图 4-2　基于组群特征的永久性消费水平的对比

根据类似家庭的可观察特征以及过去消费的波动来生成一个未来消费的可能分布，然后用这个分布代替所要推导的概率分布（详见 Kamanou and Morduch（2002）和 Kühl（2003））。另一个更简单、更直观的方法是假设未来的消费服从某种分布（例如正态分布），并根据家庭的可观察特征或消费量来估计该分布的参数。例如，Rajadel（2002）根据夏皮罗-维尔克的正态分布检验（Shapiro-Wilk Test for Normality），采用了人均食物消费服从对数正态分布的假设，然后根据家庭的特征估计食品消费的事前均值和标准差。Pritchett, et al.（2000）也采用了类似的方法，他们假设当前消费和未来消费之差服从正态分布。Mansuri and Healy（2001）则进一步假设，认为针对消费的所有冲击和测量误差均服从正态分布。而我们借鉴 Shapiro and Wilk（1965）采取的家庭消费服从对数正态分布的假设。因此，根据我们估计的消费函数及消费的预测值很容易计算出分布的均值和标准差。

为了度量脆弱性，我们采用以购买力平价和农村居民消费物价指数折算后的人均消费 2 美元的国际标准贫困线。我们也选择未来陷入贫困的概率等于 50% 为脆弱线。表 4-9 为 2005 年各组群脆弱性估计值。

表 4-9 中的结果表明，24 个组群中的 5 个组群家庭在 2005 年是脆弱的，且这些脆弱家庭均属于低教育组群。高教育组群家庭均不是脆弱的。这一结果体现了教育在帮助家庭摆脱和避免遭受脆弱性时起到了十分关键的作用，该结论与 Glewwe and Hall（1998）和 Pritchett, et al.（2000）的研究结果一致。然而，如果将

农户组群和非农户组群进行对比，我们则无法得出明确的结论。因此，在控制户主的受教育程度后，我们的结论并不支持农户组群比非农户组群更具有脆弱性这一普遍认可的观点。

表4-9 2005年各组群脆弱性的估计值

组群	A1	A2	A3	A4	B1	B2	B3	B4
脆弱性	0.455 4	—	0.526 4	0.163 5	0.516 9	0.294 2	0.546 8	0.018 6
组群	C1	C2	C3	C4	D1	D2	D3	D4
脆弱性	0.523 1	—	0.532 3	0.000 2	0.474 8	0.009 3	0.205 7	0.006 8
组群	E1	E2	E3	E4	F1	F2	F3	F4
脆弱性	0.114 3	0	0.004	0	0.184 9	0.034 3	0.331 6	0

三、结论

本节的主要目的是定义和度量脆弱性以及考察是否教育和分散化会对中国农村家庭的脆弱性产生影响。为此，我们首先基于上海农村地区的农户调查数据来构造组群，以及利用各变量的组群平均值来估计消费函数和分解消费水平。然后我们得到了这些组群的预期消费水平和脆弱性值。研究结果表明，非农部门的分散化策略对减少脆弱性没有帮助。但农村家庭的受教育程度是其脆弱性的重要决定因素之一，中国农村地区中家庭成员受教育程度越低的家庭越脆弱。

附录

表A4-1 按地区和年份划分的组群　　　　　　　　　　（单位：户）

年份 组群	2000	2001	2002	2003	2004	所有年份
A1	37	35	26	14	15	127
A2	1	0	3	0	0	4
A3	49	48	56	67	66	286
A4	13	17	15	19	19	83
B1	21	19	21	13	20	94
B2	0	2	5	2	3	12

续表

年份 组群	2000	2001	2002	2003	2004	所有年份
B3	64	62	64	73	64	327
B4	15	17	10	12	13	67
C1	55	50	35	38	26	204
C2	6	7	11	4	0	28
C3	31	32	48	46	62	219
C4	8	11	6	12	12	49
D1	26	26	27	33	35	157
D2	6	5	4	7	7	29
D3	37	44	43	35	42	201
D4	21	25	26	25	16	113
E1	28	24	23	28	27	130
E2	6	6	6	6	5	29
E3	43	49	52	49	51	244
E4	23	21	19	17	17	97
F1	46	46	45	37	50	224
F2	4	6	8	7	9	34
F3	33	36	33	41	30	173
F4	17	12	14	15	11	69
Total	600	600	600	600	600	3000

注：A, B, C, D, E, F 代表样本中的 6 个地区；低教育农户组群＝1；高教育农户组群＝2；低教育非农户组群＝3；高教育非农户组群＝4。

表 A4-2　组群平均净收入水平　　　　　　　　　　　（单位：元/年）

年份 组群	2000	2001	2002	2003	2004
A1	23 920.27	25 686.4	24 615.46	24 579.64	22 647.67
A2	12 129.00	—	20 133.00	—	—
A3	27 928.29	25 794.77	27 797.27	27 793.30	32 336.52
A4	22 925.46	26 477.94	28 331.67	27 531.26	28 317.26
B1	13 192.52	19 769.74	15 718.10	20 415.69	20 275.15

续表

年份 组群	2000	2001	2002	2003	2004
B2	—	19 546.00	14 308.60	36 361.00	28 657.00
B3	20 352.91	21 325.23	23 223.28	24 774.44	30 023.42
B4	24 907.33	19 978.12	22 972.00	24 180.83	36 121.00
C1	14 627.13	13 134.32	14 551.91	19 736.32	22 845.77
C2	12 708.33	15 920.29	17 520.09	24 188.00	—
C3	23 748.71	26 160.72	28 296.44	28 686.09	27 880.32
C4	29 943.50	26 570.00	24 874.67	30 790.83	43 380.25
D1	9 956.72	9 012.58	10 274.22	10 360.73	10 173.46
D2	13 825.00	12 258.00	13 299.25	19 648.57	19 557.57
D3	20 806.68	19 646.82	22 059.12	23 824.06	26 501.10
D4	23 017.48	21 589.12	22 067.92	27 682.40	2 9614.69
E1	16 059.79	17 112.04	17 103.65	20162.14	20 703.67
E2	13 137.50	15 566.50	29 922.00	32 142.17	21 442.60
E3	17 113.51	17 809.90	19 937.77	19 137.41	22 019.43
E4	18 481.30	25 508.38	24 347.21	23 358.12	28 357.47
F1	9 683.85	10 311.89	10 720.78	10 973.05	14 319.60
F2	10 316.50	9 769.17	11 607.13	10 921.71	15 830.33
F3	17 819.82	18 369.86	20 296.76	19 584.76	20 564.10
F4	17 254.12	18 912.42	19 630.93	20 988.27	28 231.64

注：A，B，C，D，E，F 代表样本中的 6 个地区；低教育农户组群＝1；高教育农户组群＝2；低教育农户组群＝3；高教育非农户组群＝4。

表 A4-3　2004 年消费的分解结果

组群	组群大小 （户）	消费观测值 （元/年）	消费预测值 （元/年）	暂时性消费预测值 （元/年）	永久性消费预测值 （元/年）
A1	15	2692.36	2917.48	849.23	2 068.24
A2	0	—	—	—	—
A3	66	4 671.82	2 834.28	861.69	1 972.6
A4	19	4 426.61	4 487.98	1 023.41	3 464.58
B1	20	2 668.72	3 000.21	983.67	2 016.54

续表

组群	组群大小（户）	消费观测值（元/年）	消费预测值（元/年）	暂时性消费预测值（元/年）	永久性消费预测值（元/年）
B2	3	4 289.16	3 835.88	1 102.1	2 733.79
B3	64	3 636.01	2 788.43	801.3	1 987.13
B4	13	4 150.66	4 531.26	900.84	3 630.42
C1	26	3 052.49	3 386.67	1 383.57	2 003.11
C2	0	—	—	—	—
C3	62	3 404.82	2 902.74	907.23	1 995.52
C4	12	3 744.32	4 748.15	1 139.78	3 608.37
D1	35	1 688.84	3 101.32	1 040.93	2 060.4
D2	7	2 842.25	5 849.87	1 267.42	4 582.45
D3	42	4 260.13	3 263.24	705.77	2 557.46
D4	16	3 851.97	4 616.66	858.911	3 757.75
E1	27	2 925.58	3 258.31	934.98	2 323.33
E2	5	2 680.92	5 208.13	1 048.81	4 159.32
E3	51	3 719.53	3 568.779	709.607	2 859.17
E4	17	6 321.57	5 491.25	1 109.93	4 381.32
F1	50	2 759.27	3 435.17	1 069.45	2 365.72
F2	9	3 179.43	4 424.58	977.97	3 446.62
F3	30	3 170.19	3 030.421	719.09	2 311.33
F4	11	4 840.13	4 975.98	868.95	4 107.03

注：表中的消费数值为人均消费水平；A，B，C，D，E，F代表样本中的6个地区；低教育农户队列＝1；高教育农户队列＝2；低教育农户队列＝3；高教育非农户队列＝4。

参考文献：

Alwang J., P. B. Siegel, and S. L. Jorgensen, 2001, "Vulnerability: A Review from Different Disciplines," World Bank Social Protection Discussion Paper, No. 0115, Washington, D. C.

Amin S., A. S. Rai, and G. Topa, 1999, "Does Microcredit Reach the Poor and Vulnerable? Evidence from Northern Bangladesh," Working Paper, No. 28, Center for

International Development, Harvard University.

Bhalla Surjit S., 1980, The Measurement of Permanent Income and Its Application to Savings Behavior, *Journal of Political Economy*, 88(4):722 – 744.

Champernowne E. G., 1953, A Model of Income Distribution, *Economic Journal*, 63: 318 – 51.

Chaudhuri S., J. Jalan, and A. Suryahadi, 2002, "Assessing Household Vulnerability to Poverty from Cross-sectional Data: A Methodology and Estimates from Indonesia," Discussion Paper No. 0102 – 52, Columbia University.

Christiaensen L. J., K. Subbarao, 2005, Toward An Understanding of Household Vulnerability in Rural Kenya, *Journal of African Economies*, 14(4):520 – 558.

Christiaensen L. J., R. N. Boisvert, 2000, "On Measuring Household Food Vulnerability: Case Evidence from Northern Mali," Working Paper, No: 2000 – 5, Department of Applied Economics and Management, Cornell University.

Coudouel A., J. Hentschel, 2000, "Poverty Data and Measurement", World Bank Working Paper, Washington D. C.

Deaton A., 1985, Panel Data from Time Series of Cross-sections, *Journal of Econometrics*, 30:109 – 126.

Deaton Augus, 1997, *The Analysis of Household Surveys: A Microeconometric Approach to Development Policy*, Baltiomore: Johns Hopkins University Press.

Dercon S., P. Krishnan, 1999, In Sickness and in Health: Risk-sharing with Households in Ethiopia, *Journal of Political Economy*, 108: 688 – 727.

Dercon S., P. Krishnan, 2000, Vulnerability, Seasonality and Poverty in Ethiopia, *Journal of Development Studies*, 36 (6): 25 – 53.

Foster J., J. Greer, and E. Thorbecke, 1984, A Class of Decomposable Poverty Measures, *Econometrica*, 52(3):761 – 766.

Friedman M. A., 1957, *Theory of Consumption Function*. Princeton, NJ: Princeton University Press.

Friedman M. A., 1963, "Windfalls, the 'Horizon', and Related Concepts in the Permanent-Income Hypothesis", In C. Christ (ed.), *Measurement in Economics* and Econometrics: Essays in Memory of Yehuda Grunfeld. Stanford, CA: Stanford University Press.

Glewwe P. ,G. Hall, 1998, Are Some Groups More Vulnerable to Macroeconomic Shocks than Others? Hypothesis Tests Based on Panel Data from Peru, *Journal of Development Economics*, 56:181-206.

Greene W. , 2000, *Econometric Analysis*, 5th ed, New York: Prentice-Hall.

Hyun K. N. , Adams D. W. ,and L. J. Hushak, 1979, Rural Household Savings Behavior in South Korea, 1962-1976, *American Journal of Agriculture Economics*, 61(3):448-454.

Jalan, J. , M. Ravallion, 1998, Transient Poverty in Post-reform Rural China, *Journal of Comparative Economics*, 26:338-357.

Kamanou G. , J. Morduch, 2002, "Measuring Vulnerability to Poverty," WIDER Discussion Paper 2002/58. Helsinki: UNU-WIDER.

Kühl J. J. , 2003, "Disaggregating Household Vulnerability-analyzing Fluctuations in Consumption Using A Simulation Approach," Copenhagen: Institute of Economics, University of Copenhagen, Unpublished manuscript.

Ligon E. , L. Schechter, 2003, Measuring Vulnerability, *The Economic Journal*, 113:95-102.

Mansuri G. , A. Healy, 2001, "Vulnerability Prediction in Rural Pakistan," World Bank Working Paper, Washington D. C.

McCulloch N. , M. Calandrino, 2003, Vulnerability and Chronic Poverty in Rural Sichuan, *World Development*, 31(3):611-628.

Mohabbat K. A. , E. O. Simons, 1977, Consumer Horizon: Further Evidence, *Journal of Political Economy*, 85 (4): 851-58.

Morduch J. , 1994, Poverty and Vulnerability, *The American Economic Review*, 84(2):221-225.

Paxson Christina H. , 1992, Using Weather Variability to Estimate the Response of Savings to Transitory Income in Thailand, *American Economic Review*, 82(1): 15-33.

Pritchett L., A. Suryahadi, and S. Sumarto, 2000, "Quantifying Vulnerability to Poverty: A Proposed Measure, Applied to Indonesia," World Bank Policy Research Working Paper, No. 2437, Washington D. C.

Rajadel T., 2002, "Vulnerability and Participation to the Non-Agricultural Sector in Rural Pakistan," TEAM Working Paper, Paris.

Ravallion M., 1988, Expected Poverty under Risk-induced Welfare Variability, *Economic Journal*, 98(393): 1171–1182.

Rutherford S. G., 1955, Income Distribution: A New Model, *Econometrica*, 23: 277–294.

Shapiro S. S., M. B. Wilk, 1965, An Analysis of Variance Test for Normality (Complete Samples), *Biometrika*, 52(3/4): 591–611.

Shorrocks A. F., G. Wan, 2008, "Ungrouping Income Distributions: Synthesizing Samples for Inequality and Poverty Analysis," WIDER Research Paper 2008/16, Helsinki: UNU-WIDER.

Singh S. K., G. S. Maddala, 1976, A Function for Size Distribution of Incomes, *Econometrics*, 44 (5): 63–70.

Verbeek Marno, Nijman Theo, 1993, Minimum MSE estimation of A Regression Model with Fixed Effects from A Series of Cross-sections, *Journal of Econometrics*, 59: 125–136.

World Bank, 2001, World Development Report 2000/2001, Attacking Poverty, New York: Oxford University Press.

Zhang Y., G. Wan, 2006, An Empirical Analysis of Household Vulnerability in Rural China, *Journal of the Asia Pacific Economy*, 11(2): 196–212.

第三篇

连接要素与市场:中国战胜农村贫困的动力

第五章

工业化对农村贫困的渗透效应

第一节 工业化与农村贫困水平下降

虽然中国在降低农村贫困方面取得令世人瞩目的成就,但是试图总结中国如何降低农村贫困的经验的研究并不多,例如,以世界银行为代表的观点普遍强调中国农业部门的增长在降低农村贫困方面"更重要"(World Bank,2001;Ravallion and Chen,2004;Montalvo and Ravallion,2009)。但是,也有研究提出了不同的观点。例如,CSLS(2003)的研究发现,中国工业部门的生产率增长对缓解农村贫困比农业部门生产率的增长更重要,在控制了不同部门的生产率水平之后,他们发现工业部门的劳动生产率是减少贫困的主要动力,而农业部门的劳动生产率与贫困减少只是微弱的正相关关系,他们认为这主要是由于农产品价格相对于工业产品价格更低,使得农业人口无法从农业生产率的增长中获得相应的好处。但是我们认为,这些文献总结的中国减贫经验主要是从农业部门的角度展开,而从发展经济学的角度看,中国过去60多年所走的是工业化之路,中国农村减贫的成就无疑与快速的经济增长和工业化、城市化、全球化进程密切相关。然而,工业化在促进经济增长的过程中对农村居民的收入产生了什么影响?工业化所推动的经济增长能否通过渗透效应(Trickle-Down Effect)减少农村贫困?如何才能使贫困农户更好地分享经济增长的好处?这些问题的答案构成了总结中国减少农村贫困经验的基础。

一、关于中国工业化道路的批评与争论

经济学家们长期以来都在不断地讨论农业生产率在经济发展中的作用,有好几代发展经济学家都强调把提高农业生产率作为成功的经济发展战略的必要部分。例如,Nurkse(1953)认为:"每个人都知道,如果没有工业革命之前的农业革命,壮观的工业革命就不可能发生。"类似的,Rostow(1960)认为:"农业生产率的革命性变化是成功的经济起飞的基本条件。"还有其他很多发展经济学家也持有类似的观点(Gillis et al., 1987; Hayami and Ruttan, 1985; Todaro, 1989)。然而,当中国经济于1978年开始腾飞时,似乎并没有发生"壮观的农业革命"。实际上,在经济快速增长启动时,中国所面临的依然是人多地少的小农经济。例如,黄宗智(1992)研究了长三角地区从明代初到20世纪80年代小农经济和乡村社会的变迁历程,认为从明初开始长达600年的蓬勃的商品化和城市化并没有给长三角地区的小农经济带来质变,农民家庭经营实际上日益陷于"内卷化"状态。中华人民共和国成立之后开始的集体化和农业现代化也没有打破这种"过密化"状态,现代化生产要素的投入本可以发挥的作用被巨大的人口增长所吞噬。类似的,张培刚(1992)分析了大国发展面临的一系列难题后认为,中国面临的难题包括沉重的人口压力、严峻的就业问题和薄弱的农业等,这表现在农业中不仅有大量剩余劳动力无法转移,人地矛盾十分尖锐,而且农业生产技术十分落后,生产工具非常原始,农业生产率极为低下,这些导致农业经济发展停滞和农民普遍贫困,而这种状况又反过来阻碍工业化进程。

实际上,与上述发展经济学家所秉持的农业增长的重要性形成对比的是,中华人民共和国成立后采取了优先发展重工业的经济发展战略,并通过以工农业产品价格剪刀差等形式的城市倾向政策转移农业利润来加速城市部门的工业化进程。中国的这种不平衡的发展战略遭到很多发展经济学家的批评。例如,Krueger et al.(1992)曾批评说:"发展中国家的政治精英们曾经达成了一个强烈的共识,那就是将经济发展作为他们追求的主要社会目标,但是这一共识却被理解为工业应该被高度鼓励,进而被误解为大部分农业部门代表了落后,他们认为农业产出对激励机制的改变不会产生反应,所以农业可以被忽视,剥夺农业剩余来补贴工业并不会付出高昂的经济成本。然而遗憾的是,这些想法虽然得到了政策的支持,却没有得到当时的经济学知识的检验。"同样,有很多研究曾批评中国早期采取的经济发展战略以及城市倾向政策不利于中国的经济发展和减少农村贫困,例如Carter(1997)认为城市倾向政策使得农业增长的速度下降,同时还造成了农产品和农业生产要素市场的扭曲。Yang(1999)认为中国实行的城市倾向政策会影响人力资本投资并进一步扩大城乡收入差距,从而将对于中国未来的经济增长不利。Yang and Cai(2000)也认为城市倾向政策给经济造成了扭曲,并最终会导致农业的增长速度及整个经济增长速度的下降。

然而,尽管发展经济学家们都一致强调农业发展水平对于经济腾飞的重要性,尽管中国实施了不利于农业经济增长的城市倾向政策,但中国经济从1978年以后却保持了30多年的持续快速增长,并且农村贫困人口出现了大幅度的下降。另外,虽然以世界银行为代表的观点认为中国的农业增长对于农村贫困的减少"更重要",但是章元和许庆(2011)对此进行了反思:第一,从统计数据来看,中国的农业增长远不如整体经济增长那么快,例如1981—2008年,中国GDP的年平均增长速度达到9.98%,而农业GDP的年平均增长速度只有4.8%,但是农村贫困发生率却从1980年的26.8%迅速降低到了2007年的1.6%。第二,农业的增长可能来自产量的增长、投入的增加、农产品价格的上升、生产成本的上升等众多因素,如果农业生产资料价格快速上升推动农业生产成本快速上升,即使农业总产值增长了,也未必会增加农户的纯收入,更未必会减少农村贫困。在农业生产利润非常低或者为负的情况下,农业总产值的增长并不一定能减少农村贫困。而且,由于"谷贱伤农"规律的作用,农业总产量的增长也不一定能缓解农村贫困,甚至还有可能加剧农村贫困。第三,我们不能否认农业增长对减少农村贫困的直接作用,但是也不能忽略非农产业的增长对减少农村贫困的间接作用。例如Yao(2000)的研究发现,乡镇企业的发展壮大有利于农村贫困的减少。

上述研究结论实际上形成了关于中国战胜农村贫困和经济快速增长的一个谜——到底是什么力量推动中国经济持续快速增长了三十多年并取得了战胜农村贫困的巨大成就?为什么中国经济起步时面临着人多地少的薄弱农业,却实现了腾飞并战胜了农村贫困?为什么中国经济起飞后农业的增长速度很低,但是减少农村贫困的速度却很快?另外,林毅夫等(1994)认为,由于违背了资源的比较优势,人为地推行重工业优先增长的发展战略使得中国的经济结构遭到严重扭曲,由此丧失了本来可以达到的"更快的增长速度";过密的资本构成抑制了劳动力资源丰富这一比较优势的发挥,加剧了传统部门和现代部门相互分离的二元经济结构现象,由此丧失了本来可以达到的劳动就业和城市化水平;依靠积累维持的经济增长扭曲了国民收入的分配,致使人们生活水平提高缓慢;扭曲的产业结构还导致经济的封闭性,造成既不能利用国际贸易发挥自身的优势,又不能借助国际贸易弥补自身的比较劣势的局面。基于以上论述所产生的另一个有趣的问题是:中国已经创造了一个经济增长的奇迹,而如果当初中国的经济发展战略能够设计得更好并达到"更快的增长速度",那么中国将创造一个"奇迹中的奇迹",而创造这个"奇迹中的奇迹"的力量又是什么?

二、中国的工业化道路与战胜农村贫困

中国过去60年走过的道路归根到底是一条工业化之路,而工业化又是社会进步和经济发展的核心动力(张培刚,1992)。在中国的工业化进程中,城市倾向政策推动工业化发展,而工业化所推动的资本深化又创造了大量非农就业岗位,从而吸收了大量的农业剩余劳动力(以及消化隐性失业),剩余劳动力从农村转移进入城市工业部门,这不但没有降低农业的总产出,反而额外增加了工业产出,从而有利于推动整体经济的增长。上述事实表明的是经济增长所必需的两个生产要素(资本和劳动力)在中国的增长,正是这两种要素的增长及它们在农村和城市两个部门之间的结构性转换,才形成了中国经济快速增长和农村贫困减少的核心动力。

一方面,从经济发展的角度看,城市倾向政策支持下的工业化构成了中国经济增长的基本动力。中华人民共和国成立后的重工业优先发展战略及与之相应的计划经济体制解决了在一个经济十分落后的发展起点上把积累率提高到15%以上的问题,并使我国以较快的速度建成了比较完整的工业经济体系(林毅夫等,1994)。可以说,中华人民共和国早期的经济发展战略对于中国这样一个农业人口大国的工业化发展和经济起飞具有关键意义,也为1978年的改革开放和随后的持续快速经济增长奠定了基础。另外,工业化对农村经济的重要影响还在于它能够打破农业生产的"内卷化",例如,黄宗智(1992)认为长三角地区小农经济真正的质变来源于集体化后期开始的乡村工业化。从农业向乡村工业转移劳动力,极大地缓解了农业劳动力过剩的状态,并且使农村居民的收入有了实质性的增长。另一方面,作为世界第一人口大国,中国优先发展农业未必是一个好的发展战略,理由在于:首先,由于中国的农业劳动力生产效率低下,因此农业所生产的大部分产品必然被国内人口消耗掉,能够出口的数量极其有限,因此中国要通过农产品出口来推动经济增长并不现实。其次,由于中国农业的劳动生产率低,因而农产品成本

高,再加上其出口量有限,所以在国际粮食市场上的价格决定权非常弱,这一系列因素决定了中国在经济发展的早期不可能通过大规模的农产品出口来推动经济增长和缓解农村贫困。最后,出口优先对于发展中国家而言总是面临着各种障碍。例如,刘易斯认为:"一个国家很难通过制成品出口开始工业化,通常是通过在熟悉的和受到保护的国内市场销售制成品开始的。"他的这种观点被日本的经历很好地证实了,日本是唯一一个不是通过西欧移民而在1850—1914年"世界经济大增长"时期成功实现工业化的国家。日本是作为原料丝出口商开始集约化增长的,但到1900年棉纺织品已经成为出口的主要产品了。日本通过发展总贸易公司及众所周知的综合商社来解决进入外国市场的问题。在韩国和土耳其分别于20世纪70年代和80年代开始模仿以前,这些贸易公司无论是在发达国家还是在欠发达国家,就规模和范围而言,都是独一无二的(Meier and Rauch,2000,119 - 120)。

尽管有很多对中国经济发展战略和城市倾向政策的批评意见,但是我们应该清楚地认识到:首先,中国作为一个农业人口大国,要在一个极其落后的发展起点上发动工业化,就必须积累庞大的资本,在无法从外部获得资本的条件下,就只能主要依靠内部积累。在一定的历史条件下,城市倾向政策固然在短期内对减少农村贫困和农业增长不利,但是如果没有城市倾向政策的支持,中国几乎不可能在短期内积累起实现经济腾飞所必需的资本,从而很难参与国际市场中工业品市场的竞争,也就几乎不可能实现经济的腾飞,不可能有农村贫困率持续快速的下降。其次,在一定历史阶段中依赖城市倾向政策完成了推动经济腾飞的历史使命后,中国政府也开始逐步推进对内改革和对外开放,逐步扭转了城市倾向政策(和计划经济)造成的资源配置的扭曲,并成功地实现了由计划经济向市场经济的转型。

第二节 工业化对农户的渗透效应——实证检验

到目前为止,只有非常少量的文献从微观的角度考察中国的工业化对农村贫困人口的渗透效应。Ravallion(2001)曾指出,虽然现有证据表明发展中国家的贫困人口确实能够分享总产出的增长,但是不同国家内的贫困人口分享总产出增长的程度有很大差别,他们所受到的影响也有很大差异。跨国研究往往被数据问题所困,并且真实的福利影响会有所掩盖,所以会对发展政策造成误导。因此,他认为有必要对总产品的增长与收入分配的变化进行深入的微观实证分析。Bardhan(2004)也认为,虽然有很多研究试图利用跨国宏观数据建立经济增长与减少贫困之间的正向联系,但是这些研究大多有计量方法上的缺陷。因此,下面我们提出一个从微观角度度量工业化渗透效应的方法,然后运用农户面板数据展开实证研究。

一、工业化渗透效应的度量

工业化是经济发展的一个核心主题,它对于农户的渗透效应可以体现在两个方面:第一,工业化使得工业部门快速增长,直接创造非农就业机会,而当农业劳动力转移进入工业部门之后,他们有了更多的就业机会和更高的收入;第二,工业化同时也给农业生产带来效率更高的生产设备和投入要素(如机械、化肥、生物技术等),这些要素将会直接促进农业生产效率的提高并增加农业收入。基于此,我们用农户从事非农生产的时间占全部劳动时间的比例来度量工业化的渗透效应:

$$工业化的渗透效应 = \frac{L_2}{L_1 + L_2} \tag{5-1}$$

其中,L_1 和 L_2 分别表示农户从事农业和非农业的劳动时间。

用上述公式度量工业化渗透效应的逻辑在于:中华人民共和国成立后所进行的工业化大都集中在城市部门,政府对于工业部门的大规模投资创造了大量的工业就业岗位。如果一个农户中有成员能够进入工业部门就业,那么他就更多地融入工业化进程中并分享到工业增长的成果;反之,更多地从事农业生产的农户则无法更多、更直接地分享工业部门资本深化的好处。同时,从宏观的视角来看,中国经济增长的主要贡献来自于工业部门,工业部门的增长速度远远高于其他部门,所以从事工业生产的劳动时间所占比例越高,说明这个农户融入工业化进程中的程度越深。上述指标的优点在于能够从微观角度度量工业化的渗透效应,可以直接利用微观数据研究工业化和经济增长对农户福利的影响。同时,这个指标不但可以用于一个国家内部不同地区的比较研究,而且还可以用于跨国数据的比较研究。下面我们利用中国 20 世纪 90 年代的一个农户面板数据检验工业化的渗透效应对农户的生产和收入的影响及其决定因素。

二、数据来源

这里所使用的数据来自由澳大利亚国际农业研究中心(Australian Centre for

International Agricultural Research)资助、由澳大利亚阿德雷得大学中国经济研究中心(Chinese Economy Research Centre)和中国农业部政策法规司共同组织的"中国农村居民谷物生产的五年(1993—1995年、1999—2000年)"问卷调查所建立的"CERC/MoA 中国农村居民问卷调查数据库"。该数据详细记录了农户进行农业生产的投入和产出,以及消费、土地政策、农产品价格等方面的信息。由于它是一个面板数据,所以能够更好地跟踪农户在20世纪90年代生产行为的变迁。

三、实证检验

表5-1 首先报告了农户各种收入水平的决定方程[1],从中可以看出:工业化的渗透效应能够显著增加农户的总收入水平以及非农收入,但是不能显著增加农户的农业收入,这表明参与工业化进程确实能够通过提高农户的非农收入而提高其总收入水平。表5-1中的回归结果给我们带来的初步政策启示是:让贫困农户更多地从事非农生产能够使他们有机会分享到工业化和经济增长的成果并增加收入,所以政府在制定贫困干预政策时应该考虑如何提高贫困农户从事非农就业的程度,这将有利于提高他们的收入水平并减少农村贫困。

表5-1　工业化的渗透效应对农户收入水平的影响(随机效应模型)

变量	总收入	非农收入	农业收入
渗透效应	1,582.857****	1,079.082****	502.822
	(573.542)	(237.697)	(530.138)
户主年龄	34.114	0.104	33.778
	(26.009)	(10.044)	(24.315)
户主教育	152.501	111.952****	39.234
	(92.996)	(35.724)	(87.009)
户主性别	36.767	−429.170	486.215
	(896.902)	(359.225)	(833.367)
劳动力数量	39.353	72.822	−29.988
	(136.487)	(55.924)	(126.371)

---

[1] 在固定效应模型中,表5-1中所得到的核心结论也都不发生改变。

续表

变量	总收入	非农收入	农业收入
土地面积	303.131****	4.265	293.728****
	(26.336)	(10.580)	(24.458)
固定资产	−40.117	57.589****	−97.017***
	(52.645)	(20.983)	(48.952)
观察值	2 998	2 998	2 998

注：括号中的数值为标准误；*、**、***分别表示在10％、5％、1％的程度上显著。时间趋势变量、常数项、省份虚拟变量的回归系数都没有报告以节省篇幅，以下同。

下面我们继续检验贫困农户和非贫困农户所受到的工业化渗透效应是否存在显著差异，表 5-2 报告了回归结果，其中我们关心农户是否贫困这个虚拟变量的回归系数①，由于表 5-1 已经表明工业化的渗透效应能够显著增加农户的收入，这导致贫困虚拟变量在表 5-2 的模型中具有联立内生性，所以我们用农户 1993 年是否贫困这一滞后虚拟变量来解释农户 1994—2000 年或者 1999—2000 年所受到的渗透效应。从表 5-3 的回归结果中可以得出一个有趣的结论："1993 年贫困"这一虚拟变量在所有的模型中都不显著，这说明如果 1993 年陷入贫困，他们在后续年份里所受到的工业化渗透效应和非贫困农户所受到的工业化渗透效应并没有明显的差异，这表明贫困农户和非贫困农户一样融入到了工业化活动中。

表 5-2　贫困农户的工业化渗透效应的影响因素（随机效应模型）

变量	1993—2000 年	1999—2000 年	1994—2000 年	1993—1995 年
1993 年贫困	−0.015	−0.022	−0.020	−0.009
	(0.012)	(0.018)	(0.013)	(0.014)
户主年龄	−0.001	−0.001	−0.001	−0.000
	(0.001)	(0.001)	(0.001)	(0.001)
户主教育	−0.002	−0.004	−0.002	−0.001
	(0.003)	(0.004)	(0.003)	(0.003)
户主性别	−0.050*	−0.103***	−0.049*	−0.040
	(0.026)	(0.042)	(0.029)	(0.032)

① 这里的贫困线采用国际标准的每人每天 2 美元，如果采用每天 1 美元的标准，这里得出的结论也不会发生改变。如果属于贫困，则该虚拟变量为 1，否则为 0。

续表

变量	1993—2000 年	1999—2000 年	1994—2000 年	1993—1995 年
劳动力数量	0.052****	0.054****	0.053****	0.048****
	(0.004)	(0.007)	(0.005)	(0.006)
土地面积	−0.003****	−0.002	−0.002****	−0.003****
	(0.001)	(0.001)	(0.001)	(0.001)
固定资产	−0.002	−0.001	−0.002	−0.002
	(0.002)	(0.002)	(0.002)	(0.002)
观察值	3 001	1 229	2 432	1 772

前文的分析表明,在中国的农业化过程中,农村劳动力移民进入城市对于提高他们的收入水平具有重要意义,因为它表明农户能够进入城市劳动力市场找到非农就业机会并获得更高的收入,所以我们继续利用这个面板数据检验贫困和非贫困农户在外出打工的概率上是否存在明显的差异。表 5-3 报告了分别基于 1995—2000 和 1999—2000 年的数据所进行的回归结果,模型的被解释变量为是否有家庭成员外出打工,我们关心的自变量是农户在 1993 年是否贫困。

表 5-3 贫困农户外出打工收入的影响因素(随机效应模型)

变量	1995—1999 年	1999—2000 年	1994—2000 年	1995—2000 年
1993 年贫困	47.655#	85.979*	56.170*	72.991***
	(29.285)	(47.523)	(29.332)	(34.972)
户主年龄	3.330*	4.081	3.229*	3.511*
	(1.751)	(2.765)	(1.732)	(2.054)
户主教育	−1.953	−0.448	2.390	−0.157
	(6.140)	(10.038)	(6.146)	(7.363)
户主性别	−136.695*	28.394	−144.109***	−47.476
	(72.722)	(113.808)	(66.507)	(82.750)
劳动力数量	−27.030***	−58.353****	−39.900***	−43.224****
	(11.694)	(20.346)	(10.628)	(13.243)
土地面积	0.192	2.020	0.748	1.006
	(2.053)	(3.902)	(2.009)	(2.472)
固定资产	10.953****	12.605*	10.333****	12.235****
	(4.045)	(6.573)	(3.860)	(4.710)
观察值	1 215	1 229	2 432	1 829

注:♯表示在 10.4% 的程度上显著。

表 5-4 的回归结果也很有趣:1993 年曾陷入贫困的农户在后续年份里比 1993

年未陷入贫困的农户更多地外出打工,而当年陷入贫困的农户在当年更少地外出打工。上述结果表明:当年陷入贫困的农户未必能够更多地外出打工,但是过去的贫困会显著增加他们在后续年份外出打工的概率,由于外出打工主要是进入城市从事工业生产,所以这也说明他们通过移民更多地融入到了城市部门的工业化进程中去。与这一结果对应的是李实和魏众(1999)的研究,他们也发现在富裕地区的移民主要来自低收入农户而不是高收入的农户。

表 5-4 贫困农户外出打工的倾向(Logit 模型)

变量	1995—2000 年		1999—2000 年	
	模型 1	模型 2	模型 1	模型 2
1993 年贫困		0.766****		0.661****
		(0.141)		(0.171)
当年贫困	−0.365***		−0.492****	
	(0.150)		(0.180)	
户主年龄	−0.002	−0.003	−0.005	−0.005
	(0.008)	(0.008)	(0.010)	(0.010)
户主教育	−0.037	−0.032	−0.030	−0.027
	(0.029)	(0.029)	(0.036)	(0.036)
户主性别	−0.109	−0.165	0.182	0.134
	(0.340)	(0.342)	(0.447)	(0.446)
劳动力数量	0.142***	0.088	0.174***	0.111
	(0.063)	(0.060)	(0.079)	(0.076)
土地面积	−0.041***	−0.013	0.002	0.023
	(0.018)	(0.016)	(0.019)	(0.018)
固定资产	0.030	0.032	0.010	0.013
	(0.020)	(0.020)	(0.025)	(0.025)
观察值	1 829	1 829	1 226	1 226

注:表格中报告的数字为回归系数而不是边际效应。

虽然表 5-4 的结果表明贫困农户外出打工的倾向更高,但是这并不一定意味着他们因此能够获得更多的收入,所以我们下面进一步考察贫困农户和非贫困农户外出打工的收入是否存在显著差异。表 5-3 报告了随机效应模型的回归结果,模型的被解释变量为农户的人均外出打工收入,我们关心的自变量是 1993 年是否贫困的回归系数。从表 5-3 中可以看出:它在所有的模型中基本都显著为正,这表明贫困农户确实能够更多地外出打工并获得比非贫困农户更多的打工收入,结合表 5-4 的回归结果我们可以判断,工业化的渗透效应确实可以通过推动贫困农户外出打工而增加他们的收入水平,从而有助于帮助贫困农户脱离贫困陷阱。

上述回归结果表明工业化的渗透效应有助于帮助贫困农户脱离贫困陷阱,这是因为贫困农户会更多地进入城市打工,而进入城市从事非农工作能够显著提高他们的非农收入水平,从这个意义上看工业化是减少农村贫困的充分条件。[①]

另外,章元和许庆(2011)的研究还为我们提供了工业化影响中国农村经济的一系列微观事实:工业化对农业生产和贫困农户具有非常确凿的影响,它一方面增加了贫困农户找到非农就业的机会并帮助他们脱离贫困,另一方面也促使农户在农业生产中更多地使用效率更高的工业产品(农药和机械动力等),从而解放出更多的农村剩余劳动力。综合上述分析,我们认为中国农村贫困的缓解主要是因为工业化所产生的渗透效应,而在这个过程中,农村和城市部门的生产结构也发生了转变——农村贫困人口有机会更多地移民进入城市,并在增长更快的非农部门或城市部门中就业并获得更高的收入;中国减少农村贫困并非是靠优先推动农业增长来实现的,而是通过优先将有限的资本投入到工业部门中去,并反过来以工业部门的壮大来吸收农业剩余劳动力和推动农业技术进步实现的。特别的,本章基于农户面板数据的实证研究发现,中国农村的贫困农户能够和非贫困农户一样分享到工业化的好处,能够以比非贫困农户更多地进入城市部门就业来脱离贫困陷阱,这正是中国减少农村贫困的经验的关键点。

---

① 章元等(2009)的研究发现,虽然市场化改革对于中国的经济增长和农村贫困减少有着积极的意义,但是,市场化对贫困农户所产生的渗透效应比非贫困农户明显更低,这一点与工业化的渗透效应完全不同。也就是说,贫困农户有可能在市场化过程中被边缘化,而他们在工业化过程中没有被边缘化,因此我们可以说市场化是减少农村贫困的必要条件,而工业化是减少农村贫困的充分条件。

第六章

劳动力转移与农业生产的规模经营

第一节 文献综述与理论假说

一、引言

20世纪80年代初家庭联产承包责任制在中国的确立,有力地促进了农业劳动生产率和农业产出的提高(Lin,1992)。被释放的农村剩余劳动力伴随着中国的工业化和城市化转移进入城市工业部门,有力地推动了中国社会经济的发展。国家统计局发布的《2015年农民工监测调查报告》显示,2015年中国农民工总量到达2.77亿。尽管已有如此庞大规模的农村劳动力转移出来,但中国当前的农业生产依然面临着土地资源均分、细碎化经营、流转不畅及规模效益低下等问题,这些问题也逐步成为规模化经营和农业现代化进程中的难题(林善浪等,2010;Sklenicka et al.,2014;Deininger et al.,2016)。过度分散且小规模的农业生产难以适应农业现代化发展的要求,扩大农业经营规模是我国农业发展不可回避的选择(Wan and Cheng,2001;陈锡文,2013;李文明等,2015;赵鲲和刘磊,2016)。而且,推进适度规模经营也是稳定农业发展、保障粮食安全及促进农民增收的理想路径(许庆等,2011;周应恒等,2015;杨春华和李国景,2016)。因此,如何推动农业生产的适度规模经营,确保农业持续发展,保障国家粮食安全并增加农民收入,已成为学术界和政策制定者关注的焦点。中共中央办公厅和国务院办公厅2014年11月出台《关于引导农村土地经营权有序流转发展农业适度规模经营的意见》,意图引导和促进耕地流转和提高农业生产的规模经营。2016年10月,又进一步出台《关于完善农村土地所有权承包权经营权分置办法的意见》,着力落实集体所有权、稳定农户承包权、放活土地经营权,逐步形成"三权分置"格局,并以此来发展适度规模经营和推动现代农业发展。实践证明,土地流转和适度规模经营是发展现代农业的必由之路,有利于保障粮食安全和促进农村农业发展。因此,有必要深入研究当前农业生产的规模化和机械化的影响因素,并基于科学的研究结果提出有针对性的政策建议。

二、文献综述与理论假说

农业生产的现代化可以理解为农户经营耕地面积的扩大,以及农业生产性资本投入的增加。现有文献考察了农村劳动力转移对于它们的影响,有助于我们理解农业现代化的影响因素。这些文献考察了劳动力转移对耕地流转和规模化经营的影响,但是却并没有达成一致结论。例如,李跃歌和沈佳丽(2014),以及李强和黄斐(2015)的研究发现,农村劳动力转移导致了耕地抛荒的出现,而抛荒的出现说明耕地资源没有实现有效的流转。展进涛和陈超(2009)的研究发现,劳动力转移程度越高的农户对农业技术及农技推广渠道的要求更低。Charlotte(2009)和Mancinelli et al.(2010)的研究认为,受教育水平更高的劳动力更有可能迁移进入城市,这会造成农村人力资本水平的下降,并进而影响农业产出。吕新业(2003)则认为随着农村劳动力的转移,粮食生产的从业人员主要是妇女和老人,这一趋势的发展会使农业从业者的科技素质降低,从而会成为影响粮食安全的不稳定因素。但是,也有相反的观点或结论,例如Avner and Ayal(2002)的研究表明,农村劳动力转移会增加农业的资本投入并提高劳动生产率,从而有利于增强中国的粮食安全。朱农(2005)则认为,转移农村剩余劳动力可促使资本、技术等生产要素进入农业领域,从而能够提高农业劳动生产率。而且,机耕服务、灌溉服务及防治病虫害服务等农业社会化服务的出现也会弥补劳动力转移而导致的劳动力短缺问题,从而保障农户耕地经营规模有增无减(姜松等,2016)。另外,也有调查发现,农村劳动力外出打工对于耕地流转的促进作用较明显,并且流转程度高且时间长,这恰恰是为农地规模化经营创造了条件(陈美球等,2011;张宗毅和杜志雄,2015)。

当然,部分研究面临的一个局限是调查范围或者使用的样本不具备全国代表性,我们这里使用的农户样本具有全国代表性,可以克服这一局限。我们首先提出理论假说,论证劳动力转移对农户的耕地经营面积和生产性资本投入的影响,然后将利用具有全国代表性的CHIP 2013农户样本检验理论假说。

中国的工业化与城市化吸引了大量农村剩余劳动力转移至非农产业,为耕地资源的集约化经营腾出了空间;另外,工业化提升了农业生产的物质装备和技术水平,为农地经营规模的进一步扩大奠定了生产力基础。在一般均衡分析框架下,当大规模的农村剩余劳动力转移进入城市后,农村的实际人均耕地面积应处于上升趋势。许庆等(2011)和李文明等(2015)的研究发现,农地经营规模的扩大能够带来单位农产品生产成本的降低并促进农民增收。所以,劳动力流出的农户有动力将耕地流转出去,劳动力未流出的留守户也应该有动力进一步扩大土地经营规模以增加收入。结合上述分析,我们提出如下理论假说:农村劳动力转移有助于促进耕地流转,有助于促进未外出务工农户家庭土地经营规模的扩大和生产性资本投入的提升。

另外,中国的粮食产量主要由主产区贡献,粮食主产区和非主产区的农业生产条件存在巨大差异,人均耕地面积、生产条件、机械化的初始程度都有显著差异,因此我们预期劳动力转移对于粮食主产区和非主产区农户的土地经营面积和生产性资本投入的影响理应存在差异。而且,如果它们的影响力存在差异的话,那么政府的干预政策也应该有所不同。为此,我们将分别利用主产区和非主产区农户的样本进行实证检验。

第二节 实证检验

一、数据来源与回归模型

这里所用数据为2013年中国家庭收入调查(CHIP)[①]的农户样本,该样本涵盖了东部的北京、江苏、山东、广东和辽宁,中部的山西、安徽、河南、湖北和湖南,以及西部的重庆、四川、云南和甘肃。我们选择CHIP数据的理由如下:第一,CHIP的

---

① http://www.ciidbnu.org。

样本覆盖面广，具有全国代表性，有61.54%的样本位于粮食主产区[①]；第二，CHIP数据的农户问卷包括家庭成员基本情况、劳动时间安排、外出经历、土地和农业经营情况以及家庭借贷情况等信息，能够满足研究的需要。

为检验前面提出的理论假说，我们分别构建以农户经营耕地面积和生产性资本投入为被解释变量的回归模型[②]：

$$\ln land_i = \alpha + \beta_1 migration_i + \gamma control_i + \varepsilon_i \qquad (6-1)$$

$$\ln asset_i = \alpha + \beta_1 migration_i + \gamma control_i + \varepsilon_i \qquad (6-2)$$

其中，i 表示农户，β 和 γ 分别为核心解释变量及控制变量的待估计系数。$land$ 为农户土地经营规模，$asset$ 为农业生产性资本投入，它们都取对数形式；$migration$ 为劳动力转移变量。$control$ 是农户的家庭特征，包括家庭成员平均年龄及其平方项（age、age^2）、家庭平均受教育年限（$education$）、家庭平均健康水平（$health$）、家庭小孩数（$children$）、东部和中部地区虚拟变量（$east$、$middle$）等。

对于被解释变量农地经营规模（$land$），用当年农户经营的土地总面积来度量[③]；对于农业生产性资本投入（$asset$），用农业经营性固定资产现价估计净值来度量。关于劳动力转移，在此首先借鉴刘亮等（2014）的做法，用家庭成员外出劳动时间占比（$migration$）来度量，理由在于：我国当前的农户兼业化现象突出（李庆等，2013；李宪宝和高强，2013），农民工"候鸟式"流动及"亦工亦农"的身份特征依然存在（曹利平，2009），仅以外出从业的劳动力数量来度量不足以充分准确反映劳动力转移或劳动时间分配的现实特征。然后，我们还设置了一个虚拟变量 no_out，用来度量一个农户中是否有劳动力外出，如果有，则赋值为0，否则为1；对于信贷约

[①] 财政部2003年12月下发《关于改革和完善农业综合开发若干政策措施的意见》，依据各地主要农产品的产量等主要指标，进一步界定了农业主产区及粮食主产区的范围，并将黑龙江（含省农垦总局）、吉林、辽宁（不含大连）、内蒙古、河北、河南、山东（不含青岛）、江苏、安徽、四川、湖南、湖北以及江西等13省（市、自治区）划分为粮食主产区。

[②] 对于模型设置，我们进行了Linktest方程检验，结果绝大部分回归都能够通过检验；另外，考虑到农户的耕地面积和固定资产规模是同时决定的，因此我们也分别在对耕地面积的回归中增加控制固定资产的规模，在对固定资产的规模进行回归时控制耕地面积，结果发现我们关心的关键自变量的回归系数和显著程度没有发生改变，这表明我们得出的结论也是稳健的。

[③] 农户问卷中并未直接报告农户经营的耕地总面积，而是给出了农户经营和闲置（如撂荒、休耕等）的耕地总面积，所以我们用农户经营和闲置的耕地总面积减去已报告的闲置耕地面积，得出农户实际经营的耕地总面积。

束（credit）变量，我们将"有 1 个或以上的借贷申请或借款要求被拒绝"视为有贷约束并赋值为 1，将"所有借贷申请或借款要求都被接受"和"所有借贷申请或借款要求都被足额满足"视为无信贷约束并赋值为 0。将健康状况评价的选项"非常不好""不好""一般""好""非常好"分别赋值为 1 到 5。

基于上述变量的定义，表 6-1 报告了全样本、粮食主产区子样本、粮食非主产区子样本的变量描述性统计结果。从中可以看出粮食主产区的农户家庭土地经营规模更大、劳动力外出劳动时间占比更低、未外出劳动概率更高、信贷约束更小、农业生产性投资更低、平均受教育年限更低、平均健康水平更低、平均年龄更高。

表 6-1　变量的描述性统计

变量	全样本	粮食主产区	粮食非主产区
ln(land)	1.403 6(0.993 7)	1.473 9(1.113 3)	1.368 7(0.926 7)
migration	0.132 1(0.183 7)	0.130 5(0.181 3)	0.132 9(0.185 0)
no_out	0.543 0(0.498 2)	0.548 2(0.497 7)	0.533 4(0.499 0)
credit	0.150 7(0.357 8)	0.144 2(0.351 4)	0.160 0(0.366 8)
ln(asset)	8.173 2(1.480 0)	8.000 0(1.461 0)	8.556 9(1.449 9)
edu	6.76 58(2.483 6)	6.712 4(2.450 9)	6.864 7(2.540 4)
health	3.902 1(0.766 7)	3.892 7(0.782 4)	3.919 6(0.736 8)
age	41.559 0(13.589 0)	42.487 0(14.043 0)	39.842 0(12.527 0)
children	0.573 3(0.762 1)	0.547 9(0.726 3)	0.620 1(0.822 3)
east	0.350 7(0.477 2)	0.353 6(0.478 1)	0.345 3(0.475 5)
middle	0.386 5(0.487 0)	0.511 4(0.499 9)	0.155 5(0.362 4)

注：表中的数据为样本均值，括号内数据为标准差。

二、劳动力转移对农地经营规模的影响

下面我们分别利用全样本、主产区和非主产区样本检验劳动力转移对农户土地经营规模和农业生产性资本投入的影响，回归结果报告在表 6-2 中。从表 6-2 中可以得出如下结论：第一，劳动力转移变量在对耕地经营规模的回归模型中都显著为负，这说明家庭成员外出劳动时间占比越高，则农户的土地经营规模越小，即劳动力转移显著缩小了农户的耕地经营规模。第二，劳动力转移变量在对生产性资本投入的回归模型中也都显著为负，这说明家庭成员外出劳动时间占比越高，则农

户投入的农业生产性资本越少。这表明,就中国农村总体而言,有劳动力转移出去的农户在缩小农业生产规模,减少农业生产要素的投入。第三,从粮食主产区和非主产区的比较结果来看,劳动力转移变量对耕地经营规模的系数差别不大,但是对农业生产性资本投入的差别较大,它在主产区回归方程中的系数大于在非主产区回归方程中的系数,这初步说明劳动力转移与农业生产性资本投入负相关主要存在于粮食主产区。

表 6-2 劳动力转移对农户土地经营规模的影响

	耕地经营面积			农业生产性资本投入		
	全部样本	主产区	非主产区	全部样本	主产区	非主产区
migration	−0.5142**** (0.0625)	−0.3269**** (0.0692)	−0.3412**** (0.1185)	−1.6865**** (0.1185)	−1.5749**** (0.1391)	−1.2843**** (0.2172)
age	0.0712**** (0.0056)	0.0693**** (0.0061)	0.0794**** (0.0108)	0.0404**** (0.0110)	0.0268*** (0.0129)	0.0790**** (0.0208)
age^2	−0.0009**** (0.0001)	−0.0008**** (0.0001)	−0.0010**** (0.0001)	−0.0007**** (0.0001)	−0.0005**** (0.0001)	−0.0010**** (0.0002)
edu	−0.0469**** (0.0056)	−0.0216**** (0.0063)	−0.0601**** (0.0101)	−0.0019 (0.0105)	0.0102 (0.0125)	0.0086 (0.0183)
health	0.0670**** (0.0162)	0.0859**** (0.0179)	0.0360 (0.0300)	0.1660**** (0.0307)	0.1633**** (0.0363)	0.1838**** (0.0545)
children	−0.0449*** (0.0211)	0.0477* (0.0256)	−0.0728*** (0.0344)	−0.0699* (0.0387)	−0.0584 (0.0495)	0.0073 (0.0599)
east	−0.0959**** (0.0289)	0.5805**** (0.0401)	−0.8853**** (0.0504)	−0.1915**** (0.0518)	0.4456**** (0.0711)	−1.2324**** (0.1007)
middle	−0.0759**** (0.0265)	0.3376**** (0.0380)	0.0055 (0.0557)	−0.6549**** (0.0470)	−0.2023**** (0.0663)	−0.5741**** (0.1401)
Cons.	0.3023* (0.1600)	−0.5181**** (0.1819)	0.5288* (0.2967)	7.7039**** (0.3081)	7.4119**** (0.3725)	6.7346**** (0.5454)
F statistics	55.6313****	69.3226****	71.3971****	83.5341****	59.4569****	32.4004****
R^2	0.0516	0.0921	0.1741	0.1190	0.1226	0.1447
N	8 195	5 476	2 719	4 955	3 414	1 541

注:括号内为标准误;***、**和*分别表示在1%、5%和10%水平上显著。下表同。

另外，其他控制变量的回归系数都符合理论预期。例如，平均年龄与农地经营规模及生产性资本投入之间都成"倒 U"形关系，表明家庭中年富力强的中年劳动力占比越高越有利于扩大耕地经营规模及增加资本投入；平均受教育年限与农地经营规模显著负相关，这说明平均受教育程度越高的农户经营的耕地面积反而更小，这是因为相对于从事农业生产，农民外出打工或者从事非农产业的收益更高（李实，1999；孙文凯等，2007）；家庭平均健康水平显著地扩大了农户土地经营规模并提高了生产性资本投入；小孩数量对农地经营规模的回归系数大多为负，这说明抚养小孩越多，越可能会挤占家庭成员花费在农业生产上的时间和精力，从而不利于农户经营耕地面积的扩大和生产性资本投入的增加。

为了进一步检验劳动力转移的影响，我们用"no_out"替代家庭成员外出劳动时间占比，考察未外出虚拟变量对农户耕地经营面积和生产性资本投入的影响，回归结果报告在表 6-3 中。从中可以得出如下结论：第一，未外出虚拟变量在对耕地经营规模和农业生产性资本投入的大部分回归方程中都显著为正，这表明未转移劳动力的农户在经营更多的耕地，并投入了更多的农业生产性资本。第二，比较未外出虚拟变量在主产区方程和非主产区方程中的差异可以看出，在对耕地经营规模的回归中，它在非主产区方程中的回归系数不显著，但是在主产区方程中的回归系数显著；而在对农业生产性资本投入的回归中，它在主产区方程中的回归系数大于在非主产区方程中的回归系数，这表明劳动力转移所推动的规模化经营主要产生于粮食主产区。第三，其他变量的回归系数和表 6-2 无明显差异，并且也符合理论预期。

表 6-3　未外出对农户耕地经营面积和农业生产性资本投入的影响

	耕地经营面积			农业生产性资本投入		
	全部样本	主产区	非主产区	全部样本	主产区	非主产区
no_out	0.038 1**	0.028 8**	0.021 3	0.433 6****	0.433 1****	0.336 6****
	(0.017 6)	(0.011 4)	(0.048 8)	(0.042 8)	(0.051 6)	(0.071 9)
age	0.058 5***	0.060 9****	0.062 0****	0.038 9***	0.026 0**	0.079 7****
	(0.007 4)	(0.008 0)	(0.016 7)	(0.011 3)	(0.013 2)	(0.021 4)
age^2	−0.000 7****	−0.000 7****	−0.000 8****	−0.000 6****	−0.000 5****	−0.001 0****
	(0.000 1)	(0.000 1)	(0.000 2)	(0.000 1)	(0.000 1)	(0.000 2)

续表

	耕地经营面积			农业生产性资本投入		
	全部样本	主产区	非主产区	全部样本	主产区	非主产区
edu	−0.039 4**** (0.007 4)	−0.011 5 (0.008 6)	−0.069 4**** (0.012 8)	−0.009 5 (0.010 7)	0.004 5 (0.012 7)	0.002 4 (0.018 4)
health	0.047 8** (0.019 8)	0.077 5*** (0.021 9)	0.025 8 (0.036 9)	0.160 1**** (0.031 2)	0.163 4**** (0.036 8)	0.169 9** (0.055 1)
children	−0.015 6 (0.025 3)	0.050 1* (0.030 3)	−0.062 0 (0.039 5)	−0.011 4 (0.038 9)	0.004 1 (0.049 6)	0.046 9 (0.059 8)
east	0.144 9**** (0.034 3)	0.670 8**** (0.042 5)	−0.564 7**** (0.074 8)	−0.207 8**** (0.052 6)	0.470 9**** (0.071 8)	−1.295 1**** (0.101 1)
middle	0.071 8** (0.031 4)	0.443 5**** (0.039 4)	0.569 9**** (0.073 9)	−0.674 1**** (0.047 6)	−0.186 8*** (0.067 1)	−0.516 6**** (0.143 3)
cons.	−1.538 2**** (0.223 0)	−2.177 9**** (0.246 3)	−0.654 5 (0.431 6)	7.308 3**** (0.316 6)	6.937 4**** (0.381 0)	6.454 9**** (0.560 6)
F statistics	94.000 1****	92.214 7****	52.375 0****	68.185 9	50.369 9	29.659 1
R^2	0.208 3	0.260 8	0.255 0	0.100 2	0.106 5	0.135 9
N	4 524	3 111	1 413	4 908	3 390	1 518

结合表 6-2 中的回归结果可以进一步表明：劳动力转移促进了耕地在劳动力流出户和未流出户之间的流转①，推动了未转移劳动力的农户逐步扩大规模经营规模，因此前面提出的理论假说无法被推翻。

三、结论与政策建议

中国农业的规模化和机械化对于农村经济发展和粮食安全具有重要意义，而它们又受到劳动力转移和信贷资金可获得性的影响，结合现有文献，我们提出理论假说认为，农村劳动力转移有助于促进耕地流转，有助于促进留守农户土地经营规模的扩大和生产性资本投入的提升；而信贷约束则会抑制留守农户耕地经营规模

---

① 劳动力转移变量以及未外出虚拟变量对于租入和租出耕地分别显著为负和正，这证明了劳动力转移在促进耕地流转。

的扩大,抑制他们的生产性资本投入的提升。然后,我们利用具有全国代表性的农户数据展开检验,结果无法推翻这两个假说。另外,中国的农产品和粮食产量主要由主产区贡献,而我们的检验还发现,劳动力转移和信贷约束对留守农户耕地规模的促进作用和对生产性资本投入水平的抑制作用在主产区更加明显。

鉴于我国地域辽阔,而且不同地区的自然条件、人文习俗及经济社会发展水平存在显著差异,所以,如何实现耕地资源的适度规模经营还需因地制宜,谨防"一刀切"或"齐步走"政策。我们认为,发展农业规模经营首先需要营造一个有利于农村剩余劳动力自由流动的制度环境、经济环境和人文环境,消除农民工市民化的障碍,以此为耕地资源的规模化经营创造条件。其次,按照"三权分置"的原则,探索构建进城农户承包地有偿退出机制,并引导土地经营权向种地农户集中,从而为农业的规模化经营奠定制度基础。再次,加强针对土地规模经营主体的政策扶持,并鼓励金融机构开发有关农地机械化、规模化经营的贷款项目,以减轻农户生产性投资的信贷约束,进而为农业规模经营的加快形成提供资金保障;最后,政策的重点应该向粮食主产区倾斜,以粮食主产区为重点和突破口,逐步推动提升农业生产的规模化和机械化。

第七章

市场化与经济增长成果的分享：中国和印度尼西亚的比较研究

第一节 文献综述

一、引言

市场化对经济增长及农村贫困的影响是众多发展经济学家及政策制定者所关心的重要问题。虽然很多发展中国家在20世纪中后期的市场化改革普遍促进了经济增长，但现有文献对如下问题的回答并不多：市场化改革对农村贫困产生了什么样的影响？这种影响的渠道是什么？发展中国家的经济增长能否通过渗透效应自动地消除农村贫困？如何才能使农村贫困人口更好地分享到经济增长的好处？而且，现有研究大多都是基于单个国家的宏观数据，基于微观数据的实证研究并不多，针对这些问题的跨国比较研究则更少。运用宏观数据进行研究的问题在于不容易准确地度量市场化渗透效应，也无法揭示出市场化影响农村贫困的微观机制，且基于单个国家的研究得出的结果往往不具有普遍性。所以，本章就运用来自中国和印度尼西亚的农户调查数据探讨市场化与农村贫困之间的关系。

在亚洲地区，中国和印度尼西亚都曾拥有较高贫困发生率，并且都通过市场化改革实现了快速的经济增长和农村贫困的减轻。中国自改革开放以来，在减少贫困人口方面取得了惊人的成绩。根据官方公布的农村贫困人口数据，1978年中国的农村贫困人口为2.5亿，而到了21世纪初，只剩下3 000万左右。即使有众多研究批评中国的官方贫困线过低，但是即使用国际标准贫困线进行衡量，中国的农村贫困率自改革开放以来也都一直保持着降低的趋势。印度尼西亚从20世纪60年代中期开始实行了倾向穷人的改革政策，在这一政策上实行"三步走"战略，并配套实行合理的宏观政策来调节市场活动,使得市场活动在日益减少的交易成本的驱动下不断发展。他们的政策取得了很好的成效:从1967到1997年,人均收入每年以5%的速度递增,同时其国民教育程度也有很大提高,出生率和婴儿死亡率都有显著下降。虽然在收入分配中有20%的印度尼西亚人直到20世纪90年代的收入仍然在每天2美元的国际标准贫困线之下,但他们的收入也以相同的速率增长,甚至可能稍快一些。印度尼西亚经济的快速增长,震惊了其他发展中国家,并且成为东南亚地区其他国家积极研究的对象(World Bank,2006)。鉴于中国和印度尼西亚在亚洲经济中所具有的代表性及它们在经济增长和减少贫困方面的突出表现,本章首先提出一个从微观视角度量农户参与市场的程度,然后利用来自这两个国家的农户调查数据进行跨国比较研究。

二、研究进展

中国、越南、印度和印度尼西亚等国通过市场化改革减少了农村贫困,被看成是成功的案例,有很多研究者也认为市场化改革是减少贫困的重要促进力量。例如,Liu(2001)基于越南的数据研究发现,市场化改革显著缓解了贫困,但是农村贫困率降低的速度却比城市慢。卢锋(2001)认为中国农村贫困的快速缓解要归功于市场化改革及伴随着的经济增长,陶然和徐志刚(2005)则认为中国在市场化转型过程中的快速经济增长使得贫困的状况大为改观。但是,并非所有的研究都得出一致的结论。例如,Dorward and Kydd(2005)的研究发现,与中国和越南等国的成功形成鲜明对比的是亚洲其他一些国家和非洲大部分国家的经历,它们的市场化和自由化改革反而使贫困问题更加严重。他们的另一个研究则发现:在次撒哈拉非洲,自由市场的建立和发展并没有显著地减少贫困(Kydd and Dorward,2004)。类似的,Anderson(2004)认为贸易自由化对经济增长的推动对于战胜绝对贫困是最有帮助的,因为它能够创造有利于穷人的新市场、刺激穷人对相对价格和新的市场机会产生反应、提供有利于穷人的溢出效应、提高政府的公共支出等。但是,Gudgeon(2001)考察了全球化与消除贫困之间的联系,指出新自由化改革对消除贫困既可能带来正的也可能带来负的影响,这是因为全球化可能会使一些国家被边缘化,从而失去全球化带来的发展机会。他的研究发现,在过去的十年中,49个最贫穷的国家中有33个国家进行了重大的经济结构调整,但是它们的经济表现却没有真正得以改善,贫困发生率反而随着农业贸易条件的恶化、商品贸易额的下降及农业部门的发展滞后有所上升。这些可能意味着市场自由化的进程和贫困率下降的速度之间并没有真实的联系。也就是说,我们除了可以观察到不同国家的市场化改革对贫困产生了不同的影响之外,还可以观察到,处于相同市场化进程中的农户,有的脱离了贫困有的则没有,甚至在市场经济高度发达和经济增长速度很快的地区,依然有绝对贫困的存在。如果说渗透效应会自动地提高贫困群体的收入水平,为什么在市场经济极其繁荣的地区依然存在贫困?对于这些现象及不同的研究结论,由于现有大部分经验研究使用的是宏观数据,所以实际上并没有告诉我们背后的微观机制到底是什么。另外,虽然有些理论研究解释市场化改革既可能有利于减少贫困,也有可能不利于减少贫困,但是,这些理论却无法解释为什么各个农户面临着相同的市场化进程,有的贫困农户能够脱贫而有的却不能。Ravallion(2001)就曾指出,虽然现有的证据表明发展中国家的贫困人口确实能够分享总产出的增长,但是不同国家内的贫困人口分享总产出增长的程度是有很大差别的;在同一个国家内部,贫困人口所受到总产出增长的影响也是有很大差异的。他认为跨国研究往往被宏观数据问题所困,并且会掩盖真实的福利影响,从而会对发展政策造成误导。所以,他认为有必要对增长与收入分配的变化进行深入的微观实证分析。

第二节 市场化对农户的渗透效应

为了考察市场化、经济增长与农村贫困之间的关系,本节首先提出一个从微观视角度量市场化渗透效应的指标,然后基于中国和印度尼西亚的微观数据展开实证研究。对于任何农户而言,他们进行生产的目的可以被区分为两类:生产产品并用于自己消费和生产产品并用于销售。本节用下面的公式来度量农户层面的市场化渗透效应:

$$市场化渗透效应 = 1 - \frac{农户自产自消^{①}产品价值}{总收入} \quad (7-1)$$

之所以用这个指标来度量市场化渗透效应,理由在于:市场是各个经济主体进

---

① 本书中"自产自消"意为自己生产自己消费。

行交易的场所,它的主要功能是形成价格并配置资源。农户参与市场活动的表现形式可以体现在如下方面:作为需求方,他要购买自己不能够生产的消费品和生产资料;作为供给方,他要出卖自己的劳动力获得工资性收入和(或)销售自己生产的农产品。对于农户自己生产自己消费的农产品,虽然没有在市场上交易,但是这部分消费也依然增进了其福利水平。按照市场价格折算的这部分产品的价值在农户收入中所占的比例可以反映出非常重要而有趣的信息:首先,这一比例的高低直接反映了农户参与消费品市场的程度。如果这部分产品价值总量很高,则表明农户的主要消费资料都是由自己生产,而更少地通过工资性收入或其他产品的销售收入来购买这些消费资料,所以,这样的农户参与消费品市场、劳动力市场和农产品市场的程度就比较低;反之,如果一个农户自己生产自己消费的产品价值总量很低,则表明农户通过更多地参与社会分工和交换来满足自己的消费,这样的农户就会更多地参与市场。

我们知道,市场化对于农户的福利状况的影响渠道可以体现在如下方面:首先,它会改变农户自己不能生产的消费资料的价格,从而改变农户购买这些消费资料的支出水平;其次,它会改变劳动力和农户生产的农产品的价格,从而改变农户出卖劳动力和(或)农产品的收入水平;最后,商品和劳动力价格的改变,会间接地影响农户的生产和(或)消费决策,进而影响农户的福利水平。我们可以设想两个极端的例子:一个农户处于世外桃源,消费全部来自自己的生产,他不参与任何市场交易,完全自给自足。这种情况下,我们可以说他的市场参与度为0,市场上的任何价格变化对其福利水平都没有影响,所以他也无法享受到市场化改革带来的任何好处。另一个农户则处于大都市边缘,他不进行任何农业生产(比如将自己的土地租赁给民工耕种),而是单纯地依靠在城市劳动力市场上出卖劳动力获得工资,然后用工资收入在消费品市场上购买全部消费品。一旦市场上产生一些波动,比如工资水平或消费品价格发生了变动,就都会影响这个农户的福利,所以,这个农户完全融入了市场,他的市场参与度为1。按照我们的度量方法,现实中的一般农户,其参与市场的程度都介于0到1之间,这一比重越高,表明农户越多地参与社会分工和市场交易,也越多地融入了市场交换活动,反之则反。

市场化改革使得市场在配置资源中发挥更加重要的作用,成功的市场化改革之所以能够带来经济增长,是因为市场能够形成真正反映资源稀缺程度的价格,从而提高资源的配置效率。比如在中国和印度尼西亚的市场化改革过程中,计划经济下被人为压低的农产品价格及劳动力的工资水平在市场化过程中逐步上升到由市场决定的均衡水平,所以,劳动力和其他生产资料的配置效率得以提高,从而带来经济的增长。同时,经济增长又会继续带来对农产品和农村劳动力的更高需求;在这一过程中,农户可以通过两种途径来分享经济增长的好处:第一,更多地出售农产品,只有如此,才能够分享到由于市场化改革和经济增长所导致的农产品价格上升的好处;第二,以更高的价格出卖(更多的)劳动力,分享到由于市场化改革和经济增长所导致的工资水平和劳动力需求上升的好处。然而,一个自己生产自己消费的价值占总收入的比例越高的农户,他更少地参与了市场活动,更少地出售农产品获得销售收入或(和)更少地出卖劳动力以获得工资收入,所以,就只能更少地享受到市场化改革和经济增长带来的好处。反之,一个更多地从事专业化农业生产并获得销售收入或(和)通过更多的出卖劳动力而获得工资收入的农户,则能够在更高的程度上分享到市场化改革和经济增长带来的好处。更多地从事专业化的生产,而不是更多地为自己消费而生产,这样的农户不但可以因为更高的农产品价格和(或)更高的工资水平而增加收入,而且还能享受到因为专业化分工带来的好处,而这种好处是必须通过参与市场并在市场上交换自己的专业化产品来实现的。[①] 所以,我们可以得出如下结论:在市场化和经济增长的过程中,农户只有更多地参与社会分工,才有可能分享到市场化改革和经济增长的成果,提高农户的市场化渗透效应是使其分享到经济增长的好处的必要条件。下面我们运用来自中国和印度尼西亚的农村调查数据来展开实证检验。

第三节 实证检验

一、数据来源

本节使用的中国数据来自上海市农调队 2000—2004 年的家计调查。该样本每

[①] 当然,我们必须承认,农户更多地参与市场是其分享经济增长的好处的必要条件而不是充分必要条件,因为更多地参与市场活动相对于更多地进行自己生产自己消费的农户会更多承受来自市场上的各种风险,比如价格的波动或者各种负向的冲击。

年覆盖600个农户,关于农户的收入和支出、消费等数据,都是根据农户的日记账汇总而来的。所以,农调队的农户家计调查数据是国内能够被用于农户的实证研究的质量最高的数据之一。同时,基于本节的研究目的,农调队的调查是国内唯一详细记录并核算了农户自产自消产品价值的,其他没有详细、准确地记录和核算自产自消产品价值的家计调查都不适合这一研究。本节使用的印度尼西亚数据来自该国的家计调查(简称 IFLS)。[①]该调查的第一轮是1993/1994年进行的,覆盖了13个省、321个乡镇的7 224个农户。调查包含了农户关于消费、就业、婚姻、生育、移民等各种信息。最关键的是这个调查也询问了每个家庭在被调查时过去一周内的自产自消产品价值总量以及其他消费支出价值,从而也可以满足我们度量农户层面市场化渗透效应的要求。本节使用来自 IFLS 的第二轮调查,在剔除了调查中的城镇样本及部分重要变量缺失的样本后,得到的一个2 112个农户的样本。

二、变量的定义与统计描述

从理论上讲,我们提出的度量公式能够有效地反映出不同的农户面对相同的市场时所受影响程度的不同。我们有理由相信,在相同的市场上,不同的农户参与社会分工和市场交易的程度必然不同,他们所受到的来自市场的影响也必然不同。这一层面的度量的优点在于:它能够从微观的角度反映出不同农户的市场化程度和农户受到来自市场的影响的程度。对于中国的数据,我们用农户在被调查年份内的自产自消产品的价值总量占家庭总收入的比例来度量它的市场化渗透效应。但是,在基于印度尼西亚的数据进行实证研究时,我们采取了略微不同的度量方法:在 IFLS 中,调查者只询问了每个农户在过去一周内自产自消产品的价值量,以及用货币购买的消费品的价值量,虽然我们也可以得到被调查农户的年度收入,但是因为我们必须根据家庭的各个收入来源对家庭总收入进行汇总,而分别让农户根据不同的收入来源回忆过去一年内的各种收入,可能会面临很大的度量误差,而让农户回忆过去一周内的消费和消费支出所产生的度量误差会比较小。所以,我们用家庭在过去一周内非自产自消产品的价值占家庭总消费的比例来度量农户的市场化渗透效应,

---

① 对于该调查的详细介绍及数据来源,可以参见以下网站:http://www.rand.org/labor/FLS/IFLS。

即将公式(1)中的分母家庭收入替换成家庭的总消费。另一个重要变量为农户的贫困状况,对于中国,本节采用了每人每天消费 1 美元的贫困线,并根据购买力平价和消费者价格指数进行了相应的调整。采取每人每天消费 1 美元的国际标准贫困线的原因在于:一是很多研究者认为国家统计局公布的国定贫困线过低,从而会低估贫困的发生程度,而每天 1 美元或 2 美元的国际标准贫困线则能够为大多数研究者所接受。二是由于上海市处于中国市场经济的前沿,其郊区的经济发展程度相对较高,农户的生活成本也相对较高。所以,采用每人每天消费 1 美元的国际标准贫困线是合适的。对于印度尼西亚的农户样本,我们采用了印度尼西亚政府的统计部门根据食物(每人每天消费的热量达到 2 100 卡路里)和非食物消费制定的农村家庭贫困线,这一贫困线在 1996 年为每人每月 31 366 卢比(Maksum,2004)。

表 7-1 对这两个样本中的贫困和非贫困农户的相关指标进行了统计描述。从两个样本中可以清楚地看出同样的特征:非贫困户的市场化渗透效应、劳动力平均受教育年限都高于贫困户,他们的人口负担率则低于贫困户。对于生产性固定资产(多为农业生产设备)或土地,非贫困农户的拥有量则相对低一些,这表明非贫困农户更少地从事各种农业生产活动,同时他们的户主年龄也稍低一些。另外,中国样本的家庭人口负担率比印度尼西亚样本的家庭人口负担率要明显低很多,这表明这两个样本的家庭人口结构有明显差异。

表 7-1 贫困与非贫困农户相关指标的统计描述

变量	非贫困农户		贫困农户	
	均值	标准差	均值	标准差
中国样本				
市场化渗透效应	94.53	7.92	89.41	12.08
人口负担率	0.18	0.27	0.22	0.30
固定资产(对数)	4.51	3.86	4.94	3.54
户主教育年限	8.09	2.49	7.17	2.35
户主年龄	47.18	8.55	49.62	9.13
村人均耕地面积	0.95	0.42	1.08	0.34
印度尼西亚样本				
市场化渗透效应	85.31	19.19	83.07	19.62

续表

变量	非贫困农户		贫困农户	
	均值	标准差	均值	标准差
人口负担率	0.49	0.61	0.59	0.69
户主教育年限	5.67	4.01	4.27	3.37
户主年龄	46.71	14.35	50.61	14.42
家庭耕地价值(对数)	7.19	7.70	7.35	7.53

三、实证检验

为了从微观层面检验更多地参与市场是否能够减少农村贫困,我们基于这两个国家的样本,运用 Probit 模型展开实证检验,模型的被解释变量是农户是否贫困的哑变量,其他控制变量见表 7-2。从中可以看出:无论是基于中国的还是基于印度尼西亚的样本,农户的市场化渗透效应对其陷入贫困的概率确实都具有显著的影响,参与市场的程度越高,农户陷入贫困的概率越低。另外,户主的个人特征及家庭人口负担率等变量在两个模型中的回归系数符号也都非常相似,这表明同类的家庭特征在两个样本中都对模型的被解释变量有着类似的影响。所以,我们从两个国家的农户调查数据中都得到了稳健且一致的结论,即更多地参与市场确实能够降低农户陷入贫困的概率。①

表 7-2 农户参与市场的程度对其贫困状态的影响

变量	中国		变量	印度尼西亚	
	回归系数	标准误		回归系数	标准误
渗透效应	−0.02****	0.01	渗透效应	−0.34**	0.16
户主年龄	0.01**	0.01	户主年龄	0.01****	0.00
户主教育年限	−0.04	0.02	户主教育年限	−0.05****	0.01

---

① 从实证研究的角度看,上述回归中的市场化指标可能具有内生性,所以本节基于中国的数据,利用农户到区政府的距离作为市场化渗透效应的工具变量法对其进行了检验,结果 IVprobit 模型的检验拒绝了市场化指标具有内生性的假设,所以,我们接受表 7-2 中 probit 模型的回归结果。对于工具变量的一阶段检验、内生性检验及豪斯曼检验因为篇幅所限,这里没有报告,有兴趣的读者可以向作者索取。

续表

变量	中国		变量	印度尼西亚	
	回归系数	标准误		回归系数	标准误
户主性别	0.02	0.19	户主性别	−0.01	0.09
乡镇企业就业数	−0.01	0.05			
固定资产（对数）	0.01	0.01			
人口负担率	0.44****	0.15	人口负担率	0.33****	0.05
村人均耕地面积	0.36****	0.13	家庭土地价值	−0.00	−0.00
时间趋势	0.17****	0.04			
常数项	−345.85****	80.99	常数项	−0.77****	0.25
观察值	3 000		观察值	2 112	
R^2	0.079 7		R^2	0.051 1	

注：**、****分别表示在5%、1%的程度上显著。

四、市场化与经济增长能否自动消除贫困

在前文中我们基于中国和印度尼西亚的微观实证研究得出了一致的结论，发现更多地参与市场活动能够显著降低农户陷入贫困的概率。但是，我们还可以观察到的一个明显事实是：即使在高度市场化的地区，比如我们使用的来自中国上海市郊区的样本中依然存在贫困现象。当我们基于中国和印度尼西亚的样本选择了贫困线之后，发现还有部分市场化渗透效应很高的农户依然处于贫困状态。所以，这就给我们提出了非常重要的问题，即市场化与经济增长为什么不能自动消除农村贫困？

为了回答上述问题，我们首先分别将两个样本中的市场化渗透效应位于平均水平之下的农户去掉，保留市场化水平高于平均值的农户。在剩余样本中的贫困家庭具有什么样的特征和他们为什么会陷入贫困是我们关心的问题。由于样本量小，所以我们无法展开回归分析，表7-3中提供了高市场化渗透效应样本中贫困和非贫困农户的一系列特征的对比，这种对比揭示出来的信息有助于我们回答上述问题。

从表7-3中可以看出：第一，对于中国的高市场化农户，贫困家庭的户主年龄和人口负担率都大于非贫困农户，对于印度尼西亚的高市场化农户，也表现出同样

的特征。所以,我们可以总结出第一个结论,即使农户的市场化渗透效应很高,如果他们的家庭所拥有的人力资本较低而家庭负担率比较高,这样的家庭依然可能会陷入贫困。第二,表7-3中的其余指标可以用来反映农户的生产活动,从中国样本可以看出,贫困农户拥有更多的生产性固定资产,其所在村的人均耕地面积更多,家庭里的乡镇企业职工数量更少。在中国,乡镇企业一般大多从事农产品加工及非农产业的生产活动,很少直接从事农业生产,而农户拥有的生产性固定资产大多是进行农业生产的。所以,这些信息的综合对比反映出一个信息:更多地直接从事农业生产的农户,即使他们生产的主要目的不是为了自己消费,依然更有可能陷入贫困。对于印度尼西亚,我们可以观察到一个异常明显的特征:贫困农户的非农收入占总收入的比例远远低于非贫困农户。这反映出了与中国样本相同的特征:更多地从事农业生产,农户会更有可能陷入贫困。另外,他们的人均耕地面积的价值更低,这一特征与中国样本的特征正好相反,这是由于中国和印度尼西亚拥有不同的农村土地制度,中国的耕地属于村集体所有,农户只能够从村集体那里承包耕地,所在村的人均耕地面积或者家庭耕种的土地面积,只代表他们能够用于农业生产的耕地的大小,而在印度尼西亚,土地是可以私有化并自由买卖的,作为一种财产,更富有的家庭反而有能力购买更多的耕地。

表7-3 高市场化渗透效应农户与贫困状态

变量	中国		变量	印度尼西亚	
	贫困	非贫困		贫困	非贫困
户主年龄	51.27	47.36	户主年龄	49.24	45.86
户主教育水平	7.40	8.25	户主教育水平	4.31	5.62
家庭人口负担率	0.24	0.19	户人口负担率	0.64	0.51
村人均耕地面积	1.01	0.89	户人均耕地价值对数	3.86	4.67
固定资产的对数	5.00	4.37	非农收入占总收入的比例	0.02	0.14
家庭里的乡镇企业职工数量	0.76	0.92			

注:表中的数字都是两个样本对应指标的平均值。

综合上述分析,表7-3揭示出一个重要结论:即使农户的市场化渗透效应很高,他们依然会陷入贫困。这主要归咎于两个方面的原因:首先,这样的家庭一般拥有更少的人力资本,户主的教育程度更低且年龄更大,家庭的人口负担率较高;

其次,这类家庭一般更多地直接从事农业生产活动或者与农业有关的生产活动,而不是直接从事工业生产活动。对于这一点,我们的解释是:对于发展中国家而言,在其工业化或由计划经济向市场经济转轨的过程中,农产品和工业品的贸易条件一般而言都对农产品不利,所以,即使一个农户不是为了自己消费而进行农业生产从而具有较高的市场化渗透效应,但依然会有可能陷入贫困。对于中国而言,中华人民共和国建立后实施的城市倾向政策使得农业生产的比较利润降低,甚至某些地区的农户从事的家庭农业生产的净利润是负的,所以,即使不是为了自己消费而从事农业生产所可能获得的收入也比从事非农业生产所可能获得的收入更低,从而陷入贫困的概率就更高。这些结论表明,更多地参与市场虽然能够降低农户陷入贫困的概率,但这并不代表市场化能够自动消除农村贫困,拥有较低人力资本和较高人口负担率的家庭及更多地从事农业生产活动的家庭,依然会在市场化过程中陷入贫困,从而可能被市场化过程边缘化。所以,发展中国家应该采取积极的政策来消除农村贫困,而不能一劳永逸地等待渗透效应发挥作用。

五、总结

我们运用来自中国和印度尼西亚的农户调查数据实证分析了农户的市场化渗透效应与其贫困之间的关系,结果表明:农户更多地参与市场确实能够有效地减少其贫困,这一结论为宏观研究提供了微观证据。我们还发现:拥有较少的人力资本和较高的人口负担率的家庭即使有较高的市场化渗透效应,依然有可能陷入贫困。处于同样的市场化进程中,不同的农户融入市场化进程中的程度有很大的不同,从而他们能够分享到的市场化改革所带来的经济增长的好处也有很大不同,所以我们可以观察到,虽然很多国家都进行了市场化,但其减贫结果却不同。另外,上述分析也能够为市场化过程中或者在市场化的某些阶段出现收入差距拉大的现象提供一个可能的解释:在经济增长过程中,如果低收入家庭更少地参与市场,从而更少地分享经济增长的好处,那么这将必然不利于收入差距的缩小。

我们认为,发展中国家的政府不能希望单纯地通过经济增长来消除贫困,如果政府忽视了这一点而不采取主动的干预措施,将会使得贫困群体逐步被边缘化,从而不利于贫困的减少和收入差距的缩小。例如,Ferrand et al.(2004)认为,许多穷人逐渐摆脱贫困的一个关键原因是功能完善的市场正在逐渐发挥作用。市场对穷人是十分重要的，因为市场如何运行决定了穷人参与整个经济增长并从中获益的范围，如果被排除出市场之外，将会带来较大的不平等的潜在可能。Yao(2003)也指出农村贫困人群由于缺乏进入产品和要素市场的机会从而使得他们在很大程度上被排除出经济增长的过程。所以，让市场来帮助穷人是一个国家反贫困战略的一个关键因素。有学者清醒地认识到，扶贫也并不仅仅是给穷人提供一些金钱或物质就能了事，政府的公共政策应该试图创造经济发展的动力，而构成这一动力的两大支柱是：第一，为企业家才能、投资和增长创造一个投资环境；第二，授予穷人以参与权并对他们进行投资使他们能够参与到发展的过程中去(Stern,2003)。

本节最后要强调的一点是：贫困是一种均衡状态，简单地通过外部向穷人提供市场未必能够打破这种状态，如果贫困农户参与市场的能力有限，即使他们面临着一个功能完善的市场依然会被边缘化。正如 Sen(1981)对饥荒的解释那样：饥荒之所以发生，并不是由于粮食供不应求，而是由于穷人没有获得粮食的权利或能力。类似的，穷人之所以更少地参与市场并分享到增长的好处，可能并不在于不存在让他们分享增长的好处的市场，而在于他们缺乏足够的能力来参与这个市场。所以，提供功能完善的市场及保持经济的快速增长只是农村扶贫的必要条件，而提高贫困农户参与市场的能力才是通过市场化改革和经济增长解决农村贫困问题的关键环节。

最后，基于表 7-3 的分析，我们认为如果要消除市场化过程中的贫困或缩小市场化过程中的收入差距，政府可以在两个方面上有所作为：第一，增加农户的人力资本和降低农户的人口负担率。前者可以通过增加教育投入来解决，后者可以通过建立为未成年人提供免费的或者低成本的教育体系来解决，并同时建立为老人提供医疗及养老保障的体系，从而降低人口负担率对于高市场化农户陷入贫困的概率的影响，上述措施可以从微观基础上减少市场化进程中的贫困。第二，如果说在发展的一定阶段，工农业产品贸易条件必然会对农业不利，而改变这一条件在短期内无法实现，但是这并不代表政府在短期内可以无所作为，政府可以通过工业化创造更多的非农工作岗位，取消对农民工进入城市的限制，促进城市化程度的进一步提高，使得更多的农业劳动力进入工业部门并更多地分享到经济增长的好处，特别是工业部门快速增长的好处，这样依然可以起到减少贫困和缩小收入差距的效果。

参考文献：

Anderson Kym, 2004, "Agricultural Trade Reform and Poverty Reduction in Developing Countries," World Bank Policy Research Working Paper, No. 3396, Washington D. C.

Avner Ahituv and Ayal Kimhi, 2002, Off-farm Work and Capital Accumulation Decisions of Farmers Over the Life-cycle: the Role of Heterogeneity and State Dependence, *Journal of Development Economics*, 68(2):329-353.

Bardhan Pranab, 2004, "The Impact of Globalization on the Poor," Brookings Trade Forum, Globalization, Poverty, and Inequality, pp. 271-284.

Carter Conlin A. , 1997, The Urban-Rural Income Gap in China: Implications for Global Food Markets, *American Journal of Agricultural Economics*, 79: 1410-1418.

Charlotte Goodburn, 2009, Learning from Migrant Education: A Case Study of the Schooling of Rural Migrants Children in Beijing, *International Journal of Educational Development*, 29(5):495-504.

CSLS, 2003, "China's Productivity Performance and Its Impact on Poverty in the Transition Period," Centre for the Study of Living Standards Research Report 2003-07, Ottawa.

Deininger K. , D. Monchuk, H. K. Nagarajan, and S. K. Singh, 2016, Does Land Fragmentation Increase the Cost of Cultivation? Evidence from India, *The Journal of Development Studies*, 90(1): 1-17

Dorward Andrew, Jonathan Kydd, 2005, "Making Agricultural Market Systems Work for the Poor: Promoting Effective, Efficient and Accessible Coordination and Exchange," Working Paper from: www. dfid. gov. uk/news/files/ trade_news.

Ferrand David, Alan Gibaon, and Hugh Scott, 2004, " 'Making Markets Work for the Poor'—An Objective and an Approach for Governments and Development Agencies," ComMark Working Paper from:www. commark. org.

Gillis Malcolm, Dwight Perkins, Michael Roemer, and Donald Snodgrass, 1987, *Economics of Development*, Norton.

Gudgeon Peter S, 2001, "Globalization and Rural Poverty Reduction: The Role of the United Nations System—Contrasting Style and Competing Models," Working Paper from: www.un.org/esa/socdev/poverty/papers/paper_gudgeon.pdf.

Hayami Y., V. W. Ruttan, 1985, *Agricultural Development: An International Development*, Baltimore: Johns Hopkins University Press.

Krueger Anne, Maurice Schiff, and Alberto Valdes, 1992, *The Political Economy of Agricultural Pricing Policy*, Baltimore: Johns Hopkins University Press.

Kydd Jonathan, Andrew Dorward, 2004, Implications of Market and Coordination Failure for Rural Development in Least Developed Countries, *Journal of International Development*, 16:1–20.

Lin J. Y., 1992, Rural Reforms and Agricultural Growth in China, *American Economic Review*, 82(1):34–51.

Liu Amy Y. C., 2001, Markets, Inequality and Poverty in Vietnam, *Asian Economic Journal*, 15:217–235.

Maksum Choiril, 2004, "Development of Poverty Statistics in Indonesia: Some Notes on BPS Contributions in Poverty Alleviation," Conference Paper from: www.nscb.gov.ph/poverty/conference/papers.

Mancinelli Susanna, Mazzanti Massimiliano, Piva Nora, and Ponti Giovanni, 2010, "Education, Reputation or Network? Evidence on Migrant Worker Employability," *Journal of Socio-Economics*, 39(1): 64–71.

Meier Gerald M., James E. Rauch, 2000, *Leading Issues in Economic Development*, 7th ed., New York: Oxford University Press.

Montalvo Jose G., Martin Ravallion, 2009, "The Pattern of Growth and Poverty Reduction in China," World Bank Policy Research Working Paper, No. 5069, Washington D.C.

Nurkse R., 1953, *Problems of Capital Formation in Underdeveloped Countries*, New York: Oxford University Press.

Ravallion Martin, 2001, Growth, Inequality and Poverty: Looking Beyond Averages, *World Development*, 29(11):1803 - 1815.

Ravallion Martin, Shaohua Chen, 2004, "China's (Uneven) Progress against Poverty," World Bank Policy Research Working Paper, No. 3408, Washington D. C.

Rostow W. W., 1960, *The Strategy of Economic Growth: A Non-Communist Manifesto*, Cambridge: Cambridge University Press.

Sklenicka P., Janovska V., Salek M., Vlasak J., and Molnarova K., 2014, The Farmland Rental Paradox, Extreme Land Ownership Fragmentation as A New Form of Land Degradation, *Land Use Policy*, 38(5): 587 - 593.

Stern Nicholas, 2003, "Public Policy for Growth and Poverty Reduction," *CESifo Economics Studies*, 49:5 - 25.

Todaro M. P., 1989, *Economic Development in the Third World*, 4th ed., New York: Longman.

Wan G. H., E. Cheng, 2001, Effects of Land Fragmentation and Returns to Scale in the Chinese Farming Sector, *Applied Economics*, 33(2): 183 - 194

World Bank, 2001, *World Development Report 2000/2001, Attacking Poverty*, New York: Oxford University Press.

World Bank, 2006, World Development Report 2006, *Equity and Development*, New York: Oxford University Press.

Xianbin Yao, 2003, "Infrastructure and Poverty Reduction—Making Markets Working for the Poor," Erd Polioy Brief Working Paper, No. 14. http://www.adb.org/Documents/EDRC/Policy_Briefs/PB014.pdf.

Yang Dennis Tao, Cai Fang, 2000, "The Political Economy of China's Rural-Urban Divide," Working Paper No. 62, Center for Research on Economic Development and Policy Reform, Stanford University.

Yang Dennis Tao, 1999, Urban-Biased Policies and Rising Income Inequality in China, *American Economic Review*, 89(2):306 - 310.

Yao Shujie, 2000, Economic Development and Poverty Reduction in China over 20 Years of Reforms, *Economic Development and Cultural Change*, 48 (3):

447-474.

曹利平,2009,《农村劳动力流动、土地流转与农业规模化经营研究——以河南省固始县为例》,《经济经纬》第4期84-87页。

陈美球,吕添贵,许莉,赵宝苹,李鹏,2011,《外出打工对耕地流转影响的实证分析》,《江西农业大学学报(社会科学版)》第1期13-18页。

陈锡文,2013,《构建新型农业经营体系,加快发展现代农业步伐》,《经济研究》第2期14页。

黄宗智:《长江三角洲小农家庭与乡村发展》,北京:中华书局1992年版。

姜松,曹峥林,刘晗,2016,《农业社会化服务对土地适度规模经营影响及比较研究——基于CHIP微观数据的实证》,《农业技术经济》第11期4-13页。

李强,黄斐,2015,《农村劳动力流失对农业现代化的负面效应及对策》,《广西民族师范学院学报》第1期100-102页。

李庆,林光华,何军,2013,《农民兼业化与农业生产要素投入的相关性研究——基于农村固定观察点农户数据的分析》,《南京农业大学学报(社会科学版)》第3期27-32页。

李实,魏众:《中国农村劳动力流动与收入分配》,载赵人伟等主编《中国居民收入分配再研究》,北京:中国财政经济出版社1999年版。

李实,1999,《中国农村劳动力流动与收入增长和分配》,《中国社会科学》第2期16-33页。

李文明,罗丹,陈洁,谢颜,2015,《农业适度规模经营:规模效益、产出水平与生产成本——基于1552个水稻种植户的调查数据》,《中国农村经济》第3期4-17页。

李宪宝,高强,2013,《行为逻辑、分化结果与发展前景——对1978年以来我国农户分化行为的考察》,《农业经济问题》第2期56-65页。

李跃歌,沈佳丽,2014,《我国农村剩余劳动力转移对农村经济的影响》,《湖南商学院学报》第5期30-36页。

林善浪,王健,张锋,2010,《劳动力转移行为对土地流转意愿影响的实证研究》,《中国土地科学》第2期19-23页。

林毅夫,蔡昉,李周:《中国奇迹:发展战略与经济改革》,上海:上海三联书店和上海人民出版社1994年版。

刘亮,章元,高汉,2014,《劳动力转移与粮食安全》,《统计研究》第9期58-64页。

卢锋,2001,《中国:探讨第二代农村反贫困策略》,北京大学中国经济研究中心工作论文,No. C2001004。

吕新业,2003,《我国粮食安全现状及未来发展战略》,《农业经济问题》第11期43-47页。

Sen Amartya:《贫困与饥荒——论权利与剥夺》,北京:商务印书馆2001年版。

孙文凯,路江涌,白重恩,2007,《中国农村收入流动分析》,《经济研究》第8期53-66页。

陶然,徐志刚,2005,《城市化、农地制度与迁移人口社会保障——一个转轨中发展的大国视角与政策选择》,FED工作论文,No. FC20050049。

许庆,尹荣梁,章辉,2011,《规模经济,规模报酬与农业适度规模经营——基于我国粮食生产的实证研究》,《经济研究》第3期59-71页。

杨春华,李国景,2016,《国际视角下农业生产力与经营规模关系的实证分析》,《农业技术经济》第2期4-13页。

展进涛,陈超,2009,《劳动力转移对农户农业技术选择的影响——基于全国农户微观数据的分析》,《中国农村经济》第3期75-84页。

张培刚:《新发展经济学》,郑州:河南人民出版社1999年版。

张宗毅,杜志雄,2015,《土地流转一定会导致"非粮化"吗?——基于全国1740个种植业家庭农场监测数据的实证分析》,《经济学动态》第9期63-69页。

章元,万广华,刘修岩,许庆,2009,《参与市场与农村贫困——一个微观分析的视角》,《世界经济》第9期3-14页。

章元,许庆,2011,《农业增长对于降低农村贫困真的更重要吗?反思世界银行的观点》,《金融研究》第6期109-122页。

赵鲲,刘磊,2016,《关于完善农村土地承包经营制度发展农业适度规模经营的认识与思考》,《中国农村经济》第4期12-16页。

周应恒,胡凌啸,严斌剑,2015,《农业经营主体和经营规模演化的国际经验分析》,《中国农村经济》第9期80-95页。

朱农:《中国劳动力流动与"三农"问题》,武汉:武汉大学出版社2005年版。

第四篇
从开发式扶贫走向精准扶贫

第八章

1949 年以来的农村扶贫政策

第二章的文献综述表明,有部分研究发现中国的农村扶贫政策的效果并不理想,但我们并不能因此就简单地否认农村扶贫政策的作用,理由在于:现有评价农村扶贫政策效果的研究大都仅仅关心了狭义的扶贫政策,即直接针对贫困地区或者贫困家庭的各种扶贫投入,以及仅仅关心对于减少贫困的直接效应,即对贫困农户收入或消费的直接影响。实际上,对农村贫困地区的各种公共投资,都对农村经济增长有着重要的推动作用,快速的经济增长还能够通过间接渠道逐步对贫困农户产生渗透效应。我们有必要对中华人民共和国成立以来的农村扶贫政策进行介绍和分析。

第一节 农村扶贫资金的投入渠道

一、财政扶贫资金

中国的农村扶贫资金大部分来自中央政府的投入,其次是地方各级政府的投入。按照财政扶贫资金的投入方式,可以分为直接投入和间接投入两类。直接投入是指财政部门将资金直接无偿或有偿地投入贫困地区供其使用,间接投入则是通过制定一系列的财政税收政策减轻贫困地区的经济负担或者降低资金的使用成本。

1. 直接财政投入

政府的直接财政投入类型主要包括如下几类。

第一,边疆建设事业补助资金。为了改善边疆地区的面貌,促进边疆地区工农业生产和各项事业的发展及提高边疆人民的生活水平,财政部对边疆地区实行倾斜政策,从1977年开始每年投入1亿元,重点用于补助县以下能带动贫困户脱贫致富、投资少见效快的小型骨干企业和"龙头"企业。

第二,支援经济不发达地区发展资金(简称"发展资金")。国家财政从1980年开始有专门用于老少边穷地区改变落后面貌、加快经济发展的投入。投入的对象主要是脱贫致富的项目,如修建农村道路、桥梁,发展农村文化教育事业,进行技术培训,防治地方病等。另外,从1990年起设立"少数民族地区温饱基金",主要用于少数民族地区的民族贫困县的扶贫开发项目,以有偿使用为主。

第三,"三西资金"。"三西资金"是"三西"地区农业建设资金的简称,1983年由国务院建立,每年投入2亿元,专门用于解决甘肃的河西地区、定西地区、陇南的10个高寒阴湿特困县和宁夏回族自治区的西海固地区等共计47个贫困县的农业开发建设。

第四,以工代赈。这是一种在世界各国被广泛采用的公共工程扶贫项目,主要是政府以实物形式对贫困地区进行基础设施投资。从1984年开始,财政部设立了以工代赈资金,用于改善贫困地区的基础设施条件,为当地经济发展创造物质条件,提供贫困人口的短期就业,增加他们的收入。这项资金的使用范围在开始时主要是帮助贫困地区修建公路、船道、小型水利工程,后来逐步扩大到开展农田水利建设、兴修旱涝保收田、建设人畜饮水工程、支持农村基础设施建设。按规定,中央政府拨付的以工代赈资金应作为工资发放给参加项目的农民,地方政府还应该以不低于1∶1的比例筹备配套资金。1995年以前,以工代赈资金的中央部分由财政和银行共担,中央财政承担68%,银行承担32%,自1996年起,全部改为由财政负担,每年至少投资40亿元(孟春,2000)。从1997年起,以工代赈由实物形式改变为货币投放形式,由国家计委单独管理改为由财政部、国务院扶贫办、国家计委共同管理。国内关于以工代赈的一项深入研究可以参见朱玲和蒋中一(1994)。1998年至2002年,中央共安排以工代赈资金290亿元,其中2002年为60亿元,在这一年里,以工代赈资金共建设基本农田300万亩,改善农田有效灌溉面积700万亩,解决了400万人、300多万头牲畜的饮水困难,建设县乡村公路3.8万公里,治理水土流失面积680万亩,建设草场500多万亩(国家统计局农村社会经济调查总队,2003)。

第五,甘露工程。中央财政1997年设立了"甘露工程"专用资金,使用股票售表收入资金①,解决国家贫困县和部分省定贫困县及插花贫困乡②的人畜饮水,以及教育卫生、村镇道路、桥梁、通信、电力设施建设等,1997年和1998年分别投入19亿元和22亿元(程丹峰,2000)。

第六,农业银行的扶贫贴息贷款。扶贫贴息贷款主要由中国农业银行发放,但是由于其利率低于市场利率,所以利差部分由中央财政补贴。

表8-1报告了1998年前中央财政扶贫资金的主要构成。

表8-1 中央财政扶贫资金的构成 （单位:亿元）

	发展资金	以工代赈	新增财政扶贫资金	三西资金	其他财政扶贫资金
1980	5.00	—	—	—	—
1981	5.00	—	—	—	—
1982	5.00	—	—	—	—
1983	5.00	—	—	2	—
1984	6.00	—	—	2	—
1985	6.00	—	—	2	—
1986	8.00	9	—	2	—
1987	8.00	9	—	2	—
1988	8.00	—	—	—	—
1989	8.00	1	—	2	—
1990	8.00	6	—	2	—
1991	8.00	18	—	2	—
1992	9.00	16	—	2	—
1993	10.00	30	—	2	—
1994	10.00	40	—	2	—
1995	11.15	40	—	2	2
1996	12.15	40	—	2	5
1997	12.15	40	15	2	28
1998	12.15	50	20	2	19

注:其他财政性扶贫资金主要包括1995年开始的贫困地区义务教育工程专项补助资金和1997、1998两年用于扶贫的股票售表收入资金。

资料来源:转引自程丹峰(2000)。

---

① 股票售表收入资金是指发售股票认购申请表所获得的、由中央财政一次性拨付的专项资金,专门用于改善国定贫困县贫困人口的生产生活条件的资金。

② "插花贫困乡"是指位于非贫困县内零星的贫困乡。由于早期的扶贫资金是以国定贫困县为单位投入的,所以国定贫困县内的所有乡都能得到扶贫资金,而位于非贫困县内也有少数贫困乡,它们也需要政府的扶贫,资金投入。

2. 间接财政投入

除了直接针对贫困地区注入资金以外,财政部门还对贫困地区实行了多种税收优惠政策及一些阶段性、临时性的财政性政策措施,例如减轻农业税、减免乡镇企业的所得税等。

具体而言,间接财政投入包括:

第一,税收优惠。对国家确定的老少边穷地区的新办企业,所得税可以在3年内先征收后全部或部分返还;从粮食风险基金中拿出部分资金对吃返销粮的贫困户予以适当补助;从1994年起,中央财政将地方征收的资源税全部留给地方。另外,中国政府还采取了减免农业税等措施减轻农民的负担。经国务院批准,财政部、农业部、国家税务总局联合下发了《关于2004年降低农业税税率和在部分粮食主产区进行免征农业税改革试点有关问题的通知》,决定于2004年在吉林、黑龙江两个粮食主产省先行免征农业税改革试点,河北、内蒙古、辽宁、江苏、安徽、江西、山东、河南、湖北、湖南、四川11个粮食主产省、自治区降低农业税税率3%,其余地区总体上降低农业税税率1%,沿海及其他有条件的地区则视地方财力情况进行免征农业税试点。中央财政对免征农业税改革试点和降低农(牧)业税税率的地方给予补助。2005年12月29日,第十届全国人大常委会第19次会议经表决决定,《农业税条例》自2006年1月1日起废止。

第二,体制照顾。1994年的分税制改革保留了原来体制中对贫困地区的定额补助和专项补助,此外,在结算补助和过渡期转移支付制度中对贫困地区都给予了适当倾斜。例如,国家财政1994年对592个国定贫困县的财政净补助为66亿元,1995—1998年中央财政用于转移支付资金分别为20亿元、34.7亿元、55亿元、70亿元,贫困县是其中一个重要的考虑因素(程丹峰,2000)。

第三,民族贫困地区的财政优惠。按照《中华人民共和国民族区域自治法》的要求,中央财政对民族地区实行定额补助的财政体制,即民族自治地方收入全部留下,支出大于基数部分由中央财政定额补贴。另外,中央财政还在农业税收政策上,对少数民族生产、生活困难的地区,按照社会减免的办法予以照顾,对民族贫困地区的耕地占用税、能源交通建设基金、口岸建设、边境贸易等实行优惠照顾政策。在民族贸易政策上,对民族贸易企业的自有资金、价格补贴和上缴利润方面实行优惠政策,统称为民族贸易企业的"三项照顾"政策。

二、信贷扶贫资金

信贷扶贫资金的来源主要有两个渠道,就资金规模而言,首要渠道是来自中国农业银行(1994 年至 1997 年为中国农业发展银行办理,1998 年以后由中国农业银行接手),次要渠道为财政系统提供的贴息贷款。从 1986 年开始,国家财政开始为贫困地区提供扶贫专项贴息贷款,从 1991 年起每年增加 5 亿;从 1992 年起,每年再增加 5.5 亿元专用于水利项目和农田基本建设的贴息贷款。至 2000 年年底,每年向 18 个山区的 273 个国家级贫困县发放 10.5 亿元贴息贷款(程丹峰,2000)。下面对来自中国农业银行的信贷扶贫资金进行简要介绍。

1. 贴息和非贴息扶贫贷款

信贷扶贫资金一般包括贴息扶贫贷款和不贴息的扶贫贷款,前者主要由中国农业银行发放,利率低于市场水平,利差部分由中央财政补贴,一般所说的信贷扶贫资金主要指的就是贴息贷款;另一部分扶贫贷款为中国农业银行及其他各银行按照正常市场利率发放的扶贫贷款,这一部分不享受中央财政的贴息。例如 2002 年,中国农业银行共发放扶贫贷款 254.5 亿元,其中扶贫贴息贷款为 188.6 亿元(国家统计局农村社会经济调查总队,2003)。贴息贷款项目最早从 1984 年开始实施,当时由中国人民银行每年向老少边穷地区发放 10 亿元低息贷款。1986 年起,中央政府实施了专门针对国定贫困县的大规模贴息贷款计划。表 8-2 显示了 20 世纪 80 年代中期以来中国的扶贫贴息贷款的发放规模。

表 8-2 中国的扶贫贴息贷款的规模 (单位:亿元)

年份	1986	1987	1988	1989	1990	1991	1992	1993
贷款额	23	23	29.5	30.5	30.5	35.5	41	35.5
年份	1994	1995	1996	1997	1998	1999	2000	
贷款额	45.5	45.5	55	85	100	150	149	

资料来源:1999 年前数据转引自程丹峰(2000),1999、2000 年数据来自刘冬梅(2003)。

另外,中国的信贷扶贫资金的投放重点也在不断发生变化。初期的贴息贷款主要用于支持贫困户发展种植业、养殖业和农产品加工。1989 年起转而通过贴息贷款鼓励贫困地区经济实体发展来间接帮助穷人,贷款主要瞄准贫困地区的生产性企业,只有很小部分直接瞄准贫困农户。为了保证扶贫贴息贷款更多地真正用于穷人身上,《国家八七扶贫攻坚计划》要求扶贫贴息贷款主要应该瞄准贫困户,于是农业发展银行开始对贷款贫困农户发放小额信用贷款。1998年,农业银行为了转嫁农户贷款的风险,要求地方政府对贷款的偿还提供硬性担保。

2. 小额信贷在中国的试点

除了各银行大规模的发放扶贫贷款以外,中国也曾试点和推广孟加拉国Grameen银行的小额信贷模式。[①] 最早在中国推行小额信贷扶贫方式的是联合国的一些分支机构,以及一些发达国家和多边国际组织,还有福特基金会等非政府组织。

从1994年开始,联合国计划开发署(UNDP)陆续在云南、四川、内蒙古、西藏等省区开展小额信贷试验。联合国农业发展基金会(IFAD)从20世纪80年代初开始向中国农村地区提供中长期贷款,进行贫困地区的农业综合开发。联合国人口基金会(UNFPA)自20世纪80年代后期开始在中西部地区提供旨在提高妇女经济社会地位以降低人口出生率的滚动贷款,1989年从甘肃、宁夏和青海各取一个县作为试点。该项目的设计思路是:为接近农业的加工企业提供贷款并使其承诺吸收贫困妇女就业,促进妇女收入水平和社会地位的提高。该项目开始时没有农户组织,贷款直接发放到企业,从企业收回贷款后直接转贷给妇女小组。妇女小组的组建遵循Grameen银行模式,信贷操作组织由县项目办公室直接进行管理,妇女小组与县长签借贷协议,乡长担保,吸收存款,连续方法贷款。该项目第一阶段给72个企业贷款,到1995年年底还款率89%;1996年后改为小额信贷方式操作,取得显著成效(罗绒战堆,2002)。联合国儿童基金会(UNICEF)积极支持妇女通过小额信贷的创收活动来提高她们的教育水平,从而提高她们家庭的经济活动水平,进而促进其下一代子女的健康成长。该机构在山西吕梁地区开始的项目在农户活动的层面上创造了不同的运行模式,包括妇联干部示范户帮带、小组连保借款、公司加农户等。国内外资金相结合的小额信贷模式具有的一个优点是,除了资金上的结合,更重要的是国内外专家一起对项目进行调查研究和设计,既引入了国际标准、专业规范的管理模式,又在运作中充分考虑当地的实际情况并进行改革和

[①] 关于这种小额信贷的介绍和理论研究可以参见章元撰写的专著《非对称信息下的团体贷款研究》(格致出版社和上海人民出版社2005年版)。

创新,形成了符合当地条件的一种模式。例如:中国社科院农村所从福特基金会和 Grameen 银行筹集到资金,结合国内的筹资及各地扶贫社的加入,于 1996 年在河北易县、河南虞城、南召县和陕西凤县进行了试点。在河南虞城,试点取得了良好的效果,从还款率的角度看,易县扶贫社 1994 年 5 月至 1995 年 11 月的 1 年期贷款还款率达 99% 以上,虞城扶贫社的还款率为 100%(汤敏和姚先斌,1996)。四川阆中和陕西安康的小额信贷项目是世界银行贷款项目中在中国秦巴山区扶贫的分项目,一半资金来自世界银行,每个县达 200 万美元的规模。项目由双方专家共同研究进行设计,日常的培训、指导和管理由中方专家负责。该项目旨在通过贫困户自治,给贫困户提供技术、管理支持服务,以促进贫困农民实现脱贫致富和能力开发的双重目的。该项目在贫困农民自治系统设计方面,对 Grameen 银行模式进行了符合当地实际情况的改进,使自治组织的形成和运行更加本地化。该项目具有专业化、规范化、透明度高、经营性强、可控性高等特点。罗绒战堆(2002)介绍了西藏珠穆朗玛峰自然保护区的一个典型的小额信贷试点。该自然保护区成立于 1988 年,1994 年被国务院批准为国家级自然保护区,试点的目的是维护脆弱的山地生态系统、保护濒危物种及自然历史遗迹和人文历史遗产。在美国未来基金(FGF)和联合国发展计划署的资助下,管理局的有关人员 1993 年前往孟加拉国实地考察了小额信贷扶贫模式并带回了许多成功的经验和做法。1994 年 4 月正式批准实施"推进 21 世纪议程,珠穆朗玛峰保护区人类持续发展"项目,并将其中一个子项目定义为"社区参与式小额信贷扶贫项目"。通过几年的实践,这种以"资金、组织、技术"三大支持为主要内容的社区参与式小额信贷扶贫项目在珠穆朗玛峰地区取得了巨大的成功。该地区各试点中心参与贷款的农户均能够按时归还贷款并能如期完成小组储蓄,还款率为 100%。

三、其他扶贫资金投入

除了中央和地方政府的扶贫资金投入以外,中国的各级政府、社会各界及一些国际组织也都实施了一些重要的、各种方式的反贫困计划。

1. 移民搬迁

中国政府将移民搬迁作为大规模的缓解农村贫困的手段始于 1982 年的"三西地区"移民,政府的策略是从干旱的定西地区和西海固地区迁移部分人口到河西、河套和沿黄河两岸资源丰富地区,以使移出的贫困户获得较好的生存条件,同时也使留下来的农民生存条件得到改善。在甘肃和宁夏两省(自治区)政府的组织下,到1998年年底已从特困地区向新开发的灌区移民63万人。另外,广西、广东、湖北、陕西、吉林、山西等省也于20世纪90年代开始实施移民搬迁。从目前中国的实践来看,其在经济方面、社会方面、生态环境方面和缓解贫困方面都产生了效果。例如,忠民和全洲(1996)的研究发现,先期迁入扬黄灌区的15万吊庄移民不仅解决了温饱问题,而且不少家庭已步入小康;当地的生态环境也得以改善,土地的PH值从9.1降到7.8,土壤的有机物含量有0.21%上升到0.32%;粮食产量也大幅度增加。根据宁夏回族自治区农调队的数据显示,1995年吊庄移民区人均粮食、油料、蔬菜、水果、肉类比移民前分别增长了2.1倍、3.71倍、4.68倍、2.5倍、8.9倍,1995年纯收入达591.89元,比移民前增长了3.4倍,人均收入超过1 000元的农户占到54%。另外,经国务院批准,从2001年起,国家开始利用国债资金在内蒙古、贵州、云南和宁夏四个省(自治区)实施了易地扶贫搬迁试点工程。2001年和2002年分别安排了9亿元和10亿元,连同地方配套资金,总投资27.5亿元,迁移贫困群众41.8万人。试点工程目前已经取得了初步成效,例如,内蒙古自治区商都县的722户2 280名迁移群众2001年的人均种植业、养殖业收入为3 600元,人均纯收入1 500元,2002年人均纯收入达到1 700元;在改善生态环境方面也都取得了良好的效果(国家统计局农村社会经济调查总队,2003)。

2. 干部队伍培训

中央政府除了逐步增加扶贫资金的投入以外,还开展了大规模的扶贫干部培训。例如,中央政府制定了《"十五"期间全国贫困地区扶贫开发干部培训规划》,2002年4月20日到6月12日在北京连续举办6期国家扶贫开发工作重点县党政干部培训班,全国27个省、自治区、直辖市约100个地州市和592个扶贫工作重点县的1 479位学员参加了培训(国家统计局农村社会经济调查总队,2003)。

3. 劳务输出

劳务输出是贫困地区农民增加现金收入的重要途径,约占总收入的30%左右(国家统计局农村社会经济调查总队,2003)。从20世纪80年代中期开始,在城乡收入差距的作用下,农村剩余劳动力开始向城镇地区流动,到了20世纪90年代,这一农村向城镇的劳动力流动规模越来越大,形成了所谓的"民工潮",日益增加的劳务输出提供了另一种扶贫途径。为了提高劳务输出的效益,各省(区、市)积极探索有序组织劳务输出的新路子,开展了外出前技能培训,提高务工的档次和收入;利用定点帮扶、东西协作等途径,有序地组织贫困农民外出打工。如宁夏向福建输出劳务达数万人,并实施"闽宁万名劳务输出人员培训工程"。

4. 其他扶贫投入

国家机关或发达地区对贫困地区实行的定点挂钩扶贫、与贫困地区交流干部和人才等措施也对贫困人口的脱贫产生了有益的作用。例如,国家统计局农村社会经济调查总队(2003)提供的数据表明,东部沿海省市积极开展对口帮扶西部省(自治区、市)的东西扶贫协作,1996年以来社会捐资共计7.4亿元,捐物折款8.4亿元,1994年以来中央国家机关、企事业单位共向帮扶地区捐资或捐物折款54亿元。2002年召开中央国家机关定点扶贫工作会议,进一步推动了这项工作的开展,参与定点扶贫的单位从138个增加到272个,被帮扶的重点县从325个增加到481个。各省(自治区、市)也认真组织省、地两级党政机关、企事业单位帮扶贫困乡、贫困村,成千上万的干部下乡驻村扶贫。农业部从1989年开始实施的温饱工程计划,其主要内容是组织地方、部门共同采取资金、技术、物资综合配套投入的办法,在贫困地区推广杂交玉米地膜覆盖栽培技术,投入了大量的地膜、化肥。

另外,在政府的带动下,各民主党派、社会团体、民间组织、私营企业和志愿者个人也积极参与了贫困地区的扶贫开发。其中影响最大的有民主党派开展的"智力扶贫"、共青团中央组织的"希望工程"、全国工商联主办的"光彩事业"、全国妇联组织的"巾帼扶贫"和"连环扶贫"、中国扶贫基金会创办的"天使工程"等。如表8-3所示,从1998年到2000年,国定贫困县所获得的希望工程捐款分别达到1.53亿、1.23亿和0.75亿元。

另外,积极利用国际援助支持贫困地区经济发展也是发展中国家反贫困的重要经验。例如世界银行在中国实施的西南地区扶贫开发项目、贫困县基础贷款项目及"西部扶贫项目"等;还有联合国粮食计划署和国际农业发展基金会的一些无偿援助或优惠贷款项目。表8-3的数字显示,国定贫困县1998年至2000年使用的外资分别达到了16.73亿、18.85亿和18.29亿元。

另外,中国政府的扶贫投入主要来自中央政府的投入,其次是地方各级政府的投入。关于各级地方政府的扶贫投入我们还没有进行介绍。早期的扶贫资金主要是由中央政府投入的。但是，为了集中更多的资金用于扶贫，1996年9月召开的中央扶贫开发工作会议明确要求，各省、区和各级地方财政部门要不断增加财政投入，以及今后地方投入到贫困地区的扶贫资金比例，内蒙古、陕西、甘肃、宁夏、新疆、青海、贵州、云南、西藏、四川、重庆、广西12省（自治区）地方配套达到中央扶贫资金的30%—40%，山西、河北、河南、安徽、湖北、湖南、江西、海南8省达到40%—50%。对于这一规定的具体执行，各省却并不相同，例如，程丹峰（2000）对分布在5个省里的5个样本县1994—1996年的研究表明：贵州省望谟县和青海省达日县1994—1996年基本没有获得地方财政扶贫资金，其他省份的三个样本县则不同程度地获得了地方财政的配套资金，其中1997年云南省的西盟县从省财政获得的扶贫资金占全部扶贫资金的83.6%。全国的统计数字表明，1985—1995年中央通过以工代赈共投资203亿元，地方上筹集的配套资金有187亿元（罗刚，2000）。表8-3关于国定贫困县扶贫资金使用情况也显示：从1998年到2000年，省地财政扶贫资金投入分别达到8.95亿、9.73亿和8.97亿元，地方财政为中央配套资金分别达到5.29亿、3.68亿和4.09亿元。这些数字说明地方政府的配套比例离中央政府的规定还有相当大的差距。

表8-3 国定贫困县资金使用情况 （单位：万元,%）

	1998年	比重	1999年	比重	2000年	比重
扶贫投资总额	2 193 634.9	—	2 601 669.6	—	2 429 431.8	—
中央扶贫专项贷款	698 179.4	31.83	1 118 347.8	42.99	1 042 525.6	42.91
扶贫专项贷款回收再贷	86 595.7	3.95	134 895	5.18	160 259.4	6.60
中央财政扶贫资金	194 570.6	8.87	229 945.5	8.84	276 880.2	11.40
省地财政扶贫资金	89 550.4	4.08	97 334.5	3.74	89 720.4	3.69
地方财政为中央配套资金	52 947.7	2.41	36 762.4	1.41	40 855.0	1.68
国家以工代赈资金	358 741.7	16.35	393 431	15.12	385 658.9	15.87
地方为国家以工代赈资金	151 432.6	6.90	148 974.6	5.73	121 400.6	5.00
接受各种捐款	220 517.4	10.05	82 806.1	3.18	59 653.8	2.46
♯希望工程捐款	15 282.4	0.70	12 282.0	0.47	7 481.8	0.31
利用外资	167 302.6	7.63	188 477.1	7.24	182 919.6	7.53
其他资金	173 797.2	7.92	170 695.7	6.59	69 558.8	2.86

资料来源：国家统计信息网 www.stats.gov.cn/tjsj/qtsj/ncjjzb，比重根据原始数据计算而来。

四、投入到国定贫困县的扶贫资金

由于中国的扶贫政策主要表现为瞄准国定贫困县的开发式扶贫,所以,中国的扶贫资金中的绝大部分被投入到了国定贫困县。表 8-3 显示出了 1998—2000 年国定贫困县所获得的各种扶贫资金投入数量。

从表 8-3 中各项扶贫投资占总投资的比重情况来看,可以看出地方对于扶贫资金的投入呈下降的趋势,而中央对扶贫的投入呈现上升的趋势。总体而言,地方的投入占全部投入的比重只有 10% 多一点。例如,从 1999 到 2000 年,省地财政扶贫资金、地方财政为中央配套资金、地方为国家以工代赈资金这三项来自地方政府的扶贫投入占全国扶贫总投入的比例分别为 15.35%、12.14%、11.53%,呈现明显的下降趋势,表明了地方政府对扶贫投入的积极性不足。国家统计局农村社会经济调查总队(2003)提供了 2002 年的情况,当年国定贫困县共获得扶贫投入 2 508 636.28 万元,其中,中央扶贫贴息贷款累计发放额为 1 025 220.48 万元,中央财政扶贫资金 357 609.5 万元,以工代赈资金 398 573.58 万元,中央专项退耕还林还草工程补助 226 190.2 万元,省级安排的扶贫资金为 98 636.4 万元,利用外资 175 985.57 万元,其他资金 220 075.85 万元。

第二节 中国农村扶贫政策的三个发展阶段

关于中国 1978 年以后的农村扶贫政策,可以将其划分为不同的阶段加以研究,现有的研究采取了不同的划分方法,但一般都是根据各个时期政府的扶贫政策所表现出的特点,以及农村贫困人口的变动特征为依据进行划分的。按照这些特征,我们可以将中国 1978 年以后的农村扶贫政策大致划分为三个阶段。

一、第一阶段:1978—1993 年

中华人民共和国成立后,政府一直十分重视对贫困地区经济发展的扶持。随着人民公社集体经济体制逐步在中国农村的确立,农村建立了对丧失劳动能力和无人抚养或赡养的人口提供食物、衣服、住处、医疗、教育和丧葬的"五保"救济制

度,并且一度建立了对农村居民具有普遍覆盖性的社区性合作医疗制度,这些措施减缓了农村贫困现象。

在这一时期,政府主要采取直接救济的方法,每年向贫困地区调拨粮食、衣物等救济品,通过"输血"式扶贫来减轻农村贫困。1978年举行的十一届三中全会,推出了鼓励发展多种经营、实行生产的专业化、扩大自由市场、提高政府牌价等多项农村改革措施,改善了农产品的贸易条件,大幅提高了农作物的产量和农户的收入。家庭联产承包责任制在全国迅速普及,对农村经济的发展起到了至关重要的作用,根据 Lin(1992)的估计,这一制度对于 1978 年至 1984 年的农业增长在各项改革中是最重要的,它贡献了农业总产出增长的 46.8%。由于农业经济的增长,农村贫困人口由 1978 年的 2.5 亿降低到 1985 年的 1.25 亿,贫困发生率也由 30.7% 降低到 14.8%。

1984 年 9 月,中共中央、国务院联合发布《关于帮助贫困地区尽快改变面貌的通知》,在全国范围内开展了有组织、有计划、大规模的扶贫开发工作,不仅大幅度增加了扶贫投入,还制定了一系列扶持政策,对先期的扶贫工作进行了根本性的改革与调整,开始了从救济式扶贫向开发式扶贫的转变。为了加强对大量扶贫项目的协调,以及推进扶贫开发工作,1986 年成立了国务院扶贫开发领导小组。

在这一阶段,中国政府扶贫政策的一个重要特征是重点针对国定贫困县进行投入。在 1986 年,国务院扶贫开发领导小组办公室使用农业部县级农村收入数据,制定了 331 个国家重点扶贫县的名单。考虑到不同的区域和政治因素,确定贫困县的标准分别为 1985 年农民人均收入低于 300 元、200 元或 150 元,人均产粮低于 200 公斤是确定贫困县的第二个关键指标。此外,各省还依据自己的标准,确定了 368 个省定贫困县,这些县享受省级财政补贴。省定贫困县的标准差异很大,例如云南省是人均收入 150 元,而经济较发达的江苏省则是人均收入 400 元。另外,大部分省区还在比较富裕的县确定了贫困乡并给予支持。Park and Wang(2010)利用中国 1981—1995 年的县级面板数据研究了国定贫困县的决定机制,结果发现是否为革命老区及是否为少数民族地区,对于一个县能否被列为贫困工作重点县具有非常重要的影响,这说明政治因素在确定国定贫困县的过程中起到了极其重要的作用,而本应该起决定意义的收入水平或者贫困人口数量指标,却没有起到应有的作用。由于在确定国定贫困县的时候过多地考虑政治因素而受到了批评,国务院扶贫开发领导小组于1993年重新核定了国家扶持的贫困县名单,这个名单包含592个县,包括了大部分原来的省定贫困县和其他一些原来名单中被排斥的县。在第一阶段的扶贫政策结束时,农村贫困人口降低了到1993年底的7500万,贫困率降低到了8.2%。

二、第二阶段:1994—2000年

1994年初,政府颁布了《国家八七扶贫攻坚计划》,简称八七扶贫攻坚计划,该计划的目标是利用20世纪末的最后7年时间帮助剩下的8 000万农村贫困人口脱贫,同时巩固和发展现有的扶贫成果,减少返贫人口;同时,还设立了其他发展目标:加强基础设施建设,基本解决人畜饮水困难,绝大多数贫困乡镇和有集贸市场、商品产地的地方通公路,消灭无电县,绝大多数贫困乡用上电;改变教育文化卫生的落后状况,基本普及初等教育,积极扫除青壮年文盲,开展成人职业技术教育和技术培训,使大多数青壮年劳动力掌握一到两门实用技术;改善医疗卫生条件,防治和减少地方病,预防残疾;严格实行计划生育,将人口自然增长率控制在国家规定的范围内。为确保本计划的实施,国家用于扶贫的各项财政、信贷资金预算要继续安排到2000年。以工代赈资金和"三西"专项建设资金在规定期限内保持不变,适当延长开发周期长的项目的扶贫信贷资金使用期限。1994年起,再增加10亿元以工代赈资金,10亿元扶贫贴息贷款,执行到2000年。从1994年开始,原来由人民银行和专业银行办理的国家扶贫贷款转向由中国农业发展银行发放;到2000年,扶贫贷款已经增加到149亿元,扶贫贷款已经覆盖了592个国定贫困县。中央还要求各级地方政府要根据各自的扶贫任务,逐年增加扶贫资金投入,确保该计划的实现。同时,中央政府还调整了国家扶贫资金投放的地区结构:从1994年起,将分一年到两年把中央用于广东、福建、浙江、江苏、山东、辽宁这六个沿海经济比较发达省的扶贫信贷资金调整出来,集中用于中西部贫困状况严重的省、自治区。另外,中央政府还制定了信贷优惠政策、财税优惠政策、经济开发优惠政策等一系列的保障政策,同时,还对各个具体的职能部门的扶贫任务做了明确的规定。到2000年年底,农村贫困人口降低到了3 200万,贫困率也降低到了3.4%。

三、第三阶段:2001—2010 年

2001 年 5 月,中央召开扶贫开发工作会议,总结了 20 世纪尤其是国家八七扶贫攻坚计划的成就和经验,并进一步提出了新世纪前十年扶贫开发的奋斗目标,对农村扶贫开发工作进行了全面部署。这次会议后,中国政府正式颁布《中国农村扶贫开发纲要(2001—2010 年)》,要求用 10 年时间完全解决剩余 3 000 万绝对贫困人口的温饱问题,并实现 6 000 万低收入人口的稳定脱贫。该计划的目标包括:尽快解决少数贫困人口温饱问题,进一步改善贫困地区的基本生产生活条件,巩固温饱成果,提高贫困人口的生活质量和综合素质,加强贫困乡村的基础设施建设,改善生态环境,逐步改变贫困地区经济、社会、文化的落后状况,为达到小康水平创造条件。

区别于以往的扶贫规划,这一新的扶贫计划把贫困地区尚未解决温饱问题的贫困人口作为扶贫开发的首要对象;同时,继续帮助初步解决温饱问题的贫困人口增加收入,进一步改善生产生活条件,巩固扶贫成果。扶贫开发的重点是贫困人口集中的中西部少数民族地区、革命老区、边疆地区和特困地区,并在上述四类地区确定扶贫开发工作重点县。东部及中西部其他地区的贫困乡、村,主要由地方政府负责扶持。要重视残疾人扶贫工作,把残疾人扶贫纳入扶持范围,统一组织,同步实施。新纲要的内容包括继续把发展种养业作为扶贫开发的重点,积极推进农业产业化经营、进一步改善贫困地区的基本生产生活条件、加大科技扶贫力度、努力提高贫困地区群众的科技文化素质、积极稳妥地扩大贫困地区劳务输出、稳步推进自愿移民搬迁、鼓励多种所有制经济组织参与扶贫开发。

为了保证新纲要的顺利实施,政府还在政策保障和组织实施方面加强了工作力度,例如:政策保障上,强调进一步增加财政扶贫资金,中央财政和省级财政都必须把扶贫开发投入列入年度财政预算,并逐年有所增加,进一步扩大"以工代赈"规模,针对目前贫困地区财政困难的实际情况,加大财政转移支付的力度,继续安排并增加扶贫贷款,扶贫贷款执行统一优惠利率,优惠利率与基准利率之间的差额由中央财政据实补贴;组织领导上,坚持省负总责,县抓落实,工作到村,扶贫到户,继续实行扶贫工作党政"一把手"负责制,把扶贫开发的效果作为考核这些地方党政主要负责人政绩的重要依据,加强贫困地区干部队伍建设及干部的教育培训工作等。

参考文献：

Lin J. Y., 1992, Rural Reformsand Agricultural Growth in China, *American Economic Review*, 82(1):34-51.

Park Albert, Sangui Wang, 2010, Community Development and Poverty Alleviation: An Evaluation of China's Poor Village Investment Program, *Journal of Public Economics*, 94(9-10):790-799.

程丹峰：《中国反贫困——经济分析与机制设计》，北京：经济科学出版社 2000 年版。

国家统计局农村社会经济调查总队：《中国农村贫困监测报告 2003》，北京：中国统计出版社 2003 年版。

刘冬梅：《中国农村反贫困与政府干预》，北京：中国财政经济出版社 2003 年版。

罗刚：《中国财政扶贫问题研究》，北京：中国财政经济出版社 2000 年版。

罗绒战堆：《西藏的贫困与反贫困问题的研究》，北京：中国藏学出版社 2002 年版。

孟春：《中国财政扶贫研究》，北京：经济科学出版社 2000 年版。

汤敏，姚先斌，1996，《孟加拉"乡村银行"的小额信贷扶贫模式》，《改革》第 4 期。

忠民，全洲，1996，《百万人口脱贫工程与中国政府的反贫困制度安排》，《宁夏社会科学》第 6 期 53-62 页。

朱玲，蒋中一：《以工代赈与缓解贫困》，上海：上海三联书店和上海人民出版社 1994 年版。

第九章

21 世纪农村贫困的新特征与新背景

第一节 21 世纪中国农村贫困分布的变化趋势

进入 21 世纪之后,中国剩余的绝对贫困人口数量已经大幅减少,但是不同区域的社会经济发展环境发生了巨大变化,中国剩余的农村贫困人口的分布也在发生变化。本节利用不同的统计数据来描绘农村贫困人口分布及其特征的变化趋势,为下一章讨论中国农村扶贫政策的转变奠定基础。

一、全国农村贫困人口的分布

国家统计局或者国务院扶贫办并没有逐年公布中国各个省份或者地区的贫困发生率或者贫困人口数量。但是,我们在《新中国六十年统计资料汇编》中发现了部分省份的农村贫困人口数量信息,但是该数据存在残缺和统计口径不一致的问题,因此我们仅仅选取了农村贫困人口数量较齐全、统计口径相同的 11 个省(自治区)的数据,用这些省(自治区)的农村贫困人口总量除以行政区划面积得到农村贫困人口的密度,然后分别计算了其中 5 个贫困人口数量大省(自治区)的农村贫困人口的密度,结果报告在图 9-1 中。从图中可以明显看出:无论是 11 个省(自治区),还是其中 5 个贫困人口大省(自治区),它们的农村贫困人口密度都保持着快速下降的趋势[①],这意味着剩余的农村贫困人口的分布越来越稀疏,因此,如果继续采取以区域发展为目标的开发扶贫政策,或者采取"撒胡椒面"式的扶贫政策,就很可能难以达到良好的减贫效果。

---

① 图中农村贫困人口的密度在 2000 年和 2008 年出现上升,是农村贫困标准提高导致的。

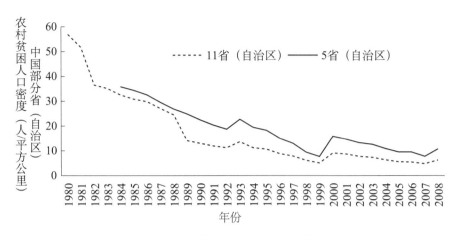

图 9-1　部分省(自治区)农村贫困人口的分布密度

注:5省(自治区)包括湖南、广西、四川、贵州、甘肃;其他6省(自治区)为内蒙古、辽宁、吉林、江西、海南、宁夏。

数据来源:国家统计局国民经济综合统计司:《新中国六十年统计资料汇编》,北京:中国统计出版社2010年版。

另外,我们还可以利用农户数据考察农村贫困的分布与基础设施水平之间的相关性。CHIP 2002和2007年的农户调查提供了村级水平的相关信息,我们可以进一步利用该数据考察剩余贫困户的分布特征,表9-1报告了分布在1990年前未通公路或未通电的村的贫困户占样本中所有贫困农户的比例[1],从中可以看出,两个比例都保持明显的上升趋势。这表明剩余的农村贫困户越来越向基础设施不发达的地区集中。

表 9-1　剩余农村贫困人口向基础设施较差的村集中

	2002	2007
所在的村1990年前未通公路	42.81%	54.55%
所在的村1990年前未通电	41.32%	48.15%

数据来源:CHIP 2002,2007。

另外,根据《中国农村贫困监测报告2016》提供的数据,按照2010年贫困标

---

[1] 通公路(通电)时间:1=1969年以前;2=1970—1979年;3=1980—1989年;4=1990—1989年;5=1999年以后;6=一直没有通公路(通电)。

准,集中连片特困地区有贫困人口2 875万人,占全部农村贫困人口的51.57%;这5个连片区为滇黔桂石漠化区398万人,武陵山区379万人,乌蒙山区373万人,秦巴山区346万人,大别山区341万人(国家统计局住户调查办公室,2017)。也就是说,中国农村剩余的贫困人口越来越向老少边穷地区集中。

二、国定贫困县农村贫困人口的分布

由于中国的相当一部分农村贫困人口分布在国定贫困县,因此我们有必要考察一下国定贫困县的贫困人口分布情况。首先,表9-2报告了2002—2010年全国及国定贫困县的农村贫困人口数量。表格的最后一行报告了国定贫困县的贫困人口数量占全国农村贫困人口数量的比重,从中可以看出:该比重基本上保持稳定上升的趋势,从2002年的55.85%持续上升到2010年的62.98%。

表9-2 剩余农村贫困人口向国定贫困县集中

	2002年	2003年	2004年	2005年	2006年	2007年	2008年	2009年	2010年
全国贫困人口(万人)	8 645	8 517	7 587	6 432	5 698	4 320	4 007	3 597	2 688
重点县贫困人口(万人)	4 828	4 709	4 193	3 611	3 110	2 620	2 421	2 175	1 693
比重	55.85%	55.29%	55.27%	56.14%	54.58%	60.65%	60.42%	60.47%	62.98%

注:2007年前的数据为低收入标准。
数据来源:国家统计局农村社会经济调查总队:《中国农村贫困监测报告2011》,北京:中国统计出版社2012年版。

我们知道,国定贫困县大多分布在中部和西部山区。例如,表9-3报告了2011年国定贫困县的贫困人口数量,从中可以看出:首先,对于592个国定贫困县的分布,东部仅占12.16%,中部23.31%,西部为64.53%;其次,对于592个国定贫困县的贫困人口分布,东部占10.23%,中部占33.06%,西部占56.72%。这表明绝大部分贫困人口分布在中、西部的国定贫困县,特别是西部地区的国定贫困县。另外,我们根据《中国农村贫困监测报告2016》提供的2015年的数据进一步计算了国定贫困县2015年的贫困人口分布,东部占10.47%,中部占32.15%,西部占57.38%,可以看出,西部地区的比重略有上升的趋势。

表9-3　2011年592个国定贫困县贫困的分布及其贫困人口数量

省（自治区）	河北	广西	海南	湖北	安徽	江西	黑龙江
贫困县（个）	39	28	5	25	19	21	14
贫困人口（万人）	358	252	15	326	395	317	93
省（自治区）	湖南	河南	吉林	山西	陕西	四川	贵州
贫困县（个）	20	31	8	35	50	36	50
贫困人口（万人）	379	488	22	160	312	384	722
省（自治区）	云南	青海	新疆	甘肃	宁夏	重庆	内蒙古
贫困县（个）	73	15	27	43	8	14	31
贫困人口（万人）	782	61	127	602	47	116	153

数据来源：国家统计局农村社会经济调查总队：《中国农村贫困监测报告2016》，北京：中国统计出版社2016年版。

结合上述分析我们认为，由于剩余农村贫困人口越来越向老少边穷和中西部山区集中，因此，进一步通过区域开发或向这些山区提供基础设施来减少贫困的成本越来越高。例如，在西部山区修建一条普通公路的成本可能是在平原地区的几倍甚至几十倍，但是在人口稀疏的山区修建道路后的利用率远远低于东部地区。

第二节　21世纪中国农村贫困人口的新特征

随着农村贫困人口的减少及社会经济环境的变化，剩余的农村贫困人口的特征也在逐渐发生变化，同时，以往的扶贫政策所能够起到的减贫作用也在发生变化，因此，我们有必要进一步研究农村贫困人口的特征，为进一步全部消除农村贫困提供有益的信息。为了达到这个目的，下面我们利用具有全国代表性的CHIP 2002、2007和2013年农户样本来考察贫困农户的家庭特征的变化趋势，结果报告在表9-4中，从中可以看出贫困户和非贫困户的三个家庭特征的变化趋势有显著差异：第一，2002年，贫困户和非贫困户的户主平均年龄相差无几，但是到了2013年，贫困户的户主平均年龄上升了9.01岁，而非贫困户的户主平均年龄只上升了5.83岁。第二，2002年贫困户的户均老人数量比非贫困户略多，但是到了2013年，贫困户的户均老人数量从0.33增长到0.81，增长了1.45倍，而非贫困户的户均老人数量只增长了1.08倍。第三，2002年，贫困户的户均重病家庭成员数量比非贫困户略多,但是到了2013年,贫困户的该指标增长了86%,而非贫困户的该指标只增长了33%。从上述变化趋势的对比可以看出,中国的剩余农村贫困户更多的具有"老弱病残"的特征。

表9-4 贫困农户家庭特征的变化趋势

	贫困户			非贫困户		
年份	2002	2007	2013	2002	2007	2013
户主年龄(岁)	46.19	51.24	55.20	46.72	49.96	52.55
户主教育(年)	6.97	7.11	6.46	7.70	7.62	7.27
家庭成员数量(个)	4.32	4.51	4.05	3.81	3.76	3.68
儿童1数量(个)	0.30	0.38	0.33	0.14	0.19	0.26
儿童2数量(个)	0.88	0.60	0.48	0.73	0.50	0.39
老人数量(个)	0.33	0.49	0.81	0.26	0.37	0.54
在校生数量(个)	0.88	0.97	0.63	0.82	0.78	0.58
重病成员数量(个)	0.21	0.20	0.39	0.18	0.15	0.24
移民数量(个)	0.32	0.88	0.67	0.35	0.58	0.52
成人数量(个)	2.81	3.05	2.43	2.68	2.74	2.50

注:贫困线为国家统计局制定的2010年价2 300元,家庭福利用人均消费水平度量;儿童1数量为农户中年龄小于8岁的儿童数量,儿童2数量为农户中8—17岁青少年的数量。
数据来源:CHIP2002,2007,2013农户样本。

第三节 贫困户进一步转移劳动力的潜力测算

根据前面的文献综述,有很多研究发现农村剩余劳动力进入城市有助于减少农村贫困,这一方面是因为进城务工能够获得比农村更高的收入,另一方面是因为留守的农户能够获得更多的耕地等资源。本专著前面关于城市化和市场化带来的渗透效应的研究也揭示了剩余劳动力进城务工提高农户收入和减少农村贫困的机制。

随着中国城市化水平的提高,大量农村剩余劳动力进入城市,农村地区的剩余劳动力数量必然逐渐减少。例如,2004年春节后,新闻媒体发现南方部分城市开始出现民工短缺现象,被称为"民工荒",因此有经济学家认为中国经济的"刘易斯转折点"已经到来,但是目前经济学界对于中国经济的"刘易斯转折点"是否已经到来还存在有争论。避开这个争论,我们有一个简单的方法来看农村剩余劳动力的潜力,通过这个潜力的大小可以看出进一步通过促进农村劳动力进城务工来减少农村贫困的可能性。为此,我们进一步利用 CHIP 2002、2007、2013 的农户调查样本展开研究。表 9-5 的前面 9 行报告了样本农户的各种人口信息,最后一行报告了我们测算的移民潜力,我们用这个数据来衡量未来农户还能进一步进城务工的劳动力数量。

表 9-5 农户进一步转移劳动力进城的潜力测算

	贫困户			非贫困户		
年份	2002	2007	2013	2002	2007	2013
劳动力(个)	2.81	3.05	2.43	2.68	2.74	2.50
在校生劳动力(个)	0.07	0.10	0.12	0.15	0.18	0.16
重病劳动力(个)	0.11	0.10	0.14	0.11	0.09	0.12
移民劳动力(个)	0.30	0.86	0.65	0.33	0.56	0.51
儿童 1(个)	0.30	0.38	0.33	0.14	0.19	0.26
儿童 2(个)	0.88	0.60	0.48	0.73	0.50	0.39
老人(个)	0.33	0.49	0.81	0.26	0.37	0.54
在校生(个)	0.88	0.97	0.63	0.82	0.78	0.58
重病非劳动力(个)	0.10	0.10	0.25	0.07	0.06	0.12
移民潜力	1.51	1.20	0.70	1.40	1.27	1.03

注:贫困线为国家统计局制定的 2010 年价 2 300 元,家庭福利用人均消费水平度量。
数据来源:CHIP2002、2007、2013 农户样本。

下面我们介绍测算移民潜力的方法:第一步,我们可以计算出家庭内部的劳动力总量,以及劳动力中的在校生、重病或残疾者、已经外出打工者,后面这三类都应该直接从劳动力存量中扣除。第二步,我们基于农户样本计算出每个家庭中需要照顾的家庭成员数量,包括儿童、老人、在校生、重病者,然后加总得出需要照顾的家庭成员总量。第三步,我们假设只要某个农户中有一个或多个需要照顾的成员,那么这个农户就必须留守 1 个劳动力来照顾他们,只有剩余的其他劳动力才可以进城务工。但是,我们假设留守劳动力的上限为 1,即儿童、老人、重病成员的数量无论有多少个,都留守 1 个劳动力。最后我们在表格的最后一行列出了测算结果,并同时将样本区分为当年的贫困户和非贫困户。

从测算结果可以得出如下结论:第一,随着时间的推移,无论是贫困户还是非贫困户,他们进一步转移劳动力的潜力都呈现持续下降趋势,这表明农村地区的剩余劳动力在逐步枯竭。第二,相对于非贫困户,在 2002 年的时候,贫困户可以进一步转移的劳动力潜力达到 1.51 个,而非贫困户只有 1.4 个;到 2007 年,他们之间相差无几;而到了 2013 年,贫困户可转移劳动力只有 0.7 个,而非贫困户却还有 1.03 个。因此可以看出,随着时间的推移,贫困户进一步转移劳动力进入城市的潜力比非贫困户衰竭得更厉害,未来贫困户进一步转移劳动力的潜力也非常小了,平均每户能够转移的数量还不到 1 个。

第十章

21世纪的农村精准扶贫政策

第一节　21世纪扶贫政策的转变与精准扶贫的提出

从第七章关于中国农村扶贫政策发展的阶段介绍中我们可以发现,中国的农村扶贫政策一直在跟随着贫困的变化及社会经济环境的变化而转变,直至当前精准扶贫政策的提出和实践。

一、中央财政扶贫资金投向、覆盖面和瞄准机制的转变

首先,在前两个阶段中,中央政府的扶贫资金主要用于政府公布的贫困线所确定的、位于国定贫困县内的针对贫困人口的扶贫项目中,例如"八七扶贫攻坚计划"的目标是解决政府贫困线所界定的8 000万贫困人口的脱贫,已经脱贫的人口则不包括在资助范围之内。而新的十年计划的目标不仅仅在于解决政府贫困线所界定的3 000万贫困人口的温饱问题,还要使已初步解决温饱问题的6 000万低收入贫困人口实现稳定解决温饱。将已经初步解决温饱问题的6 000万人口也纳入中央政府的扶贫计划中的事实,说明中央政府越来越清醒地认识到扶贫任务的艰巨性和长期性。同时,这也是对中央政府所确定的过低的贫困线的一种弥补,因为按照中国政府确定的贫困线,他们已经不属于贫困人口,不论我们把他们称为"已经解决了温饱问题的人口"还是"低收入贫困人口",他们能够被纳入政府的长远扶贫规划中并接受中央政府扶贫资金的资助是一个不争的事实。

考虑到东部省份较中西部省份的经济实力要强的状况,从1994年起,中央把

用于广东、福建、浙江、江苏、山东、辽宁 6 个沿海经济比较发达省①的扶贫信贷资金调整出来,集中用于中西部贫困状况严重的省、自治区。中央支援经济不发达地区发展资金,原来用于上述 6 省的部分,留在当地继续使用,以后中央发展资金的增量不再向 6 省投放。中央过去投放 6 省的有偿使用扶贫资金,到期回收后,仍留地方周转使用。以后,上述 6 省的扶贫投入由自己负责,并要抓紧完成脱贫任务。《2001—2010 年中国农村扶贫开发纲要》颁布实施以后,中央财政扶贫资金进一步加大了对中西部地区的倾斜力度,2002 年中央财政分配给东、中、西部省(自治区)的资金比例为 2.3%∶35.1%∶62.6%(国家统计局农村社会经济调查总队,2003)。

其次,对于中央政府扶贫资金的覆盖范围,众多的批评认为它没有将国定贫困县以外的贫困人口及城市贫困人口包含在内,对于这一点,新十年计划已经做出了一些重要的转变:根据 2003 年《中国农村贫困监测报告》的数据显示,中央扶贫资金所覆盖的范围包括 148 051 个全国重点贫困村②,共分布在 1 861 个县内,而原先的 592 个国定贫困县内确定的贫困村共有 82 256 个,占全国贫困村的 55.6%。这一转变明显地表明:中央政府的扶贫资金不再仅仅用于国定贫困县内的贫困人口的脱贫,越来越多的非国定贫困县的贫困人口也纳入了中央政府扶贫资金的资助范围。

最后,中央扶贫资金由瞄准贫困县转向瞄准贫困家庭和贫困人口转变。中国早期的开发式扶贫政策所瞄准的确实只是贫困地区(592 个国定贫困县)而不是贫困人口。当然,这也是由开发式扶贫方式本身所决定的。因为当众多的贫困人口分布在贫困地区时,将资金投入到整个地区会产生规模经济,在这种情况下,若将资金分散投入到家庭中去,则很难获得持续性。所以,当贫困人口大量减少,贫困地区的基础设施状况已经得到大大改善,剩余的贫困人口越来越分布于小的区域时,为了提高扶贫资金的使用效率,更好地将扶贫资金用于贫困人口的脱贫,中国政府在 20 世纪 90 年代初开始对扶贫资金投入只针对贫困县而不针对贫困家庭的

---

① 这 6 个省的国定贫困县的数量分别为 3、8、3、0、10、9 个。
② 扶贫重点村是指按国务院扶贫办的要求,由各省确定的、列入 2001 到 2005 年扶贫规划的扶贫开发工作重点村。

方式进行了改革,扶贫资金针对贫困户和贫困户占绝大多数的自然村发放。与此相适应的,资金的使用对象不再主要是贫困地区的乡镇企业等经济实体,而是将资金主要投资到贫困户的家庭种植业、养殖业、加工业等项目上。

二、由单纯的救济式扶贫转向全方位帮扶

中华人民共和国建立之初,由于采取的是计划经济体制,因此中国的农村扶贫政策主要采取的是救济式扶贫,主要方式是政府每年向贫困地区调拨粮食、衣物等救济品,通过"输血"维持贫困地区人民的最基本生活水平,以达到控制绝对贫困的目的。但是,一方面由于政府财力有限,另一方面由于农村贫困人口的基数庞大,政府认识到仅仅依靠政府的救济,使大面积贫困地区和大量农村贫困人口脱贫是很不现实的,只有通过促进贫困地区经济的快速增长才有可能彻底消灭农村贫困。在此背景下,开发式扶贫就成为"七五"期间农村扶贫工作的核心,此后的很长一段时间内的扶贫政策都是以开发式扶贫为主基调。农村扶贫的主要目标是促进贫困地区的经济发展,政府投入的资金也主要用于经济建设项目。救济式扶贫虽然还存在,但是占次要地位,救济的对象也主要是那些丧失劳动能力的个人和农户,以及由于自然灾害致贫的农户。

另外,中国在"七五"前的农村扶贫工作基本上是单纯的经济扶贫,例如给农村贫困人口提供钱财,帮助贫困地区建立企业,扶贫资金也大多是用于经济建设项目,没有重视通过教育或培训来提高人力资本。从1990年开始,政府开始认识到科学技术的传播和广泛应用,以及劳动者素质的提高对于促进经济增长和减少农村贫困的重要作用,认识到单纯依靠政府的资金和设备投入及优惠政策,是不能有效地消除农村贫困的。因此,国务院决定"八五"期间的扶贫开发工作要采取新战略,转向依靠科技进步和提高劳动者素质,实行全方位扶贫。

所谓的全方位扶贫,就是对贫困地区从经济、科技、教育等多方面进行扶持。例如,国家教委、国务院扶贫办和财政部1993年2月9日联合发布了《关于大力改革与发展贫困地区教育,促进经济开发,加快脱贫步伐的通知》,要求坚持基础教育、职业教育和成人教育相互统筹,加强农业、科技和教育的结合,努力形成教育发展与经济和社会发展之间相互促进、良性循环的机制,要求发达地区、高等院校和中等专业学校对口帮助贫困地区。同时,为了促进贫困地区适龄儿童、流动人口子

女、残疾儿童的义务教育,中央财政先后划拨近 100 亿元专款实施了中国有史以来规模最大的义务教育扶贫工程——"国家贫困地区义务教育工程",有力地推进了贫困地区九年义务教育的发展。另外,为了帮助贫困家庭学生完成义务教育学业,各级政府也在积极落实中小学助学金制度,采取减免学费、书本费、寄宿费等办法减轻他们的负担。2001 年,中央财政将中小学助学金增加到 1 亿元,重点资助西部地区家庭经济困难的学生。中央财政每年还安排 2 亿元专款,开展对家庭经济困难学生免费提供教科书制度的试点工作,共有 200 多万名中小学生受益(国家统计局农村社会经济调查总队,2003)。这些措施对于提高贫困农户子女的教育水平和人力资本积累无疑有很大的好处,对于中国经济的长期增长和农户贫困的减少也有着积极的意义。

早期的农村扶贫政策存在仅仅重视资金投入,却很少考虑到农民的医疗支出等因素。而农民因病致贫、因病返贫的情况却非常普遍,特别是贫困农户,几乎没有任何能力支付起码的医药费。根据统计,在一些贫困农村地区,有 24.3％的家庭靠借钱或欠债来支付医药费,5.5％的家庭为了看病而变卖家产,因病欠债的家庭有 47％存在温饱问题(国家统计局农村社会经济调查总队,2003)。这表明农民的健康问题已经成为制约农村经济发展和社会发展的一个重要因素。基于这一事实,中央政府越来越清楚地认识到,建立农民的医疗保障制度不仅是扶贫的需要,也是国民经济和社会发展的需要。

中华人民共和国成立初期,中国曾经依托人民公社集体经济体制建立了覆盖农村居民的合作医疗制度,医疗预防也覆盖了广大农村。但是,随着农村集体经济的解体,原有的农村合作医疗制度也萎缩或解体,绝大部分农民开始自费医疗。例如,1998 年全国农民中得到某种程度医疗保障的人口只有 12.6％,其中合作医疗的比重仅为 6.5％(国家统计局农村社会经济调查总队,2003)。根据 2002 年 10 月中共中央和国务院《关于进一步加强农村地区卫生工作的决定》要求,从 2003 年起,中央财政对中西部地区除市区以外的参加新型合作医疗的农民每年按人均 10 元安排合作医疗补助资金,地方财政对参加新型合作医疗的农民补助每年不低于人均 10 元。为了配合《中国农村扶贫开发纲要(2001—2010)》的颁布实施和在中国建立一套覆盖农民的卫生保健服务体系,卫生部、国家计委、财政部、农业部、国家环保总局、全国爱卫会、国家中药局于 2002 年 4 月 9 日联合下发了《中国农村初级卫生保健发展纲要(2001—2010)》,纲要提出的总目标是:通过深化改革,健全农村卫生服务体系,完善服务功能,实行多种形式的农民医疗保障制度,解决农民基本医疗预防保健问题,努力控制危害严重的传染病、地方病,使广大农村居民享受到与经济社会发展相适应的基本卫生保障服务,不断提高农民的健康水平和生活质量。到 2010 年,孕产妇死亡率、婴儿死亡率以 2000 年为基数分别下降 1/4 和 1/5,平均期望寿命在 2000 年的基础上增加 1—2 岁。同时,中央政府还开始致力于对贫困家庭实施医疗救助,根据 2002 年颁布实施的《中共中央、国务院关于进一步加强农村工作的决定》,民政部会同财政部、卫生部加紧建立和实施农村大病医疗救助制度,救助的对象主要是农村的"五保户"和贫困农民家庭,医疗救助的形式可以是对救助对象患重大疾病给予一定的医疗费用补助,也可以是资助其参加当地合作医疗。医疗救助资金通过政府投入和社会各界自愿捐赠等多种渠道筹集,建立独立的医疗救助基金,实行个人申请,村民代表会议评议,民政部门审核,医疗机构提供服务的体制。

另外,农村集体经济解体后,中国并没有建立针对农村居民的社会保障体系。随着中国社会经济的发展及政府财力的提高,为农民建立社会保障体系也成为可能。而且,随着中国政府扶贫措施力度的不断加大和贫困人口的不断减少,有相当一部分贫困人口丧失劳动能力、几乎没有收入来源且没有任何可以依靠的人,他们的生存只能靠政府救济来维持,政府的开发式扶贫也不可能使他们摆脱贫困。因此,在中国建立农村最低生活保障制度已经成为必要。1994 年以来,上海、广东、浙江等的地方政府根据本地实际开展建立农村最低生活保障制度,对农村贫困人口按照当地最低生活保障标准定期给予救济。1996 年民政部制定了《农村社会保障体系建设指导方针》并开始进行试点。到 1997 年,全国已有 1 660 个县(市)建立和实施了农村居民最低生活保障制度。截止到 2002 年年底,已经有 407.8 万人被这一制度覆盖(国家统计局农村社会经济调查总队,2003)。

从上述政策转变的介绍中可以看出,政府政策的转变也体现了政策制定者对于贫困和反贫困政策的理解的加深。初期的贫困研究或反贫政策简单地将贫困理解为收入或消费水平低于贫困线,从而忽略了贫困是一种多种因素导致的低水平均衡状态,那些陷入贫困陷阱的农户不仅仅表现为低收入和低消费,而且在教育、健康、生活条件等多方面都落后于其他人,因此贫困是一个多维度决定的低水平均衡状态，也因此就需要政府使用多措施来对贫困户进行扶持，单一维度的帮扶只能解决致贫的单一决定因素，却解决不了其他致贫因素带来的威胁。从这个角度来看，中国扶贫政策的上述转变也体现了政府对于贫困的理解和反贫政策的设计越来越科学化和系统化。

三、精准扶贫的提出和实践

2013年11月，习近平总书记到湖南湘西考察时首次做出了"实事求是、因地制宜、分类指导、精准扶贫"的指示，这被认为是习近平的精准扶贫重要思想在中国被首次正式提出。实际上，习近平早在几十年前担任地方官员时就对扶贫有深刻的认识和理解。例如，早在1989年论述改革开放和扶贫的关系时，习近平就指出："扶贫资金不搞撒胡椒面，要集中90%以上的扶贫资金用于县、乡、村级经济实体，增强实体经济的造血功能，要优先支持亿元乡镇、科技示范乡镇、星火计划、副食品供应和出口创汇商品基地，努力创建经济小开发区，把扶贫与区域经济开发结合起来。"（习近平，2016）这一论述体现了促进经济增长和减少贫困的有机联系，与发展经济学家们关于经济增长是减少贫困的最强大动力的思想完全一致，这一论断也是对中国政府早期实施的"输血式"扶贫政策的反思。

另外，通过转移农村剩余劳动力进城务工来帮助农户脱贫，也已经被很多研究所证实，是过去几十年中国战胜农村贫困的一个极其重要的机制和经验。早在1990年，习近平就认识到农村富余劳动力转移是一种崭新的资源开发方式[①]，认为农村富余劳动力的开发将是一个长期的过程，地方政府的一个职能就是进行信息引导，由地区和县、乡劳动部门主动与省内外一些用工单位联络，搜集各种就业信息，及时向想外出的农民发布（习近平，2016）。正是因为习近平早期在贫困地区有多年的基层工作经历，对贫困问题有深刻的体会，积累了丰富的工作经验，因此在中国政府已经取得的战胜农村贫困的巨大成就基础上，他又进一步思考如何消除剩余的贫困问题，进而提出了精准扶贫这一重要思想。这一思想是和他过去几十

---

① 习近平：《摆脱贫困》，福州：福建人民出版社1992年版，第168页。"随着贫困地区经济的发展，农村富余劳动力的开发将是一个长期的过程。我们要把劳动力开发工作纳入贫困地区经济发展的规划，使之健康、有序地进行。"

年的基层工作经验一脉相承的,也正因为如此,他的这一思想具有强大的生命力和战斗力。

在2013年11月首次正式提出精准扶贫之后,习近平总书记又多次在不同场合发表重要讲话进一步丰富和完善了该思想,也完善了精准扶贫政策的体系。例如,2015年6月,习近平总书记在贵州就加大推进扶贫开发工作又全面阐述了精准扶贫的概念,并提出了"六个精准",即"扶贫对象精准、项目安排精准、资金使用精准、措施到户精准、因村派人精准、脱贫成效精准"。2015年10月16日,习近平在"2015减贫与发展高层论坛"上强调,中国扶贫攻坚工作实施精准扶贫方略,增加扶贫投入,出台优惠政策措施,坚持中国制度优势,注重"六个精准",坚持分类施策,因人因地施策,因贫困原因施策,因贫困类型施策,通过扶持生产和就业发展一批,通过易地搬迁安置一批,通过生态保护脱贫一批,通过教育扶贫脱贫一批,通过低保政策兜底一批,广泛动员全社会力量参与扶贫。

2015年11月27日至28日在北京召开的中央扶贫开发工作会议上,习近平总书记进一步强调,消除贫困、改善民生、逐步实现共同富裕是社会主义的本质要求,是党的重要使命。全面建成小康社会是中国共产党对全国人民的庄严承诺。他还鼓励全党全社会,要立下愚公移山志,咬定目标、苦干实干,坚决打赢脱贫攻坚战,并提出了要确保到2020年所有贫困地区和贫困人口一道迈入全面小康社会的目标。他在讲话中还强调,要坚持精准扶贫、精准脱贫,重在提高脱贫攻坚成效。要解决好"扶持谁"的问题,确保把真正的贫困人口弄清楚,把贫困人口、贫困程度、致贫原因等搞清楚,以便做到因户施策、因人施策。2017年2月21日的中共中央政治局第三十九次集体学习时,习近平总书记强调,要坚持精准扶贫、精准脱贫。要打牢精准扶贫基础,通过建档立卡,摸清贫困人口底数,做实做细,实现动态调整。要提高扶贫措施有效性,核心是因地制宜、因人因户因村施策,突出产业扶贫,提高组织化程度,培育带动贫困人口脱贫的经济实体。要组织好易地扶贫搬迁,坚持群众自愿原则,合理控制建设规模和成本,发展后续产业,确保搬得出、稳得住、逐步能致富。要加大扶贫劳务协作,提高培训针对性和劳务输出组织化程度,促进转移就业,鼓励就地就近就业。要落实教育扶贫和健康扶贫政策,突出解决贫困家庭大病、慢性病和学生上学等问题。要加大政策落实力度,加大财政、土地等政策支持力度,加强交通扶贫、水利扶贫、金融扶贫、教育扶贫、健康扶贫等扶贫行动,扶贫小额信贷、扶贫再贷款等政策要突出精准。

自从习近平总书记提出精准扶贫思想之后,中央和各级政府迅速推进精准扶贫工作的进展。2013年12月18日,中共中央办公厅和国务院办公厅联合发布了《关于创新机制扎实推进农村扶贫开发工作的意见》的通知(中办发〔2013〕25号),对精准扶贫工作进行了顶层设计和部署,中西地区的基层政府掀起了声势浩大的精准扶贫工作。新加坡国立大学东亚研究所所长郑永年对中国发起的精准扶贫工作给予了这样的评价:"从世界范围内来看,只有中国共产党才能做这样的事情,其他国家没有一个政府可以这么做。尽管世界上大多数政府也认识到扶贫的重要性,但它们没有能力像中国那样做。从这点来看,精准扶贫运动体现出了中国的制度优势。"①

四、精准扶贫政策的实施方案和政策体系

习近平总书记将精准扶贫进一步分解为"扶贫对象精准、项目安排精准、资金使用精准、措施到户精准、因村派人精准、脱贫成效精准",对精准扶贫的实施指明了方向,该政策的关键点在于精准识别、精准帮扶和精准管理。

1. 精准识别

要实现精准扶贫,并且将后续的帮扶措施落实到农户,第一步必须是精准识别,这是精准扶贫政策成败的第一个关键。在此之前,政府或者研究者对于中国农村贫困发生率和贫困人口总量的了解大多是由国家统计局基于农户抽样调查数据进行推断得出的,但是,当我们需要把推断出来的贫困农户总量逐一落实到具体的农户时,就需要对他们的收入、消费和其他家庭信息有一个非常精确且完整的了解。一个科学的方法是将中低收入农户的信息全部搜集起来,然后在其中精确地找到低于贫困线的农户,但是要做到这一点无疑是对执行精准扶贫工作的基层工作人员的巨大挑战。目前普遍实施的程序是:首先由村民填申请表,然后由村民小组召开户主会进行比选,再由村"两委"召开村、组干部和村民代表会议进行比选,并张榜公示;如无异议,则根据村内贫困农户指标数量确定收入更低的家庭为贫困农户。

---

① http://view.inews.qq.com/a/20170503A03QHO00。

识别贫困户时,基层执行者是否专业及信息是否对称是需要面对的问题。首先,如何准确地计算农户的收入就需要统计局提供专业的指导,例如农户自己生产自己消费的农产品是否应该记入收入;其次,让农户自己申报容易产生逆向选择问题,比如一些非贫困户预期到被确定为贫困户之后可以得到政府的很多帮扶资金,从而也加入申请行列。为了解决这个问题,当前的一个做法是发扬基层民主,让群众和村委参与对比,把识别权交给基层群众,让同村的居民互相识别谁是穷人,以保证贫困户认定的透明公开、相对公平。相对于上一级政府而言,村干部或其他农户确实拥有一定的信息优势,更清楚其他邻居的收入水平,但即使是他们,也不能够完全了解某个申请者的家庭收入信息,所以这种对比或者民主评议的机制只能解决一部分信息不对称问题。而且,民主评议的引进还可能会产生新的问题,那就是有关系的非贫困户被确定为扶持对象,而没有关系的贫困户则被排除在外。这些都是精准识别中面临的挑战。

2. 精准帮扶

贫困户被识别出来以后,基层政府就可以针对他们的贫困情况制定帮扶措施,基层工作人员进村入户,分析掌握每个贫困户的致贫原因,逐户落实帮扶责任人、帮扶项目或资金,并确定帮扶责任人,以确保帮扶效果。为了确保帮扶措施的效果,相对于以前瞄准贫困县,精准扶贫则要求直接将帮扶资金、教育培训、危房改造、生态移民等措施直接瞄准农户,同时强调基础设施、产业扶持到村到户。

在精准帮扶过程中,危房改造、教育培训等标准或者确定帮扶对象所需要的信息较明确时,帮扶起来较容易并且能够产生良好效果,但是对于一些标准模糊的帮扶措施,特别是在帮扶资金有限而不能保证所有需要帮扶农户都能得到时,容易产生矛盾并影响邻里关系和干群关系。

3. 精准管理

识别贫困户、精准帮扶贫困户,以及跟踪贫困户的脱贫或非贫困户的返贫情况,同时保证扶贫资金或投入的正确和高效运用,都需要进行精确的管理,为了实现这一目的,需要建立一套完整的信息搜集和管理系统,对贫困户建档立卡就是其中一项关键措施。基层政府将扶贫对象的基本资料、动态情况录入系统,对贫困农户实行一户一本台账,确保精准帮扶的实施,年终根据扶贫对象的情况,对帮扶对象进行调整,已经脱贫的农户被"摘帽子",没有脱贫的农户或者其他需要帮扶的农户(继续)接受帮扶,从而实现扶贫对象有进有出,对返贫和重新陷入贫困的农户实行全覆盖。

在实施精准管理的过程中,一方面面临的挑战是基层政府如何确保扶贫资金的正确投放和运用,另一方面的挑战在于如何跟踪和录入农户的收入等各种家庭信息;前一方面需要上级政府对下级政府的资金运用展开监督和审计,后一方面需要基层人员投入大量时间和精力跟踪贫困户的各种信息,并且及时录入台账和信息系统。

各级地方政府对贫困户进行建档立卡,对贫困户的信息进行搜集整理,通过信息系统的建立实现对贫困户进行精准跟踪。表10-1报告了分布在592个国定贫困县中的建档立卡贫困户的数量,共计8 050.48万人,从表格中可以看出,这些国定贫困县的贫困户分布在东部省份的比例占10.28%,中部占38.46%,西部则占51.26%,这再次表明现阶段的农村扶贫任务的重点和中心依然是中西部省(自治区)。

表10-1 592个国定贫困县建档立卡的贫困人口数量

省(自治区)	湖北	广西	海南	湖北	安徽	江西	河南	黑龙江
贫困县(个)	38	28	5	25	19	21	31	14
贫困人口(万人)	312	452	63.6	590	480	385	576	214
省(自治区)	湖南	吉林	山西	陕西	四川	贵州	云南	内蒙古
贫困县(个)	20	8	35	50	36	50	73	31
贫困人口(万人)	767	83.9	232	775	380.3	919.68	73	157
省(自治区)	青海	新疆	甘肃	宁夏	重庆	河北	广西	海南
贫困县(个)	15	27	43	8	14	39	28	5
贫困人口(万人)	52	261	552	58.1	165.9	312	452	63.6

注:采用的是国家统计局制定的2010年新贫困标准。
数据来源:国务院扶贫办。

第二节 实施精准扶贫政策的实证基础

结合上一章的分析可以看出,随着农村贫困人口数量的急剧减少及社会经济发展状况的改变,剩余农村贫困的分布和特征等也都发生了变化,而这些变化构成了当前精准扶贫政策的基础。为什么中国政府当前推行的精准扶贫政策能够适应中国社会经济形势的变化?这一重大政策转变背后的逻辑是什么?这种转变对于其他发展中国家制定反贫困政策是否具有一定的启示意义?为了回答上述问题,我们在本节展开进一步的分析,为中国实施的精准扶贫政策提供实证基础。

一、基础设施对于消除剩余农村贫困的效果

中国早期的区域开发式扶贫的主要政策是为贫困地区的农户提供基础设施,以方便他们的生活和生产。然而我们需要回答一个问题:既然剩余的农村贫困人口大多具有"老弱病残"的特征,那么继续向他们提供基础设施,能够有效地消除他们所面临的贫困吗?换言之,提供基础设施的扶贫措施对于老弱病残型贫困户是否有效?我们认为,就道路基础设施而言,对于上述问题的回答很可能是否定的,这是因为:从理论上讲,道路基础设施主要是给农户的生产和生活提供交通便利,降低运输成本,并使其更容易接近市场,但是道路并不能直接提供生产机会。更关键的是,老弱病残的家庭往往难以利用道路基础设施所带来的机会,因为他们缺乏利用道路设施的劳动力和人力资本。而就电力基础设施而言,我们认为可能有助于老弱病残家庭增加收入和脱离贫困,这是因为电力能够给这些缺乏劳动力的家庭提供动力,恰好可以弥补他们生产和生活所缺。为了检验上述机制是否存在,我们下面利用 CHIP 2002 和 CHIP 2007 的农户数据,检验道路和电力基础设施随着时间的推移对老弱病残农户的贫困的影响。

表 10-2 首先报告了基于 CHIP 2002 农户数据的 Probit 模型回归结果,被解释变量为农户是否陷入收入贫困,贫困线为国家统计局制定的 2010 年价 2 300 元,并用农村 CPI 调整到 2002 年的水平。我们关心的控制变量为前 3 个,即农户所在村到 2002 年通公路、电、电话的年数,该数值越大,说明所在村的基础设

施被改善的时间越早,因而我们预期它们对于在回归中的系数为负,即好的基础设施有助于降低贫困发生的概率。模型的控制变量包括家庭特征及其他地理变量,其中儿童1数量是指农户中年龄小于8岁的儿童数量,儿童2数量是指8—17岁青少年的数量。

表 10-2 基础设施对农户收入贫困的影响

	全样本	老年家庭	户主高龄	病人家庭
通公路年数	−0.002 03*	0.001 94	0.006 20*	−0.002 61
	(0.001 06)	(0.002 19)	(0.003 51)	(0.002 63)
通电年数	−0.007 91***	−0.013 2***	−0.005 25	−0.013 3***
	(0.001 58)	(0.003 25)	(0.005 22)	(0.003 80)
通电话年数	−0.006 79***	−0.008 16***	−0.014 1***	−0.007 56***
	(0.001 15)	(0.002 31)	(0.003 80)	(0.002 68)
到县城的距离	0.001 38*	0.002 60*	0.003 32	0.000 312
	(0.000 760)	(0.001 50)	(0.002 73)	(0.001 87)
到车站的距离	0.004 12**	0.001 61	0.001 86	0.004 62
	(0.001 80)	(0.003 52)	(0.006 78)	(0.003 82)
平原	−0.549***	−0.434***	−0.345**	−0.608***
	(0.040 7)	(0.083 0)	(0.139)	(0.096 8)
丘陵	−0.366***	−0.330***	−0.100	−0.440***
	(0.041 2)	(0.083 1)	(0.135)	(0.097 1)
家庭成员	0.180***	0.098 0***	0.125**	0.139***
	(0.015 6)	(0.029 6)	(0.051 6)	(0.034 6)
户主年龄	0.001 87	−0.004 49*	0.010 2	−0.001 60
	(0.001 71)	(0.002 71)	(0.010 5)	(0.003 66)
户主教育年限	−0.045 7***	−0.051 1***	−0.009 55	−0.026 8*
	(0.006 23)	(0.012 1)	(0.017 6)	(0.014 6)
户主少数民族	0.141***	0.036 9	0.473***	0.006 24
	(0.045 8)	(0.091 8)	(0.150)	(0.101)
儿童1数量	0.234***	0.304***	0.296**	0.318***
	(0.035 0)	(0.072 7)	(0.136)	(0.087 7)

续表

	全样本	老年家庭	户主高龄	病人家庭
儿童 2 数量	0.112***	0.134*	0.080 1	0.179**
	(0.029 9)	(0.069 4)	(0.146)	(0.074 1)
老人数量	0.059 1**	0.147**	0.175*	0.013 6
	(0.026 7)	(0.064 6)	(0.094 5)	(0.051 2)
在校生数量	−0.041 7	−0.080 7	−0.203	−0.129*
	(0.027 9)	(0.064 9)	(0.135)	(0.071 5)
重病数量	0.090 8***	0.044 1	−0.067 9	0.060 5
	(0.030 3)	(0.043 8)	(0.076 5)	(0.076 6)
党员数量	−0.223***	−0.218***	−0.128	−0.270***
	(0.032 1)	(0.057 9)	(0.098 7)	(0.074 7)
干部数量	−0.059 8***	−0.050 4	−0.028 8	−0.015 3
	(0.016 7)	(0.031 2)	(0.054 4)	(0.037 8)
移民数量	−0.178***	−0.102**	−0.031 2	−0.211***
	(0.024 0)	(0.051 2)	(0.080 7)	(0.055 2)
Constant	−0.182	0.425*	−1.252*	0.381
	(0.120)	(0.252)	(0.751)	(0.295)
N	8 821	2 009	784	1 471
Pseudo R^2	0.115 9	0.109 4	0.110 3	0.022 0

注：被解释变量为农户是否属于收入贫困，贫困线为2010年价2 300元。括号内的数字为标准误，*、**、*** 分别表示10％、5％、1％的显著性。

数据来源：CHIP 2002。

从表10-2中可以得出如下结论：第一，当我们用全部样本进行回归时，三个衡量基础设施的变量都显著为负，这表明更好的基础设施确实能够有助于减少贫困。第二，我们将家庭中只要有1个年龄在60岁以上的农户抽出，将他们定义为老年家庭，然后利用这个样本进行回归，结果发现通公路的年数也不再显著为负，这表明道路基础设施的改善并不能显著降低老年家庭陷入贫困的概率。第三，我们将户主年龄大于60岁的农户抽出来，定义他们为户主高龄家庭，然后利用这个样本进行回归后发现，通公路的年数在模型中不再显著为负，甚至在10％程度上显著为正，这表明公路基础设施的改善也不能显著降低高龄户主家庭显著贫困的概率。第四，我们将家庭中至少有一个成员患重病的农户抽出来进行回归，依然发现通公路的年数不再显著为负,这表明道路基础设施的改善对于降低重病家庭的贫困也没有积极意义。第五,通电和电话的年数在所有的模型中都显著为负,这表明给农户提供电力和通信基础设施,能够有效降低他们陷入贫困的概率。第六,其他控制变量的回归系数大都符合理论预期,这里不再赘述。

然后我们继续用 CHIP 2007 样本展开检验,由于 2007 年问卷与 2002 年有所不同,所以模型的控制变量有所不同,这里我们关心农户所在村通公路的年数和通电的年数这两个变量对于农户陷入贫困的影响。首先,进行 Probit 模型回归后发现,当使用全部样本进行回归时,所在的村通公路年数对于农户收入贫困不再显著,这说明到了 2007 年,道路的改善已经不能够显著降低所有农户陷入贫困的概率;其次,我们希望进一步考察道路设施的改善对于降低消费贫困是否有显著作用,因此我们在表 10-3 中报告了以农户是否为消费贫困为被解释变量的 Probit 模型回归结果。从表 10-3 中可以看出:第一,当用全部样本进行回归时,通公路年数依然显著为负,这说明基础设施的改善到了 2007 年虽然不能够有效提高农户的收入水平,但是可以提高他们的消费水平,从而降低消费贫困。第二,当我们将单独采用老年家庭、户主高龄家庭及病人家庭三个样本进行回归时,发现通公路年数都不再显著,这再次表明基础设施的改善到了 2007 年对于降低老弱病残型农户的消费贫困也没有作用。

表 10-3 基础设施对消费贫困的影响

	全样本	老年家庭	户主高龄	病人家庭
通公路年数	−0.001 88*	−0.001 54	−0.001 70	−0.002 90
	(0.000 984)	(0.001 84)	(0.002 46)	(0.002 60)
通电年数	−0.015 7***	−0.015 6***	−0.008 75**	−0.013 9***
	(0.001 47)	(0.002 66)	(0.003 50)	(0.003 92)
户主年龄	0.237***	0.205***	0.226***	0.244***
	(0.016 9)	(0.030 1)	(0.045 7)	(0.043 5)
户主教育年限	−0.000 164	0.003 30	0.011 4	0.002 94
	(0.002 00)	(0.003 05)	(0.009 20)	(0.005 06)
户主少数民族	−0.050 8***	−0.048 2***	−0.071 4***	−0.067 5***
	(0.007 17)	(0.012 9)	(0.017 2)	(0.018 6)
儿童1数量	0.287*	0.567**	0.304	0.485*
	(0.149)	(0.275)	(0.630)	(0.249)

续表

	全样本	老年家庭	户主高龄	病人家庭
儿童2数量	0.038 5**	0.018 3	0.215	−0.052 1
	(0.019 0)	(0.035 4)	(0.133)	(0.050 2)
老人数量	−0.024 1	−0.020 0	0.195	0.047 0
	(0.018 6)	(0.035 1)	(0.124)	(0.050 0)
在校生数量	0.076 2***	0.061 4	0.094 1	0.015 4
	(0.026 6)	(0.061 1)	(0.078 6)	(0.057 3)
重病数量	−0.026 0	−0.022 3	−0.251**	−0.061 4
	(0.025 2)	(0.050 6)	(0.113)	(0.068 6)
移民数量	0.038 1	0.012 7	0.032 5	−0.000 974
	(0.036 7)	(0.049 9)	(0.069 8)	(0.098 7)
Constant	0.009 05	0.004 85	0.023 7	−0.062 6
	(0.018 9)	(0.035 8)	(0.049 0)	(0.052 4)
N	7 635	2 084	1 177	1 057
Pseudo R^2	0.076 3	0.067 3	0.092 2	0.068 4

注：被解释变量为农户是否属于消费贫困，贫困线为2010年价2 300元。括号内的数字为标准误，*、**、***分别表示10%、5%、1%的显著性。
数据来源：CHIP 2007。

结合上述基于CHIP 2002—2007农户数据的分析，我们认为，总体而言基础设施的改善有助于减少农户的贫困，但是，其中的道路基础设施对于减少老弱病残型农户的贫困没有显著作用。虽然电力设施对减少农户的贫困有显著作用，但是根据《中国农村贫困监测报告2016》提供的数据，截至2015年，国定贫困县农户的通电比例已经非常高，除了青海的比例为94.7%，四川的比例为99%，其他省份的贫困县农户通电率都达到99.7%甚至100%。这意味着进一步通过提供电力基础设施来减少农村贫困的空间已经没有了。

二、实施精准扶贫前扶贫资金的瞄准效率

政府扶贫资金往往由于具有无偿性质，或者低于正常市场利率，因而在实践中常常会被寻租，例如被村干部或与村干部有关系的农户获得，而那些真正的贫困户反而无法得到，从而导致扶贫资金的低效率利用。为了检验这种情况在现实中是

否存在,我们利用 CHIP 2002 数据中提供的农户是否获得扶贫贷款信息展开检验。表 10-4 报告了以农户是否获得过扶贫贷款为被解释变量的 Probit 模型回归结果,其中除了控制农户的家庭特征及所在村的地理特征外,我们还控制了一个虚拟变量,该农户是否属于收入贫困,以及该农户中为村镇干部的数量,我用它来度量农户的政治资本或社会资本。从理论上讲,如果扶贫贷款的分配标准主要是农户的收入水平,那么我们可以预期,贫困虚拟变量的回归系数应该显著为正,而农户中的干部数量不应该对能否获得扶贫贷款有显著的影响。

从表 10-4 的回归结果中可以得出如下结论:第一,贫困虚拟变量在所有的模型中都不显著,甚至其回归系数在后面两个方程中为负,这表明贫困虚拟变量并不能显著增加农户获得扶贫贷款的概率。第二,村干部虚拟变量在所有的模型中都显著为正,这表明拥有政治或社会资本的农户更有可能获得扶贫贷款。这些证据表明 2002 年 CHIP 样本所覆盖的农村地区的扶贫贷款发放确实存在着不精准的问题。

表 10-4　农户获得扶贫贷款的救济因素

	1	2	3	4
收入贫困	0.086 6	0.091 2	−0.040 0	−0.053 9
	(0.081 3)	(0.081 8)	(0.089 9)	(0.091 2)
干部数量		0.104***	0.080 0**	0.077 6**
		(0.033 8)	(0.035 6)	(0.035 6)
户主年龄			−0.005 37	−0.005 32
			(0.004 36)	(0.004 37)
户主教育			−0.001 23	−0.001 04
			(0.017 4)	(0.017 5)
家庭规模			0.083 9***	0.085 1***
			(0.032 1)	(0.032 1)
县城距离			0.002 94	0.002 33
			(0.001 81)	(0.001 90)
车站距离			0.007 08*	0.006 62
			(0.004 09)	(0.004 17)
平原				−0.124
				(0.114)
丘陵				−0.016 7
				(0.113)

续表

	1	2	3	4
Constant	−2.391***	−2.439***	−2.610***	−2.536***
	(0.052 8)	(0.056 3)	(0.301)	(0.315)
N	9 192	9 187	8 825	8 825
Pseudo R^2	0.001 2	0.009 5	0.023 8	0.025 6

注：括号中的数字为标准误，*、**、***分别表示10%、5%、1%的显著程度。
数据来源：CHIP 2002农户样本。

另外，CHIP 2002数据中还包含了农户当年是否获得过救济的信息，因此我们进一步利用这一信息来检验能够获得救济的决定因素，模型控制变量和前面的回归模型相同，我们关心的变量是农户是否属于收入贫困及农户中的村镇干部数量。Probit模型的回归结果报告在表10-5中，从中可以看出：首先，收入贫困变量在前3个模型中在5%或10%的程度上显著，但是在进一步控制了地理特征后，它就变得不再显著，这表明贫困状态对于获得政府救济的作用非常微弱，也证明了政府救济的瞄准存在着不精准的问题；其次，村干部变量在所有的模型中不再显著，这表明农户所拥有的政治或社会资本对于能否获得政府救济没有显著影响，这一结果可能与政府救济的形式和发放原则有关，比如当年遭受了重大冲击或自然灾害的农户往往属于政府救济的对象，而这些确定救济的原因或事实往往容易观察或确认，所以村干部进行寻租的可能性较低。

表 10-5　农户获得救济的决定因素

	1	2	3	4
收入贫困	0.170**	0.166*	0.181*	0.148
	(0.085 5)	(0.085 6)	(0.093 9)	(0.095 6)
干部数量		−0.064 6	−0.069 4	−0.075 9
		(0.062 5)	(0.066 4)	(0.066 6)
户主年龄			0.014 1***	0.014 8***
			(0.004 43)	(0.004 46)
户主教育			−0.034 6*	−0.031 4*
			(0.018 4)	(0.018 5)
家庭规模			−0.006 52	−0.005 81
			(0.033 6)	(0.033 8)

续表

	1	2	3	4
县城距离			−0.000 782	−0.002 62
			(0.002 29)	(0.002 52)
车站距离			0.004 94	0.003 72
			(0.004 96)	(0.005 01)
平原				−0.280**
				(0.121)
丘陵				−0.188
				(0.120)
Constant	−2.485***	−2.465***	−2.923***	−2.736***
	(0.058 3)	(0.060 7)	(0.336)	(0.347)
N	9 199	9 194	8 832	8 832
Pseudo R^2	0.001 2	0.009 5	0.023 8	0.025 6

注:括号中的数字为标准误,*、**、***分别表示10%、5%、1%的显著程度。
数据来源:CHIP2002农户样本。

最后,我们用消费贫困替代表10-4和10-5中的收入贫困,结果贫困虚拟变量在所有的模型中都不显著,这表明上面的结论保持不变。

第十一章

信贷约束与金融扶贫

第一节 农村信贷市场调查报告

一、引言

金融发展与经济增长之间的关系是一个吸引中国经济学家的重要课题。现有的一个普遍观点认为,农村金融市场的不完善,特别是发展中国家的农村金融市场的不完善,是阻碍农村经济发展的一个重要瓶颈。在信息不对称的情况下,由于农户或中小企业缺乏资产作为抵押,同时也缺乏信用记录,导致了他们无法从正规的商业银行那里获得贷款。基于这种考虑,各发展中国家都采取各种措施以校正这种"市场失灵"。在中国,对这一问题的考虑可以体现在农村扶贫贷款政策上,比如中国每年的几百个亿的农村扶贫资金中有超过一半的资金为贷款,部分是贴息贷款,部分是非贴息贷款。这些贷款的使用领域就包括需要资金支持且能够增加农民收入、促进农村经济发展的种植、养殖、农产品加工等产业。但是通过促进农村金融的发展来支持农业经济的策略至少还需要考虑一个问题:那些被确定为支持对象的低收入农户是否需要贷款(包括普通的银行贷款和扶贫贷款)以增加自己的收入?如果需要,他们能否真正获得贷款?如果他们能够获得贷款,他们是否有机会、有能力进行各种投资经营活动以增加收入?对这些问题的回答,构成了对农户信贷市场的一个最基本的判断。对这一问题的思考,取决于我们对农村金融的一个直觉:那些能够贷款的农户可能并不是最需要得到支持的农户,那些在政府看来需要获得贷款的贫困农户未必真的有能力捕捉并进行各种投资经营活动。为此,本节基于一个农户数据调查对这些问题给出基本判断。

二、数据来源

本节所使用的数据来源于复旦大学中国社会主义市场经济研究中心于2004年组织的农户问卷调查。该调查按照随机抽样的原则抽取了20个省份,并在这20个省份中各随机抽取2—3个村,每个村中再随机抽取20个农户,最后共获得了1 000份数据完整的农户问卷。本节所使用的数据来自该调查。表11-1给出了问卷在全国的分布情况和有效比例。

表11-1 样本农户的地区分布

	东部	中部	西部	合计
问卷数(份)	400	360	240	1 000

下面针对被调查农户的各种背景资料进行统计描述:一般家庭内部的重大事务是由户主决定的,所以样本户主的教育背景对于一个家庭借贷行为可能会有重要影响。表11-2给出了户主的受教育情况统计。在调查问卷中,我们采取的是户主的受教育年限,表11-2中将其划分为5个阶段:文盲指受教育年限为0年,小学指受教育年限为0—6年,初中指受教育年限为6—9年,高中指受教育年限为9—12年,高中以上则为12年以上。从表11-2中可以看出,被调查农户的户主受教育程度大多为小学或初中水平。

表11-2 样本农户的户主受教育程度

教育程度	文盲	小学	初中	高中	高中以上
比例	8.39%	38.02%	38.02%	7.58%	7.99%

农户家庭收入是一个反映家庭背景的重要因素,也可能是影响农户信贷行为的重要因素。我们用被调查农户在2003年的家庭年人均总收入[①]作为衡量家庭收入水平的指标,并将家庭收入划分为8个档次,总体收入情况分布如表11-3所示。从表中可以看出,将近一半的家庭的年人均收入在869元到4 000元之间。

---

① 在一般的调查统计中,往往把农户自产自消的商品部分折价算入总收入里面,我们的调查也统计了这一部分,但是,由于我们的问卷是在一个时间点进行一次性询问,而不是通过农户的日记账的方式获得的,所以,这一部分数据可能会由于被调查者的记忆不准确或回答不准确而导致偏差。这一点可能会对表11-3中的结果有所改变。

表 11-3　样本农户家庭年人均总收入水平

收入水平	627 元以下	628—869 元①	870—2 000 元	2 001—4 000 元
所占比例	7.38%	4.65%	22.04%	29.42%
收入水平	4 001—6 000 元	6 001—8 000 元	8 001—10 000 元	10 000 元以上
所占比例	15.47%	6.57%	4.45%	10.01%

一个家庭的社会关系也必然会对家庭的各种行为产生重要影响,所以,我们在问卷中设计询问了被调查农户有几家关系密切的亲友在政府部门工作,有几家亲友中有党员,有几家城里经常联系的亲友,有几家亲友在学校里工作,有几家亲友在医院里工作②,以及被调查农户中是否有成员任村干部。表 11-4 给出了被调查农户中是否有成员担任村干部、是否有亲友在政府部门、学校、医院工作,以及是否有亲友在城里居住和是否有党员亲友等情况的统计。表 11-4 中的比例为有该种社会关系的农户数占样本农户总数的比例③。

表 11-4　被调查农户社会关系统计

	村干部	政府亲友	学校亲友	医院亲友	城里亲友	党员亲友
所占比例	7.38%	35.09%	37.71%	24.27%	59.56%	52.88%

三、农户信贷行为分析

下面,我们从几个角度对前面提出的几个问题做一些统计性的描述和分析。

(一)什么样的农户申请了银行贷款?

统计显示,农户申请银行贷款的比例并不是很高,在过去 4 年(2000—2003 年)里共有 138 个农户向银行或信用社申请过 254 次贷款,平均每年有 3.7% 的农

---

① 627 元为 2002 年国定贫困线,869 元为国定低收入线,由于我们在前面考虑农户自产自消的部分时可能会存在误差,这里也没有对国定贫困线和低收入线用价格指数折算到 2003 年不变价格,所以这两个线所对应的比例并不能准确代表样本家庭中的贫困率和低收入比例。

② 对于是否有亲友在医院或学校工作,并不完全能够代表该家庭的社会关系。但是,我们考虑到,在医疗条件和教育条件落后的农村地区,家庭有亲友在医院或学校工作往往确实能够对农户的资源配置产生一些影响。基于这种考虑,我们也询问了这两个问题,作为家庭社会关系的一个因素。

③ 由于每个家庭可能会拥有不止一种社会关系,所以表 11-4 的第二行各比例加总之和大于 100%。

户向银行或信用社申请了贷款,这些家庭在过去的4年里平均申请了1.84次贷款。另外,我们整理的数据也显示:所有被调查农户中,在2003年共有305户农户还欠亲友的钱,占被调查农户的30.5%。这一数字说明,发生于亲友之间的民间信贷在农村非常活跃。这一方面体现了亲友之间的互相帮助,说明了目前的农户的信贷行为大部分还局限于亲友之间,而亲友之间的这种小范围融资显然存在资金规模的缺陷;另一方面也可能反映了正规的银行贷款的高交易成本及农户借贷行为的偏好。下面我们主要从户主教育背景、家庭收入、社会关系和地区分布等几个方面针对申请贷款的特征做进一步分析。

1. 申请过贷款农户的户主教育程度

为了观察户主的教育背景对于家庭的投资、借贷行为所产生的可能影响,我们将申请贷款农户的户主教育背景的分布与全部被调查农户的户主教育背景的分布进行了分析。

表 11-5 被调查农户和申请贷款农户的户主受教育程度

户主受教育程度	文盲	小学	中学	高中	高中以上
被调查农户	8.39%	38.02%	38.02%	7.58%	7.99%
申请贷款农户	5.80%	35.51%	41.30%	10.87%	6.52%

我们首先将教育程度数据划分为五个阶段,并描绘出被调查农户的户主受教育程度分布,然后描绘出申请过贷款的农户的户主受教育的分布情况。表 11-5 表明了这两个分布。从表 11-5 中的对比可以看出,对那些申请过贷款的户主而言,户主的教育程度为文盲、小学、高中以上的部分的比例都低于被调查农户的户主的对应文化程度的比例,户主的教育程度为中学和高中的部分的比例都高于被调查农户的户主的对应的文化程度的比例。这一点可能蕴涵着这样的解释:户主为文盲、小学的家庭可能缺乏捕捉投资机会的能力,或者即使捕捉到了投资机会,也未必有使用银行贷款进行投资的经营管理才能,所以他们很少申请贷款;而对于户主为高中以上程度的农户,他们可能会由于拥有较高的人力资本而有较高的收入做保障,从而不需要进行贷款;而对于那些户主教育程度为中学和高中的家庭,他们可能需要,而且也有能力获得贷款并进行相应的投资经营活动。

另外,我们还可以从另一角度来考虑这一问题,用每一受教育水平下申请过贷款的户数除以该教育水平下的被调查总户数,所得比例可以来表示贷款意愿,即在每一教育程度类别中,有多少比例的农户申请过贷款。图 11-1 表明:在高中以前,随着户主受教育程度的提高,家庭申请贷款意愿在不断增强,而户主教育程度为高中以上的农户则只有较低的贷款意愿。

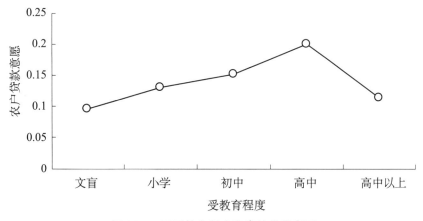

图 11-1　不同教育程度家庭的贷款意愿

2. 家庭收入水平与申请贷款比例

下面我们来考察农户的收入水平与贷意愿间的关系。我们依然将年人均收入水平划分为 8 个档次,然后将每个档次中申请过贷款的家庭占该档次中所有家庭的比例与这一档次中所有家庭占全部被调查家庭的比例做一个对比,表 11-6 给出了对比的结果。

表 11-6　农户年人均收入水平与申请贷款情况

年人均收入水平	627 元以下	628—869 元	870—2 000 元	2 001—4 000 元
被调查农户	7.38%	4.65%	22.04%	29.42%
申请过贷款	7.25%	3.62%	22.46%	23.19%
年人均收入水平	4 001—6 000 元	6 001—8 000 元	8 001—10 000 元	10 000 元以上
被调查农户	15.47%	6.57%	4.45%	10.01%
申请过贷款	15.22%	8.70%	5.80%	13.77%

从表 11-6 中可以看出,在年人均收入水平低于 6 000 元的 5 个档次中,除了第三个档次中,申请过贷款的农户占该档次中全部被调查农户的比例比该档次中的

农户占全部被调查农户的比例高出 0.42 个百分点以外,在其他 4 个档次中,申请过贷款的农户比例都低于该档次农户占全部被调查农户的比例。而在收入水平最高的剩下 3 个档次中,申请过贷款的农户占该档次中全部被调查农户的比例比该档次中的农户占全部被调查农户的比例都要高出 1—3 个百分点。从这一对比可以得出的一个可能启示是:收入水平越高的农户越有可能进行贷款。可能的解释是收入水平高的农户更有能力偿还贷款,或者他们有自己的部分资金充当投资过程中的流动资金,他们可能会希望借助于银行贷款进行更大规模的投资或满足更高水平的消费等目的。①

同样,用每个收入档次中申请过贷款的农户数占该档次所有农户数的比例来衡量该档次内的农户的贷款意愿的话,如图 11-2 所示,也表明了农户的贷款意愿随着其收入水平的提高而呈现上升的趋势。

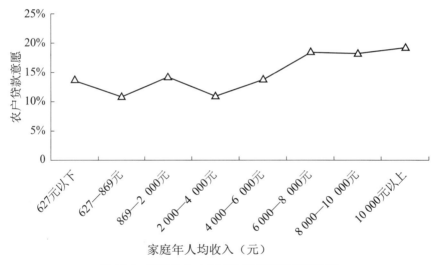

图 11-2　不同收入水平家庭申请贷款意愿比较

3. 农户的社会关系情况

现有的很多研究都发现,受政府补贴的各种贷款或补助往往都被有社会关系

---

① 当然,这里的一个可能解释为:收入水平越高的农户越有能力满足银行的各种抵押要求,所以越有贷款的意愿。但是,我们后文的统计发现,所有被调查农户在过去四年中,共向银行提出过 254 次申请,而最后得到银行贷款的次数高达 243 次。所以,高收入水平的农户有更高的抵押能力也许并不能解释他们有更高的贷款需求。

的富人获得了,真正的穷人往往难以获得。那么,这一情况在正式的贷款中是否也存在?下面我们来考察我们所调查的农户的家庭社会关系与该家庭是否申请过银行贷款的关系。

表11-7的第三行给出了申请贷款者中有社会关系的农户占总申请贷款者的比例,通过与第二行中拥有某种社会关系的农户占全部被调查农户的比例进行对比可以看出:在拥有每一类社会关系的家庭中,申请过贷款的农户占拥有该类社会关系的农户的比例都高于拥有该类社会关系的家庭占全部被调查家庭的比例,特别是对于那些亲友在政府部门工作和有亲友是党员的家庭而言,这一贷款比例更高。从这里我们可以推断,拥有社会关系的农户可能会更有渠道申请并获得贷款。

表11-7 申请贷款者的社会关系与总体社会关系比较

社会关系	村干部	政府亲友	学校亲友	医院亲友	城里亲友	党员亲友
拥有比例	7.38%	35.09%	37.71%	24.27%	59.56%	52.88%
申请贷款比例	7.97%	43.48%	42.03%	26.09%	63.04%	64.49%

4. 申请贷款农户的地区分布

最后我们再来考察一下申请贷款的农户在东、中、西部的分布,表11-8和表11-9给出了我们的调查结果。表11-8中的申请比例为某地区申请过贷款的家庭占该地区全部被调查家庭的比重。我们可以看出,西部地区申请银行贷款的家庭比例更高,这可能一方面体现了西部地区的农户更需要得到银行的贷款,另一方面可能体现了西部地区农户普遍收入较低,所以民间信贷相对于东部、中部地区较不发达,这致使他们向银行寻求更多的贷款。

表11-8 不同地区申请贷款的比较

地区	东部	中部	西部
申请家庭比例	11.75%	11.67%	20.42%

表11-9给出了在2000—2003年的254次贷款申请及被批准的243次贷款在地区间的分布比较。从申请贷款次数和被批准次数来看,2000—2002年,西部和中部都较东部地区更多;但是2003年与前三年不同,东部地区的申请次数和批准次数都超过了西部和中部地区。从表11-9来看,总体而言,地区间的差别并不是特别明显。

表 11-9　申请贷款家庭的地区分布比较　　　　　　　　　　　（单位：次）

	2000 年		2001 年		2002 年		2003 年	
	申请	获得	申请	获得	申请	获得	申请	获得
东部	12	12	12	10	22	22	32	32
中部	20	19	14	13	25	24	27	26
西部	21	19	18	16	26	26	25	24
合计	53	50	44	39	73	72	84	82

(二)什么样的农户获得了贷款？

在前文，我们只是从贷款意愿，或者说从农户是否申请了贷款的角度考察了农户的贷款行为与家庭背景的关系。但是，我们还需要更进一步搞清楚的问题是：到底是什么样的农户最终获得了贷款？他们获得贷款与其家庭的各种背景有什么样的关系？

我们的调查数据显示出了一个非常有趣的结果：在 2000 到 2003 年中，共有 138 家农户申请过贷款，其中有 135 家农户的申请被批准，虽然申请者占总被调查者的比例非常低，但是他们总共申请贷款 254 次，其中共获得了 243 次贷款，在这 4 年里只有 11 次贷款申请没有得到满足，申请贷款的平均成功率高达 95.67％，表 11-10 给出了这四年中被调查农户申请贷款和获得贷款的情况：

表 11-10　申请者获得贷款情况统计

年份	2000 年	2001 年	2002 年	2003 年	合计
申请户次	53	44	73	84	254
获得户次	50	39	72	82	243
获得比例	94.34％	88.64％	98.63％	97.62％	95.67％

所以，我们这里已经不需要再按照前面那样，分析每一种家庭背景与该家庭获得贷款之间的关系，因为绝大多数贷款申请都得到了满足。我们可以根据前面关于申请贷款的分析做出如下推断：那些户主受教育程度高、收入水平高、拥有一定社会关系的农户会更愿意申请贷款并且更能够获得贷款。

从上面的分析我们可以看出，目前在中国的农村地区，往往是那些拥有一定的人力资本或社会关系，从而有经营管理能力和较高收入的农户，才会倾向于去申请贷款，并且也最终获得了贷款；反而那些缺乏人力资本、缺乏社会关系，从而缺乏经营管理能力和收入较低的农户,不会去申请贷款。所以,如果政府希望通过发展农村金融为那些低收入、低人力资本农户提供贷款,从而促进他们的收入水平的提升和生活状况的改善,进而促进农村经济发展的政策设想可能需要改变。因为,这样的贷款实际上最后根本到不了这些人的手中,即使到了,他们也未必有能力使其增值。

(三)农户申请贷款的动机是什么?

农户的贷款动机也是了解农户信贷市场的一个关键点,我们在问卷中询问了申请过贷款的农户的贷款动机,并将贷款动机划分为6类:生活消费、农业生产、非农生产、子女教育、养老治病和其他。由于我们在问卷调查中询问了农户从2000到2003年的贷款动机,从而可以从静态及动态两个角度看出农户信贷动机的结构和结构变动方向。表11-11给出了我们的调查结果。

表 11-11　2000—2003 年被调查农户申请贷款的动机

年份	消费	农业生产	非农生产	子女教育	养老治病	其他
2000	1.9%	41.5%	37.7%	7.5%	3.8%	7.5%
2001	4.5%	34.1%	40.9%	9.1%	2.3%	9.1%
2002	1.4%	27.4%	37.0%	23.3%	1.4%	9.6%
2003	3.6%	26.2%	28.6%	23.8%	6.0%	11.9%

表11-11中的数字显示出了几个明显特征:

第一,从静态上看,农户贷款的主要动机为农业生产和非农业生产,而用于消费、养老治病、子女教育(2002和2003年例外)及其他方面的动机较少。这表明了农户的贷款主要动机还是投资性的,特别是用于消费和养老治病等非生产性行为的贷款动机则占非常低的比例。

第二,从动态上看,农业生产和非农业生产在全部贷款动机中的比重呈现下降趋势。从2000年到2003年,农业生产的贷款动机的下降幅度高达16.3%,非农生产贷款动机的下降幅度达9.1%;然而,农户贷款用于子女教育的动机却显示出了一个极快的增长趋势,从2000年的7.5%上升到2003年的23.8%。这一方面可能体现了农业生产效益低下导致农户对于农业的投资积极性不高,也可能体现了非农就业机会的增加使农户不愿意投资农业及相关产业。对于子女教育贷款动机的上升,可能表明了两个原因:一方面由于近年来教育成本的上升导致农户不得不更多地贷款以进行子女教育,另一方面可能也体现了农户对于子女的人力资本投资的积极性的提高,对教育的重要性的认识或教育的高回报促使他们有积极性通过更多地贷款来培养子女。

第三,用于消费的贷款动机波动较大,但是总体上还是呈现下降趋势,基本保持在5%以下水平;用于养老治病的贷款动机在波动中有所上升,这可能反映了农村社会保障、医疗保险体制和医疗水平的落后,以及人们更加注重养老和健康,从而把更多的贷款用于养老和治病。

从上面关于农户贷款动机的结构及变动趋势的分析我们可以推断:农户贷款用于农业生产和非农生产的比重在逐渐降低,而对于子女教育的投入在迅速上升,所以政府完全有理由也有必要大力加强对教育信贷的支持。无论是农户由于教育成本的上升而不得不贷款,还是他们认识到教育的重要性而更积极地贷款,满足了他们的贷款需求,对于农户和整个社会而言,都是一种人力资本投资,对于促进农户人力资本的积累,进而促进全社会的人力资本积累,从而促进农户收入水平的增长、农村经济的发展、农村社会的稳定都有着非凡的意义。

(四)被调查农户对获得银行贷款难易程度的评价

在问卷中我们也设计了农户对于贷款获得性难易程度的评价问题,这一问题可以帮助我们从另一个侧面了解农户信贷市场的发展状况。问卷设计了三个选项:容易、一般、很难。在样本中,评价贷款容易的农户占全部被调查农户的8.26%;评价一般的占31.51%,评价很难的占60.22%。这里我们仅仅根据人们的收入水平作为划分原则,分析不同收入水平的农户与他们对贷款难易程度的评价之间的关系。表11-12给出了每一个收入档次下的农户分别给出"容易""一般""很难"的评价占该收入档次家庭总数的比例,该比例明显地反映出了不同收入水平的农户对于贷款难度评价的不同:收入水平越高的农户给出的评价为"容易"和"一般"的比例就越高,给出的评价为"很难"的比例就越低。[①]

另外,我们还可以看出,在所有8个收入档次中,给出"很难"的评价的农户的比例比"容易"的比例都要高,在前面七个收入档次中,给出"一般"的评价的比例都比"容易"的比例高,而给出"困难"的评价的比例都比"一般"的比例高。

---

① 人均收入位于8 000—10 000元这个档次里的评价稍有例外。

表 11-12　不同收入水平的农户对于贷款难度的评价比较

年人均收入	627 元以下	628—869 元	870—2 000 元	2 001—4 000 元
容易	2.17%	5.71%	1.90%	4.95%
一般	21.74%	28.57%	32.28%	28.22%
很难	76.09%	65.71%	65.82%	66.83%
年人均收入	4 001—6 000 元	6 001—8 000 元	8 001—10 000 元	10 000 元以上
容易	12.61%	22.73%	3.13%	21.79%
一般	28.57%	34.09%	40.63%	44.87%
很难	58.82%	43.18%	56.25%	33.33%

四、总结

本节通过农户问卷调查收集到的数据针对农户信贷行为进行了分析发现：

第一，贷款倾向高的农户往往是那些户主受教育程度为初中和高中的农户，教育程度为文盲、小学和高中以上的农户贷款倾向低。一个可能的原因是农户人力资本过低会使得他们无力捕捉投资机会，或者没有利用贷款进行投资经营管理的能力，或者由于人力资本水平过低而导致收入水平过低，从而无法提供与银行贷款相配套的流动资金；而那些户主的受教育程度在高中以上的家庭，由于拥有较高的人力资本，因而有较高收入水平，从而不存在贷款需求。

第二，是否申请贷款和能否获得贷款与农户是否具有一定的社会关系具有相关性。这说明在金融市场不发达的情况下，农户只有通过社会关系才能够得到银行贷款，没有社会关系的农户可能无法获得贷款；如果还存在大量的无社会关系但是有足够的人力资本及投资能力的农户，那么说明现有的农户信贷市场的效率还存在较大改进空间。

第三，真正申请了并获得贷款的农户往往是那些收入水平较高的农户，而那些收入水平低的农户未必申请了贷款。所以，将目标瞄准低收入水平的农户的信贷政策（包括扶贫贷款）可能需要再考虑。因为我们所调查的农户的银行贷款完全是一种市场行为，所以，如果低收入农户是由于没有能力捕捉投资机会、缺乏经营管理能力、缺乏与银行贷款相配套的流动资金等，不需要获得用于投资活动的贷款的话，那么通过银行贷款使他们通过投资从而实现收入增长的目标就难以实现了。

而如果这些低收入的农户需要贷款以解决临时性的消费、医疗、养老等非生产性方面的难题的话,那么就要考虑通过其他政策来解决了。

第四,农户申请银行贷款的动机主要还是用于农业和非农业生产,用于非生产性的贷款较少,这可能一方面为银行不愿意发放这种类型的贷款,另一方面可能也体现了贷款者知道无法通过投资活动使贷款实现增值的话,面临着银行贷款的硬约束,他们可能也就不愿意申请生产性的贷款。近几年里,农户贷款动机中有一个重大的变化值得重视:随着农户对农业和非农业生产贷款动机的下降(体现为比例的变动,所以是一种相对下降),农户用于子女教育的贷款动机大幅度上升。原因可能来自两方面:近年来教育成本的上升迫使农户将更多的贷款用于子女教育投资;也可能是由于农户认识到了子女教育的重要性而有积极性获得更多的贷款用于子女教育。但是,无论原因是什么,农户用于子女教育的贷款动机的上升,都应该得到银行的信贷支持,因为无论是从微观还是从宏观层面看,增加教育投资对于经济增长和社会发展都具有重要意义。

另外,我们还发现正规农户信贷市场还是很不完善的,农户通过银行贷款的途径获得资金所占的比例还是很小,而通过亲友借款则占有很大比例。同时,农户对获得银行贷款的评价为"很难"的比重还相当高,农户普遍认为获得银行贷款并不那么容易;这说明目前的农户信贷市场还存在较大的改进余地。

总之,由于我们所调查的是农户的银行贷款这一纯市场行为,它不同于农户获得有贴息的扶贫贷款或无偿的政府援助等,所以,对于认识中国农村的农户信贷市场和制定相关的信贷政策具有重要意义。同时,也为我们深入反思现有的农村金融信贷政策提供了可能。

第二节 信贷约束对农户规模经营的影响

一、引言与理论假说

20世纪80年代初家庭联产承包责任制在中国的确立,有力地促进了农业劳动生产率和农业产出的提高(Lin,1992)。但中国当前的农业生产依然面临着土地资源均分、细碎化经营、流转不畅及规模效益低下等问题,并逐步成为规模化经营和农业现代化进程中的难题(林善浪等,2010;Sklenicka et al.,2014;Deininger et al.,2016)。过度分散且小规模的农业生产难以适应农业现代化发展的要求,扩大农业经营规模是我国农业发展不可回避的选择(Wan and Cheng,2001;陈锡文,2013;李文明等,2015;赵鲲和刘磊,2016)。而且,推进适度规模经营也是稳定农业发展、保障粮食安全及促进农民增收的理想路径(许庆等,2011;周应恒等,2015;杨春华和李国景,2016)。因此,如何推动农业生产的适度规模经营,确保农业持续发展,保障国家粮食安全并增加农民收入,已成为学术界和政策制定者关注的焦点。

农业生产的规模化和现代化显然离不开大型机械等生产性资本的投入,而如果农户在购买农用机械时面临着信贷约束,就会限制经营规模的提高和资本投入的增加。有研究发现,当前我国信贷市场(特别是农村信贷市场)发育不健全,尤其是针对农户或农业生产的信贷审核更是有严格限制(余泉生和周亚虹,2014;杨春华和李国景,2016;罗振军等,2016)。加上农户收入水平低及缺乏信贷抵押品,很多农户在进行农业投资时面临信贷约束,从而限制了农地经营规模的扩大(刘西川和程恩江,2009;阚立娜等,2016)。另外,也有研究发现,信贷需求与金融机构信贷供给之间的结构性错配使得实际耕地面积更大的农户更容易受到信贷约束(黄惠春等,2016)。但是,现有文献基于具有全国代表性样本的实证研究并不多。下面,本小节首先提出理论假说,论证信贷约束对于农户的耕地经营面积和生产性资本投入的影响,然后将利用具有全国代表性的CHIP2013农户样本检验这个理论假说。

根据农业生产函数的性质可以推断,小规模经营的农户在农业生产的平均成本先下降阶段如果可以扩大土地经营规模,在农产品价格外生的条件下可以增加产出和利润。而农地经营规模的扩大离不开农业生产性投资,尤其是购买大型农业机械,如果他们此时面临信贷约束,生产规模的扩大就会受到限制,从而无法达到利润最大或成本最小的最优状态。特别的,农业生产所面临的自然灾害风险,以及农业机械的特殊性,使得银行为农业机械融资的积极性不高。因此,信贷约束必然会限制留守农户的农业生产性投资行为。

结合上述分析,我们提出如下理论假说:信贷约束会抑制留守农户耕地经营规模的扩大,抑制生产性资本投入的提升。

另外,中国的粮食产量主要由主产区贡献,粮食主产区和非主产区的农业生产条件存在巨大差异,人均耕地面积、生产条件、机械化的初始程度都有显著差异,因此我们预期信贷约束对于粮食主产区和非主产区农户的土地经营面积和生产性资本投入的影响理应存在差异。而且,如果它们的影响力存在差异的话,那么政府的干预政策也应该有所不同。为此,我们将分别利用主产区和非主产区农户样本进行实证检验。

二、实证检验

1. 数据来源与回归模型

本节所用数据为2013年中国家庭收入调查(CHIP)[①]的农户样本,该样本涵盖了东部的北京、江苏、山东、广东和辽宁,中部的山西、安徽、河南、湖北和湖南,以及西部的重庆、四川、云南和甘肃。本节选择CHIP数据的理由如下:第一,CHIP的样本覆盖面广,具有全国代表性,有61.54%的样本位于粮食主产区[②];第二,CHIP数据的农户问卷包括家庭成员基本情况、劳动时间安排、外出经历、土地和农业经营情况及家庭借贷情况等信息,能够满足本节研究的需要。

为检验本节提出的理论假说,我们分别构建以农户经营耕地面积和农业生产性资本投入为被解释变量的回归模型[③]:

$$\ln land_i = \alpha + \beta_1 credit_i + \gamma control_i + \varepsilon_i \tag{11-1}$$

$$\ln asset_i = \alpha + \beta_1 credit_i + \gamma control_i + \varepsilon_i \tag{11-2}$$

其中,i表示农户,β和γ分别为核心解释变量及控制变量的待估计系数。$land$为农户土地经营规模,$asset$为农业生产性资本投入,它们都取对数形式。$credit$为

---

① http://www.ciidbnu.org.

② 财政部2003年12月下发《关于改革和完善农业综合开发若干政策措施的意见》,依据各地主要农产品的产量等主要指标,进一步界定了农业主产区及粮食主产区的范围,并将黑龙江(含省农垦总局)、吉林、辽宁(不含大连)、内蒙古、河北、河南、山东(不含青岛)、江苏、安徽、四川、湖南、湖北及江西等13省(市、自治区)划分为粮食主产区。

③ 对于本节的模型设置,我们进行了Linktest方程检验,结果绝大部分回归都能够通过检验;其次,考虑到农户的耕地面积和固定资产规模是同时决定的,因此我们也分别在对耕地面积的回归中增加控制固定资产的规模,在对固定资产的规模进行回归时控制耕地面积,结果发现本节关心的关键自变量的回归系数和显著程度没有发生改变,这表明本节的结论也是稳健的。对于上述回归结果,有兴趣的读者可以向作者索取。

信贷约束变量。control 是农户的家庭特征，包括家庭成员平均年龄及其平方项（age、age^2）、家庭平均受教育年限（education）、家庭平均健康水平（health）、家庭小孩数（children）、东部和中部地区虚拟变量（east、middle）等。

对于被解释变量农地经营规模（land），用当年农户经营的土地总面积来度量①；对于农业生产性资本投入（asset），用农业经营性固定资产现价估计净值来度量。关于劳动力转移，文章首先借鉴刘亮等（2014）的做法，用家庭成员外出劳动时间占比（migration）来度量，理由在于：我国当前的农户兼业化现象突出（李庆等，2013；李宪宝和高强，2013），农民工"候鸟式"流动及"亦工亦农"的身份特征依然存在（曹利平，2009），仅以外出从业的劳动力数量来度量不足以充分准确反映劳动力转移或劳动时间分配的现实特征。然后，我们还设置了一个虚拟变量 no_out，用来度量一个农户中是否有劳动力外出，如果有，则赋值为 0，否则为 1。对于信贷约束（credit）变量，本节将"有 1 个或以上的借贷申请或借款要求被拒绝"视为有信贷约束并赋值为 1，将"所有借贷申请或借款要求都被接受"和"所有借贷申请或借款要求都被足额满足"视为无信贷约束并赋值为 0。将健康状况评价的选项"非常不好""不好""一般""好""非常好"分别赋值为 1 到 5。

基于上述变量的定义，表 11-13 报告了全样本、粮食主产区子样本、粮食非主产区子样本的变量描述性统计结果。从中可以看出，粮食主产区的农户家庭土地经营规模更大，劳动力外出劳动时间占比更低，未外出劳动概率更高，信贷约束更小，农业生产性投资更低，平均受教育年限更短，平均健康水平更低，平均年龄更大。

表 11-13　变量的描述性统计

变量	全样本	粮食主产区	粮食非主产区
ln(land)	1.403 6(0.993 7)	1.473 9(1.113 3)	1.368 7(0.926 7)
migration	0.132 1(0.183 7)	0.130 5(0.181 3)	0.132 9(0.185 0)
no_out	0.543 0(0.498 2)	0.548 2(0.497 7)	0.533 4(0.499 0)

---

① 农户问卷中并未直接报告农户经营的耕地总面积，而是给出了农户经营和闲置（如撂荒、休耕等）的耕地总面积，所以本节用农户经营和闲置的耕地总面积减去已报告的闲置耕地面积，得出农户实际经营的耕地总面积。

续表

变量	全样本	粮食主产区	粮食非主产区
credit	0.150 7(0.357 8)	0.144 2(0.351 4)	0.160 0(0.366 8)
ln(asset)	8.173 2(1.480 0)	8.000 0(1.461 0)	8.556 9(1.449 9)
education	6.765 8(2.483 6)	6.712 4(2.450 9)	6.864 7(2.540 4)
health	3.902 1(0.766 7)	3.892 7(0.782 4)	3.919 6(0.736 8)
age	41.559 0(13.589 0)	42.487 0(14.043 0)	39.842 0(12.527 0)
children	0.573 3(0.762 1)	0.547 9(0.726 3)	0.620 1(0.822 3)
east	0.350 7(0.477 2)	0.353 6(0.478 1)	0.345 3(0.475 5)
middle	0.386 5(0.487 0)	0.511 4(0.499 9)	0.155 5(0.362 4)

注：表中的数据为样本均值，括号内数据为标准差。

2. 信贷约束对农地经营规模和农业生产资本投入的影响

从全国层面的宏观统计数据看，虽然我国大部分农业生产依然主要以农户为单位进行，但依靠人力畜力耕种的传统模式正在逐步改变，农业生产开始向机械化转变。不过，由于农业生产的收益低、风险大，农业投资常常面临信贷约束。当农业生产的机械化和规模化水平逐步提高时，信贷约束有可能抑制农户土地经营规模的进一步扩大。为了检验本节提出的第二个理论假说，我们继续展开实证检验并在表 11-14 中报告了回归结果。从表 11-14 中可以得出如下结论：第一，总体而言，信贷约束变量在对耕地经营面积和农业生产性资本投入的回归的大部分模型中，回归系数都显著为负，这初步表明信贷约束不利于农业生产适度规模经营和机械化程度的提高。第二，其他变量的回归系数大都符合理论预期，并且与前面的回归模型保持一致，这里不再赘述。

表 11-14 信贷约束对农户土地经营规模和农业生产性投资的影响

	耕地经营面积			农业生产性资本投入		
	全部样本	主产区	非主产区	全部样本	主产区	非主产区
credit	−0.129 9** (0.051 8)	−0.135 2* (0.081 2)	−0.092 4 (0.061 2)	−0.189 9** (0.095 9)	0.019 1 (0.124 9)	−0.403 6*** (0.138 8)
age	0.083 8*** (0.010 4)	0.098 9*** (0.017 5)	0.081 1*** (0.011 9)	0.071 6*** (0.020 1)	0.064 4** (0.025 3)	0.091 0** (0.031 8)
age^2	−0.001 0*** (0.000 1)	−0.001 2*** (0.000 2)	−0.000 9*** (0.000 1)	−0.000 9*** (0.000 2)	−0.000 8*** (0.000 2)	−0.001 0** (0.000 4)

续表

	耕地经营面积			农业生产性资本投入		
	全部样本	主产区	非主产区	全部样本	主产区	非主产区
education	−0.052 7*** (0.009 6)	−0.064 8*** (0.015 1)	−0.017 3 (0.011 4)	−0.014 7 (0.017 8)	0.007 0 (0.023 1)	0.005 4 (0.026 5)
health	0.067 8** (0.027 5)	0.027 2 (0.043 6)	0.114 1*** (0.032 3)	0.220 3*** (0.052 5)	0.250 7*** (0.067 2)	0.182 0** (0.077 8)
children	−0.026 1 (0.035 1)	−0.005 2 (0.052 5)	0.043 0 (0.043 7)	0.089 1 (0.064 2)	0.142 0 (0.087 2)	0.128 3 (0.089 0)
east	−0.137 8*** (0.049 2)	−1.113 7*** (0.087 3)	0.727 2*** (0.070 4)	−0.170 4* (0.091 0)	0.794 8*** (0.134 1)	−1.441 8*** (0.191 3)
middle	−0.162 2*** (0.042 6)	−0.018 1 (0.077 4)	0.382 9*** (0.065 8)	−0.782 3*** (0.077 0)	−0.032 2 (0.123 5)	−0.631 5*** (0.178 9)
Cons.	0.161 5 (0.280 1)	0.223 3 (0.456 4)	−0.930 7*** (0.330 6)	6.581 4*** (0.533 1)	5.549 3*** (0.695 8)	6.316 5*** (0.800 6)
F statistics	18.345 3***	32.867 2***	27.338 6***	22.892 3***	17.062 2***	11.020 5***
R^2	0.045 4	0.175 1	0.106 2	0.086 7	0.104 6	0.105 2
N	3 097	1 248	1 849	1 937	1 178	759

表 11-14 中的回归只检验了信贷约束对于所有农户的耕地经营面积和生产性资本投入的平均影响,但是当讨论农业生产的适度规模经营时,我们所关注的对象是那些没有转移劳动力的留守农户,因为他们才是农业生产经营的主体,他们所面临的信贷约束才是政策制定者主要关注的问题。为此,我们在回归方程中增加了一个信贷约束和未外出变量的交互项"*no_out * credit*",如果该交互项在回归中显著为负,则表明信贷约束明显减少了未外出农户的耕地经营面积及生产性资本投入的增加。回归结果报告在表 11-15 中,从中可以得出如下结论:第一,交互项在绝大多数回归方程中都显著为负,这一结果与理论假说保持一致。第二,对比主产区和非主产区的回归方程可以发现,在对农户的生产性资本投入及耕地经营面积的回归方程中,交互项在主产区方程中显著为负,但是在非主产区方程中不显著。这进一步表明信贷约束对于农业的生产性资本投入和耕地面积的增加的影响主要发生于粮食主产区。第三,其他变量的回归系数与前面的模型基本上保持一致,且符合理论预期。

表 11-15　信贷约束对未外出农户耕地经营面积和农业生产性投资的影响

	耕地经营面积			农业生产性资本投入		
	全部样本	主产区	非主产区	全部样本	主产区	非主产区
no_out_credit	−0.219 9**	−0.202 3*	−0.182 1	−0.155 8*	−0.232 4*	0.071 2
	(0.103 1)	(0.122 2)	(0.161 8)	(0.087 9)	(0.142 2)	(0.278 7)
no_out	0.131 2***	0.073 9*	0.073 6	0.568 5***	0.666 8***	0.316 0***
	(0.040 9)	(0.048 2)	(0.065 3)	(0.073 8)	(0.094 7)	(0.110 7)
credit	−0.019 8	−0.012 8	−0.058 9	−0.088 0***	−0.133 6**	−0.394 8**
	(0.070 7)	(0.085 3)	(0.108 8)	(0.027 0)	(0.066 5)	(0.183 3)
health	0.066 4**	0.112 6***	0.019 9	0.223 8***	0.235 2***	0.196 2**
	(0.027 6)	(0.032 5)	(0.043 8)	(0.051 9)	(0.066 0)	(0.078 2)
education	−0.054 7***	−0.018 4*	−0.065 6***	−0.019 8	−0.003 0	0.005 2
	(0.009 6)	(0.011 5)	(0.015 2)	(0.017 0)	(0.022 8)	(0.026 5)
age	0.087 0***	0.081 3***	0.099 9***	0.092 5***	0.088 9***	0.101 6***
	(0.010 6)	(0.012 3)	(0.017 8)	(0.020 1)	(0.025 3)	(0.032 0)
age2	−0.001 1***	−0.001 0***	−0.001 2***	−0.001 2***	−0.001 1***	−0.001 2***
	(0.000 1)	(0.000 1)	(0.000 2)	(0.000 2)	(0.000 3)	(0.000 4)
child	−0.030 7	−0.040 5	−0.006 4	0.077 3	0.116 1	0.123 6
	(0.035 2)	(0.044 4)	(0.052 7)	(0.063 5)	(0.085 7)	(0.089 2)
east	−0.133 6**	0.723 9***	−1.095 5***	−0.167 1*	0.775 5***	−1.356 6***
	(0.049 2)	(0.070 8)	(0.088 0)	(0.089 7)	(0.131 6)	(0.193 2)
middle	−0.147 8***	0.386 7***	−0.003 8	−0.713 8***	0.051 7	−0.596 9**
	(0.042 9)	(0.066 6)	(0.078 1)	(0.076 8)	(0.122 0)	(0.181 2)
_cons	0.063 9	−0.948 8**	0.197 0	5.962 4***	4.938 8***	5.932 7***
	(0.285 6)	(0.337 6)	(0.465 1)	(0.533 9)	(0.693 7)	(0.810 1)
N	3 071	1 834	1 237	1 921	1 169	752
R^2	0.047 0	0.104 4	0.176 8	0.115 1	0.139 5	0.114 3
F	15.082 1	21.245 6	26.327 9	24.841 3	18.780 0	9.562 5
p	0.000 0	0.000 0	0.000 0	0.000 0	0.000 0	0.000 0

3. 稳健性检验

最后我们还针对上述回归进行了下列稳健性检验：

第一，由于农户的耕地经营面积与生产性资本投入是农业生产的两个最基本要素，是由农户的生产决策决定的，因此它们之间存在相互影响的关系，所以单方程估计容易面临内生性问题。为此，我们在对耕地面积回归的方程中增加对生产性资本投入的变量，在对生产性资本投入变量的回归方程中增加耕地面积，结果发现本节的结论依然成立。

第二，在检验信贷约束对于农户生产的规模经营的影响时，我们采用的被解释变量为农户经营的耕地总面积,而没有采用农户的当年租入和租出耕地的面积。理由在于我们采用的是截面数据,调查问卷中并没有询问上一年年底的耕地经营面积是否全部为农户的承包地,也就是说我们观察到的农户年底耕地经营面积是过去多年租入和租出行为决定的结果。比如,有农户可能在多年内连续租入或者租出耕地,因此我们无法分离出承包地之外的耕地面积。同时,由于本节想要研究的是农业生产规模经营的影响因素,使用经营面积更能够体现生产规模。而且,当前农村实施的土地承包政策是"三十年不变",如果一个农户有家庭成员减少,该农户可以将部分耕地租出,但是如果他们没有租出,而是继续耕种,那么这也能体现出农户扩大生产规模的动机(相对于家庭成员减少而言),此时采用家庭经营耕地总面积则可能更合适。当然,我们依然采用了农户当年租入和租出面积作为被解释变量进行了回归,结果仍发现劳动力流出和信贷约束显著减少了农户的耕地经营面积和资本投入,并且这种效应主要存在于粮食主产区。

三、结论与政策建议

中国农业的规模化和机械化对于农村经济发展和粮食安全具有重要意义,而它们又受到劳动力转移和信贷资金可获得性的影响。结合现有文献,本节提出理论假说认为,信贷约束会抑制留守农户耕地经营规模的扩大,抑制他们的生产性资本投入的提升。然后,本节利用具有全国代表性的农户数据展开检验,结果无法推翻这个假说。另外,中国的农产品和粮食产量主要由主产区贡献,我们的检验还发现,信贷约束对留守户生产性资本投入水平的抑制作用在主产区相对更加明显。

鉴于我国地域辽阔,而且不同地区的自然条件、人文习俗及经济社会发展水平存在显著差异,所以,如何实现耕地资源的适度规模经营还需因地制宜,谨防"一刀切"或"齐步走"政策造成的失误。本节认为,发展农业规模经营,首先需要营造一个有利于农村剩余劳动力自由流动的制度环境、经济环境和人文环境,消除农民工市民化的障碍,以此为耕地资源的规模化经营创造条件。其次,按照"三权分置"的原则,探索构建进城农户承包地有偿退出机制,并引导土地经营权向种地农户集中,从而为农业的规模化经营奠定制度基础。再次,加强针对土地规模经营主体的政策扶持,并鼓励金融机制开发有关农地机械化、规模化经营的贷款项目,以减轻农户生产性投资的信贷约束,进而为农业规模经营的加快形成提供资金保障。最后,政策的重点应该向粮食主产区倾斜,以粮食主产区为重点和突破口,推动农业生产的规模化和机械化的逐步提升。

第三节 农户资产收益增长模式研究:以广西为例

资产收益带来的财产性收入是衡量国民富裕程度的重要指标。对于广大农村人口特别是农村贫困人口而言,资产收益带来的财产性收入占收入比重还非常小。目前,广西还有3 000多万农村人口,约占全区人口的60%,其中农村贫困人口达400多万,约占全区人口的十分之一。农民收入问题已经成为影响广西能否打赢脱贫攻坚战、与全国同步如期实现全面建成小康社会的关键问题。开展广西农户资产收益增长模式研究,深入分析影响农户资产收益,尤其是贫困户收益的主要问题,探索盘活农户资产,增加农户资产收益的模式对增加广西农民收入,拉长农业这条"四化同步"的短腿、补齐农村这块全面小康的短板,推动全区城乡统筹发展,打赢脱贫攻坚战,奋力争取与全国同步如期建成小康社会具有重要的意义。

一、农户资产收益来源

农民收入按性质可划分为家庭性经营收入、工资性收入、转移性收入和财产性收入。农民财产性收入是由农民家庭所拥有动产和不动产通过出租、分红和金融资产增值等方式所取得的收入,对于农户而言,一般包括农村土地征用补偿收入、红利收入、租金收入、利息收入等。我国农民的物质财富主要由农民的土地、房屋、资金、实物等这些动产和不动产构成。

二、广西农户资产收益的现状

1. 广西农民收入及财产现状分析

从2011年至2015年,广西农民人均纯收入逐年增加:2011年农村居民人均纯收入为5 231.33元,2015年农村居民人均纯收入为9 467元,年平均增长速度超过13%。

由表11-16可以看出广西农民收入情况及其结构:工资性收入是广西农民收

入的主要部分,政府应鼓励农民就近就地转移劳动力和外出务工以增加工资性收入。农民转移性收入和财产性收入对增加广西农民的收入和增加资产收益具有较大的影响潜力。转移性收入在广西农民人均纯收入中占比第三;财产性收入在广西农民人均纯收入中所占的比重比较少,但是该项收入在逐年增加,而且增加的比例越来越大,在脱贫攻坚战中,要积极争取国家和自治区的更多的支持。因此,我们认为通过增加上述收入来提高农民总收入,进而通过各种投资和理财增加农户资产收益是今后农户的主攻方向。

表 11-16　广西农民人均纯收入的构成情况

年份	平均每人纯收入(元)	工资性收入(元)	工资性收入所占比重(%)	家庭经营纯收入(元)	家庭经营纯收入所占比重(%)	财产性收入(元)	财产性收入所占比重(%)	转移性收入(元)	转移性收入所占比重(%)
2010	4 543.41	1 707.1	37.6	2 510.10	55.3	33.78	0.7	292.30	6.4
2011	5 231.33	1 820.18	34.8	3 007.93	57.5	41.22	0.8	362.00	6.9
2012	6 007.55	2 245.95	37.4	3 234.55	53.8	53.87	0.9	473.17	7.9
2013	6 790.90	2 712.27	39.9	3 420.36	50.4	70.44	1.0	587.83	8.7
2014	7 565.00	2 967.00	39.2	3 732.00	49.3	105.00	1.4	761.00	10.1
2015	9 467.00	2 549.00	26.9	4 360.00	46.1	116.00	1.2	2 442.00	25.8

数据来源:广西壮族自治区统计局:《广西统计年鉴2016》,北京:中国统计出版社2016年版。

2. 广西贫困县及贫困村集体财产情况

2015 年,广西有 54 个贫困县,其中有 28 个国家贫困县、21 个区级贫困县及 5 个享受贫困县政策的县,这些地区的财产情况相对其他地区还有一定差距,经济实力、综合发展水平等各方面的发展仍处于落后状态。由表 11-17 可知,2015 年,广西的 54 个贫困县资金性资产净值为 161.38 亿元,占全区的 41.79%;资金性资产下,农业资产包括牲畜(禽)资产和林木资产,贫困县占比较大,达到 85.26%,但农业资产量基数很小。

表 11-17　广西贫困县农村集体资金性资产情况

项目	全区合计(亿元)	贫困县(亿元)	占比(%)
资金性资产合计	386.16	161.38	41.79
其中:流动资产	70.72	10.48	14.81

续表

项目	全区合计(亿元)	贫困县(亿元)	占比(%)
集体投资	2.44	0.14	5.60
固定资产	274.46	117.91	42.96
农业资产	38.76	33.05	85.26

数据来源:广西农村集体"三资"清产核资数据库。

表 11-17 报告的流动资产总计中,贫困县占比虽为 14.81%,但表 11-18 中提供的细分数据表明,库存现金占全区总额高达 42.33%,而银行存款仅占 12.74%。由此可以看出,广西 54 个贫困县通过银行存款利息来获取资产收益的总体水平较低。在 54 个贫困县中有 21 个县集体投资为 0,最高的是隆安县,也仅仅只有 0.04 亿元,可见贫困县的集体资金非常缺乏,农民获得这一部分资产收益的能力也非常薄弱。

表 11-18　广西贫困县农村集体流动资产情况表

项目		全区合计(亿元)	54 个县合计(亿元)	占比(%)
流动资产	小计	70.72	10.47	14.81
	库存现金	4.17	1.77	42.33
	银行存款	65.95	8.40	12.74
	库存物资	0.59	0.31	51.55

数据来源:广西农村集体"三资"清产核资数据库。

根据 3 206 个贫困村的统计显示,如表 11-19 所示,3 206 个贫困村占全区 14 354 个村的 22.34%,其资金性资产净值为 57.02 亿元,占全区总额的 14.77%。

表 11-19　广西贫困村集体资金性资产情况表

项目	全区合计(亿元)	3 206 个贫困村合计(亿元)	占比(%)
资金性资产合计	386.16	57.02	14.77
其中:流动资产	70.72	3.98	5.63
集体投资	2.44	0.05	1.85
固定资产	274.46	45.75	16.67
农业资产	38.55	7.24	18.79

数据来源:广西农村集体"三资"清产核资数据库。

表 11-20 显示,3 206 个贫困村流动资产总计 3.98 亿元,占全区总量的 5.63%,其中库存现金占全区总额的 13.65%,而银行存款仅占 5.00%。由此可以看出,广西贫困村通过银行存款获得利息来获取资产收益的总体水平十分低下。作为资产收益生分来源的集体资产投资,只有 22 个村投资了 452.96 万元,占全区总额的 1.85%,占 3 206 个村的 0.69%。其中投资最多的梧州市平浪村投资了 250 万元,其他村的投资都比较少,最少的只有 120 元。由此可见,贫困村的集体资金非常缺乏,对资产收益的贡献十分有限。

表 11-20 广西贫困村农村集体流动资产情况表

项目		全区合计(亿元)	3 206 个贫困村合计(亿元)	占比(%)
流动资产	小计	70.72	3.98	5.63
	库存现金	4.17	0.57	13.65
	银行存款	65.95	3.29	5.00
	库存物资	0.59	0.12	19.57

数据来源:广西农村集体"三资"清产核资数据库。

表 11-21 显示,资金性资产下,农业资产包括牲畜(禽)资产和林木资产,3 206 个贫困村为 72442.56 万元,占比 18.79%,其中牲畜(禽)资产净值只有 78.99 万元,占全区总量 568.02 万元的 13.91%,而且基数很少。

表 11-21 广西贫困村农村集体农业资产情况表

项目		全区合计(万元)	3206 个贫困村合计(万元)	占比(%)
农业资产	小计	385 498.66	72 442.56	18.79
	牲畜(禽)	568.02	78.99	13.91
	林木	384 930.65	72 363.57	18.80

数据来源:广西农村集体"三资"清产核资数据库。

农村集体资源性资产包括耕地、林地、山岭、园地、荒地、滩涂、水面等自然资源。从资源资产情况方面看,表 11-22 提供的数据表明,54 个贫困县的林地、山岭、荒地、水面总面积占全区比例均超过 60%,耕地、园地总面积占全区比例也均超过 40%。表 11-22 的数据说明全广西 60.56% 的资源性资产分布在贫困县,从资源禀赋角度来看,贫困县的资源性资产非常丰富;但是从收益角度来看,林地机动地年收益占全区比为 40.49%,而耕地机动地年收益占比只有 7.92%,54 个贫困县的总资源年收益仅占全区的7.84%,山岭、园地、荒地、滩涂、水面、宅基地及其他土地获取资源性资产的收益极其微弱,甚至可以忽略不计。在资源丰富的基础上,经济效益却不容乐观,但从另一角度说明了贫困县在通过资源性资产获取资产收益方面具有极大的发展空间。

表11-22 广西贫困县农村集体资源性资产情况表

项目			全区合计	54个贫困县合计	占比(%)
合计		面积(万亩)	24 626.29	14 914.31	60.56
		年收益(万元)	66 489.93	11 863.91	17.84
1. 耕地	承包地	面积(万亩)	3 929.65	1 768.03	44.99
	机动地	面积(万亩)	219.35	101.85	46.43
		年收益(万元)	25 384.49	2 009.51	7.92
2. 林地	承包地	面积(万亩)	13 407.77	9 229.71	68.84
	机动地	面积(万亩)	2 411.55	1 476.92	61.24
		年收益(万元)	12 696.54	5 141.39	40.49
3. 山岭		面积(万亩)	1 973.85	1 278.91	64.79
		年收益(万元)	5 004.53	1 435.27	28.68
4. 园地		面积(万亩)	98.45	43.76	44.45
		年收益(万元)	1 947.32	874.19	44.89
5. 荒地		面积(万亩)	283.45	188.67	66.56
		年收益(万元)	7 039.23	935.26	13.29
6. 滩涂		面积(万亩)	7.11	6.77	95.19
		年收益(万元)	542.98	60.75	11.19
7. 水面		面积(万亩)	244.00	157.34	64.48
		年收益(万元)	6 179.71	1 248.64	20.21
8. 其他		面积(万亩)	1 706.78	509.81	29.87
		年收益(万元)	7 695.14	158.89	2.06
9. 宅基地		面积(万亩)	321.05	152.55	47.52

数据来源:广西农村集体"三资"清产核资数据库。

下面进一步对贫困村的集体资源构成展开分析,如图11-3所示,对3 206个贫困村而言,在其所有资源中拥有70.62%的林地、11.01%的耕地、10.65%的山岭,这说明贫困村的言林地资源相对其他资源较多。而在其资源性资产年收益中,如

图 11-4 所示,林地年收益占所有资源性资产 47.55%,其次是山岭年收益占 21.68%,耕地年收益占 6.78%,说明贫困村的资源性资产收入主要来自林地与山岭。

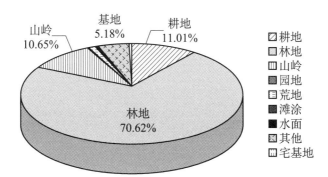

图 11-3　3 206 个贫困村农村集体资源构成

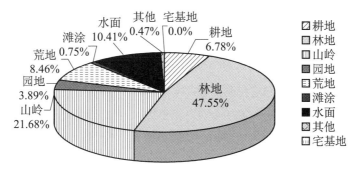

图 11-4　3 206 个贫困村农村集体资源年收益图

通过以上分析可以看出,广西农村特别是贫困地区通过银行存款获得利息来获取资产收益的总体水平较低,资产收益非常有限。贫困地区的资源性资产虽然很丰富(资源性资产收入主要来自林地与山岭),但利用率极低,经济效益不容乐观,然而从另一角度看,这些贫困村在通过资源性资产获取资产收益方面也具有极大的发展空间。因此,通过村集体投资增加集体资金获得资产收益,是广西农户特别是贫困农户资产收益增长的内在潜力;充分利用贫困村的林地与山岭等增加资源性资产收入,是增加贫困户资产收益的主要路径。

三、广西农户资产收益增长的制约因素

广西农户的资产性收入之所以不高、增长速度慢且与城镇居民的资产性收入存在较大的差距,是由许多原因造成的。要提高农户的资产性收入,必须找出影响农户增收的障碍并进行深度分析,才能培育农民资产性收入的增长源,确保农民资产性收入持续增长。

1. 资源性因素

能为农民带来资产性收入的财产类别主要是土地、房屋和资金,这三类财产是农民资产性收入的最主要来源,但是相对拥有量很少。

土地。从土地资源看,广西是典型的石漠化片区,用于耕地面积很少,全区28个贫困县总耕地面积为999.3834万亩,仅占广西总耕地面积3937.633万亩的25.38%。耕地面积少成为制约贫困地区农民资产性收入增加的一个重要因素。

(1)房屋。截至2014年年底,广西贫困地区农民人均宅基地达到21.48平方米,但是房屋价值仅为5万—8万元,且流通性较差。农村的住房主要是自有住房,只有少数发达地区的农民可以调剂部分自有房屋用于出租、出售来获得财产性收入。但地处偏远,如果没有项目开发,基本不能出租,因此,获得的租金较少。

(2)资金。农民的资金来源主要是经营性收入与工资性收入,这些收入除去农民的消费后,所剩余的钱大多数都用于储蓄。从资金储蓄水平看,农民人均储蓄额很小,改革开放初期,广西农民人均储蓄只有8795元。到2014年农民人均储蓄增加到36746.78元。虽然,农民储蓄水平有了很大的变化,但与城镇居民人均储蓄相比仍存在很大差距。贫困地区的农户资产性收入与城镇相比则差距更大,形成不了"钱生钱"的局面。

农村信息化建设不仅是广西贫困地区农民进行生产的主要依据,而且是农民致富的主要途径。广西贫困地区居民的信息获得方式主要是通过看电视和听收音机来获取信息,通过网络获取信息在农村居民获得信息的方式中排在最后。这种落后的信息交流方式和缓慢的信息传递速度,使不少信息在贫困地区丧失了时效性。究其原因主要是广西贫困地区农村信息化建设落后,尤其是基础设施落后。目前,广西农村的电话和电视普及范围很大,但网络普及率很低,网络使用费也过高。有些偏远地区根本就没有网络覆盖,这些都严重阻碍了贫困地区农村信息化

的发展,从而间接影响到广西贫困地区农户资产性收入。

2. 产业性因素

一是广西农业传统经营模式落后。由于广西农地规模小且零星分散,使得其农业经营模式还处于传统的经营模式状态。这种模式主要是一种农户过于分散的生产经营行为。特别是在广西贫困地区,在生产经营上处于"户自为战"的状态,主要表现为农户经营行为协调性较差,组织化程度很低,甚至有些地方根本没有协作性组织。这使得贫困地区农户经营行为有很大盲目性,在市场竞争中很难形成优势。这种传统经营模式在很大程度上就直接制约了农民收入的增加,进而会影响到农民财产性收入的增加。

二是广西农村产业化结构不合理。首先是第一产业内部格局不合理。广西农村一直没有摆脱传统狭义农业即种植业的束缚,农村第一产业中种植业比重大的格局仍然存在。广西贫困地区农民在很大程度上只种植粮食作物,如果遇到粮价下跌,当地农民的收入就会受到影响,导致农民收入结构不合理。而且粮食生产比重过大在很大程度上就降低了食物供给总量,降低了经济效益,又造成大量的剩余劳动力,阻碍了农业效益的提高,从而影响了农民收入的增加。其次是第二、三产业发展滞后。农村第二、三产业是为农村社会劳动力提供充分就业的场所。而广西贫困地区农村的第二产业的发展由于没有农民文化素质技能和产业技术的相应支持,还受限于贫困农民保守的思想观念,因而起步晚、发展慢,从而承担农村劳动力就业的压力落在第三产业上。这种不合理的产业结构使得农村开发缓慢、农村各种市场发育不全、农民不能够充分就业,进而致使农民收入来源少,投资渠道窄,制约了农村居民资产性收入的增加。

3. 政策性因素

(1)对农民资产性收入重视不够。工业化初期,为了保证工业化的推进,广西在相当长的时期内实行的是重工轻农、以农补工的政策,而且持续时间长,向农业索取过度。虽然,近几年广西开始重视工业对农业的反哺、城市对农村的支持,而且出台了一系列相关强制性政策,无论是减免税费还是保护农产品价格等政策,都旨在提高农民的收入,主要关注农民的家庭经营收入和工资收入,而对农民的财产性收入并没有足够的重视。其原因是,广西目前能够拥有财产性收入的农民人口数量比例并不高,在广西贫困地区的大多数农民作为低收入者,本身的收入水平就不高的情况下,去拥有或者提高资产性收入更是难上难。

(2)广西农村金融机构和金融政策不健全。一是农村金融机构和金融产品少。在农村,农民常见到的金融机构只有邮政储蓄银行、农村信用合作社、农业银行和农业发展银行等,基本上看不到证券公司或资产管理公司的分支机构。广西目前的证券市场与资产管理市场主要集中在南宁、桂林、柳州等大中城市,小城镇和农村的市场很小甚至没有。即便在现有的农村金融机构中,也主要以农村信用合作社为主,其他机构的金融服务职能相对较弱。而农村信用合作社主要经营农村资金的信贷业务,也很少涉及其他金融产品。因此,在农村金融市场中,投资渠道很单一,贫困地区农民只能进行银行存款,不能根据自己的风险偏好选择投资产品,而存款收益率相对较低,这就难以满足农民日益增长的金融需求。农村现有金融机构少、投资理财产品缺乏、更没有专门针对农村市场的金融产品,这些都不利于农民进行投资理财,更制约了贫困地区农民资产性收入的增加。

二是农村金融体制不健全,农民贷款难。广西贫困地区农村金融机构单薄,体制不健全。目前仍在广西贫困地区农村开展业务的国有银行分支机构寥寥无几,农村的邮政储蓄机构也只吸收储蓄不发放贷款。广西贫困地区农村剩下的几乎就是农村信用社,经营中商业化倾向严重,其向农户发放的贷款仅占这部分存款的不到20%,并且主要是投向一些经济效益好的乡镇企业和有一定规模的民营企业,使资金大量流向相对收益率较高的城市或非农部门,而真正需要农村信用社贷款的贫困农户和其他经营主体常常难以得到贷款。这会严重影响到贫困地区农民生产经营的积极性,限制农民的收入,进而间接影响到贫困地区农民房屋、实物等资产性收入的增加。

三是农村财政政策不合理。近几年,广西为了保证财政支农投入不断增加,采取了一系列措施,但在一些地方特别是贫困地区实际操作中并没有得到很好地执行,农村和政府之间是权责利分离。名义上许多乡镇与上级政府实行了分税制,但实际上,这种分税制财政体制很大程度上没有落实到位,使得广西绝大多数乡镇财政紧张,贫困地区农村乡镇财政资金缺乏,导致许多问题的产生。当乡镇政府能够支配的资金与实际资金需求出现较大的缺口时,为了实现收支平衡,乡镇政府往往会通过对农民的乱收费来弥补所缺资金。更有甚者,由于贫困地区乡镇政府缺少资金,拿不出钱去承担自治区规定由各级政府承担的费用,就把这部分费用转嫁给了农民,加重了农民的负担,直接造成了农民收入的减少。而且乡镇财政缺乏资金,也严重影响了对农业、农村基础设施的建设,影响了农业发展的后劲,从而间接地制约了农民资产性收入的增加。

4. 制度性因素

一是土地制度不完善。当前,农村土地承包关系总体稳定,但由于历史跨度长,期间经历过多次政策调整,承包面积不准、四至不清等问题大量存在,而且形成的原因十分复杂,导致土地承包经营权确权、登记、颁证工作推进较慢,并且还没有完全覆盖农村耕地。同时管理缺少规范,大多数县市仅是建立了耕地台账,尚未实现统一的计算机网络管理。权属不清,管理不善,影响了土地承包经营权的长期稳定流转。

一方面,主要是由于我国农村土地所有权主体位置空虚。按照我国法律规定,土地的所有权归国家或者集体所有,农民并不拥有土地的所有权,只是拥有使用权。农村土地所有权属于农村集体,但"集体"是一个不具体、较抽象的概念。一些地方政府肆意征收农民合法承包的土地,而农民又缺乏土地的自主权,导致少数农民的土地收益被严重侵占。另一方面,随着广西城市化进程的加快,对农村土地征收也越来越多,也就会有更多农民的土地承包权和使用权日益丧失。目前,广西农村土地征收、征用的管理办法还不够完善,征地补偿标准不够规范,这就使得一些征地部门任意压低地价,使农民不能获得相应征用补偿费用,更有些征地单位和农村集体肆意克扣农民的土地补偿费,这些都严重侵害了农民的权益。

二是教育水平不高。由于对农村教育的经费投入不足,致使农民的受教育程度较低、文化知识水平不高,这影响着农民掌握和运用现代科技能力的提高,经常出现农民不增产不增收,或者是只增产不增收的现象。在就业机会上,低素质的劳动力根本无法进入较高层次的产业领域,就业渠道十分狭窄,在某种程度上影响了农村劳动力向第二、三产业的转移。由于农民教育问题的影响,也导致农民缺少投资理财的相关知识,并且大部分农民的观念和理财方式都很落后,无法通过自有资产获得收入,这也是制约广西农户资产性收益增长的重要因素之一。

三是农村的社会保障和福利制度不完善。城乡有别的二元体制,决定了农民特别是贫困地区的农民不能与城镇居民享有同等的社会保障与福利制度。由于社会保障及福利制度是与城市户口直接联系在一起的,有了城市户口,就意味着不管在岗还是下岗都享受着国家提供的比较全面的医疗、住房、最低生活补助及退休养老等方面的福利待遇。而贫困地区只实行国家救济和社区互助为主的剩余式保障制度,因此也没有得到国家财政相应的支持,受农村社会保障资金筹集的制约,贫困地区农村社会保障形式单一、水平过低、覆盖面窄,致使农村居民长期停留在低层次的保障水平上。低收入的农村居民无法享有和城市居民同等的福利设施和公共便利条件,在农民本身收入就低的情况下,他们还要为以后的养老攒钱。因此,创造一个良好的外部环境,使农民无后顾之忧,也是提高农村居民资产性收入水平的必要条件。

综合以上资源性、产业性、政策性、制度性四种制约因素分析,广西下一步应采取强有力的措施破除影响农户资产收益增长的障碍,创新改革,借鉴区内外农户资产收益增长的成功经验,不断探索农户资产收益增长的模式与路径,为打赢脱贫攻坚战并与全国同步建成小康社会积极努力。

四、区内外农户资产收益增长模式与经验借鉴

近年来,四川省和浙江省丽水市在增加农户资产收益方面进行了有效探索,取得了很好的效果,值得广西学习和借鉴。区内的龙胜、南丹、龙州、富川等县在增加农户资产收益的实践中也摸索出不少经验,这些经验在全区范围内可以复制和推广。

(一)区外案例

1. 扶贫资金促资产收益增长新模式

四川省积极探索构建农户资产收益增长新模式,把财政专项扶贫资金、承包地经营权等转变为农民股金和资本,有效增加了贫困户财产性收入。

一是建立投资收益扶贫新模式。四川省将财政扶贫资金投入后形成的资产量化给贫困户。按照扶贫资金精准识别,双重配股,动态管理,脱贫销号办法量化股权,将扶贫项目资金建成的塘、池、堰实行股权量化到贫困户管护使用,使其长期发挥项目效益。如苍溪县永宁镇兰池村将财政投入兰池村的支农资金按每股1 000元量化,再按照村、社、村民1∶2∶7的比例折算成股权分配。其中,财政支农资金中的扶贫资金全部量化为股权分给贫困户,每年对贫困户脱贫情况进行跟踪监测。凡实现脱贫的农户给予3年巩固期优惠持股,期满后不再享受扶贫股权,原贫困户

所持有的扶贫股收归村集体经济组织持有管理,用于救助因灾返贫、因病返贫的困难群众或给新增贫困户配股。另一种方式则是将务工收入折算成专业合作社现金投资入股。鼓励有劳动能力的贫困户到种养殖基地务工,按自愿入股、利益共享的原则,将其务工收入折算成专业合作社现金投资,使贫困户获得保底工资＋年终投资收益双份收入。乐山市金口河区探索推进务工计价入股模式,在吉丰村天麻种植专业合作社开展试点,先期安排有一定劳动能力但缺资金、缺技术的贫困户到天麻种植基地务工,以投入的务工计价作为个人投资,天麻收成后贫困户既得到务工报酬,还可获得28%的收益分成,2015年参与项目的31户贫困户可户均增收1.84万元。

二是建立理财收益扶贫新模式。四川省采取委托经营方式让扶贫资金保值增值,把无指定用途的扶贫捐资或安排到户的扶贫资金,采取委托经营的方式,帮助无劳动能力的贫困人口获得理财收益、分红收入。眉山市针对贫困群众发展能力弱、管理水平低的情况,将安排给贫困户的扶持资金托管给业主、专业合作组织、帮扶干部和致富能人等进行委托经营,贫困户享受年终分红。同时规范管理确保股权资产安全。投向每户贫困户的扶贫资金折资入股后,一定期限内不得退社。对已经实现脱贫的贫困户,其先期享受的国家补助资金继续量化为股权资产,由村民代表大会推选出另外一户贫困户参股分红。天全县选出6名农户代表长期协助专业合作社的经营和管理,选出理财小组和财务监督小组,资金使用须经理财小组签字,合作社定期向入股贫困户通报资金使用情况。

2. 农村金融改革促资产收益增长新模式

2013年3月份,丽水市成为全国首个农村金融改革试点地区。该市积极探索农村金融改革创新模式,在完善农村金融服务体系,增加农户资产收益方面取得了积极的进展,农村金融创新工作走在全国前列。

一是建立农村信用体系。全市抽调17 000多名机关干部挨家挨户上门采集农户信用信息。因为要评定信用等级,农民们开始重视"信用"了,赌博等不良行为成为信用评定一票否决的内容,信用评定为乡村社会管理找到了一个新的有效手段。100%的行政村和超过92%的农户都参与了评信用等级。

二是建立农户信息大数据。丽水农户信用信息数据库是全国第一家,数据库对所有金融机构都是开放的,实行无偿信息共享。农信社和邮政储蓄银行在农村有自己的网点和机构,有优势。工、农、中、建行包括城市商业银行虽然在广大农村没有那么多网点机构,但它们进入农户信用信息数据库查询农户信用数据,也可以批发授信,不需要再一户户进行调查评估和建设网点机构。比如100个AAA级的农户,可一次批发授信,银行的成本因此大大降低。

三是开展"银行卡助农取款服务"。丽水在全国率先以地级市为单位开展"银行卡助农取款服务"试点。在全市行政村指定商户设立助农取款服务点,以"一台POS机+一台验钞机+一个保险箱"的简便模式,推行各种涉农补贴发放、小额取现和缴费业务的"一卡通",实现农户足不出村就可以支取养老、医保等涉农补贴资金,打通涉农补贴资金发放的"最后一公里",农村居民小额取现"不出村、零成本、无风险"。通过最低的成本,实现了金融基础服务网络在农村地区最广、最有效的覆盖,农户的资产收益大提高。

(二)区内案例

1. 稀缺资源入股发展旅游案例

龙胜县龙脊梯田景区原为"金坑片区",耕地面积少,交通不便,农业建设成本高,且形成不了产业规模。

从2002年开始,龙胜实施旅游开发,成立了龙脊旅游开发有限责任公司,采取"公司+景点+农户"的旅游经营模式运营,政府及公司投资完成对景区内道路、观景楼、停车场、寨门及卫生设施等基础设施建设。龙脊梯田景区内10个行政村农户则以10 734亩祖辈留下的连片梯田作为资产入股,做一本万利的买卖,公司仅收取门票及团队餐饮费,景区内家庭旅馆、餐饮和土特产、工艺品销售等均由当地村民自主经营。从2007年开始公司按门票收入的10%提取梯田维护费返还给村民,每年农户可获得一定比例的梯田维护费(即旅游分红)。2014年起,公司每年支付给景区内村民的梯田维护费达500万元左右,仅此一项就使村寨每户受益纯收入5 000—30 000元。景区运营后,每年平均接待游客80万人次,年均增长20%;实现旅游收入5 000万元,年均增长37%;景区内群众通过开办旅馆、酒店等旅游项目收入达9 000万元。

龙胜县龙脊梯田景区农户通过龙脊梯田入股,发展旅游增加了资产收益。景区内340户985人稳定脱贫,一大批低收入户生活水平明显提高,实现脱贫致富。

2. 依靠龙头企业案例

龙胜泗水乡勇爱生态油茶种植示范基地始建于2012年春,是县扶贫办争取并实施的"十百千"产业扶贫项目优质油茶种植示范场之一。龙胜泗水乡依靠龙头企业,将资源资产转化为产业优势。

一是龙头企业带动,整合资金创建基地。龙胜县通过引进龙头企业桂林顺华农林开发有限公司,利用泗水乡周家村和细门村集体山地创建龙胜勇爱生态油茶基地,发展油茶近2 000亩,目前已投资1 172万元,其中企业自筹资金950万元,财政扶贫资金补助222万元。油茶种植3年期内每亩投资达3 000元。

二是建立合理利益分配机制。龙胜勇爱生态油茶基地由细门村和周家村利用村集体林地与龙头企业联合经营,利益分配采用支付土地租金和分红相结合的方式进行,每亩土地每年由企业支付50元的土地租金,再支付75元/年的分红,即每亩土地每年获125元的收入,保障了村集体和村民的利益,比原来单纯种植杉木的收入有较大提高。此外,当地村民还可在油茶种植的前三年自主种植林下作物,并获得油茶苗种植、日常管护的劳务收入,实现就地就业,拓展增收渠道。

3. 依靠经济能人案例

龙胜县昌背村是地处海拔800米的高山上的侗族聚居小山村,种植出的茶叶病虫害少,属于有机茶。2003年以来,昌背村在村党支部书记兰基调的带领下,种植茶叶近千亩。2014年,兰基调组织村民到贵州黎平县调进优质苗木150多万株,新发展了优良品种茶园500多亩,使昌背村的茶园总面积达到了1 500多亩,人均面积达2亩以上,同时带动周边的隆江村和东社村发展茶园200多亩。2014年,昌背村的茶叶总产值达400万元,人均产值达5 000元,成了远近闻名的茶叶大村,当地农民走上了依靠茶叶脱贫致富的道路。

4. "扶贫资金+土地入股"案例

南丹县是广西发展红心猕猴桃的主要地区之一。2014年,该县猕猴桃种植项目入围"十百千"工程,2014—2015年共投入1 500万元,其中财政专项扶贫资金600万元。其做法如下:

一是利用扶贫资金入股模式。贫困户自愿将上级扶持产业种植红心猕猴桃一亩物资(红心猕猴桃苗、搭架柱、搭架线)作为一次性投资给种植大户在南丹县境内种植红心猕猴桃,贫困户投入不足部分由种植大户自行解决,贫困户不再承担其他生产、经营、销售任何费用。待种植红心猕猴桃结果后(合同签字后第5年),种植大户(协会)每年10月1日前付给贫困户投资所得500元,连续支付14年共计7 000元。

二是贫困户以土地入股模式。贫困户用自有土地使用权入股,占股份的35%,猕猴桃种植大户或协会以资金和技术入股,占股份的65%。种植大户或协会优先安排贫困户参与猕猴桃日常管护劳作,并按日付给其劳动报酬。

三是无偿补助物质。贫困户有劳动能力、有意愿种植的,种植大户无偿提供种植苗、肥料、搭架柱、搭架线等物资给其种植。由于经营模式灵活,南丹县的红心猕猴桃产业在很短的时间内得到了快速发展,目前共有500多户遍布20个贫困村的贫困户参与项目。

5. 扶贫资金量化到人,集中使用,按股分红案例

贺州市八步区通过整合扶贫资金建立养鸡专业合作社,即由10—30户扶贫对象户以每户3 000元专项扶贫资金,整合在一起组成了若干个合作组织。合作组织利用扶贫资金建设鸡舍等配套设施,鸡苗、饲料由巨东公司承包并提供产销、疫病防治一体服务,并保证每只鸡盈利2元以上。合作社从农户中选出3—5人来管理养护,然后按月计工资给管理人员,每年结算一次分红。由于有龙头企业为养殖户保证了每只鸡盈利2元以上,超过2元的部分一般用来支付工资,2元利润则主要用来分红。管理人员和其他合作农户按照内部商定的比例分红。这样,既能确保养殖管护的质量,也保障了合作农户的收益。根据统计,2014年参与项目的贫困农户户均获得分红超过1 000元,经济效益比较明显,也有效地解决了扶贫资金分散使用难出成效的问题。

6. 利用土地、房屋资产保值增值案例

长期以来,富川县在利用土地、房屋资产保值增值,增加农户资产收益方面进行了有效的探索。

(1)通过发展乡村旅游,出租农户房屋增加资产性收入。近几年,富川秀水状元村、茅厂屋、下湾村等地通过旅游开发,出租店铺增加资产性收入。秀水状元村65户群众,按旧房每月每平方米3—5元,空地、杂房每月每平方米1.5元,出租了65套民房,用于客栈、茶馆、咖啡店等商贸功能区和豆腐坊、榨油坊、瑶绣坊等农耕文化、民族文化展示区的建设和改造。周边群众都各自经营店铺或出租门面。村

集体与旅游公司按旅游门票收入的 3∶7 分成。下湾村 91 户新修住房的群众中,有 9 户在自家开设了小旅馆或小餐馆。

2015 年,富川福利镇万紫千红观光农业开发有限责任公司全额投资开发神仙湖"花海"旅游项目,茅厂屋村村民以房屋入股并负责客房卫生,县文化旅游公司出资装修、配置设施设备和负责经营管理,共同开发"万家客栈"项目,茅厂屋村享有客栈项目经营所得报表未分配利润的 40%,县文化旅游公司享有 60%。茅厂屋村 6 户群众,按营业收入的 4∶6 分成,向专业旅游公司出租了 6 栋 25 间楼房,从事客栈住宿、餐饮、旅游、娱乐等经营业务。有 17 户群众,按每月每间 100 元的标准,出租了 17 套 35 间闲置平房用于开发星级度假农庄。目前"万家客栈"项目新村项目已全面完成装修并进入协调农家乐接待中心运营,茅厂屋古民居度假农庄改造已完工 10 座,实现了"以农兴旅,以旅富农"的大好局面。

(2)以土地入股模式开发停车场,实现资源资产的增值升值。福利镇书坪、八百岭、毛家村三个村的村民以神仙湖景区周边土地入股,与旅游公司共同建设和管理停车场,约定停车场项目经营所得的 7 成给村民,仅此一项,预计一年将为村民带来超过 70 万元的收入,实现了资源资产的增值升值。书坪、八百岭、毛家村分别享有所在各自村的停车场项目经营所得报表未分配利润的 70%,县文化旅游公司享有 30%,于每年年终审计报告出具后一个月内按约定的比例对报表未分配利润进行分配。

(3)改善生产经营条件,促进土地资产的保值增值。2010 年以来,富川县通过土地平整、小农水治理、农发建设、贫困地区扶贫开发,以及测土配方施肥等项目投入,大力改善农田水利设施和农业运输条件,提高土壤肥力和完善耕作环境,并通过集体组织成员内部流转、整合,使土地小块拼成大块。高标准农田为提高农民土地资产性收入奠定了基础,使土地资源性资产得到有效利用和大幅升值。

这么做一方面大幅度提高了耕地资源的产出率。例如,福利镇万亩秋冬菜种植基地、富阳镇千亩精品蔬菜基地和神仙湖果蔬产业(核心)示范区万亩脐橙基地等,通过"公司(合作社)+基地(农户)+标准化"生产模式,实现了农产品直接从基地到市场、从田间到餐桌,创建了一批如富江脐橙、富江温州蜜柑等广西名牌产品和"富隆""家盛""富强""油川绿"等著名商标的果蔬产品,使农民的土地从"千元田"变为"万元田"。另一方面还大幅度提高了土地出租价格。据统计,富川县土地租金从 2005 年的 100—200 元/亩上升到 2015 年的 800—1 000 元，10 年间土地租金翻了 5 番还要多。同时，一些连片面积大的土地比小块土地的租金高 20%—30%。如，古城镇万亩优质稻基地每亩租金 800 元，福利镇现代设施农业种植示范基地以实物稻谷 800 斤/亩计，折合市场价 1 040 元。2015 年，全县新增农村土地流转面积 2.3 万亩，为农民新增土地资源性资产收入超过 1 500 万元。此外，这么做还有利于农民以土地入股参与企业分红。注重发挥富川的农业产业优势，主要采取"农民＋土地股份合作社＋公司"合作模式，让农民获得资产性收入。例如，古城镇高路村土地股份合作社与富川华发生态农业有限公司合作开发高路千亩有机稻种植基地，以土地和劳力入股，连片种植达到 1 500 亩，年产有机大米 77.42 万斤，销售收入 1 935.5 万元，每年土地分成达到 186 万元，劳务收入达到 400 万元。

7."能人＋政策＋合作社＋金融＋边民"案例

龙州县水口镇边民互市专业合作社成立于 2014 年，合作社通过一名能人带动，通过"能人＋政策＋合作社＋金融＋边民"（无人股资产）模式，组织边民利用可免税携带 8 000 元过境商品政策，参与边境贸易，增加边民资产收益。

合作社内设 103 个互助组，成员 2 320 人，工作人员 9 人。当地一名村主任兼任合作社理事长。该理事长作为带头人，在越南有直接的进货渠道，同时与国内 24 个公司对接边境贸易业务，负责帮助这些公司在越南乃至东南亚购买商品。国内的公司向理事长下订单后，合作社利用国家给予的边民优惠政策，组织边民统一购买过境商品，统一负责运输，从而帮助国内企业减少关税成本。边民每天购买 8 000 元的商品，可得到 50—60 元的费用，同时针对每个集装箱的货物，国内的公司会视货物附加值付理事长 500—2 000 元的代办费。合作社的纯收益目标将按照 6∶4 的比例分成，其中 6 成归边民，4 成归合作社。

政府通过财政兜底，成立了结算中心，帮助边民开办了上限为 3 万元的"边民信用卡"，解决了边民每天需要支付至少 8 000 元购买过境货物的资金困难。边民每天在指定的边民结算中心结算货资，可享受最高 3 万元的贴息贷款，用以支付进口货物的货款，货物转手给公司得到 8 000 元钱后即可偿还贷款。目前，合作社每天的交易量在 100 柜（集装箱）以上，交易额在 2 400 万元以上，每天组织的边民达到 3 000 人以上，即使在淡季时，每天组织的边民也达到 1 500 人左右。按照每个货柜收取 500—2 000 元的代办费计算，理事长每年的收入在 10 万元左右。贫困人口每年每人增加收入 15 000 元左右,未来社员还有分红收益。

(三)区内外农户资产收益增长模式的启示

1. 土地入股是农户资产收益增长的稳定模式

四川省及广西富川县等地开展土地流转股份共建合作经营,他们紧紧抓住土地为农民最主要的资产这一关键,通过土地平整、小农水治理、农发建设、贫困地区扶贫开发,以及测土配方施肥等项目投入,大力改善农田水利设施和农业运输条件,提高土壤肥力和完善耕作环境,并通过集体组织成员内部流转、整合,使土地小块拼成大块。高标准农田为提高农民土地资产性收入营奠定了基础,使土地资源性资产得到有效利用和大幅升值。土地是农民最重要的资产,是农民增收的基础。随着我国经济社会长期快速发展进步,广西越来越多农民特别是青壮年劳动力离开农村到发达地区和大城市打工,留守农村的是被称为"386199 部队"的妇女、儿童和老人,农村耕地撂荒非常严重,土地利用效率很低,土地生产经营收益不高,如何充分利用农村土地资产、大幅提高经济收益是当前广西农村特别是贫困地区农民脱贫的一个重大问题。把大量分散的农户土地通过入股形式实现规模化、机械化、标准化、产业化生产,由经济能人或合作社经营管理,这是目前解决广西"三农问题"的一个重要方向,也是使土地保值增值的关键,是农户资产收益的稳定模式。

2. 扶贫资金量化入股是农户资产收益增长的新模式

四川省及广西南丹县等地将财政扶贫资金及物资投入专业合作组织后形成的资产量化给贫困户,采取委托经营方式用无指定用途的扶贫捐资或安排到户的扶贫资金,帮助无劳动能力的贫困人口获得理财收益、分红收入,让扶贫资金保值增值。按照扶贫资金精准识别,双重配股,动态管理,脱贫销号办法量化股权贫困户享受入股分红,使缺乏劳动力或经济实力的贫困户由此获得长期稳定收入。广西是欠发达地区,脱贫攻坚任务非常繁重艰巨。扶贫资金入股集中使用不但可以实现规模效益,而且由经济能人或合作社管理经营,他们比文化素质差、经济意识不强的普通农民更加有经济头脑,资金使用效益自然会好。扶贫资金入股新模式,为广西高效利用扶贫资金实现贫困农户资产最大化收益开辟了一个新途径。

3. 特色稀缺资源入股是农户增加资产收益的有效途径

龙胜旅游扶贫的实践证明:在资源稀缺的贫困山区,创新扶贫方式,引导农民利用自身拥有的自然资源和民俗文化开发旅游业,其所产生的效益相对其他产业成本低,且有的项目是一次性投入可永续利用,即将稀缺性资源资产盘活转变为农民财产性收入,实现农民增收。广西农村山清水秀环境美,各种特色资源非常丰富,这是大自然恩赐给广西农民的发展资本,特别是实施"美丽广西·清洁乡村"工程以来,广西农村发展环境得到了极大改善。但是一直以来,广西农村的许多资源没有得到很好地开发利用,农户资产增长比较缓慢。把当地特色稀缺资源入股,创新利用农村特色稀缺资源,发展农村经济增加农户收益,这是加快发展广西农村经济,推动全区广大农民脱贫致富,争取和全国人民同步实现全面小康的重要举措。

4. 金融支农是增加农户资产收益的重要方式

浙江省丽水市积极探索农村金融改革创新的新模式,在完善农村金融服务体系,有效破解金融支农,增加农户资产收益方面取得了积极的进展,尤其在推进林权抵押贷款、农村信用体系建设、银行卡助农取款服务等农村金融创新工作中走在全国前列。金融是推动农村经济快速发展的"推进器",但是金融支农增加农户资产收益却是广西的短板,广大农户缺乏抵押物、农民信用体系建设缺失等是其中的重要原因。丽水市的成功做法,为目前广西发展农村经济,增加农户收益提供了一个新通道。

5. 依靠龙头企业、合作社、经济能人带动农户增收是增加资产收益的主要渠道

随着我国经济长期快速增长和城镇化不断推进,广西越来越多农民离开农村到城市打工,大量耕地被迫撂荒,农村土地"由谁来种、怎么种"已经成为当前解决"三农问题"的重要课题。目前,自治区正处在由传统农业向现代农业转型的关键时期,小农经济逐步让位于现代农业。龙头企业、合作社、经济能人等作为新型农村经济经营主体,顺应了当前农村经济发展的客观要求,成为盘活农村土地资源增加农户资产收益的主要带动者。

6. 政策设计是增加农户资产收益的重要保障

龙州县利用免税过境商品政策入股,政府通过财政兜底,成立了结算中心,帮助边民开办"边民信用卡",解决了资金困难等问题,从而增加边民边境贸易资产收益。广西是少数民族区域自治区,又有沿海沿江沿边优势,近年来国家赋予广西许多优惠发展政策,如国务院批复《左右江革命老区振兴规划》,国家提出建设东兴、凭祥国家重点开发开放试验区等重要政策,为推动广西农村加快发展,增加农

户收益提供了政策机遇。广西要结合当地农村发展实际,大胆创新,先行先试,从政策顶层设计为促进广西农村经济快速发展和增加农户收益提供政策保障。

五、促进广西贫困地区农户资产收益增长的总体思路

探索促进广西贫困地区农户资产收益增长的思路和增长模式对确保广西"十三五"期间的400多万贫困人口脱贫具有重要的意义。

(一)目标与原则

在坚持农村基本经济制度、农村基本经营制度不动摇的前提下,以稳妥推进农村土地承包经营权、林权使用制度改革为突破口,按照"能股就不合、能合就不租、能租就不断(买断)"的原则,探索将自然资源、公共资产、财政专项扶贫资金和其他涉农资金、农户权益资本化和股权化,贫困村、贫困户从中获取资产性收益的方式,为精准脱贫探索新的路径。2016—2020年,力争全区贫困户人均资产性收入年均增幅达到20%以上。到2020年,广西农户资产收益增长模式的运营管理制度更加健全、规范,农户资产保护制度更加完善,收益多样化,农户对自身产权的认知意识和利用方式得到普及,政府扶持资金的经济效益进一步提高,农村经济发展更具活力,全面实现广西400多万贫困农户脱贫。

(二)增长模式

通过区内外农户资产收益增长的成功案例,总结出如下增长模式,这些模式可以在各地实践中,根据具体情况复制和推广。

1. 以土地增值模式

通过土地入股增加收益。大力推进土地整治,实现规模化经营,将贫困村贫困户承包土地量化折价,采取委托经营、合作经营等方式,与企业、专业合作社组建股份公司运作,使贫困户的土地资产有效转化为产业发展资本,贫困户在获得土地流转收益的同时,另以股东身份享受收益分成,增加贫困户的资产净收入。

2. 以房屋增值模式

通过"房产证抵押贷款+房屋出租"增加收益。推进农村住房确权登记发证(房产证)工作,是土地承包经营权、林权和农村住房(两权一房)抵押贷款工作的基础。加快普及农村房产证,承认农民的财产物权性质,可抵押、贷款和融资,在旅游开发地出租房屋,使广大农民的房屋增值。

3. 以资源增值模式

通过盘活特色资源增加收益。贫困村通过入股、置换等方式,对村集体的自然、文化、历史、民族、红色等旅游资源与企业进行联合开发,纳入农户资产收益项目,将优势资源资产转化为产业优势、经济优势,让贫困户分享资源开发收益,增加贫困户资产性收入。

4. 以金融增值模式

通过金融支农创新增加收益。通过试点推进农村宅基地、耕地、经济作物、林木等抵押贷款、农村信用体系建设、银行卡助农取款服务等破解农村金融服务支农难题,为农村经济发展注入金融"血液"。由政府、慈善机构、企业和个人共同出资,建立互助资金,在每一个贫困村建立村级资金互助合作社,推动贫困村农户资产金融化、证券化,激活农村"沉睡"的资本,增加贫困农户资产性收入。

5. 以扶贫资金增值模式

通过政策性扶贫资金集中使用增加收益。将各级政府扶持贫困村贫困户的各种扶贫资金整合集中折合股份分配给贫困户入股,采取委托经营、合作经营等方式,与企业、农村专业合作社、经济能人组建股份公司经营生产农业产业,贫困户既可以应聘股份公司岗位通过劳动获得工资性收入,还可以获得股份分红收益,实现由分散扶持贫困户向扶贫资金折股到户与企业合作发展产业等资产收益扶贫方式转变,由直接扶持贫困户向扶持带动农民致富的专业大户、股份合作社、龙头企业转变,提高扶贫资金的效果,努力增加贫困户的收入。

6. 以集体经济增值模式

通过创新发展集体经济增加收益。依托自身资源,对村集体所有的村头荒、沟渠、无组宅基地等资产,采取多种方式予以盘活。如对外招标承包、租赁,获得租金收入;作为股份与其他社会资本嫁接,兴办经济实体;拍卖暂时不能发挥效益的资产,变现后投资新的项目,以存量换增量等。

六、促进广西农户资产收益增长的对策建议

(一)宏观政策建议

1. 改革宅基地制度,激活农户资产收益

改革完善农村宅基地制度,在南宁、玉林、百色等地分别选择若干试点,制定

《农村试点宅基地使用办法》,在试点区域开展农民住宅普查(清查)、登记和确权,颁发证书。逐步建立差别化有偿使用的宅基地使用制度。建议农村中本集体组织成员的宅基地使用权仍然采取无偿永久使用制度,但若其面积超过当地规定面积,应交纳超额使用费。自治区制定宅基地流转管理办法,界定宅基地流转的内涵与流转原则,设计流转主体、流转客体、流转用途、流转方式等条件,规范流转合同。流转方式应限内部流转、出租收取宅基地使用权租金、入股分享宅基地使用权股金收益。明确宅基地流转条件,只有一处农村房产的不得流转,转入方不得囤积炒作宅基地,宅基地不得私自用于小产权房建设等。严禁利用行政手段强迫命令、威逼利诱农民流转宅基地使用权,防范借宅基地流转侵害农民宅基地权益。

2. 建立扶持制度,保障农户资产收益

(1)创新资金整合机制。推动建立县级资金整合机制,形成"以县为主体、省级支持配合,以财政资金为主体、引导金融和社会资金参与"的资金整合机制,加快贫困人口脱贫步伐。

(2)改变资金扶持方式。将直接支持贫困户发展产业资金转变为贫困户的股份,与企业和其他开发组织共同开发,解决贫困户资金缺乏、技术不足、市场不畅等问题,带动贫困户发展,增加财产性收入。鼓励贫困户利用自己的土地、林地资源、房屋等财产,发展与大项目配套的小项目,如在旅游区开发停车场、客栈住宿、餐饮、旅游、娱乐等,或者直接入股企业,增加财产性收入。

(3)完善政策法规。出台有关政策,改革创新扶贫资金使用管理方式方法,建立、健全扶贫资金直接投资经营性项目实施资产收益扶贫的政策法规。明晰产权,构建归属清晰、权责明确、保护严格、流转顺畅的现代农村产权体系,为建立资产收益扶持制度奠定基础。为"两权抵押"(农民承包土地经营权和农民住房财产权)提供政策支撑,让贫困户直接分享资产收益扶贫的成果,加快脱贫致富步伐。

(4)建设交易平台。建议自治区财政统一投入、统一使用软件,农业部门搞好业务培训,抓紧着手搭建区、市、县、乡、村五级联网的"三资"管理平台,切实加强乡镇、村集体资产的有效管理。学习武汉市的做法,在有条件的中心城市、县、甚至重点镇搭建区域农村产权中心,在乡镇和村设立流转服务站和流转信息员,形成市、县、乡、村四级流转服务体系,将农村土地、房屋、农业技术知识产权、集体经济组织股权、贫困地区投资开发项目指标等产权纳入交易范围,联网运行、网上交易,扩大市场半径和交易群体,搭建起社会资本进入农村、农村资源向资本转变的制度性平台,逐步形成城乡一体、开放规范的农村产权流转市场,加快贫困地区资产的流动,变不动产为动产,变死资产为活资产,促进贫困地区资产的增值升值,增加农民收入。鼓励发展产权评估、抵押担保、资产转移合同服务等中介服务组织,特别是乡镇服务站,要积极做好资产交易有关方面的服务工作,以促进贫困地区资产的流动,盘活资产。

3. 加强组织领导,建立工作机制

自治区扶贫开发领导小组综合协调专责小组牵头,建立共同推进资产收益扶贫的工作机制。专责小组协同国土资源厅、财政厅、农业厅、林业厅、审计厅等部门,对资产收益扶贫工作的开展定期检查指导。资产收益扶贫项目,涉及财政资金的收益扶贫项目,由各级财政部门负责指导主管部门规范和细化实施方案。凡涉及土地、林权、宅基地等资产的项目,严格按照国家有关规定实施,其他资产收益扶贫项目,各地可大胆探索实践,涉及突破自治区有关资金使用规定的,允许暂停执行相关规定条款。

专责小组牵头,各市对本地区资产收益扶贫工作全面负责,做好协调服务和督促检查指导,及时研究解决重大问题。对支持贫困户增加资产性收益工作开展得比较好的县,自治区将在财政专项扶贫资金和其他财政支农资金安排上予以倾斜。县主管部门和资产收益项目所在乡镇人民政府根据项目类别,按照归口管理原则,指导项目实施主体制订资产收益方案。资产股权量化方案应包括股权量化范围、原则、标准、方式、程序、结果、权责、收益分配等内容。召开入股贫困户会议形成股权量化决议,建立股权分配台账。股权量化方案、决议和台账需报所在地乡镇人民政府和县级主管部门备案,建立资产收益扶贫年报制度。村社股权量化收益纳入村级财务,按照民主理财、民主管理、民主监督的原则,统一资金管理,按程序审批,接受县级主管部门和乡镇人民政府监督。县级主管部门负责对实施主体进行资格审查,加强项目资金使用的监管,建立完善资金投入风险评估机制和资金退出机制,落实专责人员加强对项目实施主体的财务监督,确保资金安全。

各级政府要高度重视增加农户资产收益工作,把增加农户资产特别是贫困农户资产收益工作作为政治任务列入政府工作的考核范围,结合脱贫攻坚工程制定具体任务分解落实到各个部门。要组织考核小组督查落实有关政策和方案,奖优罚劣。对出台的文件抓落实、抓出实效。

(二)中观政策建议

1. 加快土地整治,盘活农户资产收益

按照自治区推进土地整治的总体要求,进一步完善土地整治项目的工程体系和规范标准,通过定期巡查,加大对管护和管理责任的落实力度。可参照水利行业的一些经验和做法,比如在项目实施过程中,通过收取少量费用,将机耕管理权进行出让,或者少量增加电费或水费,将余留部分费用作为新增田间基础配套设施的维护费,调动管护人的积极性,达到提高后期管护效果的目的。本着"资金来源不变,使用用途不变,整合集中投放"的原则,在农业区尽量按照整乡镇、整村推进和安排项目,统筹农业、水利、公路、扶贫、地质环境治理及新农村建设政策、项目和资金,坚持政府主导、国土搭台、部门参与,各炒一盘菜,共办一桌席。合理有序地开展田、水、路、林、村综合整治。积极发挥村两委和村民代表的作用,尽可能创造条件让他们参与到项目中,提高群众的积极性和主观能动性,切实维护农民合法权益。鼓励和引导农村土地经营权向农村经济能人、农村专业合作社和农业企业等流转,促进农村土地规模化经营,向规模化、现代化要效益。各级政府要加大农村土地基础设施建设投入,通过加快土地整治,积极盘活农户土地资产收益。

2. 加大力度落实贫困地区水电矿产资源开发,确保农户和集体资产收益

严格按照国务院办公厅印发的《贫困地区水电矿产资源开发资产收益扶贫改革试点方案》,加大力度落实到位,将水电、矿产资源开发项目占用集体土地的土地补偿费作为资产入股试点项目,形成集体股权。农村集体经济组织为股权持有者,其成员为集体股权受益主体,建档立卡贫困户为优先受益对象,并保证其收益不得以任何方式被截留、挪用、扣减。要加强集体股权民主监督管理,防止被少数人控制,发生侵蚀、侵吞原住居民利益的行为。以改革试点为突破口,以严格保护生态环境为前提,发挥资源优势,创新贫困地区水电、矿产资源开发占用农村集体土地补偿方式,探索建立农村集体经济组织成员特别是建档立卡贫困户精准受益的资产收益扶贫机制,形成可复制、可推广的操作模式,走出一条资源开发与脱贫攻坚有机结合的新路子,实现贫困人口共享资源开发成果。

3. 发展农村金融,开通"以金融增值"之路

(1)发挥商业性金融支农作用。引导中农工建、邮储、股份制商业银行,特别是

农业银行、邮政储蓄银行两家涉农银行在县域及乡镇增设网点,完善金融服务基础设施建设。给予新设金融机构及网点相关政策优惠,引导金融服务向农村延伸。

(2)完善政策性金融支农体系。强化国家开发银行支农力度,探索开发性金融支持新农村建设。农业发展银行作为针对"三农"的政策性银行,条件成熟时可由政府牵头建立农业产业投资基金、农业科技创业投资基金,以资本促进农业产业发展。鼓励各地以授信10倍杠杆建立政策性资金融资担保公司,建立投融资奖励机制,以投融资增量为依据给予补贴奖励。

(3)发展民间金融体系。鼓励民间资本参与金融改革,通过民间资本的参与有效促进各金融机构强化经营"信用"、管理风险的水平。推动建立"银农"合作共赢的财富平台,大力发展产业投资基金、私募基金和风险投资等多种投融资方式,完善村镇银行、小额贷款公司、农村资金互助社等新型农村金融机构组织机制。引导和支持大企业和大集团上市,支持已经上市的农业企业通过兼并重组等方式不断做大做强。

(4)建立起合作性金融体系。在农村形成互助互利、低成本、自担风险的合作性金融体系。从生产和流通层次的合作需要,自然衍生出信用和资金合作,形成真正的合作金融。推广"贫困农户发展生产资金互助活动",完善"农村资金互助社"的经营管理机制。开发一些起点低、便于操作、风险小、收益高的专门针对农村金融市场的投资理财产品,让更多农民由单一的存款转变为储蓄、购置证券、股票、基金、保险、不动产投资等获得股息、利息、分红,拓宽收入来源。

(5)探索实行"三权"抵押贷款。建议自治区尽快出台《广西农村土地流转收益保证贷款试点工作方案》,开展包括林权、土地承包经营权和宅基地使用权这"三权"在内的抵押贷款试点。允许农民将土地承包经营权作为融资性担保公司的反担保措施,向金融机构提出贷款申请。具体操作由融资性担保公司向金融机构提供保证担保,由金融机构发放贷款。贷款的期限原则上为1—3年,最多不超过5年,贷款利率最高不超过人民银行同期限档次基准利率的1.3倍。当借款人不能按时偿还金融机构贷款,融资性担保公司须代为偿还,融资性担保公司代偿贷款后,可将获得的土地经营权阶段性再流转,收回代偿本息后,将土地经营权退还给借款人。

(三)微观政策建议

1. 选好村领头羊,保障村级集体收入

按照"定一个好规划,找一条好路子,壮大一个经济实体,造富一方群众"的发展思路,选好村领头羊,因村制宜,突出特色,不断壮大集体经济。坚持标准,严格把关,把懂经营、会管理、发展集体经济意识强、有开拓精神作为选拔村党组织书记和村干部及组织配备干部的硬性规定。建立完善基层干部教育培训机制,将"项目支书"培训纳入各级党校常态化培训范畴,定期开展培训,达到"项目支书"比例达到100%的目标。推进"公司+合作社+农户+党组织"的组织管理模式,构建以村党组织为主体、产业党组织为链条的新型农村基层党组织覆盖体系,为增加村级集体收入提供有力保障。

2. 培育经营主体,提高社会化服务水平

(1)创新农业经营主体。着力培育家庭农场,鼓励和支持种田大户、种田能手、大学生和返乡农民工承包农民的耕地、林地,创办家庭农场,充分利用优势资源发展现代农业,促进资源资产的增值升值;支持和鼓励工商企业、私人企业承包贫困户和村集体的耕地、林地、特色资源资产、文化遗产、古村落进行开发,促进资源资产变现。支持农民组建农村合作组织,以生产小组为基础,动员和鼓励农民以土地入股、资产入股的方式,创建专业合作社,建立合作农场,共同开发利用资源,促进资产增值升值。

(2)创新农业经营服务主体。以培育发展农民专业合作社为重点,以培育经营法人为突破口,扎实推进农业经营服务主体创新。重点推进乡镇农机站、农业服务中心向法人转变,提高专业化服务水平;推进乡镇供销合作社的改革,建立健全农产品销售网络,促进农产品的销售;支持和鼓励大型龙头企业创办集农机、科技、生产资料供给、农产品销售于一体的服务中心,提高服务水平;支持和鼓励农民组织机耕、机种、机收、病虫害防治、农产品销售专业服务队,提高现代农业的服务水平。

(3)推进统一服务。鼓励和支持龙头企业、农民专业合作组织、大中型农场,对周边农民开展"统一作物布局、统一生产质量标准、统一投入品采购、统一机耕和播种、统一施肥和病虫害防治、统一技术培训、统一收割、统一销售"的全程服务,推进产业的区域化、专业化和规模化,提高资源的利用率,提升资产价值。

3. 改善生产经营条件，促进农户资产保值升值

(1) 改善土地生产经营条件。加大农村土地整治力度，加强农村基础设施建设，改善土地生产经营条件，为引进农业企业和经济能人等新型农村经济经营主体提供良好的生产经营条件。一是加强农村水利、道路等基础设施建设，大力改善农田水利设施、农村土地耕作和农业运输条件，改善土壤提升肥力，提高土地资源性资产综合利用水平，促进农村土地保值增值。二是加快农村土地经营权流转，鼓励农村土地小块拼成大块，推动农村土地适度规模经营，积极盘活农村土地资源，让农村撂荒土地得到充分利用，实现"荒废田"变为"万元田"。三是利用出租土地、土地入股、农业合作、委托经营等形式，鼓励农业企业、经济能人、专业合作社等新型农村经济经营主体，积极参与贫困地区农业经济发展建设，通过构建"公司（合作社）＋基地（农户）＋标准化"等生产模式，推动农业企业、经济能人、专业合作社与农户一体化发展，建立起贫困农户和农业企业、经济能人、专业合作社等新型农村经济经营主体之间稳固的利益共享机制。

(2) 改善交通条件，推进休闲农业的发展，将传统文化资源转变为农民增收的财富。自治区贫困地区大多数地方生态良好、民族风情浓郁、历史文化深厚、旅游资源丰富，发展休闲农业得天独厚，但大多数交通条件较差，开发困难，难以将资源优势转化为产业优势，使资源资产不能得到增值和转化。要结合新农村建设，加大投入，努力改善贫困地区的交通条件，促进旅游资源的开发，变不动资产为活资产，促进贫困户增收。

(3) 实行移民安置与三产开发相结合，提高生态移民群众的财产性收入。加强生态移民规划，建设民族特色村庄，促进旅游业和商业的发展。移民新村要选择交通条件较好、靠近城镇的地方建设，并配套建设商业区或三产用房，在改善生活条件的同时，让农民拥有商业用房，通过出租或发展商业，增加房产收入。

(4) 加强农村基础设施建设，打造民族特色乡村。以全面推进社会主义新农村建设为契机，以乡镇规划为引领，以民族特色为重点，统筹推进农村道路、电力、给排水、燃气、住房、通信、环卫等基础设施建设。加大农村公路建设力度，完善路网、提高等级，逐步实现农村客运线路公交化运营。采取集中供水、分散供水和城镇供水网络向农村延伸等方式，因地制宜解决饮水不安全问题。继续实施农村电网改造升级，提高农村供电能力和可靠性。稳步发展农村沼气，大力发展以农作物秸

秆、小水电、太阳能为重点的清洁能源。基本完成农村危房改造。加强农村互联网基础设施建设,推进信息进村入户。建设新农村现代流通网络工程,培育面向农村的大型流通企业,完善农村商品零售、餐饮及其他生活服务网点。加强农村传统文化、体育、娱乐设施和古村落的建设和修复,努力打造具有现代化气质和浓郁民族特色的新乡村,促进农村休闲旅游业的发展,将古老的民族文化资产转化为产业,增加农民收入。

4. 引导社会资本,盘活资源性资产

各地农民利用资产增收的实践证明,要盘活贫困地区资产,特别是资源资产,需要大量的投入。因此,支持和引导工商企业、社会资本参与贫困地区的资源开发,培育支柱产业,促进资源资产的变现是主要途径之一。要鼓励和支持工商资本、社会资本到贫困地区投资开发特色产业,建设农业现代示范区,推进贫困地区资源的规模开发利用,促进资产增值升值;支持和鼓励工商企业、私人企业参与贫困地区特色资源、传统产品的开发,建设集生产、加工、销售、休闲、示范于一体的生态庄园,带动贫困地区建设特色产业基地,实现资源的有效利用,促进资产的增值升值;支持和引导工商企业、私人企业积极投入贫困地区旅游资源、健康长寿等传统食品的开发,以此带动贫困户发展,促进资源资产增值升值。

5. 激发农民"内力",盘活资产促增收

实践证明,农村劳动力素质高低对农村资产特别是资源性资产的增值升值起着关键作用。具有一定知识的农民,将能最大限度地利用自己的资产,使其尽快增值升值,增加收入。所以,要加强贫困地区农民的培训,努力培养掌握一定知识和技能、能够使用互联网,具有"头脑生钱"的较高素质的新农民。

(1) 增加农民财产性知识,激发农民以财生财的内力。加强对农民财产知识的培训,让农民了解什么是财产,自己拥有哪些财产,如何利用自己的财产来投资赚钱,特别是资源性财产,必须投资开发才能变现为财富。要激化他们以财生财的内力,引导群众通过土地、山林入股等流转方式与企业合作开发,参与优势资源、旅游项目、旅游产品的开发,借用别人的资金、技术开发自己的资产,分享发展带来的利益,加快资源性资产的变现,努力增加财产性收入。

(2) 重塑农民的财富价值观。要加强对农民股权、股票、金融、保险等理财投资知识的培训,增强他们利用自己的资产进行投资,借钱开发、合作开发来获得股权、股息、利息、分红的能力,树立以财生财的新观念,改变抱住金饭碗讨饭吃的旧习惯。

(3)提高农民信息化水平。要加强对农民利用互联网等信息化平台的培训,提高农民的素质,使农民成为能够经常利用网络查阅信息、网上交易乃至炒股的现代农民。

(4)参与开发旅游业。依托区域性旅游开发项目,鼓励农民利用自己所在的古村落开办农家乐等休闲旅游农业项目,发展民宿旅游,利用自家房屋或出租房屋开展餐饮、住宿等经营活动,获得更多资产经营收益。

(5)提高农户组织化程度。以村为单位,鼓励农户成立规范、统一、合法的专业合作社、专业协会、理事会等专业组织,如土地股份合作社、水果专业合作社等,不断提高农户的组织化水平,并以专业组织为法人来直接与项目投资方合作开发,既便于对入股农户资产实施统一管理、规模化管理,又为农民获得资产性收入奠定了基础。

第四节　金融扶贫的田东经验

2015年11月,习近平总书记在中央扶贫开发工作会议上对"田东模式"给予了高度肯定并要求广西推广好田东经验。课题组多次深入田东县农村一线,通过召开座谈会、一对一访谈及案例分析会等形式,走村串户,在充分调查、深入分析、重点研究的基础上形成了调研报告。"田东模式"可以简单地归纳为"6、3、2",其中"6"是指构建农村金融组织体系、信用体系、支付体系、保险体系、抵押担保体系和村级服务体系等"六大体系";"3"是指建立农户小额贷款奖补基金、涉农贷款风险补偿基金、财政性存款与涉农贷款挂钩等三大补偿机制,以激发金融机构的内生动力;"2"是指推进农村产权制度改革和农村经营机制创新等两大支撑体系建设。

一、田东金融扶贫模式取得的成效

田东县在金融扶贫中,缓解了贫困户在脱贫增收过程中贷款难、贷款贵、程序繁杂等问题,改变了传统金融扶贫模式,加快了该县贫困农户脱贫致富步伐。

一是金融扶贫成效显著扩大。全县农民人均纯收入从2008年的3 363元增长到2015年的9 611元,7年间年均增长16.2%,城乡收入比由2009年最高时的4.22∶1降到2.98∶1,实现连续6年下降。农村贫困人口从2011年的14.63万人下降到2015年的5.2万人,贫困发生率从2011年的39.4%下降到2015年的14.5%。贫困村农民人均纯收入从2012年的3 418元增加到2015年的5 506元,年均增长17.2%,贫困群众生活水平有了很大提高。

二是金融供给能力显著提升。田东县涉农贷款余额由改革前的15.37亿元增长到2015年的64.72亿元,年均增幅22.81%,占全部贷款余额比重保持在70%以上;涉农贷款不良率由改革前的2.36%降低到2015年的0.88%。全县保险综合覆盖率由改革前的30%提高到2015年的73%。

三是金融服务城乡均等化水平显著提高。通过农村金融改革,广大农民群众特别是贫困户都获得了贷款的权利和资格。农户贷款覆盖率、贷款满足率分别由改革前的26%、35%提升到2015年的90%、92.8%,平均单笔贷款额由改革前的1.86万元提高到5.84万元,农村金融知识普及率由改革前的0.2%提高到92%。

二、田东金融扶贫模式的主要做法

1. 完善"六大体系"建设,推动农村金融普惠化

在推进金融扶贫工作中,田东县建立完善"六大体系",夯实农村金融服务基础。

一是建立完善金融服务组织机构体系。目前,全县拥有北部湾村镇银行等银行金融机构9家,农村资金互助社、小额贷款公司、政策性融资担保公司等非银行金融机构18家,银行网点48个,覆盖10个乡镇和部分村屯。成立了29个"扶贫资金互助社",使银行信贷无法覆盖的贫困农户获得部分发展资金,实现了扶贫资金的循环使用。

二是建立完善农村信用体系。2011年田东县获国家信用体系建设部际联席会议办公室认定为全国首个"信用县"。2014年中国人民银行授予田东县"全国农村信用体系建设示范区"。2015年年末,全县建立农户信用信息电子档案7.23万户,全县53个贫困村先后全部被评为信用村。农户凭借信用等级,免抵押、免担保,就可以当天获得1—10万元信用贷款。2009年以来累计发放5.9万户次免抵押、免担保的小额贷款22.8亿元,放款时间由过去的3至7天缩短为现在的1天。

三是建立完善支付结算体系。田东县于2009年完成了大小额支付系统乡镇全覆盖,在广西第一个实现"乡镇级金融网点跨行资金汇划乡乡通",创建了广西第一条银行卡刷卡无障碍一条街。在农事村办点布放了147台ATM机,在行政村布放POS机1 680台,电话支付终端381台,个人网银、短信通等服务方式得到广泛使用,现代化支付方式覆盖所有行政村。

四是建立完善政策性农业保险体系。开展了甘蔗、香蕉、竹子、水稻、杧果等13种农业保险险种。2009年以来,政策性农业保险已为全县农业提供90.02亿元风险保障,2009年至2015年政策性农业保险累计赔款3 599.03万元,仅2014年政策性农业保险受灾赔付1 376.9万元,增强了农业抵御自然灾害风险能力。建立县乡村三级保险服务网络,实现农村保险服务站乡镇全覆盖、保险服务点行政村全覆盖。

五是建立完善抵押担保体系。积极推动银担合作机制,成立由财政出资的助农融资担保公司,目前已累计为种养大户、家庭农场、农民专业合作社、个体工商户、农村小微企业等提供融资担保1.42亿元,担保金放大倍数接近1∶5。探索林权、土地承包经营权、农村房屋所有权抵押贷款,截至2015年年末田东县累计发放农村产权抵押贷款139宗3.92亿元。

六是建立完善村级金融服务体系。田东县在全部行政村设立了"三农金融服务室",将金融知识宣传、信用信息采集、贷款调查、还款催收、保险业务办理等前置到村一级,实现了基层组织建设和金融服务的有机结合,解决了农民金融知识缺乏、贷款耗时耗力、金融机构基层信贷人员短缺等问题。

2. 建立农村产权交易平台,推动农村资源资产化

明晰的产权是贫困地区资源自由交易、优化配置的前提。而产权交易则能有效盘活农村存量资产,优化农村资源配置,促进贫困地区产权和资金的流转。因此,在建立"六大体系"进程中,田东县适时启动了农村产权改革,将广大农村"沉睡"的资源转化为发展的资本。

一是全面开展农村产权确权工作。田东县先后完成了全县农村集体林权、集体土地所有权、农民土地承包经营权等农村产权的确权工作,2015年7月,田东县成为自治区首批不动产登记的试点县,截至2015年年末全县不动产登记中心累计办结各类不动产登记1 252件,办结率100%。

二是建立农村产权交易平台。田东县于2012年成立广西首家农村产权交易中心,开展产权抵押贷款、农村资产评估、农业投融资服务等业务,并在各乡镇设立"农村产权交易服务站",在行政村设立"农村产权交易信息点",构建了产权交易服务网络,使流转双方的权利和义务得到鉴证,同时为农村产权提供了抵押平台,打通了农村资产资源变现渠道。

三是深入推进农村产权交易。截至2015年年末,通过田东县农村产权交易中心累计进行农村产权交易8.19亿元;农村产权抵押贷款139宗,银行放贷金额3.92亿元;组织农村资产评估139宗,标的物(抵押物)评估价值11.49亿元。其中贫困村范围内土地流转2.92万亩,交易额2.24亿元;贫困村产权抵押贷款5 257万元。以田东县贫困村土地承包经营权、林权为例,经估算其价值超过20亿元,按照70%的折扣进行抵押贷款,至少可以盘活林权、土地承包经营权抵押贷款14亿元,贫困村平均每户可获得5.7万元贷款。

四是探索"土地流转信托机制"。田东县依托农村产权交易中心平台,在广西率先探索农村土地信托模式,形成土地流转和产权交易的委托—代理机制。这一创新举措受到农村尤其是贫困村群众的热烈欢迎,目前已成功推出3 000亩香蕉标准园项目,收储并正在进行土地整理的约有1.2万亩。

3. 创新农村"金融+"服务,推动农村产权资本化

金融扶贫有效解决了田东县贫困农村资金问题,但针对大多数没有能力发展致富或者由于信息不对称一时找不到好的发展路子的贫困农户来讲,实现脱贫致富仍然任重道远。为解决这个问题,田东县开展"龙头企业+基地+农户"的产业链金融服务,金融机构根据农户与龙头企业签订的订单,向处于产业链前端的种养殖农户发放贷款,简化了审批程序,提高了贷款成功率。

三、田东金融扶贫模式的经验与推广难点

扶贫政策的落地,离不开金融的有力支持。提高信贷可及性,强化普惠金融,是金融扶贫攻坚的重要内容。正是由于这一特殊地位,金融扶贫在扶贫攻坚中就具有了更强的资源整合和创新驱动能力,承担了更大社会责任。由此,课题组认为田东金融扶贫模式至少具有三方面的经验值得推广。

一是农村金融服务体系实现了"横向到边,纵向到底"。截至2015年,田东县

农村金融组织体系、信用体系、支付结算体系、保险体系、抵押担保体系、村级服务体系六大体系基本形成,分层次、广覆盖、高效率的农村金融组织服务体系初步建立,农村贫困地区金融服务渠道和能力建设进一步完善,增强了金融扶贫专业能力,为田东县金融扶贫工作奠定了坚实基础。

二是充分运用了"金融+"。田东金融扶贫模式将金融机构自身优势与扶贫政策高度融合,不断探索了创新扶贫贷模式,推动信贷资金流向当地优势产业、农户生产发展最需要的地方。田东县在真良村等一批贫困村上推出的"土地出租五年返还"模式,以及作登乡平略村、思林镇龙邦村等探索应用每户贫困户利用5 000元产业扶贫资金成立"扶贫产业发展基金"等实例,就是"金融+"的最好表现形式,有力解决了金融扶贫可持续性难题。

三是打通了农村基层金融服务"最初一公里"和"最后一公里"。农户特别是贫困户信贷资金难是当下的真实写照,田东县金融扶贫模式推行普惠金融,最大程度让广大农户,特别是贫困地区农户享受到低成本、更便捷的金融服务,让"最初一公里"的农村金融服务不再成为"水中月"和"天花板"。该县在广阔农村基层建立三农金融服务室及各类移动支付终端,使金融扶贫"最后一公里"得到有效贯通,有力解决了金融扶贫落地难的问题。

同时,课题组也注意到由于金融工作的复杂性及扶贫工作的艰巨性,推广田东金融扶贫模式需要克服几个难题。

1. 金融机构参与扶贫开发动力不足

由于针对贫困地区的差异化金融监管政策、货币信贷倾斜政策配套不够,金融机构将资金用于贫困地区的动力不足。农商行作为田东县农村金融改革和金融扶贫"主力军",承担了95%的扶贫贷款任务,面临着信贷资金不足、经营成本高、信贷风险较大、存贷比例过高等问题。其他各大商业银行仍然按兵不动,徘徊观望。银监会对涉农机构提出涉农贷款增速不低于各项平均贷款增速的监管要求,但是随着农商行涉农贷款占比的不断提高(截至2015年年末涉农贷款占比92.55%),完成银监会设置的目标压力愈加增大。与此同时,金融机构放贷风险高,影响了金融机构参与扶贫开发的积极性。由于农村承贷主体以从事农业生产的单位或个人为主,而农业是弱质产业,抗御自然灾害的能力较差;农村又是"熟人社会",一旦贷款形成风险,周边群众不配合,银行自然催收困难。此外,由于在服务"三农"过程中涉及农户贷款调查、投放、贷后管理，以及渠道建设、金融知识培训等内容，需要投入大量的人力、物力和财力，相比开展城市业务成本投入比较高，这进一步导致了金融机构参与金融扶贫动力不足。

2. 金融生态适合扶贫开发需要不足

根据对田东县土地承包面积较小的农户的调查研究，普通农户"两权"抵押难以操作，抵押物变现难。目前，普通农户的土地承包面积较小，且种植业效益低，每个农户土地承包经营权质押贷款额度相对较低，既达不到农户要求，操作成本又较高，且小面积土地流转市场化程度低，不利于土地承包经营权抵押物变现。《土地管理法》规定农村房屋的转让必须是同村村民之间、村集体内部有条件的流转，不允许城市居民或外村人购买，由于本村村民之间存在着或多或少的人脉因素，一旦风险产生涉及房屋流转，村民一般不愿承担邻里压力，购置本村房屋，从而导致抵押物变现较难。而且由于信息不对称，贫困地区农村生产要素市场发展滞后，农村产权抵押贷款风险补偿及担保基金不足，造成金融机构惜贷、惧贷，抑制了金融资源及时介入。

3. 农村贫困地区信用评级困难不小

一方面，从贫困户来讲，贫困村农民由于长期处在落后封闭的环境中生活，缺乏科技知识和市场经济意识，以及农村实用新技术和新知识，家庭经济脆弱，扩大家庭生产投入困难，信用等级较低，合格的贷款主体较少。另一方面，从新型农业经营主体来看，随着农业产业化和规模化发展的不断推进，各类新型农业经营主体也不断涌现，该类主体的信贷需求也将会越来越旺盛，但对这类主体的贷款仍处于初步试行阶段，各地管理缺乏有效依据，且大部分农业经营主体到银行申请贷款之前，没有以往信用记录，信贷风险依然较大。

4. 金融扶贫工作推进合力不足

地方政府对金融扶贫认识不统一，而扶贫工作涉及部门又较多，工作协调难度大。如在农村产权改革中，涉及农业、国土、住建、产权交易等多个部门，协调推进的难度较大。例如，近十年来农村新增建房用地办证跟不上，农村违章占地建房现象依然存在；对农村的房产登记没有强制性，农村房屋所有权证缺失，农村产权权属不清，不利于推进"两权"抵押工作。

四、借鉴完善"田东模式",推进金融精准扶贫工作的建议

我国实施的金融扶贫模式本质上是一种政策性和商业性相结合的金融服务,如何处理并解决金融扶贫模式存在的问题,实质上就是如何明确政府和市场在金融扶贫模式中各自所处地位并充分发挥各自的作用。无论是田东县金融扶贫模式,还是自治区其他贫困县的金融扶贫模式,都要在政策性和商业性金融中找到平衡。对于金融扶贫模式来讲,过于强调政策性则容易形成"福利主义"而使得扶贫资金大量沉淀;过分追求商业性又容易导致"制度主义"而使扶贫资金在投向上出现偏差。因此,完善和改进"田东模式",实现金融精准扶贫是当下和今后一段时间内金融扶贫的应有之义。

1. 精准布局,培育金融扶贫组织体系

由于银行等金融机构自身的经营发展目标同金融扶贫任务之间没有必然的内在联系,银行机构容易产生降低扶贫资金标准,甚至是终止扶贫贷款业务发展的内在需求。因此,既要避免"福利主义",又要避免"制度主义"的重点内容就是要使参与扶贫工作的银行金融机构建立相关管理保障机制,通过将银行作为企业所具有的追求利润最大化的商业性目标与作为金融扶贫参与者所具有的支持贫困地区人口脱贫致富的政策性目标紧密结合,从而在金融机构内部形成对持续开展金融扶贫工作的内在需求。

在此基础上,培育多元化农村金融服务主体。一是发挥商业性金融支农作用。引导中农工建、邮储、股份制商业银行,特别是农业银行、邮政储蓄银行两家涉农银行在县域及乡镇增设网点,完善金融服务基础设施建设。给予新设金融机构及网点相关政策优惠,引导金融服务向农村延伸。二是完善政策性金融支农体系。强化国家开发银行支农力度,探索开发性金融支持新农村建设。农业发展银行作为针对"三农"的政策性银行,条件成熟时可由政府牵头建立农业产业投资基金、农业科技创业投资基金,以资本促进农业产业发展。三是发展民间金融体系。鼓励民间资本参与金融改革,民间资本的参与可以有效促进各金融机构强化经营"信用"、管理风险的水平。完善村镇银行、小额贷款公司、农村资金互助社等新型农村金融机构组织机制。以农民自愿出资入股为主、财政出资为辅,成立助农融资担保公司。四是建立起合作性金融体系。在农村形成互助互利、低成本、自担风险的合作

性金融体系。从生产和流通层次的合作需要，自然衍生出信用和资金合作，从而形成真正的合作金融。推广"贫困农户发展生产资金互助活动"，完善"农村资金互助社"的经营管理机制。借鉴美国、日本、中国台湾地区的模式，真正实现信用、生产、技术、营销合作互助，最终形成以合作性金融为主、商业性金融与政策性金融协同推进的农村金融服务体系。

2. 精准管理，优化农村金融生态环境

农村信用脆弱，但却十分重要。人无信不立，良好的金融生态环境是金融扶贫可持续推进的"不二法宝"。因此，要加快贫困地区农村信用体系建设，完善农村金融软环境建设，推进农村金融配套环境建设。

第一，推进农村信用建设"四级联创"。在人民银行的指导下，建立包括农户、新型农业经营主体、农村中小微企业的信用评级管理体系，采集信息并给予信用评级。深入开展"信用户""信用村""信用乡（镇）""信用县"的创建工作，营造良好的农村信用环境。加强宣传，提升农民信用意识和法律意识。引导金融机构对信用农户授信，通过免抵押、免担保的小额信用贷款等解决农户发展产业资金短缺问题。采用集体评议原则，以老党员、村小组长、村民代表、村干部及农信社等人员组成评审组，对村民的信用度进行集体评级。将信用建设与扶贫开发相结合，提升贫困村、贫困户获得小额信用贷款的能力。借助信用体系，将农户和企业的各类费用欠缴情况、违法违纪记录、不良嗜好、邻里关系等社会信息纳入信用评级，促进全体村民自觉维护信用环境，推动乡村社会和谐发展。

第二，提供更"接地气"的农村金融服务。由于农村的"熟人社会"等特点，发挥基层干部的信息优势，降低农村金融服务成本。借鉴田东县"农金村办"模式，在行政村设立"'三农'金融服务室"，工作人员由村"两委"、大学生村干部、银行信贷员、致富带头人等人员组成，协助银行和保险公司提供金融服务。鼓励银行机构、网络公司应用现代信息技术，发展适合农村的互联网金融、手机银行等新型农村金融服务模式。

第三，稳步推进农村产权改革工作。推进农村土地承包经营权、集体建设用地使用权、宅基地使用权、农村住房所有权、小型水利工程及农村"四荒地"（荒山、荒坡、荒滩、荒丘）的确权颁证工作，明确农村产权权属关系，为农村资产流转创造条件。条件成熟的地方可成立农村产权交易市场，完善农村产权交易、产权评估、抵押资产处置等相关配套机制。鼓励符合规划和用途管制的农村集体经营性建设用地、宅基地和住房财产权开展抵押、担保、转让试点工作；探索依托农业产业项目、旅游项目等，引进社会资金，发展以集体产权为核心的村集体股份制经济。

3. 精准施策，完善风险化解机制

金融领域是风险高发领域，贫困村及贫困地区的农业产业发生金融风险的可能性更高，因此要着力建立健全并完善农村金融风险防范和保障机制。

第一，推进政策性农业保险。由自治区层面统筹规划，构建政策性农业保险体系，建立农业保险大灾风险分担机制及保险理赔机制。各地支持和鼓励保险公司完善农村保险服务网络，新开发农村地区特色果蔬、特色养殖保险等险种，在试点的基础上推广。加强宣传引导，不断提高农民投保意识，通过开展"小农户＋小贷款＋小保险"，将农户贷款与保险挂钩等方式，合理引导、扩大政策性保险的参保范围。加大财政资金对农户保险保费补贴和保险公司在贫困地区保险业务的费用补贴。

第二，建设并完善风险预警机制。制定适宜的风险防范指标，严格审查制度。对贷款人的经营状况进行了解，同时追踪贷款投放过程，将可以预见到的风险降到最低。强化担保机构、银行机构、农民间的合作关系，形成利益共享、风险共担的合作机制。担保机构通过与农民的合作，充分了解农户信息，减少银行机构审查费用和监管成本。通过担保机构，农民在与银行机构合作的时候，也能提高自己的信用程度，享受到更多优惠。担保机构与银行机构之间形成信用互补的合作关系，担保公司利用银行的审查、监管优势，减少担保公司的负担和风险。

第三，设立金融扶贫担保基金。以"政府＋金融"的模式设立金融扶贫担保基金，实行专户设立，专项管理的模式。信贷担保基金的原始资金由政府专项扶贫资金及金融机构提供，在各地金融机构开设信贷担保基金专户。当借款人履行期届满3个月后，抵押权人仍未受清偿时，可向地方担保基金提出收购抵押资产的申请，经审核后可按照基准价收购抵押资产，收购款用于清偿债务，抵押双方的债务关系解除，如原抵押物处置后出现损失，则由担保基金承担80％，银行承担20％。担保基金由市、县（区）政府根据使用情况按比例适时补充，同时将担保费收入、基金存款利息收入、财政风险补偿收入等纳入担保基金。信贷担保基金每年发生的代偿额应控制在担保额的30％以内，损失不得超过担保额的10％，形成"放得出、有效益、能致富、收得回"的良好循环。

4. 精准服务，建设金融扶贫信息平台

充分发挥银行等金融机构的客户优势、信息优势，为贫困地区招商引资提供信息、牵线搭桥，搭建"融资+融智"金融扶贫大平台建设。

第一，建设金融扶贫大数据分析平台。运用大数据技术，全面分析选择适合各县脱贫致富的产业项目（包括项目特性、优劣、劳动力组成、发展规模、运营成本、科技含量、发展前景、市场需求、价格预判等因素），结合分析结果推进金融扶贫，金融富农活动。建议各市、县（区）政府委托区内相关大数据技术学术团体建设产业项目大数据分析管理平台，对选择的产业项目进行大数据分析管理，为扶贫脱贫工作提供配套服务，建立"用数据说话、用数据管理、用数据决策"的管理机制。

第二，建设扶贫产品产权交易平台。以市场需求为导向，充分利用大数据平台，及时分析市场需求及交易渠道，通过交易平台，及时锁定供需客户，利用交易平台有效开展产品交易。

第三，建设金融支撑和科技支撑平台。产业项目要以资金做保障，以全面升级"田东模式"为产业项目提供金融支撑，推出一揽子金融产品，使各类型的好项目都有相适应的融资渠道。同时，按照供给侧改革发展要求，大力发展高科技含量产品。通过政府提供科技支撑，金融部门提供资金支持的模式推进平台建设。

5. 精准发力，强化金融扶贫重点支持

因地制宜，高标准选定适合自治区的金融扶贫支持项目，培育贫困地区特色优势产业。支持贫困地区培育农业产业化龙头企业和农业小企业，发展畜牧、茶叶、中药材、蔬菜、水果等特色农业，推进优势农产品向优势产业集中、生产加工向龙头企业集中，带动贫困地区农民脱贫增收。

第一，加大金融对特色产业支持力度。积极引导农民优化种养结构，创新产业经营方式，提升农村金融承贷主体质量。创新额度、周期更适合农业生产的金融产品。适当提高信用较好的农户、新型农业经营主体的信贷额度；适当延长贷款期限，满足农户种养周期长和多次周转的需要；简化审批流程，提高放贷效率。完善农民专业合作社等新型农业经营主体的经营管理机制，规范农村集体经济组织运作模式，探索"公司（农民专业合作社）+基地+农户"的新型产业模式，创新产业链金融服务，以农业龙头企业、农民专业合作社、经济能人带动农户脱贫增收。

第二，加大金融对易地扶贫搬迁支持力度。自治区大部分贫困地区地属大石山区，生态环境恶劣，易地扶贫搬迁是贫困村实现脱贫的重要方式。结合扶贫搬迁项目"公益性、基础性、战略性"的特点，鼓励银行金融机构给予生态移民扶贫项目信贷支持，利用农村产权抵押融资投入移民搬迁工程，通过土地增减挂钩政策解决金融扶贫贷款的还款资金来源，确保易地搬迁移民搬得出、稳得住、能发展、可致富。

第三，加大金融对扶贫开发支持力度。优化贫困农户信用评级方式，全面推进非信用村贫困村转信用村建设。引导扶贫对象加入农民合作社，多渠道筹集资金发展适合贫困村的特色产业。完善"特色产业＋合作社＋财政投入＋信用评级＋信贷支持＋保险＋担保"的"造血式"扶贫体系。加大对农民工创业的金融支持力度，以创业带动就业脱贫致富。充分发挥财政贴息的作用，给予贫困村更多贷款贴息支持。

参考文献：

Deininger K. , D. Monchuk, H. K. Nagarajan, and S. K. Singh. , 2016, Does Land Fragmentation Increase the Cost of Cultivation? Evidence from India, *The Journal of Development Studies*, 90(1):1-17.

Lin J. Y. , 1992, Rural Reforms and Agricultural Growth in China, *American Economic Review*, 82(1):34-51.

Sklenicka P. , Janovska V. , Salek M. , Vlasak J. , and Molnarova K. , 2014, The Farmland Rental Paradox: Extreme Land Ownership Fragmentation as A New Form of Land Degradation, *Land Use Policy*, 38(5):587-593.

Wan G. H. , E. Cheng, 2001, Effects of Land Fragmentation and Returns to Scale in the Chinese Farming Sector, *Applied Economics*, 33(2):183-194.

曹利平,2009,《农村劳动力流动、土地流转与农业规模化经营研究——以河南省固始县为例》,《经济经纬》第4期84-87页。

陈锡文,2013,《构建新型农业经营体系,加快发展现代农业步伐》,《经济研究》第2期14页。

黄惠春,徐章星,祁艳,2016,《农地流转与规模化经营缓解了农户信贷约束吗？来自江苏的经验证据》,《南京农业大学学报(社会科学版)》第6期109-120页。

阙立娜,李录堂,薛凯文,2016,《农地流转背景下新型农业经营主体信贷需求及约束研究——基于陕西杨凌农业示范区的调查分析》,《华中农业大学学报(社会科学版)》第 3 期 104 - 111 页。

李庆,林光华,何军,2013,《农民兼业化与农业生产要素投入的相关性研究——基于农村固定观察点农户数据的分析》,《南京农业大学学报(社会科学版)》第 3 期 27 - 32 页。

李文明,罗丹,陈洁,谢颜,2015,《农业适度规模经营:规模效益、产出水平与生产成本——基于 1552 个水稻种植户的调查数据》,《中国农村经济》第 3 期 4 - 17 页。

李宪宝,高强,2013,《行为逻辑、分化结果与发展前景——对 1978 年以来我国农户分化行为的考察》,《农业经济问题》第 2 期 56 - 65 页。

林善浪,王健,张锋,2010,《劳动力转移行为对土地流转意愿影响的实证研究》,《中国土地科学》第 2 期 19 - 23 页。

刘亮,章元,高汉,2014,《劳动力转移与粮食安全》,《统计研究》第 9 期 58 - 64 页。

刘西川,程恩江,2009,《贫困地区农户的正规信贷约束:基于配给机制的经验考察》,《中国农村经济》第 6 期 37 - 50 页。

罗振军,兰庆高,于丽红,2016,《粮食主产区种粮大户的借贷行为及影响因素——以黑龙江省为例》,《农村经济》第 9 期 72 - 79 页。

许庆,尹荣梁,章辉,2011,《规模经济,规模报酬与农业适度规模经营——基于我国粮食生产的实证研究》,《经济研究》第 3 期 59 - 71 页。

杨春华,李国景,2016,《国际视角下农业生产力与经营规模关系的实证分析》,《农业技术经济》第 2 期 4 - 13 页。

余泉生,周亚虹,2014,《信贷约束强度与农户福祉损失——基于中国农村金融调查截面数据的实证分析》,《中国农村经济》第 3 期 36 - 47 页。

赵鲲,刘磊,2016,《关于完善农村土地承包经营制度发展农业适度规模经营的认识与思考》,《中国农村经济》第 4 期 12 - 16 页。

周应恒,胡凌啸,严斌剑,2015,《农业经营主体和经营规模演化的国际经验分析》,《中国农村经济》第 9 期 80 - 95 页。

第十二章

农村合作社与规模经营

第一节 农村合作社的历史实践及其在减贫中的作用

一、农村合作社的历史及现状

1. 建国初期的合作化运动

第二次世界大战后,发展中国家普遍推行了土地改革,其目标是实行"土地归于耕者"或"耕者有其田"。就劳动力与土地的关系或劳动者与生产资料的关系而言,这是一种比较合理的方式,其主要贡献是大大鼓舞了农民的生产积极性,促进了农业的发展,从而也在很大程度上有助于经济的起飞和发展。撇开生产资料的所有制性质,从长远角度看,大规模农场组织是农业改革和改良的先决条件,只有在大农场里,农业机器才能得到最广泛和最有效的利用。但是,土地规模经营的形式是一个历史过程,它取决于科学技术和现代工业的发展程度、人均耕地面积,以及其他一系列社会经济因素。

1948—1952年,我国从北到南完成了土地改革、每个农民分得了一份土地后,中国农业就面临着两条发展道路的选择。1952年前后,中华人民共和国政府做出了两个涉及整个国民经济的重大选择:一是1952年年末1953年年初决定立即开始向社会主义和计划经济过渡;二是在从1953年开始的第一个五年计划中实施优先发展重工业的工业化路线。在这样的背景下,把农民组织在国家控制下的集体经济组织中,以便通过非市场的方式取得重工业优先的工业化所必需的资金、粮食和农产品原材料,就成为必然的选择。然而,在存在成千上万的独立农户的条件下,实行统购统销的难度很大。而且,由于统购价格通常低于市场价格水平,政府的征购受到个体农民的强烈抵抗,而政府很难加以控制。在1954年城乡都曾出现"粮食风潮",由此产生了把农民"组织起来",以便进一步加强对他们的控制的必要性。这使毛泽东在1955年发动了农业合作化的社会主义"高潮"。在政治运动的强大压力下,只用了大约一年的时间便废除了农业的家庭农场制度,实现了"高级合作化"。农业合作社作为劳动者互助合作组织,在社员自愿加入并拥有自由退出权的条件下,能够通过所谓"自我实施的协约"来解决对社员劳动的监督和度量问题,因而具有一定的生命力。因此在1955年以前中国互助合作运动的初始时期,当互助组和初级社基本上是由农民自愿地组织起来时,为数不多的初级社曾经表现出某种制度效率,农业生产水平也是不断提高的。

然而,1955年的"合作化高潮"改变了合作社的性质,合作社由自愿加入变为在社会强制下组建实质上是准国有制的高级社。直到1955年年底,全国只有500个高级社,入社农户占全国农户总数的3.45%。在发动合作化运动一年以后的1956年末,高级社已有54万个,入社农户占全国总农户的88%。1957年冬天实现了高级合作化,全国有近1.2亿个体家庭被组织成为75.3万个高级社。在高级社中,个体农民的财产已经合并为不可分割的集体财产,在不能自由退社和合作社由"干部"进行管理的条件下,除了国家不包工资分配外,它已经与国有企业没有区别。为了"便于领导",中共中央在1958年3月30日发布指示,要求将小社并成大社。刘少奇把这种大型合作社命名为"公社"。毛泽东则在1958年7月正式号召把高级社合并组成"一大二公""政社合一"的人民公社。由此在全国掀起"大办人民公社"的运动。1958年秋在全国范围内实现了人民公社化。

人民公社最初实行"一级核算",即单一的公社所有制,原来高级社拥有的土地和其他生产资料都已无偿转归公社所有,由公社统一支配;全公社的劳动力则按照军事编制归公社统一调配。在这种产权制度的基础上,实行公社统一经营,统一分配,统负盈亏。在公社化的条件下,农民被编进了公社这个具有严格纪律的军事化组织,连吃饭也在公共食堂进行。由于人民公社在体制上的局限,忽略了农户的产权和激励,从而导致了很多效率的损失:第一,社员没有进退的自由,导致农民丧失生产的决策权。第二,信息不对称导致监督困难——"磨洋工"导致农业产出降低。第三,"一大二公"剥夺了农民的剩余索取权,导致激励下降。第四,"一大二公"下的公共食堂导致了粮食消费的巨大浪费(吴敬琏,2010)。

这一历史阶段的农村合作社在配合计划经济和城市倾向政策方面发挥了巨大的作用,但是随着20世纪70年代末家庭联产承包责任制在中国农村的逐步确立,农村合作社逐步解体,农村合作社在社会经济中的作用也逐渐淡化。

2. 新时期的农村合作社

20世纪80年代以后,随着农村经济的发展,一些新的农村专业合作社又开始逐步涌现,对部分地区的农业发展和农民增收起到了积极的推动作用。2006年10月31日,第十届全国人大常委会第24次会议审议通过了《农民专业合作社法》,并于2007年7月1日起开始实施,这是中国首次以立法的形式推进农村合作社及农民的经济合作与互助,该法律对于规范、引导和促进农民专业合作社的发展具有重大意义。2008年的中央一号文件要求,要积极发展农民农业合作社和农村服务组织,全面贯彻落实《农民专业合作社法》,出台配套法规政策,制定税收优惠办法,并清理取消不合理的收费项目。

由于新型农民合作社在不改变家庭联产承包责任制的前提下,坚持入社自愿、退社自由、成员之间地位平等,许多重要事项由章程规定,体现了成员的自治和合作经营自主权,因此能够适应市场经济,被认为是对农村经营体制的一个丰富和完善。同时,它以市场为导向,以专业分工为基础,围绕某个农产品提供系列化服务,也为农户的生产提供各种服务,很好地解决了家庭经营与市场经济的链接,有助于消除"小生产"与"大市场"之间的矛盾。

二、农村合作社的减贫功能:研究进展

由于研究数据的难以获得性,现有文献难以对合作社的减贫作用展开深入研究,但是也有部分学者基于小样本数据或者调研展开了一些初步研究。

首先,第一批文献探讨了合作社减贫作用的机制,或者合作社实践中存在的问题,并提出了相关的政策建议。

例如,赵晓峰和邢成举(2016)展开理论分析认为,合作社应该能够成为精准扶贫与精准脱贫的理想载体。但是,农民合作社产权制度和治理结构也存在不合理性,其根本原因在于普通农户无股权,使合作社与普通农户之间难以建立起紧密的利益联结机制。因此,他们认为需要整合国家财政扶贫资源与合作社进行对接,吸纳贫困农户的自有资源,这样既有助于依托合作社推动建立产业扶贫、资产收益扶贫、合作金融扶贫与农业科技扶贫相结合的精准扶贫体制机制,也有利于提高贫困农户在合作社中的股权份额,改善合作社的产权构成,使贫困农户能够更好地参与合作组织并逐步提升合作自治能力。

韩国民和高颖(2009)分析了西部贫困地区农民合作社发展的主要障碍,研究了参与式扶贫与农民合作社的互动关系,提出"整村推进+农民专业合作社"的反贫困模式建议,他们认为该模式可以整合政府在贫困地区投入的资源,通过合作社的发展提高农民的组织化程度,并持续提高农民的素质与能力,从而实现西部地区减贫的战略目标。

李如春和陈绍军(2017)对世界银行与国家扶贫办合作开展的第六期扶贫项目实践展开了调研,对项目中形成的农民合作社扶贫结构和逻辑进行了分析和探讨,并重点研究了农民合作社实现精准扶贫的作用机制。他们认为,"政府—市场—社区—合作社"四位一体的扶贫模式可以促进政府、市场、社区扶贫资源与合作社对接,吸纳和再造贫困农户自有资源;这一模式通过发挥合作社这一重要载体的作用,增强贫困农户的自主发展意识和话语权,形成一种贫困农户资产收益长效机制,转变产业链中贫困农户的角色与分工,提高贫困农户的自我发展能力,实现扶贫精准对接,推动长效扶贫机制的形成。

陈琦和何静(2015)则认为农民专业合作社具有"天然的益贫性",而这一特征决定了其应该成为农村扶贫开发的重要推动力量;它可以对提高贫困农户的组织化程度、优化扶贫资源配置、提升扶贫效益等方面产生减贫作用。他们还以 QZB 茶叶专业合作社为例,探讨了合作社参与扶贫的三个问题:为什么参与扶贫行动? 如何配置扶贫资源? 以及如何带动贫困农户? 柏振忠等(2017)也认为,农民专业合作社的制度安排具有益贫性的显著特征,应该成为精准扶贫与精准脱贫的理想载体。他们从产业扶贫、科技扶贫、赋权机会、内原动力及内外协同等方面分析了合作社助力精准扶贫的机理,探讨了合作社助力精准扶贫存在的问题,并提出了实施人才培养计划、建立资金互助组、提升自身经济实力、对社员贫困度进行分类等提高农民专业合作社助力精准扶贫成效的政策建议。

钱微和郭艳芹(2012)分析了新疆和田地区贫困的现状后,又阐述了目前和田地区合作社的现状、存在的问题及对减贫的作用,并针对和田地区合作社发展的困境,提出了完善和田地区合作社对减贫作用的建议。

李燕萍等(2009)对湖北恩施两个烟叶专业合作社的发展模式展开了比较研究,认为为了发展贫困地区的农民专业合作社,政策制定者首先要根据本地的实际来发展具有比较优势的产业;其次要根据合作社的实际做出不同的制度安排来保证合作社的运行效率;最后还要提升农民素质、培育新型农民以更好地适应农村合作社的建设和运转。

其次,第二批文献研究了农户参与合作社的意愿或者是否加入合作社的决定因素。例如,刘俊文(2017)利用2014年中国扶贫开发建档立卡数据库中的山东和贵州3个县60个村的5 891个农户的样本展开实证研究后发现,相较于低收入农户,贫困农户加入农民专业合作社的可能性更低。鲁晓和朱秀杰(2015)对甘肃省六盘山片区9个国家级贫困县的681个农民进行了问卷调查,然后基于这个样本分析了贫困地区农民参与合作社意愿的影响因素,结果发现受教育程度、对合作社的认知、专业技术培训、收入来源、农产品收益等变量与农民参与专业合作社意愿呈正相关,而农民年龄、家庭年收入、耕种基础设施等变量与农民参与合作社意愿呈负相关关系,家庭经营的耕地面积、合作社模式对农民的加入意愿的影响不显著。

最后,第三批文献则实证研究了加入合作社对于提高农户收入或者减贫的效果。例如,胡联(2014)利用双倍差分模型对贫困地区加入专业合作社对农户收入增长的影响进行了实证分析,结果得出了正面的结论:贫困地区农民专业合作社促进了农户收入增长;但是,农民专业合作社对不同分位数农户收入增长的影响存在差异性,高收入农户的收入增幅更大;另外,他还发现贫困农户人均资产影响了农民专业合作社对农户收入增长的促进作用。刘俊文(2017)利用2014年中国扶贫开发建档立卡数据库中的山东和贵州3个县60个村的5 891个农户的样本展开实证研究,发现参加农民专业合作社对促进贫困农户和低收入农户增收均有显著的正向作用,但贫困农户受益更大,即农民专业合作社的"益贫性"特征比较明显。他认为这一结果的原因在于贫困农户可获得"合作互助"与"政策扶持"的双重红利。

第二节 新型农村合作社的增收效果检验

根据上一节的文献综述可以看出,由于受到调查数据可得性的约束,现有文献对于农村合作社的效果的深入研究并不多。而CGSS-2010数据给我们提供了一个机会,该数据包括 4 000 多个农户样本,并且有关于农户是否加入了某个农村合作社的信息,为我们提供机会检验加入合作社是否能够提高农户的收入水平或者减少农村贫困的作用的机会。

基于 CGSS-2010 数据,我们在表 12-1 中报告了回归模型的变量的统计描述,包括农户的一产总收入水平、家庭成员数量、是否加入农村合作社、家庭经营的各种土地面积、从事农业和非农业的劳动力数量。模型的被解释变量为农户的一产总收入,我们关心的自变量为加入合作社变量,其他的为控制变量。

表 12-1 变量统计描述

	N	mean	s.d.	min	max
一产总收入	4 206	6 412.96	10 580.78	0	200 000
家庭成员数量	4 561	4.04	1.66	1	14
加入合作社	4 514	0.04	0.20	0	1
经营耕地面积	4 537	6.67	22.19	0	1 000
经营林牧面积	4 537	2.57	16.85	0	600
经营水面滩涂面积	4 537	0.21	9.06	0	600
从事农业劳动力数量	4 500	1.79	1.15	0	7
从事非农业劳动力数量	4 448	1.00	1.16	0	14

下面我们来实证检验是否加入合作社对于农户的第一产业总收入水平有影响,OLS 模型的回归结果报告在表 12-2 中。

表 12-2 加入合作社对农户第一产业收入的影响

	1	2	3	4
加入合作社	0.669***	0.515**	0.618***	0.484**
	(0.246)	(0.242)	(0.240)	(0.245)
经营耕地面积		0.020 2**	0.029 4***	0.021 3*
		(0.009 35)	(0.011 1)	(0.012 0)
经营林牧面积			0.008 95*	0.004 11
			(0.004 79)	(0.004 10)

续表

	1	2	3	4
经营水面滩涂面积			−0.007 49	−0.001 36
			(0.005 29)	(0.004 85)
从事农业劳动力数量		1.269***		1.268***
		(0.053 2)		(0.055 2)
从事非农业劳动力数量				−0.067 2
				(0.048 5)
常数项	6.675***	4.261***	6.451***	4.307***
	(0.056 4)	(0.117)	(0.089 7)	(0.128)
N	4 165	4 135	4 165	4 087
R^2	0.001	0.201	0.040	0.201

注:被解释变量为农户的第一产业总收入的对数;*、* *、* * *分别代表10%、5%、1%的程度上显著。

数据来源:CGSS-2010 农户样本。

从表12-2中可以得出如下初步结论:第一,加入农村合作社的回归系数在所有的模型中都显著为正,这表明加入农村合作社可能有助于提高农户的第一产业总收入;第二,家庭经营的耕地和林牧地面积在大多数模型中也都显著为正,这可能与农村合作社大多从事种植业或者家畜养殖业有关;第三,从事农业劳动力的数量也显著为正,这一结果符合理论预期。

最后,我们也进一步利用上述数据检验加入合作社能否显著降低农村贫困发生率,因此将回归模型的被解释变量换为农户是否为贫困状态,贫困线为统计局确定的2010年贫困线,但是回归结果显示,农村合作社对减少贫困没有显著的作用。这一结果和其他部分研究及调查的案例研究的结果不一致,我们分析导致这一结果的原因有:第一,可能与我们使用的样本有关;第二,可能与我们使用的样本时间等有关;第三,调研或者案例研究中发现加入合作社具有减贫效果也是成立的,但是由于在现实中依然存在很多运营合作社失败的案例,以及加入了合作社后经营不好而亏损的案例,而这些在调研或者案例研究中往往无法反映,因此在利用大样本研究后,就得出了与案例研究不同的结论;第四,OLS回归面临着内生性的困扰,农户是否加入农村合作社是许多家庭决策中的一个,而所有的家庭决策都是基于农户的收入或者福利最大化而决定的,而回归模型中有很多影响家庭决策的变量无法控制,因此,如果想要识别加入农村合作社的减贫效果,还需要做更多的实证工作。

第三节 新型农村合作社减贫的成功案例研究

1. 广西壮族自治区田东县真良火龙果种植专业合作社

田东县真良火龙果种植专业合作社由返乡创业能人梁青松带头于2012年创建,项目投资480多万元,县政府及有关部门通过财政资金撬动、小保险抗风险等措施,使融资无门的合作社迅速获得北部湾村镇银行等金融机构的150万元贷款,财政、扶贫、水利、农业等部门也通过建立贫困农户发展生产资金互助协会,为合作社及社员发展生产所需的小额融资提供了便利。经过4年的发展,合作社现有股东5人,社员149人,专业管理人员8名,员工20名,专业技术人员5名,专家顾问3名,基地管理场地及办公、仓库厂房、恒温贮藏库等设备齐全,生产技术完备。合作社注册的"金火龙"牌火龙果商标,也已申请中国绿色食品认证。

真良火龙果合作社的第一种扶贫模型是"5年返还土地",其主要运行模式参见图12-1。

该模式的执行过程如下:合作社首先以土地流转的方式从70多个农户那里租赁来550亩耕地,建设起一个标准化的火龙果示范基地,合作社按照每年每亩700元给农户支付地租,同时还雇用50多位村民在合作社种植管理火龙果,按照每人每天70元给他们支付工资。村民们既拿地租又拿工资,增加了财产性收入和工资性收入。为了带动更多的农民种植火龙果,并让村民省去种植火龙果前期的大量投入,帮助他们规避种植风险,在农民将土地出租给合作社满5年后,合作社即把租用的土地和地上盛产期的火龙果树一并返还给农民,由农民自行经营管护,合作社则继续免费为种植户提供技术服务和产品销售服务,所生产的火龙果由合作社按市场就地统一收购后包装销售,让合作社的农户没有销售的后顾之忧。因此,从第6年起,参加合作社的农户即可获得火龙果的全部销售收入。一株火龙果树的收获期长达20年,这就意味着农户至少能获得15年的火龙果种植收益。目前,真良火龙果种植专业合作社已经发展到8个乡镇,建了8家分社,带动周边地区推广种植火龙果,同时积极完善销售网络,开通了名为"真良农品"的微店,并筹划建设电子网络销售平台,对接大型商超、小型连锁销售终端和农贸市场,及时掌握订单信息和市场需求,实现产供销一条龙。

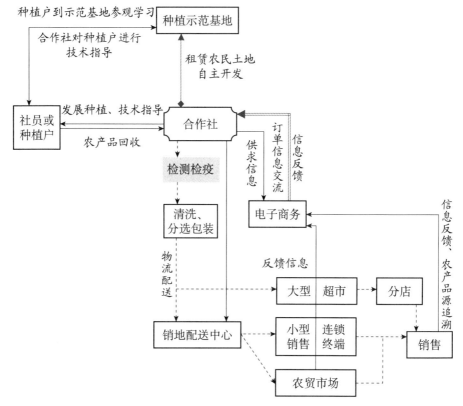

图 12-1　真良火龙果合作社运行模式

为切实解决农户前期投入资金不足的难题,合作社还创立了"522 资金互助模式":合作社建立帮扶基金,然后由帮扶基金支持 50%,合作社垫付 25%,农户自付 25%的比例对合作社成员进行帮助,同时合作社免费为种植户提供技术服务和销售保障。3 年后农户用火龙果的销售收入偿还合作社帮扶基金及合作社前期垫付的资金,详见图 12-2。

火龙果前期投入稍大,约为 8 000 元/亩,表 12-3 提供了火龙果亩均投资的数量。

虽然种植火龙果的前期投入较大,但是只需要 2—3 年即可以开始收回投资并赢利。火龙果在栽植 12 个月后即可试花挂果,亩产可以达到 1 000 斤,从第 3 年开始进入稳产期,亩产达4 000斤。按照2014年地头收购价4元/斤计算,合作社年销售30万斤火龙果,产值达120万元。合作社成立前5年,农户从土地流转中收入380万元,户均收益5 500元。土地返还农户后,年销售总收入约1 100万元,户年均收益达15万元,减去成本160万元,户年均纯收入达13万元。

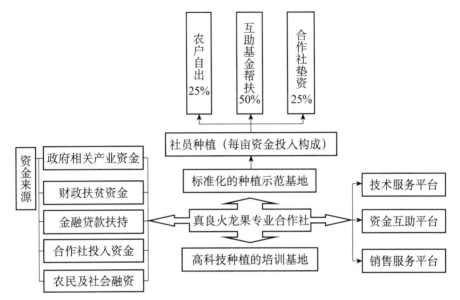

图12-2 "522资金互助模式"运行图

表12-3 真良火龙果亩均投入

内容	明细	单位	数量	单价(元)	金额合计(元)	备注
直接材料	火龙果种苗	株	480	5.00	2 400.00	
	水泥杆	根	120	16.00	1 920.00	
	有机肥	吨	1	700.00	700.00	底肥
	农药	亩	1	200.00	200.00	
其他材料	轮胎	个	120	1.50	180.00	
	钢筋	亩	120	1.50	180.00	
	其他物资	年	1	150.00	150.00	
人工费	翻地人工费	亩	1	180.00	180.00	
	起垅人工费	亩	1	60.00	60.00	

续表

内容	明细	单位	数量	单价(元)	金额合计(元)	备注
人工费	立杆人工费	根	120	1.20	144.00	
	定植人工费	天	1.5	70.00	105.00	
	护理人工费	年	1	1 100.00	1 000.00	日常护理
土地资金	土地租金	年	1	700.00	700.00	
合计					7 919.00	

数据来源:由真良火龙果合作社提供。

2. 田东县周镇官民养牛农民专业合作社

田东县祥周镇民安村是一个"九分石头一分土"的地区,耕地资源的匮乏导致该地区无法开展大规模种植业,故而肉牛养殖在本村有着悠久的历史和传统。但长期以来,零散家庭养殖模式和自然状态下发展方式无法将肉牛养殖的优势充分发挥出来,严重制约了民安村养殖业的进一步发展。经过多方努力,民安村于2015年成立了官民养牛农民专业合作社,采取统一收购、统一饲养、统一出售等形式进行肉牛养殖,现已达到规模效应。该合作社创办于2015年8月,占地约30亩,已建成标准的羊舍一栋,面积200平方米;牛舍一栋,面积600平方米;有标准的化粪池、消毒池、饲料发酵室、动物焚烧池等,总面积达1 000多平方米,总投资超过50万元。现肉牛养殖已达到70多头,山羊养殖已达到100多头。合作社成立并完成养牛场地建设后,其管理主要是采取统一采购、统一饲养、统一防疫、统一出售,不但提高了经济效益,而且降低了养殖风险。统一采购,由于量较大,可集中引进优良品种,在饲料、兽药等方面也可以降低一定的成本;统一饲养,减少了青贮饲料的损耗,也减轻了劳力成本;统一防疫,可以确保防疫及时,提高防疫密度、防疫质量;统一出售,可以提高肉牛品牌影响力,提高产品附加值。

同时,挂点单位、村"两委"组织合作社社员赴县内外优秀合作社参观学习,学习肉牛养殖技术和后续产业发展,并对肉牛市场及发展前景等进行全面深入的调查了解。通过参观学习,更加坚定了社员走肉牛特色养殖道路的信心和决心,使合作社快速进入了产业规模化发展的轨道。官民养牛农民专业合作社的成立,改变了民安村肉牛养殖模式,由先前的零散养殖转变为集中规模圈养,从而加快合作社社员脱贫致富步伐,加快壮大本村集体经济,对本村生产能力和群众脱贫摘帽发挥重要作用。下一步,民安村计划积极争取县里计划安排给贫困村的农发行200万元贷款,继续强化"合作社＋农户"模式,将全村贫困户、非贫困户全部纳进合作社,利用扶贫引导资金在原来场地新建养牛场,同时,养殖品种要进一步改良和优化,一方面要积极组织社员到先进地区考察学习,引进优良肉牛品种,另一方面要积极筹划合作社养殖多元化,加快山羊、肉鸡等的养殖探索实践,不断加快民安村养殖事业的发展,让贫困户实实在在受益。

3. 田东县那拔镇六洲村发展肉牛养殖产业助脱贫

田东县那拔镇六洲村生态肉牛养殖农民专业合作社由该村第一书记牵头,村两委统筹协调成立于2016年5月,其养殖基地位于田东县北部的那拔镇六洲村六合屯,距东巴二级公路600米,距那拔镇政府所在地约5公里,交通便利。合作社一期项目养殖基地占地面积10亩,主要从事种牛育肥、肉牛饲养、屠宰、牛肉加工和牧草种植、加工销售一体化,项目总投资584万元,其中购买优质杂交种牛花费330万元,饲养管理费及流动资金150万元,牛栏舍及其配套设施建设资金约104万元。已建成牛舍2栋共1 800平方米,目前已经建成配套的办公室、宿舍、仓库、兽医室、消毒室、值班室等约500平方米;现有职工10人,其中兽医技术员2人,并拟建成肉牛养殖技术农家课堂培训基地1个。

合作社控股股东广西金达丰生态牧业有限公司参照该公司位于田东县印茶镇印茶村检印屯养殖示范基地的做法,计划把那拔镇六洲村生态肉牛养殖农民专业合作社项目(一期)建成年生产商品肉牛300头,年总产值达570万元,年利润达120万元的扶贫示范项目,该项目可吸纳当地农村劳动力10人。六洲生态肉牛养殖合作社以"公司＋合作社＋农户"或"公司＋农户"的模式,按照公司化运作,规范化管理,并与入社农户签订《肉牛委托养殖与销售协议》和《收益利润分红协议》,确保入社农户和公司双方利益;通过合作社带动本村有劳动力的贫困户种植牧草和收购甘蔗尾叶,可使每户每年增加收入4 500元以上;合作社还计划引进专业种植甜玉米大户合作,通过土地流转方式在六洲村建立规模达200亩的甜玉米种植基地,实现甜玉米销售收入和秸秆喂牛双收益,既可降低肉牛饲养成本,又可增加农户收入(土地租金和用工收入);通过该肉牛养殖合作社扶贫示范基地的带动效应,计划在2020年前六洲村农业产业结构趋向合理,农民收入途径增加,彻底消除贫困现象,人民同步进入小康社会。

合作社通过"公司＋基地＋农户"的发展方式带动发展该村肉牛养殖产业，目前已经有69户贫困户签署了合作养牛协议，并已经引入肉牛171头。针对一些贫困户有意参加合作社但是又缺乏资金的情况，在其他银行未能及时办理发放扶贫小额信贷的情况下，合作社积极协调联系，通过田东县北部湾村镇银行扶贫小额信贷项目，共帮助29户贫困户落实办理发放贷款145万元，有效解决了贫困户的资金短缺问题。

4. 都安县丹阳编制有限责任公司带动贫困户脱贫案例

广西都安县丹阳编制有限责任公司是一家生产经营竹藤草芒编制工艺品的私营企业，成立于2004年，位于都安县地苏镇丹阳村，占地面积9 000平方米，拥有企业技术人员和管理人员200名，资产总值1 370万元，固定资产1 200万元，年产值4 000万元以上。公司的主要产品为各种花篮、花杯、墙篮、吊篮、藤篮、草篮等家具园林用品，产品以材料独特、小巧玲珑、图样清新、美观大方、质优价廉而为外商所青睐，产品远销英国、荷兰、德国、意大利、比利时、美国、澳大利亚、新西兰、日本、韩国等地。2011年完成产值6 512万元，上缴税金451万元，实现利润248万元。丹阳编制有限公司为了带动当地经济发展和帮扶贫困农户，实行"企业＋基地＋农户"的模式进行生产经营：以农户为基本生产单位，以村屯为收购站点，以乡镇为产品集散地，实行以产定销，分散加工，统一销售，产供销一体化。由于编制公司能够利用当地生产的竹、藤、草、芒等丰富的原料，以及当地的劳动力（特别是留守的妇女及老人），依托广阔的国际市场，取得了良好的社会经济效益。2016年，该公司销售额5 000多万元，其中出口额为800多万美元，直接为贫困户带来经济效益2 800万元，带动2 000多农户脱贫。

四、合作社成功与失败的经验教训总结

近几年来，扶贫攻坚战正在欠发达地区全面展开。我们在广西的多个贫困县的调研发现，一种新型合作社模式正在各方推动下悄然兴起，成为扶贫攻坚战中值得重视的一种模式。这种模式集中了大户带头、市场主导、政府扶持的各方优势，对于提高农业规模经营和释放过剩劳动力起到了显著的作用。

1. 新型合作社对扶贫和农业生产的积极作用

当前在广西田东等地出现的新型农业合作社是在新的历史条件下出现的农业

规模经营方式。在政府金融支持下,由当地大户(或私人公司)在贫困户所在村庄开辟产业基地,建立合作社,以提供技术、培训、信息和销售渠道(比如电商)的方式与农户进行合作,开展扶贫。对于承担了合作社扶贫项目但资金运营困难的公司或大户,政府会有补贴。新型合作社发挥了以下几方面的作用:

第一,它作为一种新的组织形式,集中了大户带头、市场主导、政府扶持的各方优势,有效地连接了各种生产要素和市场,连接了农户(特别是贫困户)的劳动力、农业大户(或领头人)的技术和管理、政府提供的扶贫资金(主要是贴息的贷款),提高了农业规模经营水平和劳动生产率。以田东隆祥兔业农民专业合作总社为例,采取"公司+合作社+基地+贫困户"的发展模式,提供产前、产中、产后服务,通过统一提供饲料、统一检疫、统一技术指导、统一回收等服务,为社员和贫困户搭建产业服务平台。总社基地实现总产值 570 万元,创利润 200 万元,发展了 19 个分社,带动农户 1 325 户,其中贫困户 825 户。

第二,合作社的规模经营,比之前以农户为单位的生产方式更节约劳动力。以真良火龙果种植农民专业合作社为例,相比之前每家每户单独种植玉米,仅需要当地总劳动力的大约三分之一。在这过程中,释放了剩余劳动力,促进了外出务工,增加了家庭的其他经济收入。

第三,在农业劳动生产率大幅度提高和促进外出打工的双重效应之下,有效地减少了贫困。根据几个典型案例的调研,在合作社工作的劳动力的月收入大约在 2 000—3 000 元左右,相比于之前农户的种植业收入有了大幅度的提高。如果计入农业剩余劳动力得以释放后进城打工的收入,则收入提高幅度更高,脱贫效果更为明显。

值得一提的是,有些合作社给农户提供了技术培训,例如都安县的两性花毛葡萄成果转化示范基地,每年培训 1 000 人次以上。这为农户积累了人力资本,接触到了现代经济生产方式,形成了可持续的发展动力和长效机制。

2. 新型合作社的经验总结

在计划经济时期,也曾经通过集体化运动成立过农业的合作社(公社),被普遍认为结果导致产权不明晰,缺乏给予合作社成员努力工作的激励机制,还缺乏通过自由退社来惩罚其他成员"搭便车"行为的机制,因此,随着家庭联产承包责任制的实施,旧的合作社(公社)退出了历史舞台。相比之下,当前新型的农业合作社产生

于市场经济的大背景之下,与旧的合作社相比,具有以下几个方面显著的不同:

第一,产权明晰。计划经济时期旧的合作社(公社)的关键问题是产权不明晰,当时,在经历过集体化之后,农户的生产资料全部转为集体公有,而且,取消了农户的退社自由,滋生了农业生产中严重的"搭便车"行为。相比之下,新型合作社没有强制加入,而且有自由退社的权力。在生产资料方面,农户以土地作为资产,将其经营权通过自愿的合约加分红的模式加入合作社,合作社的公共投入(如基础设施、水利和浇灌系统、销售网络)由集体投资,不存在产权不明晰的问题。

第二,发挥了激励生产的作用,避免了奖懒罚勤。在扶贫攻坚战中,一个现实的需要是加大农业的投入,为此,被认定的贫困户可以得到大约每户 5 万元的贴息贷款。在实际执行中,有非贫困户抱怨,认为贫困户可以得到这笔资源,而勤劳致富的家庭却得不到相应资源,这有明显的奖懒罚勤"负激励"作用。而在合作社机制下,贫困户把贴息贷款的资源交由合作社经营,然后,农户可依据事先签订的合约进行分红,同时还作为"员工"获得合作社付出的工资。这样,不管是自己通过努力而获得工作,还是作为"股东"获得分红收益,均可使相关农户一举"脱贫"。贫困户在政策扶持下勤劳脱贫,同时,合作社并不排斥非贫困户加入,最大限度地避免了奖懒罚勤。

第三,以市场产品需求为先导,以城市存在劳动力需求为条件。计划经济时期的旧的合作社是以集体化本身为目标,虽然集体化了,但农民却没有减少,这样农业劳动生产率并未提高,反倒因为"搭便车"行为有所下降,结果是得不偿失。在新型的合作社下,市场的产品需求是先导,合作社是有效满足市场需求的生产组织方式。同时,在城市化的进程中,城市的工业和服务业存在大量劳动力需求,这样一来,合作社的规模经营就成了释放农业剩余劳动力的有效机制。

第四,政府因势利导,而不是强行推动。计划经济时期的旧的合作社是政府强行推行的,农户没有选择加入与否的权利,加入之后也没有退出的权利。而在田东模式为代表的新型合作社的发展中,政府仅仅扮演了中间人的角色,入社和退社都是自由的。对于条件成熟的合作社,政府在发放贴息贷款之前要对合作社的经营状况进行调查,对于经营风险要进行评估,对于符合条件的给予贴息贷款扶持。真正地做到了让市场成为资源配置的决定性力量,而政府更好地发挥作用。

3. 推广新型合作社的政策建议

新型合作社适应了新条件下农村经济发展和扶贫的客观历史需要,是一种可以推广的扶贫经验。与此同时,我们也认为在推广新型合作社的过程当中有一些问题需要加以注意,为此我们提出以下几个政策建议:

第一,在推广合作社的过程中应避免政府主导,避免将市场风险转变为政策风险。我们在有些地方调研的过程当中发现,有地方政府直接挑选可以发展的产业,便动员群众投入生产。之后,一旦出现市场风险,之前动员的产业便无法实现预期收益,造成了群众的不满,损害了政府的信用。因此,我们建议在实践中推广田东的模式,政府更多扮演第三方的角色,在提供信息、技术和金融支持等方面发挥作用,并且对合作社的经营状况进行评估,帮助农户和合作社经营者之间的关系建立在合约的基础之上,把合作社的经营和可能存在的风险纳入到市场和法律管理的体系之内。

第二,新型合作社的推广也不应一刀切,对于规模经营并不一定要以合作社为唯一模式。新型合作社的发展本质上是在追求农业生产的规模经营,但是,规模经营本身有可能出现多种模式,也可能发生在农业生产的多个环节。比如,对于特定的农产品来讲,在生产环节没有很强的规模经济效应,但是在销售环节可以通过统一的销售网络和运输服务来实现规模经营。对于这样的情况,规模经营就不一定要采取全生产链的合作社方式,而可以仅仅在销售环节和运输环节展开。在本质上,规模经营到底采取什么样的模式,仍然应该以市场作为主导力量,政府在给予相应的政策配套的时候也不必以全生产链模式的合作社作为必要条件。同样道理,在脱贫标准的设定中,也没有必要把有无产业发展定义得太狭窄,避免教条化倾向。

第三,新型合作社目前发展的状况有很大的差异,需要在政策扶持方面差别对待。目前扶贫的贴息贷款仅仅管3年,对于一些经营能力较弱,而实际扶贫带动作用又非常强的合作社,建议政府考虑延长贴息贷款的年限,避免那些目前经营能力较弱、盈利能力不强的合作社在离开政府贴息贷款之后,又重新回到贫困陷阱当中。

第四,对于自然条件恶劣地区的合作社的可持续性应予以关注。在我们的调研过程中发现,一些新型合作社目前所在的地理位置仍然是在交通便捷性不够的山区。一些地方结合移民搬迁工程的产业发展,目前的产业发展位置已经远远好于移民搬迁之前。但是从长远来看,这些地方仍然比较偏远,运输成本比较高,自然条件相对恶劣。更重要的是,随着人们生活水平的提高,这些农村地区的居住条件和生活品质的提高遇到巨大瓶颈,特别是服务业的发展受到很大的局限。因此我们建议,对于农村扶贫和合作社的发展,要有动态的评估,不断地引导农村居民进一步向地理条件较好的位置迁移,鼓励有能力的居民进一步转移到城市产业当中去。

参考文献:

柏振忠,向慧,宋玉娥,2017,《农民专业合作社精准扶贫机理研究》,《农业科技管理》第 3 期 57－60＋85 页。

陈琦,何静,2015,《专业合作社参与扶贫开发行动分析——来自 QZB 茶叶合作社的案例》,《中共福建省委党校学报》第 3 期 46－51 页。

韩国民,高颖,2009,《西部地区参与式扶贫与农民专业合作社发展的互动研究》,《农村经济》第 10 期 116－118 页。

胡联,2014,《贫困地区农民专业合作社与农户收入增长——基于双重差分法的实证分析》,《财经科学》第 12 期 117－126 页。

李如春,陈绍军,2017,《农民合作社在精准扶贫中的作用机制研究》,《河海大学学报(哲学社会科学版)》第 2 期 53－59 页。

李燕萍,涂乙冬,吴绍棠,2009,《贫困地区农民专业合作社发展模式的比较研究——以恩施烟叶专业合作社为例》,《湖北经济学院学报》第 3 期 77－82 页。

刘俊文,2017,《农民专业合作社对贫困农户收入及其稳定性的影响——以山东、贵州两省为例》,《中国农村经济》第 2 期 44－55 页。

鲁晓,朱秀杰,2015,《贫困地区农民参与合作社意愿的影响因素研究——基于六盘山片区的问卷调查》,《江西农业学报》第 4 期 117－120 页。

钱微,郭艳芹,2012,《新疆农民专业合作社对减贫作用的实证研究——以和田地区为例》,《新疆农垦经济》第 9 期 39－44 页。

吴敬琏:《当代中国经济改革教程》,上海:上海远东出版社 2010 年版。

赵晓峰,邢成举,2016,《农民合作社与精准扶贫协同发展机制构建:理论逻辑与实践路径》,《农业经济问题》第 4 期 23－29 页。

第十三章

其他精准扶贫政策

除了前面几章详细介绍的精准扶贫政策以外,中国政府还开展了形式多样、规模不同的其他精准扶贫政策,例如不同部委、地方政府部门的对口帮扶,东部地区官员到西部贫困地区挂职,教育扶贫,易地搬迁移民等,本章将重点介绍精准扶贫中的教育扶贫、易地搬迁移民和编制社会保障体系这三部分。

第一节 教育扶贫

一、基础教育扶贫

要扶贫,先扶智。教育能够赋予被教育者知识和技能,能够提高劳动者的生产率和收入水平,对于遏制贫困具有重要意义,这一点早已被众多研究证实。中国政府对贫困地区农村义务教育工作的资金投入集中体现了政府对于智力开发的重视。为了促进贫困地区适龄儿童、流动人口子女、残疾儿童等的义务教育,中央财政先后划拨近100亿元专款实施了中国有史以来规模最大的义务教育扶贫工程——"国家贫困地区义务教育工程",有力地推进了贫困地区九年义务教育的发展。为了帮助贫困家庭学生完成义务教育学业,各级人民政府也在积极落实中小学助学金制度,采取减免学费、书本费、寄宿费等办法减轻他们的负担。2001年,中央财政将中小学助学金增加到1亿元,重点资助西部地区家庭经济困难的学生。中央财政每年还安排2亿元专款,开展对家庭经济困难学生免费提供教科书制度的试点工作,共有200多万名中小学生受益(国家统计局农村社会经济调查总队,2003)。地方各级政府也相应设立资助专款,解决家庭经济困难学生在校学习和生活问题。2013—2015年,中央财政累计投入资金约44亿元,支持连片特困地区对乡村教师发放生活补助,惠及约600个县的100多万名乡村教师。实施面向贫困地区定向招生专项计划,面向832个贫困县4年累计录取学生18.3万人,贫困地区农村学生上重点高校人数连续3年增长10%以上。连续实施学前教育三年行动计划,全国学前三年毛入园率由2011年的62.3%提高到2015年的75%,中西部地区在园幼儿数由2011年的2 153万增加到2015年的2 789万。这些措施对于提高贫困农户子女的教育水平和人力资本积累无疑有很大的好处,对于中国经济的长期增长和农户贫困程度的降低也有着积极的意义。

《义务教育法》的颁布和实施,以及中央财政对于中西部贫困地区的倾斜性投入,极大地提高了贫困地区少儿的入学条件。根据农村贫困监测调查,2015年贫困地区7—12岁少儿中,在校就读的少儿占96.6%,17岁以下少儿中,中途辍学的比例为1.1%,80.3%的辍学是因为孩子不愿意就读。在中途辍学的少儿中,小学阶段辍学占15.2%,初中阶段占73.1%,高中阶段占11.7%(国家统计局农村住户调查队,2016)。

二、职业技能培训扶贫

鼓励和引导农村剩余劳动力外出务工也是精准扶贫政策的重要内容,这其中,给贫困地区的劳动力提供职业技能培训也作为一项提高人力资本的重要措施被各地政府实施,并且取得了良好的效果。2016年12月,教育部印发的《教育脱贫攻坚"十三五"规划》中,在提出了贫困地区义务教育发展目标的同时,也提出了职业教育发展的要求:"每个人都有机会通过职业教育、高等教育或职业培训实现家庭脱贫,教育服务区域经济社会发展的能力显著增强。"针对如何提升教育脱贫能力的举措问题,《教育脱贫攻坚"十三五"规划》提出加快发展中等职业教育,广泛开展公益性职业技能培训等途径。

在精准扶贫的实践中,广西田阳县开展了"千人就业扶贫技能大培训",让"一人就业"带动"全家脱贫"。该县以建档立卡贫困户为重点,开展汽车驾驶、挖掘机操作、电工焊工、烹饪、家政服务等专项培训,每年完成2 000名以上贫困家庭劳动力的职业技能培训,并通过定人定向的方式,培训结束后颁发职业技术资格证,推荐就地就业或外出务工就业,实现"培训一人,就业一人,脱贫一户"的目标。2016年,该县外出务工贫困劳动力1.6万人,人均月工资2 320元,全年劳务收入可达

2.8亿元。

另外,为了提升贫困地区的人力资本水平,教育部本身也实施了一系列的精准扶贫投入或政策,其中包括:全面改善贫困地区义务教育薄弱的学校的基本办学条件,实施农村义务教育学生营养改进计划,实施中等职业教育学生免费和给予国家助学金补助,实施面向贫困地区定向招生计划,实施《国家贫困地区儿童发展规划(2014—2020年)》及《乡村教师支持计划(2015—2020年)》,将部署高校纳入定点扶贫工作体系中。

第二节 移民搬迁

一、移民搬迁概况

1982年,中国政府开始对"三西地区"实施大规模的移民搬迁,从干旱的定西地区和西海固地区迁移部分人口到河西、河套和沿黄河两岸资源丰富的地区,以使移出的贫困户获得较好的生存条件,同时也使留下来的农民的生存条件得到改善。在甘肃和宁夏两省(自治区)政府的组织下,到1998年年底已从特困地区向新开发的灌区移民63万人。另外,广西、广东、湖北、陕西、吉林、山西等省(自治区)也于20世纪90年代开始实施移民搬迁。从目前中国的实践来看,其在经济方面、社会方面、生态环境方面和缓解贫困方面都产生了效果。进入21世纪,扶贫移民搬迁开始由区域性、地方性探索转变为国家层面的系统工程,并成为解决资源环境问题的重要措施之一。《中国农村扶贫开发纲要(2001—2010年)》提出,"对目前极少数居住在生存条件恶劣、自然资源贫乏地区的特困人口,要结合退耕还林还草稳步推进自愿移民搬迁。"之后,经国务院批准,从2001年起,国家开始利用国债资金在内蒙古、贵州、云南和宁夏四个省(自治区)实施了易地扶贫搬迁试点工程。2001年和2002年分别安排了9亿元和10亿元,连同地方配套资金,总投资27.5亿元,迁移贫困群众41.8万人。2011年出台的《中国农村扶贫开发纲要(2011—2020年)》将扶贫移民搬迁作为专项扶贫的重要举措:"对生存条件恶劣地区扶贫对象实行易地扶贫搬迁。引导其他移民搬迁项目优先在符合条件的贫困地区实施,加强与易地扶贫搬迁项目的衔接,共同促进改善贫困群众的生产生活环境。"

2016年7月至8月,习近平总书记在宁夏、青海考察易地移民搬迁工作,指出"移民搬迁是脱贫攻坚的一种有效方式。要总结推广典型经验,把移民搬迁脱贫工作做好。要多关心移民搬迁到异地生活的群众,帮助他们解决生产生活困难,更好融入当地社会"。"十三五"时期,中国将通过实施易地扶贫搬迁工程,从根本上解决约1 000万建档立卡贫困人口的稳定脱贫问题。兼顾减贫发展、生态保护与社会和谐多维目标的移民搬迁成为精准扶贫、精准脱贫的重要措施之一。2012年以来,国家累计安排中央预算内投资404亿元,撬动各类投资近1 412亿元,搬迁贫困人口591万人,地方各级政府统筹中央和省级财政专项扶贫资金380亿元,搬迁580多万贫困人口,建设了一大批安置住房和安置区水、电、路、气、网等基础设施,以及教育、卫生、文化等公共服务设施,有力地推动了贫困地区的人口脱贫(国家统计局住户调查办公室,2016)。

移民搬迁是一项利国利民尤其是惠及贫困地区的民心工程,具有很好的社会效益和生态效益,扶贫效果明显,其扶贫效果主要体现在以下几方面:

首先,改善了搬迁贫困人口的生存环境。移民搬迁之前农户生产生活条件非常艰苦,甚至基本生活条件都难以满足。实施搬迁后,移民被迁移到交通便利、各项基础设施较好的中心镇、小集镇、城郊或县城,或者是新规划建设的移民新村,生产生活设施、社会事业设施、生态保护设施相对完善,摆脱了以往恶劣的自然环境及资源匮乏的束缚。同时,移民社区建设还改善了农村养老、医疗、教育等公共品的供给(付少平和赵晓峰,2015)。搬迁前贫困农户往往分散居住,道路、水电、学校、医院等公共品与服务不可能惠及每家每户。搬迁后移民集中居住,降低了公共服务基础设施建设的费用,求医、上学和生活等条件有了改观,同等的公共服务惠及的农民数量增加,提高了公共服务的供给效率,极大地改善了贫困农户的生活质量。

其次,解决了搬迁贫困人口的温饱问题,实现了脱贫致富。搬迁移民行为能有效地增加贫困农户的物质资本及社会资本,搬迁移民前后农户生计资本有较为显著的提高,达到使农户减贫脱贫目的(陈胜东等,2016)。

最后,转变了搬迁贫困人口的思想观念。贫困人口原先的居住环境较为恶劣,在面临物质贫困的同时,还面临精神贫困。由于受教育程度低,文化素质不高,相对封闭落后的环境容易使贫困人口形成奥斯卡·刘易斯(Oscar Lewis)提到的"贫困文化",表现为:听天由命、消极无为的人生观;安贫守旧、求稳求全、知足常乐的生活观;不思变革、懒散怠慢的劳动观等(刘龙和李丰春,2007)。移民搬迁后,受周围环境影响有利于其思想意识转变,增强市场观念、竞争意识,树立正确的从业观念,提高其社会适应能力和积极主动的自我发展能力。

尽管移民搬迁为扶贫移民提供了发展机遇,但搬迁也有可能增加移民贫困程度(Cemea,2002),如移民搬迁往往伴随着土地丧失、原社会资本流失、边缘化、社会适应度降低等风险,进而陷于一定的贫困陷阱与贫困循环之中,出现"介入型贫困"(杨云彦等,2008)、"次生贫困"(施国庆,2015)。从当前各地移民搬迁的实践来看,要确保有搬迁意愿的建档立卡贫困农户"搬得出,稳得住,能致富",仍然面临着以下几个突出的问题需要解决:

一是如何避免搬迁目标瞄准度的偏差,保证移民搬迁对象的精准性。实施移民搬迁还需要搬迁对象自筹部分费用,目前国家对搬迁户的补助标准太低,那些身陷贫困的搬迁农户没有经济条件承担搬迁费用,搬迁的指标可能流入村里的非贫困户,因为比较富裕的农户更易获得资源并搬迁到区位条件相对较好的社区,生产和生活在安置地得到了发展(唐丽霞等,2005)。移民项目没有有效地针对最贫困人口,原居地真正贫困农户的生活状况并没有发生明显的变化。因此,要避免"搬富不搬穷"等政策排斥现象的发生(叶青和苏海,2016),提高移民搬迁政策设计的瞄准性。

二是如何规避多种生计风险,解决搬迁移民可持续生计问题。扶贫移民搬迁过程中最主要的问题是搬迁后贫困农户的可持续生计问题。对于农村贫困户来说,依靠原有几亩耕地还可以勉强维持生计,但是搬迁之后,耕种的不便、原有社会关系网络的弱化等都对贫困户的生计造成极大的威胁,如果不能在迁入地为他们重建生产系统,移民生计风险就会加大。同时,搬迁后生产投入、生活费用、子女教育费用及家庭抚养系数和人均负担均要比在原居住地有所增加。很多贫困户属于低保户、五保户,生计脆弱性较强,搬迁时将面临一定的风险,易造成潜在的新的贫困。从目前看,"搬得出"不成问题,而如何"稳得住""能致富"则面临严峻挑战。

三是如何增强扶贫主体间的合作,构建综合扶贫治理体系。在移民搬迁过程中仍存在地方行政部门各自为政、各行其是的现象。各种扶贫资源的统筹调配仍然是由各个部门各司其职,整个扶贫体系的制度与政策衔接还存在一定的漏洞,制度衔接的缺失导致扶贫治理体系的细碎化与条块化(李博和左停,2016),职能部门之间缺乏有效的扶贫联动机制。此外,政府与社会团体、市场力量的合作也仅停留在起步阶段,无法撬动更多的扶贫资源,难以为贫困农户提供充裕的搬迁资金与满意的公共服务,严重影响了扶贫移民开发的效率与进度。未来,构建综合扶贫治理体系,整合资源、形成合力,在扶贫移民搬迁中实现整体性治理显得尤为紧迫。

四是如何增强移民的社会适应性,激发其脱贫内生动力。移民搬迁到安置区后,生产生活方式和环境发生了改变,与迁入地周边居民可能存在社会交往困难,出现社会隔阂、社区隔阂、心理隔阂,甚至出现与当地居民的摩擦与冲突,难以较快适应并融入当地社会。移民搬迁后其职业观念、消费观念、教育观念、宗教文化及生活习惯等内在的思想意识仍停留在过去,影响了移民的正常社会交往。扶贫移民的社会适应是一个渐近的转变过程,唯有建立起搬迁移民的社会融入长效机制,帮助其适应新社区的日常生活,完成人际关系适应、经济适应及文化心理适应,才能激发其脱贫内生动力,真正融入当地社会。

二、广西移民搬迁调研报告

我们于2016年6—7月奔赴广西百色、河池、柳州、贺州和梧州等地调研移民搬迁工作,就广西各地实施的移民搬迁的模式、优缺点和经验教训、存在的问题等进行了分析。

(一)广西移民搬迁工作概况

"十二五"时期,特别是2014年以来,广西启动了大规模易地扶贫搬迁工作,加强顶层设计,根据国家政策要求不断完善各项配套政策措施,稳步推进全区易地脱贫搬迁工作,取得阶段成效。截止到2016年上半年,全区已完成移民搬迁74 723人,占"十三五"时期110万人移民搬迁任务的6.79%;2014—2015年的419个移民搬迁安置项目大部分开工建设,完成投资额29.57亿元,占"十三五"时期660亿元投资任务的4.48%,2016年计划建设的304个集中安置点,各项目正在开展工作。从全区来看,各市都在推进搬迁工作,进度有快有慢,有3个市完成搬迁任务超过10%。

目前,广西移民搬迁呈现出几个特点:一是搬迁规模大。110万人的搬迁移民任务,接近长江三峡用10年时间举全国之力搬迁129万人的规模。二是贫困程度极深,需要搬迁的人口基本上是几代流传下来的贫困户。三是搬迁涉及面广。涉及全区 13 个市 79 个县,基本覆盖广西全境。四是总体进度很慢,各市参差不齐。按照原定的计划,全区 110 万移民搬迁任务,2018 年前要全部完成,截止到 2016 年上半年,任务完成还不到 7%,绝大部分市不到 10%,有两市还未实现零的突破;项目推进进度也极为缓慢,2014 年 231 个项目投资完成率仅 84.48%,2015 年 188 个项目投资完成率仅 31.47%,按时间进度算,投资完成率偏低。

(二)广西实践探索移民搬迁的有效模式

1. 最快捷的移民搬迁路径

环江县以房地产去库存的方式解决移民搬迁难问题,蒙山县则采取政府回购经济适用房集中安置模式。

根据自治区财政厅、发改委、扶贫办《关于印发"十三五"时期广西易地扶贫搬迁项目建设资金筹措使用方案的通知》(桂财农〔2016〕10 号)精神,"十三五"期间,移民搬迁户按 6 万元/人、每户 4 人计算,即每户可获得最高 24 万元建房成本。从目前属四五线县级城镇商品房价格来看,绝大部分县的现房单价在 2 500—3 500 元/平方米,有的县房价在 2 000 元/平方米出头,达到 4 000 元/平方米的县寥寥无几。因此,若按每户搬迁户 4 人居住面积 100 平方米/每套计,每套价格二十几万元,用每户搬迁户获得的补助费基本能购买一套 100 平方米的住房。

若搬迁户购买已竣工可马上入住的现房,则第一步,落实购房资金,由县财政或移民搬迁管理部门直接对接自治区农投公司,确保移民搬迁补助资金足额到账;第二步,由政府部门与开发商洽谈,在确保开发商盈利的前提下,尽量压低房价,批量回购小面积的套房;第三步,做好移民搬迁户工作,收集信息,确保供需信息对称;第四步,与开发商实施交易,分配住房到搬迁户;第五步,对于购房总价超出补助金的部分,为满足移民搬迁户购房需求,实行统一按揭贷款、当地政府贴息的办法解决。

若是已拍卖的待开发的成熟住宅地块,则采取订单式(定向式)开发,定向移民搬迁户。在移民搬迁资金到位的前提下,以政府名义与开发商洽谈,在确保开发商微利的前提下,定向建设搬迁移民小区。这类情况较为灵活,可根据移民需求情况设计提供住房面积。

以房地产去库存的方式解决移民搬迁,省去了很多前置环节,如果倒排工期,抓紧实施,一年左右时间是可以达到预期目标的,并且具有如下优点:①推动供给侧结构改革。房地产库存多,很大程度上是开发商提供给购房者的商品房在设计、建造等方面与购房者的需求不对称,一边是大量待售房屋库存积压,另一边是没有适合消费者(购房者)要求的房子。移民搬迁工程的实施,可以根据移民的需求条件,定制建设符合移民需求的楼盘,可以在一定程度上解决房地产库存问题,有效推动房地产行业供给侧改革。②更有效地加快脱贫步伐。移民搬迁是扶贫攻坚的重要内容,全区有近三分之一的贫困人口需要搬迁,移民搬迁任务没有完成,就会影响到整个扶贫攻坚任务的完成,全区要在"十三五"期间逐步完成一百万贫困人口的搬迁工作,任务非常艰巨。从调研的情况来看,多数县需要提前到2018年前完成移民搬迁任务,有的甚至提前到2017年。在不到一年半的时间内,如果均采取移民安置项目报建程序来安置,则难以保证如期完成。在此情况下,采取房地产去库存的方式安置移民搬迁,既省时又省力,无疑是最有效、最快捷的路径,还可产生较大的社会效益。③盘活资金,使房地产企业尽快走出资金被套的困局。前几年,许多企业由于对宏观形势把握不准,在房地产市场活跃度达到顶峰的时候转向投资房地产业,特别是在一二线城市地价疯狂上涨的情况下,一些资金实力相对不强的企业,瞄准了地价相对较低的四五线县级城镇开始进入房地产业。但国家宏观政策调整后,大批楼盘无人问津,大量资金被套在楼盘里,企业被拖累。在此情况下,政府把移民搬迁工程与房地产去库存有机结合起来,对企业来说雪中送炭,既可抛售楼盘,又可盘活资金,使企业走出困境。

2. 百色市双达村"无土扶贫易地搬迁"模式

百色市田阳县坡洪镇双达村是"十三五"时期区定贫困村,有20个自然屯、20个村民小组、296户、1 064人,其中建档立卡贫困户95户276人,全村耕地面积仅369亩,人均0.34亩,有15个屯没有通路,4个屯没有通电,人均年收入不到2 500元。针对恶劣的生产生活环境,2012年村民自主实施跨镇搬迁,自筹资金600万元在田州镇凤马村附近购地58亩作为宅基地建设移民新村。同时,争取政府政策支持,获得易地扶贫搬迁工程项目资金498万元,不足部分由村民自筹解决。2013年7月开始动工建设,现已基本建成。绝大部分群众已搬迁入住新房,共安置群众314户1 342人,2015年全村农民人均收入5 306元,比搬迁前翻了一倍多。

双达村的主要做法是:第一步,选准移民搬迁带头人。覃志明担任双达村党支部书记,组建了该村搬迁管理委员会,从动员搬迁,到策划、选点、谈判、联络、实施、管理等各个环节,带领村民成功走过了一般人连想都不敢想的艰苦的整村易地搬迁历程。第二步,做足思想工作。向村民讲清楚当前的艰苦环境,讲清楚整村搬迁后对美好生活的展望及搬迁后生产生活的长远规划,宣传党和政府助农脱贫脱困的好政策、好机遇。第三步,选好搬迁地址。选择条件较好、近公路、两村意见较统一的田州镇凤马村附近地块,按每亩10万元价格购得了凤马村58亩荒地,作为该村移民搬迁的新址,最后通过政府征地再出让的方式,获得了土地使用权。第四步,开展规划、报建等前期工作。县国土局很快调整土地用地规划,将58亩土地调整为该村宅基地;县建设局为该村新址做了搬迁和建设规划,并对投资进行了测算;县扶贫办、水厂、电力公司等单位根据实际情况和自身职能,分别承担了相应工作,整个前期工作顺利快捷。第五步,分配宅基地。根据地块位置确定地块价格,地块分配时所有村委及村管委会人员都要见证,镇司法机构派人参加,做出公证。第六步,筹集建设资金。以村民自筹为主,政府补贴为辅。第七步,开工建设及入住。第八步,统一管理新村,实行"三不变"——搬迁户户籍所在地不变、原居住地山林土地权属不变、老村现状不变。第九步,尽力为村民拓宽增收渠道,增加农民收入。

双达村实践给予我们的经验与启示有:一是政府统筹是首要。移民搬迁工作是直接关系到广大贫困人口脱贫的民生工程,是改革发展成果直接惠及人民群众的重大事项,基层党委政府首先要统筹安排,因地施策,才能正确引导移民工作顺利开展,确保移民工程切实惠及群众。双达村"无土易地搬迁"的成功,镇党委政府在协调各方、推动整个搬迁工程进程中起到了不可替代的首要作用。二是群众唱主角是关键。只有发挥移民自身的积极性和能动性,使群众由被动变主动,才能产生内生动力。双达村首先有了一心一意为民办事的村支书,然后唤起了整村群众积极性,才顺利推进了移民搬迁工作。三是资金筹措是保障。双达村移民搬迁工程公共部分所需资金就超过1 000万元,村民只筹集了300万元,缺口相当大。在此情况下,县、镇、村三级联动,通过各方筹措资金,最后解决了资金缺口问题,确保了搬迁工作继续实施。四是艰苦的生活环境是动力。绝处逢生恰恰是双达村群众群起搬迁的真实体现,双达村群众祖祖辈辈生活在"饮水难、用电难、行路难、住房难,耕地少、收入少、光棍多"的大石山窝,艰苦生产生活环境促使该村群众认识到,只有改变现状,才能让子孙后代过上幸福生活。

3. 河池市多种模式有效实施移民搬迁

河池山多地少,生态环境脆弱,为改善大石山区和生态脆弱地区的贫困状况,近年来,该市围绕"搬得出、留得住、能就业、有保障、有出路"的目标,不断探索多种移民搬迁方式,大力实施脱贫生态移民工程,取得了很好的效果。

第一,"有土安置"搬迁模式。20世纪80、90年代,该市就有计划地组织都安、大化、东兰、凤山等县一些居住在大石山区,生活生产条件恶劣、人均耕地不足0.3亩的贫困户进行易地安置,帮助他们建立新家园。1989年,该市创办了广西第一个移民安置场——环江毛南族自治县平原畜牧场,拉开了以"有土安置"为主的易地安置扶贫开发探索的序幕。到2000年,在环江、北海等市内外共建成74个移民安置场,易地安置贫困人口达11万人。其中,在环江县8个乡镇先后建立21个移民安置场,安置了都安、大化、东兰等县大石山区贫困群众6.7万人。2012年,为更大领域整体推进脱贫,该市总结经验,创新推出环江大安乡"整乡推进"开发脱贫新模式,通过资源大整合、连片大开发、群众大发动、基础设施大升级,带动产业发展、群众致富。把大安乡可爱村35个自然屯90户贫困农户333名贫困群众搬迁到村部附近,统一规划、统一建设、统一安置。通过实施"有土安置",搬迁群众每户可分到0.5亩水田和1亩旱地发展农业生产。2014年,搬迁群众人均纯收入比移民之前增加1 842元。

第二,"无土安置"搬迁模式。经过多年实践和总结,从2004年起,河池市紧紧抓住国家实施易地扶贫搬迁工程的机遇,逐步探索出以"无土安置"为主的搬迁模式,依托城镇二、三产业,将有创业能力、自愿易地搬迁的贫困农户、农村外出务工返乡人员及因地质灾害影响需要搬迁的农户,集中安置到县城和中心城镇周边,高起点、高标准地建设新城新区,引进劳动密集型企业,有组织地引导农民就近进城务工、经商和创业,探索出"无土安置"移民搬迁新模式。2004—2014年,全市共安置农村贫困人口10.4万人。都安农民进城创业园就是"无土安置"的典型。都安瑶族自治县充分发挥县城附近有大片荒良地的优势,创建了农民进城创业园,规划安置3.5万人,项目分五期建设,目前已竣工三期,安置搬迁农户达1.65万人。2014年,创业园易地搬迁移民年人均纯收入比全县高出1 000多元。2012年,大化瑶族自治县把扶贫生态移民工程与城镇化结合起来,建设扶贫生态移民与城镇化结合试点工程(即"生态民族新城"),项目规划安置6万人,其中农村贫困人口5 000户2.3万人。截至2016年6月,第一批搬迁农户960户4 804人已搬迁入住。

第三,与城镇化建设相结合的移民搬迁模式。河池市充分利用新型城镇化发展的机遇,借助毗邻城镇的区位优势,优先依托县城、重点镇进行安置,开展搬迁新城建设。大化、都安、环江等县依托县城、工业园区建设安置点,进一步拓宽了城区,集聚了人气,提高了城镇化率,配套建设了相关公共服务设施,在提高移民生活质量的同时,为移民就业创业打下良好的基础。都安县通过移民搬迁新增城镇人口1.1万人,城镇化进程加快;大化县规划安置人口6万人的民族新城已初具规模。

第四,与产业发展相结合的移民搬迁模式。河池市有丰富的旅游资源,各项目县根据当地实际,依托民族特色、长寿文化等旅游资源,规划实施扶贫生态移民安置。南丹县拟将全国最大的白裤瑶聚居地打造成全国示范"里湖千户白裤瑶风情园"旅游景点,将扶贫生态移民与保护和传承特色瑶族文化相结合实施搬迁;巴马县结合长寿文化资源打造甲篆搬迁安置点。

第五,与新农村建设相结合实施整屯搬迁模式。河池市尚有8 017个自然屯未通屯级路,其中10户以下未通屯级路的达到2 538个。按新农村建设要求,对这些地区的基础设施投入、扶贫成本大,最根本的途径就是实施整屯搬迁。全市规划至2020年实施整屯搬迁883个自然屯2.5万人。南丹县对吾隘镇同贡村威袍屯受到地质灾害严重威胁的82户260名群众实行整体搬迁,大化县对大化镇达悟村按照新农村的标准规划建设新的安置点,深得群众好评。

不管以何种模式实施移民搬迁,河池市均注重后续发展,坚持把产业发展、移民就业作为基础性工作。一是依托园区实现就业。通过园区引进企业,使移民实现在家门口就业增收。都安县依托临港工业园区、农民创业园引进电子厂等多家劳动密集型企业,为安置群众提供就业岗位5 500余个。2014年,农业创业园安置户人均纯收入超过6 000元,比进城前收入提高了3 000元以上。临港工业园区成功引进了广西鱼峰集团等劳动密集型企业,提供就业岗位约500个。二是依托特色发展产业。该市以市场需求为导向,在迁出区和安置区建设农产品基地,按照"特色"思路谋划发展核桃、桑蚕、香猪等规模化种养业,以绿色、生态、优质拼抢市场。全市核桃种植面积达到215万亩,桑园面积78万亩,环江的红心柚和香猪、都安的竹藤编织、南丹的猕猴桃、天峨的珍珠李等一些短平快的项目,在移民的迁出地或安置点取得了良好效果。三是依托配套产业实现创业就业。该市加强安置点配套商业设施建设,通过发展商贸零售业提供创业就业机会。大化县创新市场运作与政府补贴相结合的开发模式,设置集中商业(包括餐饮、商贸等传统商业)、建材交易市场、民族工艺品加工交易市场等帮助搬迁农户充分就业,确保入迁户有稳定收入。在试点工程的建材市场,为第一批入迁户配套安排每户20平方米、每平方米售价3 000元的商业面积,通过发展商贸零售业提供创业就业机会。

(三)广西移民搬迁存在的问题及原因

1. 认识不到位

首先是政策把握存在偏差。由于这两年国家、自治区两级扶贫政策变化较频繁,配套措施尚未完善等客观因素,导致直接面对群众的县区、乡镇、村委干部未能及时学习领会最新的相关政策,理解相关政策措施不透,把握政策尺度不准,影响了移民搬迁工作效率。其次是项目县对搬迁对象宣传发动的力度不够。许多群众都住在边远地区,文化程度较低,对移民搬迁工作的优惠政策了解得很慢,参与性不强,特别是对搬迁后的生产和发展问题顾虑较大,担心迁出后对原有宅基地、承包地和林木的所有权会有所改变,从而影响了工作进度。最后是部门间协调不够紧密。有的市(县)移民搬迁专责小组成员单位对这项工作的重视程度不够,相互之间配合比较少,主动过问项目的不多,特别是项目县负责推进项目的项目业主与扶贫办、住建局、发改局、财政局等部门联系较少,没有形成合力快速推进项目工作。

2. 项目前期工作推进缓慢

一是项目前期及施工准备工作环节多,影响项目施工进度。因部分项目工程量大,项目选址、用地预审、规划许可、设计、审图、招投标等前期工作用时久,收集要件等工作资料耗时过长,甚至设计图纸几经变更、审定耗费大量时间,客观上影响了项目推进。二是工作人员配备没有及时到位。有的项目县负责移民搬迁工作的人员比较分散,同时还兼顾其他工作,缺少专职人员负责移民搬迁工作,致使工作滞后。比如,防城港市某区2016年年中尚未明确落实2016年度需要先搬哪些人、怎么搬、搬到哪等一系列工作,易地扶贫搬迁工程年度实施方案还未印发,"十三五"移民搬迁规划还在编制之中。类似这些问题,也在不少的县存在。三是项目招投标程序耗时过长,项目难以快速推进。根据相关程序规定,投资额达到200万元的项目必须经过招投标。若易地扶贫搬迁项目的各项材料已准备齐全,从开始招投标到投入建设至少还需要耗费2个月的时间(从县招投标办到市招投标办排队安排需花费7个工作日,发布招投标公告需花费21个工作日,中标公示需花费5个工作日),耗时过长,影响了项目的推进。四是换届影响进度。部分项目乡镇前任领导将选址用地和建设方案等重要事项留给后任领导拍板决定,后任领导需熟悉情况后才敢决策,导致前期工作停滞。

3. 安置用地落实困难

一是政策落实难。根据自治区易地脱贫搬迁工作推进会精神,易地脱贫搬迁项目按自治区重大项目的用地政策办理,采取"优先安排指标、优先修改规划调整、优先耕地占补、优先用地报批"等措施,允许各地"先用后报、边用边报"。但各项目县仍然不敢跨"红线",担心纪检、审计等有关部门秋后算账。如河池市某县新增建设用地(移民搬迁安置点项目用地)指标缺口859.7公顷,已按要求于2014年9月报自治区国土厅,但至2016年6月仍未获审批,无法开展地勘、招投标等工作,从而导致"毛南家园"二期工程、下南乡移民民族新村项目实施进度缓慢。二是土地审批手续烦琐。因土地调规审批手续烦琐,审批时间长,用地指标难以落实。土地的预审、核准、报批等程序涉及的部门多,而且要逐级上报和审批,用时少则一个多月,多则几个月,再加上在征地过程中涉及与农户的手续未得到及时办理,无法按计划开展地勘、招投标等工作。三是项目征地周期长。土地的使用与林地的批复相冲突,个别集中安置点的迁坟、迁移高压线和通信电缆迁移推进缓慢,通信、电力等相关单位口头承诺搬迁,久拖不处理,影响了项目建设。四是土地资源供需矛盾突出。桂北山区如龙胜、资源、灌阳等县土地资源较为紧缺,龙胜县最为典型,16度至46度以上的陡坡占全县土地总面积的87.2%,15度以下的缓坡仅占12.8%,可利用土地资源相对不足,不利于集中安置。

4. 资金投入渠道不畅

一是项目资金到位慢。易地脱贫搬迁年度实施计划4月底下达,中央专项资金下达往往晚于年度实施计划,各县向银行申请的专项贷款不能及时拨付到账,建设资金跟不上进度,项目前期工作及推进受到影响。二是部门资金整合难度大。实施脱贫移民安置,牵涉面广,工程量大,需要大量资金投入。虽有自治区印发出台的整合各部门资金的政策文件,但由于各部门体制上条块分割、各自为政、多头管理,受政策局限、部门利益等因素影响,整合部门资金支持脱贫移民搬迁难度较大。此外,很多项目资金都是"戴帽"下拨,自治区各厅局对于本系统下拨的项目资金验收标准也不一样,使得很多项目资金难以有效整合。例如在整合农村危房改造资金过程中,因农村危房改造的建设选址、建设标准和验收条件与移民安置小区的住房建设存在差异,造成整合资金难度大。三是融资渠道受阻。当前政府购买服务协议尚未签订,专项融资资金使用六方协议也就无法签订。六方协议没有签订,融资贷款就无法发放。而当前各地正是急需资金之际,融资资金运行渠道受阻,已严重影响到各地投资进度。

5. 过多依赖产业园安置模式

移民搬迁后安排就地就业和建设产业园,是广西各地移民搬迁的基本工作思路。利用移民政策建设移民搬迁产业园确实给移民带来很多增收渠道,能较好推动当地经济发展。但这一模式建设时间长,工作复杂,涉及面广,在时间紧任务重的情况下,很大程度上放慢了移民搬迁工作步伐。事实上,除了这一模式外,还有很多移民搬迁模式可供实施,但需要各地根据当地实际情况进行探索。

6. 移民安置产业支撑薄弱

依托县城、乡镇等集中安置为主的扶贫移民工程,大部分移民需要在安置点创业就业。但由于部分安置点工业基础薄弱,企业少,没有办法在短期内安置很多移民就业。大部分搬迁移民劳动技能和素质较低,难以适应安置点对创业就业技能的要求。

(四)推进广西移民搬迁工程的对策建议

第一,提高认识,明确责任,增强基层干部使命感和责任感。

移民搬迁工作已到关键时刻,广西110万搬迁任务能否如期完成,是事关广西能否全面脱贫、国家能否全面进入小康社会的全局性问题,各级党委、政府必须把这项工作放在首位抓紧抓好。在这项工作中,县、乡、村基层干部是党的政策的直接执行者,是群众脱贫奔小康的基础,贯彻落实党的农村政策是基层干部责无旁贷的重大历史使命。因此,各级各部门特别是基层干部,必须提高认识,感受到自己肩负的使命和责任,努力造福一方,福泽百姓。

加强培训,提升氛围。各级政府适时召开移民搬迁专题培训会,进一步统一基层干部思想,坚定信心。充分发动乡镇党委、政府和村"两委"及贫困村"第一书记"的力量,把广西易地脱贫搬迁有关政策汇编成册,发放到县乡村各级干部手中。市、县、乡三级换届结束后,举办一期全区脱贫搬迁业务培训班,加强政策措施培训,让基层干部准确把握政策尺度,让贫困户了解易地脱贫搬迁政策措施。要大力提升社会宣传氛围。通过集中解读政策、印发易地搬迁政策手册、广播电视报刊等主要媒体开辟专栏,多形式、多渠道地加大宣传力度,项目县要走村入户进行宣传,特别要派熟悉基层情况,有良好群众基础的干部深入搬迁群众当中,跟他们交心谈心,实地了解困难,讲解有关政策,消除他们的顾虑,让群众充分了解移民搬迁的意义、搬迁对象产生过程、补助标准、后期扶持具体内容及之后的社会管理等,确保群众知情权,增加信任度;引导群众去除"等靠要"思想,激发搬迁移民的内生动力,变"要我搬"为"我要搬",克服困难,自力更生,建设新家园。

充实队伍,明确分工责任。没有配齐脱贫开发领导小组移民搬迁专责小组人员的项目县(市),要尽快指定专人专职负责,协调移民搬迁工作快速推进;搬迁工作进度慢的市县,应调整人员,把工作能力强、能干事、干成事的优秀干部调整到专职岗位来。县、镇两级政府要把它作为党政一把手工程来抓,政府各职能部门要积极主动、协调配合。要明确分工,各负其责,责任到人,限期完成,每一个脱贫搬迁对象都有乡镇领导作为联系人,由一名驻村乡(镇)干部作为包户责任人,驻村工作队为直接责任人。各市县(区)应细化移民搬迁工作方案,提出年度工作任务清单及时间表,倒排工期,确保易地移民搬迁按计划进度推进。

强化督查考核。市县督查室应强化移民搬迁工作进度跟踪,按月报送工作进展,市县级专责小组办公室协调相关部门抓落实,定期到项目现场协调解决问题,对项目推进较快的县(区)、乡镇给予通报表扬,对工作不够扎实和实施进度较慢的县乡(镇)立即做出督查通报,要求实行倒排工期,限期完成。各市(县)应定期召开专题推进会,总结经验,分析原因,加强沟通协调,及时解决项目推进过程存在的困难和问题。要强化考核,把脱贫搬迁工程实施情况纳入市县政府年度目标绩效考核。制定出台考评办法,根据国家易地脱贫搬迁工作验收考核标准,着重从搬迁对象精准度、项目建设进度、资金投入进度、搬迁入住比率、搬迁对象脱贫等五大方面研究制定出台广西易地脱贫搬迁工作绩效考评办法,引导各级党委政府、各部门共同推进,确保各项任务逐年完成落实。

第二，抓好前期工作。

及早启动项目县(区)2017—2018年移民搬迁项目用地计划数据采集工作，核实项目用地需求情况，摸清目前项目供地现状，编制易地脱贫搬迁项目用地计划并上报，统筹保障移民搬迁生产生活用地，加快完成2017年的建设项目前期工作，确保一旦投资计划下达能尽快开工建设。

及早完成规划。未完成"十三五"移民搬迁规划的县，尽早编制完成县级易地脱贫搬迁"十三五"规划(方案)，明确年度搬迁目标、安置方式、建设任务、投资估算和资金筹措方案、后续发展和管理、政策保障措施等，将前期工作责任分解到相关部门，通过密切配合，加快落实选址、规划设计、环评等前期工作。

第三，资金保障要到位。

一是区市财政千方百计筹集资金，尽量与年度项目计划下达同步到位。针对中央财政资金、银行贷款资金慢于项目年度计划下达时间，致使项目建设工期延期的状况，自治区、市、县财政应想方设法筹集资金，整合住建、交通、水利、民政等部门的项目资金及资源，把企业帮扶、定点帮扶、对口帮扶、驻村帮扶、社会帮扶等各方面资源充分调动起来，形成推进搬迁安置的强大合力，确保移民搬迁项目按期建设。

二是从自治区层面加大资金整合力度。在调研中发现，由于现行的自治区各涉农资金下拨到县后，资金整合在县一级，不便于协调整合。应从自治区层面协调相关部门最大限度地整合各类涉农资金，集中捆绑使用，协调同一项目在资金使用和项目验收标准的统一，重点解决安置区水、电、路等基础设施建设，扶持搬迁农户发展特色产业和第三产业，使整合资金年度计划与易地脱贫搬迁计划相衔接。同时，制定出台资金整合指导办法或实施意见，进一步明确整合危房改造资金用于脱贫移民搬迁的适用范围和具体执行办法。

三是建立融资平台。各县应组建承接脱贫搬迁工程的项目公司，及时与广西农投集团、国开行、农发行等有关单位衔接，签订有关协议，承接通过专项建设基金、地方政府债务注入易地脱贫搬迁项目的资金和相关金融机构长期低息贷款，并且要做好资金监管和还款工作。

四是由自治区财政给予贫困户自筹资金贷款贴息补助。在购房时部分贫困户难以一次自筹几万元，出现想搬搬不出的情况，自治区应协调金融机构给予贫困户

3—5年低息贷款,并明确从区、市、县三级财政按比例分担贫困户自筹资金贷款贴息补助。

第四,确保移民搬迁项目用地。

一是消除基层干部关于项目用地的后顾之忧。在调研中发现,许多县(乡)移民搬迁项目土地指标下达无法与项目推进进度衔接,势必影响整个移民工作进度。按照自治区脱贫工作有关会议精神,对于移民搬迁项目用地,允许各地"先用后报、边用边报",但项目县(乡)不敢落实这一会议精神。为了消除后顾之忧,应从自治区层面出台工作措施,在移民搬迁项目土地使用决策中,纪检监察、审计部门应参与决策,或者由纪检监察、审计部门出台支持文件,为移民搬迁工作保驾护航。

二是征地工作实施部门责任制。将电力、通信、邮政等中央直属单位纳入移民搬迁工作机构成员单位,把征地工作细分到各成员单位,倒排工期,限期完成。

三是进一步简化土地审批程序。凡是移民搬迁用地审批的项目,建立绿色专门通道,专题报批,优先安排。简政放权,提高审批效率,将"具体建设项目使用现有的国有建设用地和已批准农用地转用、征用土地范围内土地不超过3公顷的"审批权限下放至各县(市、区)人民政府。各县(市、区)人民政府在行使该项审批权批准具体建设项目用地后,应当及时报设区的市土地行政主管部门备案。要充分授权,实行"一站式"审批制度。各县(市、区)人民政府要根据实际情况,充分授权给所属的国土资源局,各局将本局行政审批事项和本局具体承办政府审批事项的受理权、审查权、审核权、审批权、报批权等授权局属行政审批办公室行使,启动审批专用章,实行行政审批办公室"一站式"服务。同时,自治区国土部门要提前组织各地申报用地计划,启动2017—2019年项目用地计划数据采集工作,及时下达项目建设用地指标。

四是启动实施城乡建设用地增减挂钩,制定差异化补偿办法,鼓励搬迁对象腾退旧宅基地及附属设施用地实施复垦,增减挂钩节余指标优先保障安置点住房及配套基础设施、公共服务建设用地、发展用地等,建立节余用地指标有偿使用交易机制,富余指标入市交易,收益用于支持易地脱贫搬迁工程建设。

第五,加大政策扶持力度。

一是财政支持政策。自治区对移民集中安置建房补偿费、地面附着物拆迁补偿费用、土地回填整理费、工程手续费等搬迁户政策规定以外承担费用的来源渠道予以明确。同时,探索把配套费用从区(市、县)建房补助资金中剔除,从根本上缓解市县财政配套压力。

二是规范资金管理政策。修订完善移民搬迁资金管理办法,将涉及移民搬迁的所有资金一律实行专户储存、专人管理、专款专用,报账制核算。具体而言,基础设施建设实行按进度分批报账,即项目开工报告审批后,拨付项目实施单位一定的启动资金,然后按工程建设进度进行报账,工程竣工验收、交付使用后,据实清算并拨清剩余建设资金。建房补助资金发放实行分类施策。对于统规统建的搬迁户,国家补助不直接发放给个人,搬迁户交纳个人承担部分的建房资金,工程通过县(区)竣工验收后,建房补助资金直接打入施工单位账户,并由搬迁户在兑付资金表中签字确认;对于分散安置的搬迁户,采取一折通的办法,将补助资金直接兑付给搬迁户。

三是尽快实施"八个一批"扶贫政策,降低搬迁成本。各县(区)严格控制移民搬迁房屋建安成本和价格,严守建房面积、建房成本、群众出资三道红线,严格按政策兑现建房补助,尽最大可能让群众少出钱、迁新居。

四是出台税费减免政策。加紧制定出台易地脱贫搬迁项目建设税费减免政策,上报自治区政府审定印发实施,切实降低项目建设成本。

五是加大后续产业扶持。支持龙头企业、合作社或经济能人带动搬迁对象脱贫致富,将国家、自治区补助资金折股量化和贫困户贴息贷款直接投入龙头企业、合作社或经济能人扶持发展产业,加快迁出地土地、山林流转,搬迁对象按股分红,增加移民财产性收益。

第三节 编制社会保障体系

自从1949年中华人民共和国建立以来,中国政府一直十分重视对贫困地区经济发展的扶持。随着集体经济体制逐步在中国农村的确立,农村建立了对于丧失劳动能力和无人抚养或赡养的人口提供食物、衣服、住处、医疗、教育和丧葬的"五保"救济制度,并且也一度建立了对农村居民具有普遍覆盖性的社区性合作医疗制度,这些措施减缓了农村贫困现象。村委会在对"五保户"的供养中发挥了最基本、也几乎是最重要的作用,因为"五保户"的供养资金来源主要是乡统筹和村提留,然而在实际中,很多地方的供养资金是由村委会负责筹集和发放。

但随着集体经济的解体,针对农村居民的农村合作医疗体系也随之解体,农村地区"因病致贫"和"因病返贫"的现象普遍存在,特别是患大病重病,往往会给一个农户带来灾难性的后果,并极有可能导致其陷入贫困,贫困农户更是几乎没有任何能力支付起码的医药费。根据统计,在一些贫困地区农村,有24.3%的家庭靠借钱或欠债来支付医药费,5.5%的家庭为了看病而变卖家产,因病欠债的家庭有47%存在温饱问题(国家统计局农村社会经济调查总队,2003)。给农民重新建立新型农村合作医疗保险体系成为必要。中共中央和国务院2002年10月颁布《关于进一步加强农村地区卫生工作的决定》,要求从2003年起,中央财政对中西部地区除市区以外的参加新型合作医疗的农民每年按人均10元安排合作医疗补助资金,地方财政对参加新型合作医疗的农民补助每年不低于人均10元。随后,新型农村合作医疗的财政补助标准从人均20元提高到2010年的每人每年120元,到了2016年,则进一步大幅提高到420元。为推进健康脱贫,政府从2017年开始实施健康扶贫工程,着力提升贫困地区医疗卫生服务水平,有针对性地提高贫困人群的医疗保障水平,减轻医疗费用负担。2015年,新型农村合作医疗人均补助标准提高到380元,政策范围内门诊和住院费报销比例分别达到50%和75%左右。全面实施城乡居民大病保险,覆盖超过10亿参保居民,报销比例不低于50%。截至2015年年底,新型农村合作医疗制度逐步完善,覆盖了97%以上的农村居民(国家统计局住户调查办公室,2016)。

随着中国社会经济的发展及政府财力的提高,为农民建立社会保障体系也成为可能。一方面,随着中国政府扶贫措施力度的不断加大和贫困人口的不断减少,有相当一部分贫困人口丧失劳动能力、几乎没有收入来源且没有任何依靠的人,他们的生存只能依靠政府救济来维持,政府的开发式扶贫也不可能使他们摆脱贫困。因此,在中国建立农村最低生活保障制度已经成为必要。1996年,民政部制定了《农村社会保障体系建设指导方针》,并开始进行试点。到1997年,全国已有1 660个县(市)建立和实施了农村居民最低生活保障制度。截止到2002年年底,已经有407.8万人被这一制度覆盖(国家统计局农村社会经济调查总队,2003)。截至2015年年底,全国保障农村低保对象2 846万户,共4 904万人,农村低保标准从2011年的每月143元提高到265元(国家统计局住户调查办公室,2016)。另一方面,长期以来,农民的养老问题主要是以土地、家庭保障为主,"养儿防老"依然是农村老人获得赡养的主要方式。从20世纪90年代初期起,中国政府开始在农村探索建立社会养老保险制度,但由于政府财力有限而投入不多,难以实现农民"老有所养"的目标。2009年起,在全国范围内开展新型农村社会养老保险试点。新农保基金由个人缴费、集体补助、政府补贴构成。参加新农保的农村居民按规定缴纳养老保险费,缴费标准设为每年100元、200元、300元、400元、500元5个档次,地方政府可以根据实际情况增设缴费档次。参保人自主选择档次缴费,多缴多得。有条件的村集体应当对参保人缴费给予补助,补助标准由村民委员会召开村民会议民主确定。政府对符合领取条件的参保人全额支付新农保基础养老金,其中中央财政对中西部地区按中央确定的基础养老金标准给予全额补助,对东部地区给予50%的补助。地方政府对参保人缴费给予补贴,补贴标准不低于每人每年30元;国家为每个新农保参保人建立终身记录的养老保险个人账户,养老金待遇由基础养老金和个人账户养老金组成。年满60周岁、未享受城镇职工基本养老保险待遇的农村有户籍的老年人,可以按月领取养老金。中央确定的基础养老金标准为每人每月55元。地方政府可以根据实际情况提高基础养老金标准,对于长期缴费的农村居民,可适当加发基础养老金,提高和加发部分的资金由地方政府支出。截至2012年12月月底,新农保参保人数达到4.6亿人。2014年2月24日,人社部、财政部印发《城乡养老保险制度衔接暂行办法》,首次明确城乡居民养老保险和城镇职工养老保险之间可以转移衔接,这意味着中国城乡居民的养老保险体系开始走向并轨。

应该说,新型农村合作医疗、新型养老保险、医疗救助、农村最低生活保障等政策构建了一道安全屏障,有力地维持着低收入困难户的基本生存。可以预见,未来农村的精准扶贫应该与现行的农村社会保障体系逐步实现对接和合并。例如,汪三贵等(2017)对中国农村的社会保障和精准扶贫进行了展望,认为政府应努力完善社会保障"兜底"。因病致贫类型所占比重大,因病返贫现象普遍,这需要更紧密地衔接基本医疗、大病保险和医疗救助政策,扩展补贴范围、加大特惠力度、减轻个人负担。对于农村地区丧失劳动能力和劳动能力较弱、依靠自身难以发展的贫困人口,必须实现低保"兜底"全覆盖。2020年之后的扶贫工作有可能将以社会保障为主,越早形成精准扶贫与社会保障制度相衔接的工作机制,越有利于实现扶贫工作的转型。

参考文献：

Cemea Michael M.，2002，《风险、保障和重建：一种移民安置模式》，《河海大学学报（哲学社会科学版）》第 2 期 1 - 15 页。

陈胜东，蔡静远，廖文梅，2016，《易地扶贫搬迁对农户减贫效应实证分析——基于赣南原中央苏区农户的调研》，《农林经济管理学报》第 6 期 632 - 640 页。

付少平，赵晓峰，2015，《精准扶贫视角下的移民生计空间再塑造研究》，《南京农业大学学报（社会科学版）》第 6 期 8 - 16 页。

国家统计局住户调查办公室：《中国农村贫困监测报告 2016》，北京：中国统计出版社 2016 年版。

李博，左停，2016，《遭遇搬迁：精准扶贫视角下扶贫移民搬迁政策执行逻辑的探讨》，《中国农业大学学报（社会科学版）》第 2 期 25 - 31 页。

刘龙，李丰春，2007，《论农村贫困文化的表现、成因及其消解》，《农业现代化研究》第 5 期 583 - 585 页。

施国庆，严登才，孙中艮，2015，《水利水电工程建设对移民社会系统的影响与重建》，《河海大学学报（哲学社会科学版）》第 2 期 36 - 41 页。

唐丽霞，林志斌，李小云，2005，《谁迁移了——自愿移民的搬迁对象特征和原因分析》，《农业经济问题》第 4 期 38 - 43 页。

汪三贵，殷浩栋，王瑜，2017，《中国扶贫开发的实践、挑战与政策展望》，《华南师范大学学报（社会科学版）》第 7 期。

杨云彦，徐映梅，胡静，黄瑞芹，2008，《社会变迁、介入型贫困与能力再造——基于南水北调库区移民的研究》，《管理世界》第 11 期 89 - 98 页。

叶青，苏海，2016，《政策实践与资本重置：贵州易地扶贫搬迁的经验表达》，《中国农业大学学报（社会科学版）》第 5 期 64 - 70 页。

第五篇
中国战胜农村贫困的最后一役：城市化

第十四章

剩余劳动力转移、粮食安全与城市化

第一节 剩余劳动力转移与粮食安全

一、引言

中国是世界第一人口大国,粮食供应不能主要依靠进口,而即使是在国际经济一体化程度越来越高的今天,如果一个国家的粮食供给高度依赖于进口,那么这可能会成为其经济发展的一个重要约束。2010年12月21日至23日在北京召开的全国农村工作会议强调,"十二五"期间的农村工作要把保障国家粮食安全作为首要目标。2011年3月亚太经合组织在华盛顿举行第一次高官会议,粮食安全也是重要的议题。另外,目前国内和国际粮食价格不断上升,而主要粮食生产和出口国都有对粮食贸易做出政策限制的倾向,所以,国际政治和经济局势一旦出现动荡,中国若不能实现相当高程度的粮食自给自足,则会对经济发展和社会稳定产生重大影响。关于中国的粮食安全问题,Brown(1994)曾写了"谁来养活中国?"的文章,认为中国到2030年将需要进口3.05亿吨粮食弥补国内的缺口,从而会威胁到世界的粮食供给;但是美国著名农业经济学家Johnson(1990)并不认同他的这一判断,认为中国完全有能力提供足够的食物养活自己的人民而不会影响世界粮食供给。由此争论可见,中国的粮食供给问题不仅仅是中国的问题,它甚至会产生重大国际影响,因而研究中国粮食生产的影响因素就具有重要意义。

中国目前的人均耕地面积不足1.5亩,农业生产基础薄弱,现代科技的应用程度并不高,然而在目前中国快速的工业化过程中,大量农村劳动力迁移进入城市部门,这将是影响中国粮食安全问题的重大因素。当一个农村劳动力转移出农业部门之后,他不仅不再生产粮食,而且还要未迁移出来的农民生产更多的粮食来养活他,这就相当于迁移出一个农民之后,剩余的农民要额外再生产一个人的口粮。从这个角度来看,农业劳动力转移对于粮食生产的影响比其他生产要素投入的减少对粮食安全问题的影响要更大。在中国改革开放以后,农村劳动力迁移的数量大、增速快,例如根据农业部固定观察点的统计,1986年外出打工的农村劳动力只有50.35万,而2000年的时候,国家统计局公布的民工数量已经高达1.44亿。到2010年,不包括市辖区内人户分离的流动人口数量已高达2.21亿,同2000年第五次全国人口普查相比,居住地与户口登记地所在的乡镇街道不一致且离开户口登记地半年以上的人口增加了1.17亿人,增长率高达81.03%。而这个庞大流动人口中的主体,就是迁移出农村的劳动力。如此大规模和增长如此迅速的农村劳动力迁移,对于中国农业生产和粮食生产的影响非常值得研究者和决策者高度关注。

二、文献综述与研究动机

农村劳动力转移对于中国的粮食生产及粮食安全问题之所以重要,除了粮食本身的重要性以外,还有其他很多因素促使我们有必要对这一问题进行全面而深入的研究。

第一,中国是世界第一人口大国,中华人民共和国建立后60多年的工业化吸收了很多农村剩余劳动力,如果农村现在还有剩余劳动力,那么劳动力转移可能并不会影响到粮食安全问题,但遗憾的是目前关于中国农村剩余劳动力是否已经消耗完毕还存在着争论。从2003—2004年开始,简单劳动力的工资表现出明显上涨的趋势,东南沿海城市也出现了招工难现象,这被媒体称为"民工荒"。根据刘易斯的二元经济模型,在刘易斯转折点之后,保持其他条件不变的情况下,进一步转移农村劳动力就要面临着农业总产出的下降,从而对中国的粮食安全问题带来压力。

第二,现有研究关于农村劳动力迁移是否影响中国的粮食产出并没有取得一致的结论。例如,Avner and Ayal(2002)的研究表明,农村劳动力的转移会增加农业的资本投入并提高农村劳动生产率,从而利于增强中国的粮食安全。朱农(2005)也认为,转移农村剩余劳动力可促使资本、技术等生产要素进入农业领域,从而能够提高农业劳动生产率并有利于中国的粮食安全。但是,也有完全相反的观点或结论,例如 Charlotte(2009)和 Mancinelli et al.(2010)的研究认为,教育水平更高的劳动力更有可能迁移进入城市,这会造成农村人力资本的下降,并进而影响粮食产出。吕新业(2003)则认为随着农村劳动力的转移,粮食生产的从业人员主要是妇女和老人,这一趋势的发展会使农业从业者的科技素质降低,从而会成为影响粮食安全的不稳定因素。秦立建等(2011)基于安徽省的调查数据研究发现,劳动力的转移减少了农户的农业生产投工量,降低了粮食生产的效率。上述研究结论的不一致,促使我们对这一重要问题再次展开研究。

第三,从理论上讲,即使农村剩余劳动力已经被消耗完毕了,劳动力继续转移也未必会影响粮食安全问题,这是因为农户可以采取两个策略来应对劳动力转移:一是在粮食生产中更多地用机械动力,或者更多地投入其他农业生产要素(例如化肥、农药等)来弥补劳动力投入的降低;二是重新配置劳动力在粮食和非粮食生产中的投入,比如减少林、牧、渔业或对经济作物的劳动力投入,从而降低劳动力迁移对于粮食生产的影响。所以,仅仅回答劳动力迁移是否影响到了粮食总产量及粮食安全的问题还不够,我们还要进一步揭示其背后的机制,只有这样,才能够为政府制定相应的干预政策提供科学的基础。

第四,即使农村劳动力迁移影响到了中国的粮食安全问题,我们还需要知道它影响的是主要粮食作物还是次要粮食作物。一个理论上的可能性是:劳动力迁移可能会更多地影响次要粮食作物的生产,而不是主要粮食作物的生产,这是因为耕地的用途大多时候不能在种植主要和次要粮食作物之间任意改变[①],主粮对于农户的生存和生活而言往往更重要,所以他们往往会先放弃或减少次要粮食作物的耕种。如果这个可能性成立的话,那么即使农村劳动力转移使得劳动力短缺达到一定的程度,也未必会严重影响中国的粮食安全问题。劳动力迁移对于主要粮食作物及次要粮食作物的影响是否不同,对于政府根据劳动力的主要流出地及流出的数量预测未来的粮食产量及制定相应的干预政策无疑是十分重要的。

第五,由于中国的地区之间的农业生产条件差别较大,不同地区之间的农业生产禀赋差异也很大,粮食生产在地区之间分布很不均匀,粮食主产区的粮食产量在

---

① 例如中部或南方的水田大多只能种植水稻或冬小麦,而不能种植玉米。

全国粮食总产量中占绝大部分①,因而主产区的粮食总产量问题对于中国的粮食安全将起到决定性作用。中国的主要劳动力流出地主要集中在粮食主产区所在的省份,如果劳动力短缺主要出现在非粮食主产区,那么这种劳动力短缺对于中国的粮食安全并不会带来严重的影响,而如果相反,则更应该引起我们对于粮食安全问题的注意。因此,我们在研究中还需要区分劳动力迁移对于主产区和非主产区的粮食生产的影响是否有所不同。这一问题的研究结论对于政府制定更加科学的、有针对性的干预或扶持政策无疑十分重要。

第六,仅仅用宏观数据或者仅仅用微观数据展开研究都不足以完整而清楚地回答本节提出的问题。家庭成员外出打工可能会降低该农户的粮食总产量、粮食播种面积,或者有部分农户举家外出,这必然会降低这部分农户的粮食总产量。但是,如果他们将自己的耕地转租给其他农户耕种,从而留守的农户更多地经营耕地并投入更多的其他农业生产要素,则不会降低该地区的粮食总产量,从而也就不会影响整体的粮食安全问题。因此,为了全面深入地研究劳动力迁移对粮食生产的影响,区域汇总数据和农户数据缺一不可。

基于上述分析,本节将分别使用县(市)级汇总数据和农户面板数据全面检验劳动力迁移对于主产区和非主产区的粮食总产量、主要粮食作物和次要粮食作物及粮食生产要素配置的影响。

三、检验方法与数据来源

为了直接检验农村劳动力迁移是否影响到中国的粮食生产,我们首先建立如下的生产函数:

$$Y_{it} = (L_{it} - M_{it})^{\alpha} T_{it}^{\beta} D_{it}^{\gamma} C_{it}^{\lambda} H_{it}^{\pi} \qquad (14\text{-}1)$$

其中,Y 表示粮食总产量,L 表示劳动力存量,M 表示移民的数量,T 表示农业生产的机械动力,D 表示耕地面积,C 表示化肥和种子等要素的投入,H 表示人力资本投入。

---

① 财政部2003年12月下发的《关于改革和完善农业综合开发政策措施的意见》中确定河北、内蒙古、辽宁、吉林、黑龙江、江苏、河南、山东、湖北、湖南、江西、安徽、四川等13个省(自治区)为我国粮食主产区,北京、天津、山西、上海、浙江、福建、广东、广西、海南、重庆、贵州、云南、西藏、陕西、甘肃、青海、宁夏、新疆等18个省(市、自治区)为我国的粮食非主产区。

然后,我们将上述生产函数转化为如下回归方程:

$$\log Y_{it} = \alpha \log(L_{it} - M_{it}) + \beta \log T_{it} + \gamma \log D_{it} + \lambda \log C_{it} + \pi \log H_{it} \quad (14\text{-}2)$$

但是上述回归将面临如下三个问题:第一,我们无法得到关于 M 的统计数据。第二,L 作为劳动力存量,不能直接进入生产函数,这是因为如果存在剩余劳动力,它并不能被视为被投入的要素,因此在考察劳动力迁移是否影响到粮食总产量的时候,首先还必须考虑中国农村经济的剩余劳动力是否消耗完毕(换言之,还需要考虑中国经济的"刘易斯拐点"是否到来)。第三,我们可以用从业者数量来替代上述回归方程中的 L,但是从业者数量并不等于粮食生产的劳动力要素投入,这是因为兼业在中国农村普遍存在。基于上述考虑,我们采用如下回归方程:

$$\log Y_{it} = \alpha \omega_{it} + \beta \log T_{it} + \gamma \log D_{it} + \lambda \log C_{it} + \pi \log H_{it} \quad (14\text{-}3)$$

其中,ω_{it} 表示农、林、牧、渔业的从业者占农村劳动力存量的比重,采用上述回归方程的优点在于:

首先,它将劳动力存量和从业者数量同时纳入一个模型中,此时,ω_{it} 表示存量劳动力中被投入第一产业中的比例,如果其他部门(例如城市部门、农村地区的非农业生产、乡镇企业等)竞争到的农村劳动力越多,这一比例就越低。如果它在模型(14-3)中显著为正,则说明额外再增加一定比例的劳动力到第一产业中就会增加其总产量,而如果再转移出一定比例的劳动力到其他部门就会降低其总产量,所以此时该部门的生产开始面临着劳动力短缺;而如果它在模型(14-3)中显著为负,或者不显著,则表明尚未面临劳动力短缺,此时的劳动力迁移并不会影响粮食安全。

其次,在从业者数量不能准确反映劳动力投入时间的情况下,以及广泛存在兼业的情况下,上述方法依然具有一定的适应性,比如我们可以建立如下回归方程:

$$\log Y_{it} = \alpha \omega_{it} x + \beta \log M_{it} + \gamma \log D_{it} + \lambda \log C_{it} + \pi \log H_{it} \quad (14\text{-}4)$$

其中,$0 < x \leqslant 1$,它用来度量从业者数量与劳动力投入时间的不一致程度及兼业的普遍程度。如果我们可以假设不同地区的从业者与劳动力投入时间不一致的程度大致相同,以及不同地区的兼业程度大致相同,那么将模型(14-3)转换成模型(14-4)之后,并不会影响 α 的符号和显著性,因而并不影响我们对于劳动力迁移是否影响粮食安全的检验。

本节的实证检验使用的第一个数据来自国家统计局出版的《中国县(市)社会

经济统计年鉴》,该统计数据的优点在于它包含了中国 2 000 多个县和县级市的重要经济指标,例如粮食总产量、肉类总产量、年末乡村从业人员数、农林牧渔从业人员数和农业机械总动力、一产和二产 GDP 等,这些县(市)覆盖了所有农村地区,因而完全具有全国代表性。而且,县(市)的大样本相对于省级样本而言,能更详细地考虑不同地区之间的差异。我们将使用 2000 年、2005 年和 2010 年的统计数据,这是因为我们可以将这三年的统计数据与从历年人口普查中得到的人均教育年限指标配合起来进行实证检验。另外,该统计年鉴中没有报告粮食播种面积和化肥施用量,为了解决这一问题,我们利用国家统计局出版的《中国县(市)社会经济统计概要 2000》中提供的 1999 年各县(市)的粮食播种面积和化肥施用量作为 2000 年、2005 年和 2010 年各县(市)该指标的代理变量。[①]

本节使用的第二个数据为国家统计局农调队收集的中部某粮食主产省份 2000—2004 年的 3 000 个农户的面板数据。相对于其他数据而言,农调队的数据采用农户每日记账方式而非当面调查方式获取,从而保障了数据的质量和可靠性。另外,该省属于粮食主产区,这个数据可以帮助我们检验农户从事非农产业活动或者迁移外出对于主要粮食作物(水稻)及非主要粮食作物(小麦)的影响是否有所不同。

四、实证检验

1. 基于县(市)数据的检验

基于上文介绍的检验方法,我们在表 14-1 中报告了基于县(市)统计数据的回归结果,其中我们关心的是第一个变量——一产从业人员比例的回归系数是否显著。[②] 从表 14-1 中的回归结果可以看出:该回归系数在 2000 年都不显著,但是在 2005 年和 2010 年却都显著为正,这说明到了 2005 年,一产从业人员的比重下降才会显著降低粮食主产区和非主产区的粮食总产量。上述结论表明,无论是主产区还是非主产区,劳动力迁移等因素到了 2005 年左右才开始影响粮食总产量。

---

① 在后文中,如果我们不控制这两个代理变量或者只控制其中一个代理变量,或者这两个代理变量都不控制,本节的结论并不会发生改变。

② 本节所有回归中的粮食总产量、机械总动力、化肥施用量、播种面积都取了对数。

同时,我们还用一产从业人员比例与粮食主产区做交互项,然后利用全部数据进行回归,结果发现,交互项在2005年数据的回归中不显著,但是在2010年数据的回归中显著为负,这说明2005年的时候,劳动迁移等因素对粮食总产量的影响在主产区和非主产区之间没有显著差异,而到了2010年,劳动力迁移对主产区的影响则小于非主产区。

上述结果说明:从2005年开始,中国农村的粮食生产开始逐渐受到了劳动力转移等因素的影响,而且这一情况在粮食主产区和非主产区都存在,但总体而言,其在粮食主产区的影响相对于在非主产区的影响更低。

表14-1 劳动力迁移对于主产区粮食总产量的影响(县(市)数据)

	非主产区			主产区		
	2000年	2005年	2010年	2000年	2005年	2010年
一产从业比	0.107	0.249**	0.460***	−0.176	0.221*	0.446***
	(0.123)	(0.124)	(0.126)	(0.133)	(0.114)	(0.119)
机械总动力	0.107***	0.116***	0.126***	0.140***	0.097***	0.171***
	(0.026)	(0.028)	(0.032)	(0.028)	(0.028)	(0.033)
播种面积	0.693***	0.773***	0.803***	0.560***	0.657***	0.748***
	(0.030)	(0.033)	(0.038)	(0.035)	(0.033)	(0.038)
施肥量	0.172***	0.141***	0.117***	0.337***	0.300***	0.251***
	(0.025)	(0.025)	(0.030)	(0.027)	(0.024)	(0.028)
人均受教育年限	0.125***	0.084***	0.141***	−0.090***	−0.011	−0.022
	(0.020)	(0.021)	(0.024)	(0.024)	(0.022)	(0.025)
中部	−0.087*	−0.141***	−0.356***	−0.008	−0.064	0.046
	(0.049)	(0.051)	(0.058)	(0.058)	(0.056)	(0.065)
东部	−0.404***	−0.274***	−0.271***	0.067	−0.025	0.081
	(0.057)	(0.059)	(0.069)	(0.046)	(0.043)	(0.050)
北方	0.310	−0.170	(dropped)	−0.073	−0.018	−0.043
	(0.442)	(0.261)		(0.070)	(0.064)	(0.075)
南方	0.695	0.126	0.176***	0.267***	0.102*	0.046
	(0.444)	(0.265)	(0.054)	(0.069)	(0.061)	(0.070)
常数项	1.227**	1.345***	0.736**	3.171***	1.957***	1.209***
	(0.519)	(0.392)	(0.339)	(0.298)	(0.268)	(0.313)

续表

	非主产区			主产区		
	2000年	2005年	2010年	2000年	2005年	2010年
N	808	761	746	844	828	817
R2	0.807	0.796	0.744	0.828	0.857	0.840

注:括号中的数字为标准误;＊＊＊、＊＊、＊分别表示在1%、5%、10%的程度上显著。以下同。

下面我们进一步利用县(市)数据研究劳动力迁移等因素对于粮食总产量的影响机制,以及它在主产区和非主产区的影响为什么不同。我们知道,工业革命后人类社会经济发展的最显著特征就是用机器替代人手,把人从繁重的体力劳动中解放出来。对于中国农业生产而言,这一点也不例外,因此我们下面来考察农村劳动力迁移与机械动力使用之间的关系,并考察它们之间的关系随着时间的推移而表现出的趋势。表14-2分别报告了3个年份劳动力迁移与机械动力投入之间关系的数据的回归结果,从中可以看出:首先,一产从业人员占比在3年里的回归中都显著为负,即劳动力投入越多,机械动力的投入就越少,而一产从业人员占比随着时间的推移是呈下降趋势的,所以这说明粮食生产中始终存在着以机器替代人手的趋势;其次,一产从业比的回归系数的绝对值随着时间的推移而明显下降,这说明机械动力对劳动力投入减少的替代弹性逐步降低,这背后的原因之一在于新推出的大型机械动力的生产效率更高。

表14-2 劳动力迁移与机械动力投入之间的关系

	2000年	2005年	2010年
一产从业比	−0.867＊＊＊	−0.711＊＊＊	−0.297＊＊＊
	(0.118)	(0.109)	(0.100)
播种面积	0.260＊＊＊	0.294＊＊＊	0.322＊＊＊
	(0.030)	(0.028)	(0.029)
施肥量	0.320＊＊＊	0.289＊＊＊	0.266＊＊＊
	(0.022)	(0.021)	(0.022)
人均受教育年限	0.087＊＊＊	0.041＊＊	0.032
	(0.021)	(0.019)	(0.020)
中部	0.145＊＊＊	0.254＊＊＊	0.370＊＊＊
	(0.042)	(0.041)	(0.042)
东部	0.406＊＊＊	0.346＊＊＊	0.299＊＊＊
	(0.045)	(0.045)	(0.044)

续表

	2000 年	2005 年	2010 年
北方	−0.221**	−0.042	0.042
	(0.087)	(0.082)	(0.084)
南方	−0.635***	−0.433***	−0.225***
	(0.087)	(0.081)	(0.083)
常数项	−2.809***	−2.638***	−2.759***
	(0.274)	(0.255)	(0.253)
N	1 652	1 596	1 566
R2	0.632	0.646	0.626

下面我们继续将上述数据分成主产区和非主产区两个子样本，研究劳动力迁移等因素是否对两个地区的机器替代人手产生不同的影响。表 14-3 报告了回归结果，从中可以看出：首先，一产从业比在所有的模型中都显著为负，结果与前面保持一致；其次，它的回归系数的绝对值在主产区的回归中都更大，即主产区的机器替代人手的弹性要明显高于非主产区的机器替代人手的弹性，这说明劳动力迁移等因素导致的机器替代人手在粮食主产区表现得更为明显。换言之，同样是一产从业占比下降，它在主产区带动的机械动力投入的增加要明显高于在非主产区带动的机械动力的增加。

表 14-3 劳动力迁移与主产区和非主产区的机械动力投入

	非主产区			主产区		
	2000 年	2005 年	2010 年	2000 年	2005 年	2010 年
一产从业比	−0.864***	−0.631***	−0.267*	−1.331***	−0.948***	−0.365***
	(0.165)	(0.163)	(0.148)	(0.159)	(0.136)	(0.127)
播种面积	0.106**	0.159***	0.184***	0.279***	0.269***	0.313***
	(0.041)	(0.042)	(0.044)	(0.043)	(0.037)	(0.037)
施肥量	0.351***	0.282***	0.261***	0.314***	0.313***	0.279***
	(0.032)	(0.032)	(0.034)	(0.031)	(0.028)	(0.028)
人均受教育年限	0.148***	0.104***	0.071***	−0.041	−0.059**	−0.027
	(0.027)	(0.026)	(0.028)	(0.030)	(0.027)	(0.027)

续表

	非主产区			主产区		
	2000年	2005年	2010年	2000年	2005年	2010年
中部	0.062	0.188**	0.140*	0.021	0.139***	0.285***
	(0.078)	(0.078)	(0.080)	(0.057)	(0.054)	(0.053)
东部	0.117*	−0.016	0.026	0.321***	0.309***	0.347***
	(0.067)	(0.067)	(0.067)	(0.072)	(0.070)	(0.068)
北方	−0.670	−0.146	−0.049	0.055	0.214***	0.243***
	(0.607)	(0.347)	(0.063)	(0.087)	(0.080)	(0.080)
南方	−0.695	−0.068	(dropped)	−0.621***	−0.412***	−0.153**
	(0.610)	(0.353)		(0.083)	(0.076)	(0.074)
常数项	−1.697**	−1.832***	−1.705***	−1.643***	−1.676***	−2.268***
	(0.710)	(0.503)	(0.386)	(0.368)	(0.320)	(0.313)
N	808	764	748	844	832	818
R2	0.519	0.470	0.419	0.702	0.736	0.712

另外,当劳动力投入因为迁移而减少时,农户可以采取的决策是调整其他要素的投入数量。一方面,他们可以相应地减少所有的粮食生产要素投入,这样无疑会导致粮食总产量的降低;另一方面,他们也可以通过增加其他粮食生产要素来抵消劳动力投入的减少,从而不会(显著)降低粮食总产量。但是,他们采取哪种策略要取决于粮食生产对于他们的重要性,如果粮食生产重要,则他们可能会采取后一种策略,如果不重要,则可能采取前一种策略。

为了检验农户在其他粮食生产要素配置中的反应,我们在表14-4中报告了平均每亩粮食播种面积上所施用化肥量的回归方程①,从中可以看出,如果不分主产区和非主产区,一产从业比不显著,但是若区分产区,则出现非常有趣的结果:劳动力迁移导致从业人员占比减少,则会导致主产区的平均施肥量显著增加,但是会导致非主产区的平均施肥量显著降低。上述对比说明,主产区和非主产区的农户应对劳动力转移等因素导致的劳动力投入减少的策略完全相反。在非主产区,粮食

---

① 由于本节使用的统计数据中没有2005年和2010年的施肥量,所以我们只能考察2000年的情况。这里要说明的是,这里回归中的施肥量是1999年各县市的数据,但是我们认为在数据缺失的情况下,用1999年的数据作为2000年的代理变量基本上可以接受。

生产对当地的农户而言可能更多地具有口粮的意义,而劳动力迁移出去后就不需要那么多的口粮,因此他们会相应地同时减少其他粮食生产要素的投入;但对于主产区的农户而言,粮食生产可能决定了他们的很大部分收入,因此,当劳动力投入减少时,他们会通过增加其他生产要素来抵消劳动力投入减少导致的粮食总产量下降。这一点再次支持了前面关于为什么劳动力转移对于主产区的粮食总产量的负面影响更小这一结果。

表 14-4 劳动力迁移与平均施肥量之间的关系(2000 年)

	全样本	主产区	非主产区
一产从业比	−0.108	−0.602***	0.657***
	(0.127)	(0.169)	(0.176)
机械动力	0.260***	0.288***	0.292***
	(0.019)	(0.026)	(0.030)
人均受教育年限	0.315***	0.339***	0.316***
	(0.020)	(0.029)	(0.027)
中部	−0.189***	0.208***	−0.404***
	(0.045)	(0.059)	(0.082)
东部	0.104**	0.521***	0.108
	(0.049)	(0.074)	(0.070)
北方	−0.519***	−0.648***	−0.390
	(0.092)	(0.089)	(0.643)
南方	−0.305***	−0.200**	−0.356
	(0.093)	(0.089)	(0.645)
常数项	−3.641***	−3.926***	−4.198***
	(0.196)	(0.272)	(0.681)
N	1 652	844	808
R2	0.353	0.489	0.356

2. 基于农户数据的检验

下面我们继续利用位于中部的某粮食主产区省份的 2000—2004 年农户调查数据研究劳动力迁移对于粮食生产的影响。此时,我们采用如下回归方程:

$$\log Y_{it} = \alpha \omega_{it} + \beta \log T_{it} + \gamma \log D_{it} + \lambda \log C_{it} + \pi \log H_{it} \quad (14-5)$$

其中,ω_{it} 表示家庭成员从事农业生产的时间占全部劳动时间的比重,Y 则是农户的水稻总产量或小麦总产量,其他符号的含义同前。

我们首先看劳动力迁移导致农户投入在农业生产中的劳动时间减少是否会显著影响他们的水稻和小麦总产量。表 14-5 和表 14-6 分别报告了以水稻和小麦总产量为被解释变量的固定效应模型回归结果。

表 14-5　外出劳动时间对农户水稻总产量的影响（固定效应模型）

	2000—2001 年	2001—2002 年	2002—2003 年	2003—2004 年
外出劳动时间占比	−0.292**	0.060	0.112	0.151
	(0.128)	(0.136)	(0.124)	(0.141)
播种面积	2.585***	3.162***	2.916***	3.240***
	(0.054)	(0.058)	(0.049)	(0.056)
固定资产	−0.014	0.019	−0.059***	−0.061***
	(0.012)	(0.013)	(0.015)	(0.016)
户主年龄	0.065***	−0.022	−0.147***	0.062**
	(0.025)	(0.026)	(0.026)	(0.027)
劳动力总数	0.086**	0.085*	−0.022	−0.049
	(0.039)	(0.047)	(0.042)	(0.050)
人力资本 1	−0.032	0.026	0.033	0.001
	(0.032)	(0.041)	(0.034)	(0.036)
人力资本 2	0.027	0.025	−0.037	0.021
	(0.058)	(0.073)	(0.058)	(0.056)
人力资本 3	0.038	0.037	−0.116	0.032
	(0.130)	(0.146)	(0.125)	(0.123)
人力资本 4	0.139	−0.206	−0.276	−0.027
	(0.237)	(0.295)	(0.288)	(0.242)
常数项	−0.203	2.494**	9.203***	−0.629
	(1.073)	(1.159)	(1.176)	(1.228)
N	4 667	4 674	4 685	4 690
R2	0.488	0.572	0.609	0.596

注：人力资本 1、2、3、4 分别表示接受过初中、高中、中专、大专及以上教育的劳动力数量。

从表 14-5 和表 14-6 的回归结果中可以看出：外出劳动时间占比在所有的水稻和小麦生产函数中大多时候不显著，而且在 2003—2004 年时间段的回归中都不显著为负，这一结果说明：即使到了 2004 年，劳动力的外出并没有显著地降低该中部省份农户的水稻和小麦总产量。

表 14-6　外出劳动时间对农户小麦总产量的影响(固定效应模型)

	2000—2001 年	2001—2002 年	2002—2003 年	2003—2004 年
外出劳动时间占比	0.015	0.164	0.150	0.362***
	(0.123)	(0.131)	(0.118)	(0.121)
农业固定资产	3.863***	3.722***	3.644***	3.886***
	(0.055)	(0.050)	(0.050)	(0.049)
播种面积	−0.001	0.015	−0.022	0.034**
	(0.012)	(0.012)	(0.014)	(0.014)
户主年龄	−0.039	−0.156***	−0.143***	0.008
	(0.024)	(0.025)	(0.025)	(0.023)
劳动力总数	−0.067*	−0.028	0.108***	0.096**
	(0.038)	(0.045)	(0.040)	(0.043)
人力资本 1	0.042	0.006	−0.035	−0.105***
	(0.031)	(0.040)	(0.033)	(0.031)
人力资本 2	0.039	−0.023	−0.112**	−0.105**
	(0.056)	(0.070)	(0.055)	(0.048)
人力资本 3	−0.096	−0.042	−0.260**	−0.124
	(0.125)	(0.140)	(0.119)	(0.106)
人力资本 4	−0.057	0.179	−0.068	−0.306
	(0.228)	(0.284)	(0.276)	(0.208)
常数项	2.595**	7.602***	7.056***	−0.248
	(1.028)	(1.097)	(1.135)	(1.036)
N	4 667	4 674	4 685	4 690
R2	0.681	0.704	0.703	0.734

注：人力资本 1、2、3、4 分别表示接受过初中、高中、中专、大专及以上教育的劳动力数量。

下面我们从多个角度考察农户生产行为的改变,以回答为什么该主产区省份的劳动力迁移没有导致水稻和小麦的总产量显著下降。表 14-7 报告了农户的农业生产性投资的决定因素回归方程,从中可以看出：外出劳动时间占比的回归系数在所有的方程中都为负,并且大部分都显著,这说明外出劳动时间越多的农户,对于生产性固定资产的投资越少。但是,这一结果并不能立刻就表明这些因素的变动会显著降低农户的粮食总产量,这是因为粮食总产量是否下降还同时取决于其他因素的变动。

表 14-7　外出劳动时间对农户生产性投资的影响

	2000—2001 年	2001—2002 年	2002—2003 年	2003—2004 年
外出劳动时间占比	−0.553**	−0.284	−0.575***	−0.782***
	(0.238)	(0.228)	(0.210)	(0.204)
经营耕地面积	0.520***	0.655***	0.593***	0.826***
	(0.083)	(0.076)	(0.072)	(0.077)
户主年龄	0.007	0.001	−0.003	−0.007
	(0.006)	(0.006)	(0.006)	(0.006)
劳动力总数	0.020	0.122*	0.107*	0.011
	(0.064)	(0.068)	(0.064)	(0.065)
人力资本 1	−0.042	−0.067	0.038	−0.025
	(0.056)	(0.060)	(0.057)	(0.056)
人力资本 2	0.002	−0.107	−0.021	0.076
	(0.090)	(0.094)	(0.089)	(0.088)
人力资本 3	−0.010	−0.042	−0.047	0.064
	(0.204)	(0.213)	(0.197)	(0.188)
人力资本 4	−0.871**	−0.795*	−0.680	−0.522
	(0.443)	(0.459)	(0.463)	(0.419)
常数项	0.952***	0.694**	0.837***	1.043***
	(0.278)	(0.294)	(0.283)	(0.304)
N	4 667	4 674	4 685	4 690
R2	0.001	0.004	0.002	0.006

注：人力资本 1、2、3、4 分别表示接受过初中、高中、中专、大专及以上教育的劳动力数量。

表 14-8 则报告了外出劳动对于农户小麦播种面积的影响的回归方程，从中可以看出：外出劳动时间占比在所有方程中的回归系数都为负，并且在前 3 个方程中都显著，这表明外出劳动时间越多的农户耕种小麦面积越少。但是，我们从水稻播种面积的回归方程中发现：外出劳动时间占比在所有的水稻播种面积决定方程中都不显著。这种对比说明：更多地外出劳动只会使得农户耕种的小麦面积有所减少，但是并没有显著减少他们耕种的水稻面积。由于小麦属于该省份的次要粮食作物，所以上述结果再一次表明劳动力迁移并没有显著影响到该省份的主要粮食作物的生产。

表 14-8 外出劳动对小麦播种面积的影响

	2000—2001 年	2001—2002 年	2002—2003 年	2003—2004 年
外出劳动时间占比	−0.089**	−0.161***	−0.095**	−0.022
	(0.040)	(0.043)	(0.040)	(0.040)
固定资产	0.014***	0.022***	0.010**	0.002
	(0.004)	(0.004)	(0.004)	(0.005)
户主年龄	−0.000	0.000	−0.001	−0.001
	(0.001)	(0.002)	(0.002)	(0.002)
劳动力总数	0.033***	0.012	−0.006	0.026**
	(0.012)	(0.014)	(0.013)	(0.013)
人力资本1	0.005	0.035***	0.052***	0.023**
	(0.010)	(0.012)	(0.011)	(0.011)
人力资本2	0.023	0.030	0.068***	0.022
	(0.017)	(0.020)	(0.018)	(0.017)
人力资本3	−0.055	−0.014	0.008	0.008
	(0.038)	(0.043)	(0.039)	(0.036)
人力资本4	0.085	−0.003	−0.135	−0.058
	(0.075)	(0.090)	(0.091)	(0.075)
常数项	0.416***	0.355***	0.474***	0.417***
	(0.070)	(0.073)	(0.076)	(0.079)
N	4 667	4 674	4 685	4 685
R2	0.003	0.001	0.003	0.000 4

注：人力资本1、2、3、4分别表示接受过初中、高中、中专、大专及以上教育的劳动力数量。

上述回归结果只是考察了外出劳动时间对于农户粮食生产行为的影响，对应的，我们还可以继续考察从未外出劳动的农户（即没有任何劳动力迁移的农户）的生产行为。此时，我们设置一个虚拟变量"未外出"，用它来度量一个农户是否有成员外出劳动，1表示没有家庭成员外出劳动，0表示有家庭成员外出劳动。下面我们来考察未外出的农户在粮食播种面积、生产性投资等方面与有外出的农户是否有显著差异。

表14-9报告了小麦播种面积的决定方程，从中可以看出，"未外出"这个虚拟变量在所有方程中的回归系数都为正，并且在前两个方程中都在1%的程度上

显著,这说明没有劳动力迁移的农户会更多播种小麦。但是,如果对农户的水稻播种面积进行回归,则"未外出"这个虚拟变量在所有的方程中都不显著,这表明没有劳动力迁移的农户的水稻播种面积没有显著更多。这些结果与表14-8的回归结果结合在一起说明:劳动力迁移对于水稻的播种没有什么显著影响,但是有外出劳动的农户减少了小麦的播种,而没有外出劳动的农户增加了小麦的播种,这说明劳动力迁移会带来小麦种植在迁移和非迁移农户之间的转化,这背后也隐含着小麦种植耕地的流转——没有劳动力迁移的农户承租了有劳动力迁移农户的耕地。

表14-9 未外出家庭小麦播种面积的决定因素

	2000—2001年	2001—2002年	2002—2003年	2003—2004年
未外出	0.052***	0.070***	0.012	0.002
	(0.017)	(0.019)	(0.019)	(0.019)
固定资产	0.015***	0.022***	0.010**	0.002
	(0.004)	(0.004)	(0.004)	(0.005)
户主年龄	−0.000	0.000	−0.002	−0.001
	(0.001)	(0.002)	(0.002)	(0.002)
劳动力总数	0.037***	0.015	−0.009	0.026*
	(0.012)	(0.014)	(0.013)	(0.013)
人力资本1	0.005	0.033***	0.052***	0.023**
	(0.010)	(0.012)	(0.011)	(0.011)
人力资本2	0.023	0.030	0.067***	0.022
	(0.017)	(0.020)	(0.018)	(0.017)
人力资本3	−0.054	−0.012	0.004	0.008
	(0.038)	(0.043)	(0.039)	(0.036)
人力资本4	0.085	−0.007	−0.132	−0.059
	(0.074)	(0.090)	(0.091)	(0.075)
常数项	0.358***	0.278***	0.464***	0.415***
	(0.073)	(0.077)	(0.079)	(0.081)
N	4 667	4 674	4 685	4 690
R2	0.003	0.001	0.002	0.000 4

注:人力资本1、2、3、4分别表示接受过初中、高中、中专、大专及以上教育的劳动力数量。

表 14-10 报告了未外出劳动对于农户的生产性投资的影响,从中可以看出:"未外出"变量在所有方程中的回归系数都为正,并且在大部分模型中都显著,这说明没有劳动力迁移的农户更多地进行了农业生产设备的投资。这一结果与前面的结果形成的对比说明:未外出农户更多地从事粮食种植行为,并因此而更多地进行了农业生产性固定资产的投资。

表 14-10 未外出劳动的农户的生产性投资决定因素

	2000—2001 年	2001—2002 年	2002—2003 年	2003—2004 年
未外出	0.286***	0.143	0.241**	0.326***
	(0.104)	(0.103)	(0.101)	(0.102)
经营耕地面积	0.522***	0.656***	0.600***	0.838***
	(0.082)	(0.076)	(0.072)	(0.076)
户主年龄	0.007	0.002	−0.003	−0.007
	(0.006)	(0.006)	(0.006)	(0.006)
劳动力总数	0.038	0.132*	0.114*	0.014
	(0.065)	(0.069)	(0.065)	(0.066)
人力资本 1	−0.046	−0.069	0.032	−0.034
	(0.056)	(0.060)	(0.057)	(0.056)
人力资本 2	−0.001	−0.108	−0.024	0.073
	(0.090)	(0.094)	(0.089)	(0.088)
人力资本 3	−0.009	−0.039	−0.045	0.071
	(0.204)	(0.213)	(0.197)	(0.189)
人力资本 4	−0.869**	−0.803*	−0.681	−0.531
	(0.443)	(0.459)	(0.463)	(0.419)
常数项	0.640**	0.535*	0.578*	0.706**
	(0.302)	(0.314)	(0.300)	(0.319)
N	4 667	4 674	4 685	4 690
R2	0.001	0.004	0.002	0.005

注:人力资本 1、2、3、4 分别表示接受过初中、高中、中专、大专及以上教育的劳动力数量。

前面的回归仅仅考察了劳动力迁移对于农户的水稻和小麦生产行为的影响,但是它并不能揭示问题的全部,因为没有迁移的劳动力还有可能从事其他农业生产活动,比如种植蔬菜、水果,或者从事养殖活动等,因此我们在表 14-11 中报告了农户年末经营耕地面积的决定因素,从表 14-11 的回归结果中可以看出:"未外出"在所有的方程中都在 1% 的程度上显著;同时,如果我们控制"外出劳动时间占比",则它在所有方程中都在 1% 的程度上显著为负。这些结果表明:有劳动力迁移的农户确实明显减少了农业生产经营活动,但是没有劳动力迁移的农户明显增加了农业生产经营活动,后者降低了前者对于粮食总产量和粮食安全问题的负面影响。这些回归结果综合在一起,再次揭示了为什么粮食主产区的劳动力迁移对粮食生产和粮食安全问题并没有带来非常严重的影响。

表 14-11　未外出家庭年末经营耕地面积的决定因素

	2000—2001 年	2001—2002 年	2002—2003 年	2003—2004 年
未外出	0.068***	0.092***	0.099***	0.055***
	(0.016)	(0.019)	(0.020)	(0.018)
固定资产	0.038***	0.061***	0.066***	0.047***
	(0.003)	(0.004)	(0.004)	(0.004)
户主年龄	−0.005***	−0.005***	−0.002*	−0.002
	(0.001)	(0.001)	(0.001)	(0.001)
劳动力总数	0.108***	0.104***	0.076***	0.076***
	(0.011)	(0.013)	(0.013)	(0.013)
人力资本 1	−0.017*	0.012	0.024**	0.006
	(0.009)	(0.012)	(0.011)	(0.010)
人力资本 2	−0.015	−0.004	0.035*	−0.004
	(0.016)	(0.019)	(0.018)	(0.016)
人力资本 3	−0.065*	−0.032	−0.037	−0.048
	(0.036)	(0.041)	(0.040)	(0.035)
人力资本 4	−0.007	−0.019	0.013	0.041
	(0.072)	(0.087)	(0.094)	(0.074)
常数项	1.446***	1.201***	1.084***	1.260***
	(0.060)	(0.068)	(0.070)	(0.072)
N	4 667	4 674	4 685	4 690
R2	0.009	0.032	0.024	0.003

注:人力资本 1、2、3、4 分别表示接受过初中、高中、中专、大专及以上教育的劳动力数量。

五、结论与政策启示

基于中国的县（市）统计数据和中部某粮食主产省份的农户数据，本节全面研究了劳动力迁移对于粮食生产的影响，并且对比了该影响在粮食主产区和非主产区之间的差异，以及导致这种差异的原因，为我们理解中国的农村劳动力迁移对粮食安全问题的影响，以及制定应对粮食安全问题的政策提供了细致的科学证据。

本节基于县（市）数据的研究发现：首先，农村劳动力迁移降低粮食总产量大致从2005年左右才开始出现；其次，劳动力迁移对于主产区粮食总产量的负面影响相对于非主产区而言更小。上述结果出现的原因在于：在其他因素保持一致的情况下，劳动力迁移等因素导致的机器替代人手在主产区表现得更为明显。

本节基于中部某粮食主产省份的农户数据的研究则发现：首先，截止到2004年，农村劳动力迁移并没有显著影响该省农户的水稻和小麦总产量；其次，劳动力迁移主要影响该省份的次要粮食作物——小麦的生产，但是对于主要粮食作物——水稻并没有产生显著影响；再次，有劳动力外出的农户更少地耕种小麦、更少地投资于生产性资产，但是没有劳动力外出的农户则更多地耕种小麦、更多地投资于农业生产性资产。上述结果说明，没有劳动力迁移的农户更多地从事了粮食的生产，从而抵消了有劳动力迁移的农户对粮食生产投入减少的负面影响，因此，农村劳动力迁移并没有显著降低农户的粮食总产量，从而我们也可以得出结论，农村劳动力迁移并没有显著威胁到中国的粮食安全。

结合本节基于县（市）数据和农户数据的研究结果，我们可以得出如下政策启示：首先，中国农村的劳动力转移并没有显著影响到中国的粮食安全问题，因此中国在一定时期内不必因为劳动力迁移而针对粮食安全问题做大的政策调整。其次，主产区和非主产区的农户应对劳动力转移等因素导致的劳动力投入减少的策略完全相反：在非主产区，粮食生产对于农户而言可能更多的具有口粮的意义，部分劳动力迁移出去后就不需要那么多的口粮，因此他们会相应地减少粮食生产要素的投入；在粮食主产区，粮食生产决定了他们的很大部分收入，因此当劳动力投入减少时，他们会通过增加其他生产要素来抵消劳动力投入减少导致的粮食总产量的下降。因此，为了稳定中国的粮食总产量，或者为了防止中国出现粮食安全问题，政策干预可以对主产区和非主产区有所区别。对主产区而言，可以通过对农业机械生产企业进行补贴以激励农户用机器替代人手的积极性,特别的,要对那些没有劳动力外出的农户的粮食生产积极性进行鼓励;而对非主产区而言,由于生产的粮食大多具有口粮的意义,鼓励他们种植粮食的积极性可能具有较高的难度和成本,因此政策干预可以考虑激励他们更多地从事经济作物的种植。最后需要说明的是,本节使用的农户数据在时间跨度上还面临着不足,而且使用的县(市)数据没有后面两年的粮食播种面积和施肥量这两个重要指标。

第二节 刘易斯转折点是否到来

一、引言

"刘易斯转折点"是诺贝尔经济学奖获得者刘易斯(1954)用来描述和划分经济发展阶段的一个重要概念,被很多发展中国家用来作为政策调整的时点选择。转折点前后,劳动力供求、农业劳动生产率、工资水平、产业形态和经济增速等重要经济变量都会出现差异,成功实现转型的经济体一般在转折点到来之后都会对发展战略和政策进行调整。因此,转折点的判断是否准确,对于经济发展与转型决策影响重大。

然而,现有文献对于中国经济的转折点是否已经到来还存在很大的争议,并且部分文献采用的研判标准还有待商榷,因此,本节首先对近年来有关"刘易斯转折点"研究的观点和证据进行评估,然后借鉴发展经济学界测度东亚经济体"刘易斯转折点"的方法,利用国家统计局7万抽样农户数据再次对我国"刘易斯转折点"到来的时间进行研判,最后就转折点到来之后的发展挑战和战略选择进行简单的讨论。

二、现有研究存在的问题

自2004年以来,学术界关于我国经济的"刘易斯转折点"是否到来及其检验一直存在激烈争论,且迄今尚未达成一致意见。我们下面针对现有研究在论据何方法的一些缺陷进行讨论。

在现有文献中,黎煦(2007)、蔡昉(2007a,2007b;2008)、Zhang et al.(2011)、Li

et al. (2012)等认为中国经济在2004—2005年间到达"刘易斯转折点"或者开始出现劳动力短缺,主要依据有如下几点:第一,从2004年左右开始,沿海城市部分企业开始出现"招工难"现象,这一现象被媒体称为"民工荒"。另外,人力资源和社会保障部在117个城市进行的调查中发现,岗位数量与求职者数量之比从2001年的0.65上升到2012年第一季度的1.08,学者也以此判断我国农村剩余劳动力已经消耗完毕,经济发展开始进入"劳动力短缺时代"。第二,从2004年左右开始,城市劳动力市场上的农民工工资水平开始出现明显上升趋势。例如,根据农业部固定观察点数据,2003年农民工的月平均工资为528元,2004年则上升到802元,2005年达到852元,2007年进一步上升至1060元。第三,城乡收入差距拉大的状况有所改变。城镇居民可支配收入与农村居民纯收入之比,在2004年出现下降,由前一年的3.23降为3.21。2004年以后,城乡居民收入差距进一步缩小。2004—2011年,城乡居民收入比从3.21降至3.13。

实际上,根据以上几点来判断我国经济的"刘易斯转折点"于2004—2005年已经到来或者中国已经没有剩余劳动力的说服力不足。理由如下:第一,所谓的"民工荒"现象,或者城市劳动力市场上的岗位数量与求职者数量之比的上升,有可能是劳动力的结构性短缺,并非总量性短缺。一种可能性是,企业招聘不到的是拥有一定技能的劳动力,而非低教育水平、低技能的简单劳动力,准确的表述应该是"技工荒"。另外,不少大中城市最近几年出现的月嫂、保姆短缺等,也体现了劳动力的结构性稀缺。第二,"民工荒"现象在一定程度上与城乡二元体制性障碍有关。近年来,尽管国家大力推进城乡一体化,城市对进城农民工在子女教育、居住等基本公共服务供给的歧视性政策,导致部分农村劳动力或为了子女教育或因城市生活成本不断抬升等原因,不得不滞留在农村,从而导致农村劳动力富余与城市劳动力稀缺并存的局面。例如,Knight et al. (2010)也认为城市劳动力市场上的"民工荒"与农村地区剩余劳动力并存是制度性因素造成的,其背后隐藏的是劳动力市场的结构性短缺和季节性短缺。第三,农民工和农村劳动力工资上升及城乡收入差距缩小,不一定是由农村剩余劳动力消耗完毕所推动,也可能归因于各种政策因素的作用。例如,新世纪以来,我国取消了农业税,并逐步实施对农业生产的各类补贴,同时还构建了覆盖农村居民的最低生活保障、养老和社会保障制度,这些措施都直接提高了农民收入,从而提高了农民工的保留工资,因此城市劳动力市场上的工资水平必须做出适应性调整。另外，我国从 2004 年开始明显加大最低工资执法力度，2008 年颁布新《中华人民共和国劳动合同法》，对劳动者实施更加严格和全面的保护，各地纷纷提高最低工资标准等，也会推动城市劳动力市场上的农民工工资上涨。

实际上，很多关于中国经济的转折点已经到来的大多数研究都是基于对城市劳动力市场的观察，但实际上，刘易斯模型中的转折点的含义是农村剩余劳动力被消耗完毕，因此，更科学的方法是从农村或农业中寻找证据。在现有文献中，只有少数研究采用了后一方法，例如 Zhang et al. (2011)利用甘肃贫困地区的调研信息，发现 2003 年后该地区的实际雇工在农忙和农闲时都已开始大幅度上涨，他们据此推测全国性的劳动力短缺已经出现。Minami and Ma(2010)通过估计中国 1990—1995 年、1996—2000 年和 2001—2005 年三个时间段的农业生产函数来计算劳动力的边际生产率，并将其与日本的历史数据进行比较，发现并没有证据表明中国已经出现了劳动力短缺，即使是 2001—2005 年，中国依然蕴藏着大量剩余劳动力。当然，他们认为中国经济正在接近拐点，并且东、中、西部的农业劳动力的边际生产率差别很大，因而不同地区蕴藏的农业剩余劳动力数量不同。类似的，许庆等(2013)基于省级、县市和农户面板数据进行了研究，发现 2005 年左右东部地区的粮食和一产 GDP 的生产函数已经到达了刘易斯转折点，而中西部地区尚未到达。

虽然上述研究提供了来自农村和农业生产的证据，但是存在两个问题，Zhang et al. (2011)的研究只基于局部地区的小样本，后两个研究使用数据的时点只截止到 2005 年。利用局部地区的小样本数据来判断全国的总体情况，其代表性不足，而截止到 2005 年数据的研究无法反映最近几年的情况，因此，容易造成对全局判断的失误。本节将基于 2003—2012 年国家统计局的 7 万多个农户调查数据重新研判中国经济刘易斯转折点的到来时间。

三、测度刘易斯转折点的方法与结果

1. 测度刘易斯转折点的方法

按照刘易斯的原意，转折点可以将一个经济的发展过程分为两个阶段。转折点到来前的第一阶段，农村蕴藏着无限多的剩余劳动力，农村劳动力的边际生产率

为零,农村劳动力的转移不会导致农业总产出降低,劳动力的工资水平为一个长期稳定的低水平生存工资。转折点到来之后,经济发展进入第二阶段,农村剩余劳动力被消耗完毕,农业劳动力的边际生产率开始大于零。在这一阶段,继续转移农村劳动力,将会降低农业总产出。城市部门要继续吸引农村劳动力,则需要提高工资水平。因此从理论上说,转折点是否到来的理论判断标准是:在保持其他农业生产要素投入不变的情况下,当农业劳动投入的边际生产率由零变为大于零时,以及农业劳动力的工资水平由长期不变转为上升时,则表明该经济的刘易斯转折点到来了。

但是,发展经济学家在运用这一理论对转折点进行测度时,碰到了技术上的困难。一方面,在转折点到来之前,农业劳动投入的边际生产率可能大于零。另一方面,由于农业技术进步、农民生活水平提高、农作物良种的使用、生产组织方式的变革等,农业劳动投入的边际生产率在转折点到来之前也会逐步提高。因此,现实中无法以"农业劳动力的边际生产率是否为零"及是否存在一个长期不变的农业生存工资来判断。如表14-12所示,日本经济学家测算了1915—1963年的农业劳动力的边际生产率,结果在其转折点没有到来之前,边际生产率不仅大于0,而且还保持着上升趋势。

表14-12　日本农业劳动力的边际生产率　　　　　　　　　　单位:日元

1915年	1920年	1925年	1930年	1935年	1940年	1950年	1955年	1960年	1963年
40	43	43	46	43	47	58	93	127	162

数据来源:Minami(1968)。

为此日本经济学家Minami(1968)认为,转折点到来时,农业劳动力的边际生产率会出现一个急剧的上升而不是缓慢的上升;另外,转折点到来时,投入结构、工资水平与农业生产方式也都会发生相应变化。因此,为进一步提高判断转折点的准确性,除了观察农业劳动力的边际生产率是否发生急剧的上升以外,还需要通过综合观察农业生产其他特征的变化(比如农业工资水平是否出现急剧上升、农业劳动力总量是否出现急剧下降、农业投入方式是否出现明显转变等),作为转折点判断的补充依据。

基于上述方法,Minami(1968)测算了日本农业劳动力的边际生产率,发现它从1915年到1950年一直保持持续上升的态势,但是到了1960年,出现了一个急剧的上升,因此,他判断日本经济的刘易斯转折点于1960年左右到达。同时,日本的实际农业工资水平在转折点没有到来之前,也呈现上升趋势,但是到了1960年的转折点时,实际农业工资水平也同样出现了一个急剧的上升(见图14-1),与农业劳动力边际生产率的变动趋势一致。这进一步验证了日本在1960年才出现刘易斯转折点的判断。另外,Minami(1968)还发现,从1960年开始,日本的农业生产劳动力也急剧减少,而机械设备和化肥的使用则明显上升。这些因素都指向了一个明确的结论:日本经济的刘易斯转折点于1960年到来。

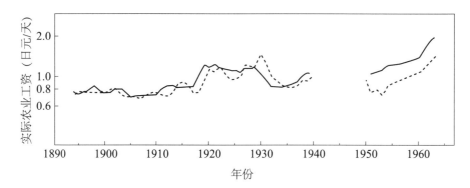

图 14-1　日本的实际农业工资水平

数据来源:同表14-12。

注:实线是用消费者价格指数平减后的结果,虚线是用农产品价格指数平减后的结果。

2. 主要发现与结论

下面,我们利用国家统计局2003—2012年全国约7万抽样农户的调查数据①,寻找2003年以来农业劳动投入边际生产率变动中的急剧上升点,作为判断我国"刘易斯转折点"是否到来的关键依据。表14-13报告了全国总体的测算结果。

表 14-13　农户劳动投入(月)的边际生产率　　　　　　(单位:元)

2003 年	2004 年	2005 年	2007 年	2009 年	2012 年
329.41	367.24	480.57	638.57	687.44	1 188.00

数据来源:根据国家统计局农户调查样本计算。

从表14-13的测算结果可以看出,学术界流行的2004—2005年我国经济进入

---

① 2003—2009年,每年的样本量是66 000户。2010—2012年,每年的样本量是72 000户。

刘易斯转折点的判断是不准确的。表 14-13 的数据表明：首先，2003—2005 年，全国农业劳动投入的边际生产率确实在提高，3 年内共上升了 46%。2005—2007 年，农业劳动投入的边际生产率继续上升，3 年内又提高了 33%。但是，2007—2009 年间农业劳动投入的边际生产率增幅明显下降，3 年内仅提高了 8%。也就是说，2004 年左右，农户的劳动投入边际生产率开始提高，但并没有出现非常急剧的上升。其次，2003—2009 年，全国农户的农业劳动投入边际生产率增幅为 109%，年均增幅为 13.07%；而 2009—2012 年，仅 3 年间的增幅就高达 72.8%，年均增幅为 20%。与 2009 年前相比，农业劳动投入边际生产率在 2010 年前后出现了一个非常明显的上升，而且这个上升比 2004 年左右出现的上升幅度更为显著。因此，从全国总体来看，依据边际劳动生产率这个关键指标的变动状态，我国经济的刘易斯转折点于 2010 年前后已经基本到来。

但是，我国不同区域的经济发展水平差异很大，达到转折点的时间很有可能是不同步的，表 14-14 中的数据能够支持这一判断。在东部地区，2003—2009 年间，农业劳动投入的边际生产率的增幅为 135%，年均增幅为 15.3%；2009—2012 年间的增幅高达 78.22%，年均增幅为 21.24%。据此判断，东部地区已经到达刘易斯转折点。

表 14-14　不同地区农户劳动投入（月）的边际生产率　　（单位：元）

	2003 年	2004 年	2005 年	2007 年	2009 年	2012 年
东部	373.28	419.95	550.61	816.24	877.17	1 563.31
中部	252.36	282.03	390.98	470.21	507.78	836.99
西部	191.52	203.72	246.77	324.44	378.31	617.30

数据来源：根据国家统计局农户样本计算。

对于中部地区，2003—2009 年，农业劳动投入边际生产率的增幅为 101%，年均增幅为 12.34%；2009—2012 年，仅 3 年间的增幅就高达 64.83%，年均增幅为 18.12%。对于西部地区，2003—2009 年，农业劳动投入的边际生产率增幅为 97.53%，年均增幅为 10.24%；2009—2012 年的增幅高达 63.17%，年均增幅为 17.73%。上述数据意味着，2009—2012 年，中西部地区农业劳动投入边际生产率没有出现东部地区那么明显的急剧上升。因此，中西部地区可能还有一定的农业剩余劳动力存量，但期间其边际生产率的较快上升，表明中西部地区正在向刘易斯转折点逼近。上述结论与许庆等(2013)和 Minami and Ma(2010)的研究结论类似,即东部地区首先到达转折点,并开始面临劳动力短缺。

另外,如前文所述,转折点的到来还意味着生产方式的转变,我们下面进一步考察 2010 年左右中国的农业生产方式的变化趋势。表 14-15 提供的数据表明,随着农村剩余劳动力的转移,一方面,样本农户年均购买的机械设备一直保持增加的趋势,2003—2009 年的增速并不明显,但是 2009—2012 年间,却出现了一个非常明显的上升。

表 14-15　样本农户的农业投入要素　　　　　　（单位:元/户）

	2003 年	2004 年	2005 年	2007 年	2009 年	2012 年
购买机械	122.94	136.36	193.06	195.66	245.92	389.19

数据来源:根据国家统计局农户调查样本计算。

表 14-16 进一步报告了不同地区农户的生产性固定资产价值,从中可以看出:农村劳动力转移也带来了农户生产性固定资产的增加。从增速看,2006—2012 年间,东中西部农户拥有的生产性固定资产价值分别增长了 80%、114% 和 160%。从绝对量看,2006—2012 年间,东部和西部地区农户的生产性固定资产价值,始终高于中部地区的农户。这表明:东部和西部地区在剩余劳动力消耗完毕后,开始出现了明显的资本替代劳动倾向,而中部地区由于农村还有一定数量的剩余劳动力,资本替代劳动的趋势尽管也在进行,但其速度慢于东部和西部。

表 14-16　不同地区农户拥有的生产性固定资产价值　　　（单位:元）

	2006 年	2007 年	2008 年	2009 年	2010 年	2011 年	2012 年
东部	8 800.4	9 432.1	9 887.1	10 977.9	11 522.4	14 930.4	15 809.8
中部	5 331.0	5 973.1	6 322.9	7 040.5	7 455.1	10 974.5	11 414.4
西部	7 707.0	8 527.7	9 300.5	10 164.6	11 179.8	18 845.0	19 969.4

数据来源:《中国住户调查年鉴 2013》。

最后需要说明的一点是,我们很难找到农业生存工资的度量,虽然在国家发展和改革委员会价格司出版的《全国农产品成本收益资料汇编》中可以找到农村雇工的工资水平,但是,由于中国政府从 21 世纪初开始实施了一系列的惠农政策,这会推动农村劳动力价格的提高,但是这种提高并非来自剩余劳动力被消耗完毕,因此,我们不能根据该工资水平的上升速度来进一步判断刘易斯转折点的到来时间。

四、转折点到来之后的发展挑战和战略选择

随着2004—2005年中国经济的刘易斯转折点到来的观点的传播,学术界因此对未来中国经济产生了一些悲观的预期。本节认为,转折点的到来仅仅意味着农村剩余劳动力被消耗完毕,劳动力会变成一种稀缺的生产要素。事实上,所有发达经济体几十年前就越过了刘易斯转折点,但是它们目前所面临的,恰恰不是劳动力短缺的困扰,而是高失业率的困扰。我国是世界第一人口大国和劳动力资源大国,即便农村过剩劳动力消耗完毕,在今后相当长时间内,劳动力成本会上升,但这并不意味着劳动力是短缺的,只是劳动力的稀缺性会增加,实现充分就业仍将是我们要面对的主要政策目标。

当然自2005年以来,尽管政府一直在强调产业升级和发展方式转型,但是由于转折点未到,中国仍有相当多数量的剩余劳动力可以支撑传统经济增长模式,因此转变发展方式的基础动力不足。但随着2009年以后刘易斯转折点由东至西的逐次到来,支撑传统增长方式的剩余劳动力条件已经开始不具备了。因此,转折点到达之后,我国在新型人力资本培养、农业现代化转型和保障粮食安全等方面必须加强紧迫性。

本节认为,转折点的到来将使得我国面临如下三个方面的发展挑战:第一,我国人力资本培养体系存在重大缺陷,难以适应这一战略转型。主要表现在四个方面。①农村地区高中阶段适龄学生辍学严重,难以成为人力资本存量。据调查,在农村剩余劳动力潜力大的贫困地区,只有20%到30%的学生上普通高中,40%的学生高中辍学甚至未完成九年义务教育。②职业教育绩效不佳,学生不仅没有学到技能,而且丧失学习能力。目前农村职业教育并没有让学生学到有用的技能,而是大量辍学或混文凭,过早进入低端劳动力市场。③成人再教育体系缺乏。随着产业转型,必然会有相当一部分低端劳动力转移出来,这些群体在未来就业转型时将面临困境,但现在以主要解决高考失误学生文凭的继续教育体系难以承担这一重任。④大学教育知识与产业发展不适应,造成高学历、低能力,出现大学生就业难和教育投入与回报不成比例。第二,工业化、城镇化的顺利推进必须以农业现代化作为基础性条件。我国上一轮的工业化、城镇化的快速推进是以农业现代化滞后为代价。阻碍农业生产要素自由流动的各项制度,影响了农业生产率提高,加剧

了农业与其他产业的竞争劣势。在"后刘易斯转折点"发展阶段，无论是沿海地区产业升级、内地工业化加速，还是城镇化质量提升，农业现代化的任务将更加迫切。因为不存在一个区域为另一个区域的发展提供廉价劳动力和低价粮食供给的条件，地区之间争夺劳动力和发展机会的局面还会加剧。第三，我国粮食供求形势不容乐观，供求紧平衡格局没有改变。中央提出必须实施以我为主、立足国内、确保产能、适度进口、科技支撑的国家粮食安全战略，要依靠自己保口粮，集中国内资源保重点，做到谷物基本自给、口粮绝对安全。在刘易斯转折点到来以后，预计粮食进口量将进一步增加，粮食自给率有可能跌破 90%，未来可能还会有所下降。但是，粮食安全对于刘易斯转折点到来以后的产业转型至关重要，这就需要创新保障粮食安全战略。

由于由产业升级和创新驱动主导的新增长模式对人力资本要求更高，同时粮食安全对保障城镇化推进和结构转型的重要性更加突出，这就需要尽快制定适应"后刘易斯转折点"阶段的发展战略。

第一，完善人力资本培养体系，为产业升级和创新驱动提供支撑。为应对产业升级和创新驱动的新阶段的到来，我国必须制定人力资本培育国家战略和实施纲要。建议：一是将目前的九年义务教育延长为涵盖高中的十二年义务教育，尤其是加大对农村地区、特别是贫困地区的义务教育的投入和质量提升。二是制订在职劳动者再教育计划，对未来有可能因产业升级造成的劳动力结构性失业者进行再培训，不仅包括城市就业者，也应包括农民工等在职就业者。三是改革高等教育培养结构，在保留一定比例研究型院校的同时，恢复和发展一批专业性高校，培养产业发展需要的高技能专业人才。四是制定专业技术评价、晋升和薪酬体系，建立技术立国政策和制度保障。五是放开职业技术教育培养机构，形成以企业为主的按需职业培养体系。

第二，加快推进农业现代化，使其与工业化、城镇化同步发展。一是客观把握农业要素投入变化的新特点，促进农业发展方式转变，这包括：提高农业要素利用效率，促进土地生产率和劳动生产率的提高；以提高农业全要素生产率为核心，提高农业产业竞争力；改变以增加土地生产率为主的投入结构，促进化肥、农药等产业的改造、升级与转移；制定和实施与农地经营规模和核心产业相适应的农业机械发展战略。二是以解决"好地怎么种"为导向，加快构建新型农业经营体系。实行承包权与经营权分离,强化对承包权与经营权的权利保护;在坚持家庭经营的前提下,推进农业经营方式创新;鼓励承包经营权向多种经营主体流转,发展多种形式的规模经营;发展合作经济,提高农民组织化程度;发展社会化服务体系,提高服务规模化、专业化水平。

第三,更切实保障国家粮食安全,为适应刘易斯转折点到达之后的经济转型提供坚实基础。落实新的粮食安全观,必须在粮食安全保障区域和农户类型上进行进一步细分。一是进一步提高粮食主产区,尤其是中部地区的粮食安全保障能力。按照前面的分析,中部地区不仅在我国主粮安全中的地位举足轻重,而且目前第一产业和粮食生产的刘易斯转折点尚未到来,进一步转移农村劳动力,不仅不会降低第一产业和粮食总产出,还因为农户拥有的生产性固定资产明显低于其他地区,因此未来提升农业生产的机械化程度的空间还非常大,有利于劳动生产率的提高。为了提高中部地区主粮安全保障能力,国家支农惠农政策应当更加向这些地区聚焦,整合各类资金,加大中部地区的农田水利建设和基础设施条件改善力度。二是提高纯农户继续从事粮食生产的积极性。"后刘易斯转折点"时期的粮食安全保障,必须正视农户分化的现实,制定目的性更强的政策,使纯农户继续从事粮食生产,从粮食生产中获益。包括扩大纯农户经营规模,提高规模经营收益;增加纯农户从事粮食生产的补贴,提高农业补贴与粮食提供的关联度;强化农业机械和社会化服务,为纯农户从事粮食生产提供专门化服务。

第三节　保证粮食安全前提下的农村劳动力转移边界

一、引言

中国作为世界第一人口大国,目前的人均耕地面积不足 1.5 亩,能否或者能在多大程度上实现粮食生产的自给自足对于经济发展和社会稳定都具有重要影响,所以粮食安全始终都是中央政府必须考虑的重大问题。就目前的形势而言,影响中国粮食安全的一个重要的因素莫过于农村劳动力向城市部门的转移。在保证粮食安全的前提下,中国农村还可以继续转移出多少劳动力进入城市部门? 该问题的答案牵涉到对中国最基本的经济形势和对最基本经济事实的判断,对中国制定未来的经济发展战略和重大社会经济政策都具有基础性的意义,更会牵涉到中国的产业政策、人口政策、贸易政策、国民经济发展规划等的制定,其重要性不言而喻,而如果对这一最基本事实的判断出现失误,则势必会误导各种基本政策的制定和调整。除此以外,我们还需要特别针对保证粮食安全前提下所能够转移的农村劳动力边界展开研究,理由如下:第一,中国庞大的人口需要消耗的粮食数量巨大,一旦对粮食进口产生过高的依赖性,则可能会对中国带来严重的影响,因此我们有必要针对中国粮食安全问题的各种影响因素展开研究。第二,总体而言,中国农村的粮食生产力水平并不高,全国人均耕地面积不足1.5亩,粮食的亩产量与欧美等国还有不小的差距。例如表14-17提供的跨国数据表明:在2005年,中国平均每公顷的谷物产量只有5 225公斤,而美国和德国则高达6 452和6 723公斤,中国每个农民每年的平均谷物产量只有553公斤,而美国和德国的则高达6 459和2 096公斤。中国粮食生产率的水平也决定了该问题的重要性。因此,本节在回顾现有文献的研究结论的基础之上进行两个测算:在保证粮食安全的前提下,在现有农业生产技术条件下和完成了工业化进程之后,中国农村还可以继续转移进入城市部门的劳动力数量。

表14-17 谷物平均产量的国际比较

		1965年	1975年	1985年	1995年	2005年
谷物平均产量(公斤/公顷)	美国	3 039.70	3 460.30	4 763.20	4 644.70	6 451.90
	德国	2 852.20	3 864.40	5 072.70	6 107.60	6 723.20
	韩国	2 539.00	3 246.70	3 701.50	2 519.60	3 489.10
	日本	4 398.10	5 933.20	5 847.10	6 003.20	6 154.10
	中国	1 764.20	2 492.70	3 827.70	4 663.70	5 225.50

数据来源:世界银行 WDI 2010。

二、现有研究的观点与结论

1. 中国是否已进入劳动力短缺时代?

中国作为世界第一人口大国,拥有充沛的劳动力被普遍认为是经济增长中的比较优势。然而进入21世纪之后,这一状况似乎开始发生转变。从2003—2004年开始,劳动工资开始表现出了明显上涨的趋势,并且东南沿海城市开始出现招工难现象,并被媒体渲染为"民工荒"。对于这一重要现象,蔡昉(2007a,2007b)较早地提出,这预示着中国已经开始出现劳动力短缺,且刘易斯转折点已经到来。此外,也有其他学者持有类似观点。例如 Zhang et al.(2011)利用甘肃贫困地区调研的信息,发现2003年以后该地区的实际雇工工资无论在农忙时还是在农闲时都已开始大幅度上涨,然后他们据此推测全国性的劳动力短缺已经出现。黎煦(2007)基于跨国分析则发现中国已具有几个主要发达国家经历刘易斯转折点时的经济特征,然后由此推断中国已开始进入刘易斯转折点时期。但是,并非所有的学者都一致地认为中国的刘易斯转折点已经到来。有学者指出,刘易斯转折点理论的假设与中国经济的现实不符,近年来中国劳动力市场上的民工短缺、工资上涨等现象并不能简单地与刘易斯转折点相对应。例如 Knight et al.(2010)认为,农民工工资上涨和农村劳动力剩余并存的现象是阻碍劳动力流动的城乡劳动力市场的制度性分割导致的,与刘易斯的理论不相符。上一节中,我们利用国家统计局的全国代表性农户样本重新进行了检验,发现只有东部地区的刘易斯转折点已经到来,而中西部地区的尚未到来。这表明中国只有局部地区的剩余劳动被消耗完毕,因此它对于粮食安全的影响程度如何,还值得进一步研究。

与刘易斯转折点问题相关的,还有一些文献试图测算中国农村的剩余劳动力数量,而这些研究实际上隐含的假设是中国的刘易斯转折点并没有到来。例如,Golley and Meng(2011)认为,尽管2000—2009年间城市非熟练工人工资呈上涨趋势,但这并非源于劳动力短缺,她们认为如果改变城乡分割的制度,那么通过提高农民工在城市里的时间或农民工的人数(或者两者同时变化),很容易将农民工的存量从当前的1.5亿提高到3亿。另外,Kwan(2009)则估算出1980—2007年间中国农村剩余劳动力平均在1.38亿。郭金兴(2007)利用随机前沿模型和省际面板数据估算出21世纪早期中国农村的剩余劳动力为1—1.3亿。需要补充说明的是,上述文献对剩余劳动力数量的测算与本节对于劳动力转移边界的测算并不完全相同,这是因为即使农村剩余劳动力转移完毕了,也还可以继续转移农村劳动力进入城市,而还可以转移多少,则要取决于农业劳动力的生产率及转移的约束条件,比如是否考虑保证粮食安全。

2. 中国农村还可以转移多少劳动力?

现有文献对于中国农村劳动力转移边界的研究并不多。涉及这一问题的一个较早的研究来自Johnson(1990),他认为中国能够从农业中转移出来多少劳动力要取决于以下几个条件:为扩大农业生产单位而对农业活动的重组,农业生产中资本对劳动的替代,以提高农业劳动生产率为出发点的科研,农村教育质量和数量上的显著提高,以及城乡人口迁移政策。但是,他的研究并没有直接估算出中国农村劳动力转移的具体边界。另外一个研究来自钟甫宁(2009),他假设了一个封闭经济,然后以城镇居民的恩格尔系数为理论依据,认为:首先,如果城乡居民家庭结构相同,城镇人口的食品支出全部归农民所得,而且农民仅仅从事食品生产,要保证农民收入和生活水平与其他社会阶层相同,农民就应当大体上占社会总人口的37.5%(这个比例为2001年城乡居民的恩格尔系数)。其次,如果要保持城乡居民的收入和生活水平大体相同,21世纪初务农劳动力应当占全国劳动力总数的20%左右。如果苗木、花卉等非食品生产的份额显著上升,务农劳动力的数量可以相应增加而不影响其平均收入;加上在非农部门的兼业,农村总劳动力可以保持在全国总量的25%到30%之间,农村人口的比重可以再高一些。最后,如果21世纪中叶中国的人均收入赶上中等发达国家的水平,恩格尔系数下降到0.2甚至更低,务农劳动力就只能维持在总劳动力的10%左右,加上兼业,农村人口占全国总人口的比重应当下降到20%甚至更低。综合上述分析,他的研究认为,根据官方统计,2001年年底中国就业人员总数为7.3亿,其中第一产业3.65亿,正好占50%。如果第一产业就业人员的比重下降到20%,应当有2.2亿劳动力从农业转入其他部门。如果考虑到农村人口的自然增长,考虑到国民收入的持续上升和恩格尔系数的下降,那么今后40—50年内每年农村劳动力净转移的数量应当在1 000万左右才能实现城乡人均收入的大体平衡。

3. 关于粮食安全问题的争论

目前,国内关于中国粮食安全问题的研究大多围绕着耕地、生产技术、基础设施、转基因作物和生物能源、气候变化、农业政策、粮食价格波动等角度展开。比如,杜鹰(2001)、钟甫宁(2009)和张平(2010)等都曾对中国的粮食安全问题展开过深入的研究。总体而言,国内对于粮食安全问题还存在两个争论,第一个争论主要围绕中国是否要坚守"18亿亩耕地红线"。在这个问题上,陈锡文(2010)认为中国必须坚守;但是茅于轼(2010)对此则持相反的观点,他认为通过市场配置资源也依然可以实现国家粮食安全。另外一个争论是转基因作物及粮食加工波动等因素对于粮食安全的影响,这里不再赘述。

4. 关于粮食安全的界定

关于粮食安全,我们可以给出微观和宏观两方面的定义。微观方面,它是指每个人每天或每年需要获得多少粮食才能够算是不再面临粮食安全问题;宏观方面,它是指某个国家或者经济体内部能够提供多少粮食供本国居民消费。对于前者,中国农业科学院(1986)的研究认为中国若要实现粮食安全,则人均每年400公斤粮食必不可少。陈百明(2002)则认为,2010年中国若要以城乡全面接近小康水平为标准,则人均大致每年需要420公斤粮食;而到了2030年,则每人每年需要450公斤粮食;2050年若要全面达到富裕水平,则人均大致每年需要500公斤粮食。中国农业科学院《食物发展研究》课题组则指出,每年人均粮食占有量400公斤仅仅是初步小康型的标准,他们认为,2010年中国基本实现小康社会后人均粮食占有量为391公斤,2020年全面实现小康社会后人均粮食占有量为437公斤,2030年向富裕阶段过渡时期的人均粮食占有量为472公斤。马树庆和王琪(2010)也认为中国人均粮食占有量的安全下限是400公斤。

同时,对于一个国家的粮食安全问题,又可以有广义和狭义之分。从广义上来看,一个国家哪怕不能生产一粒粮食,只要它有能力生产其他商品并用来交换足够的粮食,那么它就不会面临粮食安全问题。从狭义上来看,如果一个国家不能够实现粮食供应的完全自给自足,那么它就有一定的概率面临着粮食安全问题。因此,在世界经济日益走向一体化的前提下,讨论任何一个国家或经济体的粮食安全问题都需要有一定的理论假设前提。基于前文的文献综述,本节将中国的粮食安全定义为:在不进口的情况下,每人每年能够从国内获得至少400公斤粮食。因此这是一个狭义的粮食安全标准,因此下文所测算的是劳动力转移边界的下限。

实际上,中国还可以转移多少劳动力进入城市部门是一个动态的问题,测算劳动力转移边界还需要一定的前提假设。因此,本节以前面定义的粮食安全为约束条件,假设没有户籍制度对劳动力流动的限制,然后分两小节分别测算在现有的农业生产技术条件下和完成了工业化进程条件下的农村劳动力转移边界。

三、现有农业生产技术下的农村劳动力转移边界

由于只有农民才能够生产粮食来养活自己和其他不从事粮食生产的人,所以,

如果以实现自给自足的粮食供给为前提来讨论中国农村的劳动力转移边界,那么它就要取决于一个农民除了养活他自己以外还能够再养活多少人,他能够额外养活的人越多,能够转移的农村劳动力数量就越多。

根据上述逻辑,我们在表14-18中报告了从1990—2010年农村居民平均每人每年销售的农产品数量,这些数据表明了每个农民生产的各种农产品扣除自己消费后所出售的数量,这些数值越高,说明每个农民还能够为其他不从事农业生产的人提供的农产品数量越多。由于每人每年能够消费多少棉花、油料、水果、肉类等才算得上安全并没有统一的标准,所以本节仅仅根据粮食产量来考虑粮食安全问题。从表14-18中的粮食数据中可以看出:在1990年,每个农民每年只能额外出售180公斤粮食,按400公斤的标准,一个农民只能额外养活不到半个不生产粮食的人;而到了2010年,每个农民每年出售460公斤粮食,按照400公斤的标准,一个农民至少能额外养活一个不生产粮食的人。

表14-18　农村居民平均每人出售农产品的数量　　（单位:公斤）

	1990年	1995年	2000年	2005年	2006年	2007年	2008年	2009年	2010年
粮食	180.24	179.20	264.74	375.79	394.64	394.06	444.45	482.93	460.46
棉花	4.31	4.31	5.59	22.06	23.79	24.92	20.68	22.56	14.71
油料	12.87	12.02	18.43	20.09	17.79	17.24	15.69	22.59	17.46
蔬菜	65.07	79.96	132.07	167.93	172.98	169.99	170.83	170.84	168.26
水果	13.17	24.28	46.43	61.62	59.49	66.79	64.94	72.78	65.93
肉类	20.55	28.7	39.25	47.95	49.49	43.78	41.62	48.55	48.92

数据来源:2010年《中国统计年鉴》。
注:肉类为牛肉、羊肉、猪肉和家禽的简单加总。

根据表14-18提供的数据,我们假设目前每个农民每年能够销售的粮食是500公斤。之所以这样假设,是因为中国的农业生产是劳动力密集型的,由于要素边际回报递减规律的存在,当农村劳动力投入减少时,剩余劳动力的平均产量会随之而增加,而且,随着中国政府最近这些年的"工业反哺农业"和"城市支持农村"等政策的实施,粮食总产量依然保持着上升的势头,所以我们认为每个农民能销售500公斤粮食是合适的。依据这个农业生产技术水平,我们可以根据2010年的人口普查数据来大致计算出中国农村还能转移出去多少劳动力。

根据 2010 年第 6 次人口普查 1 号公告提供的数据,中国(不包括香港、澳门和台湾地区)31 个省、自治区、直辖市和现役军人的人口中,居住在乡村的人口为 674 149 546 人,而如果每个农民能够额外销售 500 公斤粮食,则他们总计还可以转移的农村人口数量为:

$$674\,149\,546 - \frac{1\,339\,724\,852 \times 400}{900} \approx 78\,716\,278 \quad (14\text{-}6)$$

如果按照 2010 年人口普查公布的年龄结构[①],并且不考虑城乡居民的人口负担率差异,则 78 716 278 个农村人口中包含的 15—59 岁劳动力数量为 55 211 597 个,即保证粮食安全的条件下,中国还可以继续向城市部门提供 0.552 亿劳动力。另外,如果农村再继续转移 78 716 278 个农村人进入城市,则按常住人口计算的城市化率将是:

$$1 - \frac{674\,149\,546 - 78\,716\,278}{1\,339\,724\,852} \approx 55.56\% \quad (14\text{-}7)$$

这将比 2010 年的城市化率高出 5.98%。也就是说,在保证中国粮食安全的前提下,即使没有净进口粮食,按照 2010 年的农业生产技术水平,中国还可以再继续转移 7.87 千万农民或者 5.52 千万劳动力,此时,中国的城市化比例还可以再提高将近 6%。

另外,上述测算没有考虑粮食的进口和出口行为。根据统计数据来看,2010 年中国的谷物及谷物粉的进口量为 571 万吨,出口量为 120 万吨,净进口 451 万吨,如果全部作为人的口粮,按人均 400 公斤的标准折合可以养活 0.113 亿人口,加上前面折算的 0.552 亿,中国农村可以继续转移 0.665 亿劳动力。

四、中国工业化完成之后的农村劳动力转移边界

前面分析了在保持现有农业生产技术条件下中国还可以继续转移的农村劳动力数量,但事实上,农业生产的技术会进步,特别是工业化会通过各种渗透效应来推动农业生产技术的进步和变革,并进而实现农业的现代化生产。工业化的一个关键特征是用效率高的机器替代效率低的人力,而这将会进一步解放农村劳动力,

---

[①] 第六次全国人口普查公告中提供的 15—59 岁人口的比例为 70.14%。

从而为城市部门的生产扩张提供更多的劳动力。因此,本节想要回答的一个重要问题是,中国作为世界第一人口大国,在她完成了工业化之后将可以从农村转移出多少劳动力进入城市部门?对于这一问题的回答有助于我们前瞻性地把握中国未来的城市化和经济发展的目标,也有助于政府制定长期发展战略。

中华人民共和国建立后的60多年里所走过的道路是持续的工业化之路,而目前中国的人均GDP水平才刚刚到达低中等收入国家的水平,因而未来中国的工业化进程还将持续很长时间。预测中国在完成了工业化之后所能够转移的农村劳动力数量对于中国这样正处于工业化阶段中的农业人口大国是一个有趣而重要的课题。即使在发展经济学中,对于这样的问题的讨论也都是极其少见的。关于中国这一问题的讨论,发展经济学家张培刚(1992)曾提出的农业国工业化理论给我们提供了一个重要的视角:他认为工业化是社会进步和经济发展的核心动力,而中国又是一个农业人口大国,所以中国的工业化进程还将要持续很长时间。对于什么才是一个工业化了的国家,他的理论认为:"一个农业国或欠发达国家,只有当它的工业化进展到相当的阶段,农业生产总值所占的比重由原来的2/3甚至3/4以上降低到1/3甚至1/4以下,同时,农业劳动者的人数所占的比重也由原来的2/3甚至3/4以上降低到1/3甚至1/4以下,这个国家才算实现了工业化,成为'工业化了的国家'。"

根据上述理论,如果我们假设农村人口只从事第一产业的生产活动,城市人口只从事二、三产业的生产活动,同时假设农村居民和城市居民的人口负担率相同,那么我们可以推断出如下这个关系必然成立:

$$\frac{一产\,GDP}{农村人口}=\frac{二产\,GDP+三产\,GDP}{城市人口} \tag{14-8}$$

或者,如下关系式也必然成立:

$$\frac{城市人口}{总人口}=\frac{二产\,GDP+三产\,GDP}{一产\,GDP+二产\,GDP+三产\,GDP} \tag{14-9}$$

实际上,公式(14-9)常用于现有文献的城市化水平的度量,它实际上表明了一个经济的工业化完成之后,城乡两部门劳动力流动与经济增长之间的一个稳态关系,即农村人均GDP与城镇人均GDP相同,此时人口在两部门之间的流动不会增加GDP,同样道理,此时资本在城乡之间的流动也不能带来经济增长。所以,结合结构主义的观点来看上述理论,它表明:工业化完成之后,城乡两部门之间的结构

第十四章 剩余劳动力转移、粮食安全与城市化

转变动力将会停止,结构转变也将不再能够促进经济增长。

由于2010年中国的农业GDP占比就已经降低到了10.1%,如果按照上述均衡条件,并且假设中国完成了工业化之后的农业GDP占比为10%(这个数字也意味着实现了农业现代化之后,假设粮食供给完全自给自足,那么中国的一个农民可以额外再养活9个城市人),如果那时中国的人口总量为12亿;例如,根据Li et al.(2009)的估计,未来中国的人口将会从2005年的13.18亿上升到2024年的13.72亿,然后会降低到2060年的11.14亿。那时中国农村只有1.2亿农民,因此,中国的城市化率将由2010年的49.68%提高到90%,这意味着中国农村将至少有5亿人口可以转移进入城市①,而如果假设这期间中国的劳动力年龄人口比例为60%,并且5亿人口分30年转移完毕,则农村部门平均每年都可以为城市部门新增的劳动力供给数量为1 000万。

但是,上述单纯的理论估算并没有充分考虑中国农业所面临的一个最大约束——人多地少。一个发展中国家的工业化目标应该是实现工业和农业的现代化,而农业现代化则意味着农业生产的机械化。中国在实现了工业化之后的现代化农业的生产力能够达到每个农民额外养活9个城市人的水平吗? 对这一问题的回答要依赖于中国农业所面临的约束条件。本节认为,中国实现工业化之后比较现实的城市化率水平为75%,那时中国的一个农民可以额外养活3个城市人。

我们在表14-19中列举了中国与若干具有代表性的国家的农业生产条件与城市化水平,通过跨国比较分析我们可以看出,中国以2005年德国的农业技术水平作为完成了工业化之后的目标比较现实,这是因为:首先,如果中国的工业化完成后的城市化水平达到75%,即德国和美国在2005年左右的平均水平,假设那时中国有12亿人口,那么城市人口总量将达到9亿,农村人口总量为3亿,此时的粮食安全要求每个农民要额外养活3个城市人。2005年德国每个农民平均的谷物产量为2 096.01公斤,按照每人每年400公斤的标准,一个农民可以额外养活4个城市人,如果将标准提高到500公斤,则一个农民恰好可以额外养活3个城市人,此

---

① 根据2010年第6次人口普查1号公告提供的数据,我国(不包括香港、澳门和台湾地区)31个省、自治区、直辖市和现役军人的人口中,居住在乡村的人口为6.74亿;考虑到中国的人口总量会经历继续缓慢增长然后开始下降的长期趋势,我们假设平均而言,中国在实现工业化的过程中还可以转移5亿农民进入城市。

时的城市化水平恰好是 75%。其次，如果中国完成了工业化之后的城市化率达到 75%，则农民人均耕地面积达到 6 亩，这个数字接近 2005 年德国的水平（8.14 亩），但是这个数字相对于 2005 年美国的 3.34 公顷还有遥远的距离，所以，中国人多地少的约束决定了我们应该以德国的农业现代化水平为工业化完成后的目标，而不能以美国为目标。

表 14-19　中国与其他若干国家的农业及城市化水平的比较

		1965 年	1975 年	1985 年	1995 年	2005 年
城市化水平（%）	美国	71.90	73.70	74.50	77.30	80.80
	德国	72.00	72.60	72.70	73.30	73.40
	韩国	45.10	56.70	57.60	59.10	61.60
	日本	47.40	56.80	60.60	64.60	66.00
	中国	17.60	17.40	23.00	31.40	40.40
农民人均可耕地面积（公顷/人）	美国	3.241 8	3.283 4	3.095 4	3.007 7	3.038 0
	德国	0.573 8	0.558 5	0.563 7	0.542 9	0.542 6
	韩国	0.317 8	0.316 1	0.287 9	0.270 2	0.309 9
	日本	0.105 3	0.102 3	0.101 5	0.104 3	0.100 4
	中国	0.173 9	0.129 2	0.149 4	0.150 2	0.174 5
耕地用拖拉机数量（台/平方公里）	美国	1.101 2	1.190 2	1.082 5	1.034 0	1.082 9
	德国	6.595 5	8.395 0	8.998 2	7.009 7	4.892 3
	韩国	0.546 2	1.028 8	2.703 8	2.515 2	2.104 9
	日本	0.099 6	0.111 2	0.118 7	0.128 2	0.148 7
	中国	0.020 5	0.086 3	0.173 7	0.128 1	0.257 7
谷物平均产量（公斤/公顷）	美国	3 039.70	3 460.30	4 763.20	4 644.70	6 451.90
	德国	2 852.20	3 864.40	5 072.70	6 107.60	6 723.20
	韩国	2 539.00	3 246.70	3 701.50	2 519.60	3 489.10
	日本	4 398.10	5 933.20	5 847.10	6 003.20	6 154.10
	中国	1 764.20	2 492.70	3 827.70	4 663.70	5 225.50
农民年均谷物产量（公斤/农民/年）	美国	3 366.12	4 393.00	5 721.24	4 592.52	6 459.14
	德国	973.61	1 399.19	1 770.51	1 828.70	2 096.01
	韩国	547.92	753.92	735.86	426.34	513.99
	日本	363.86	364.46	333.27	318.02	286.21
	中国	275.15	323.05	419.96	506.55	552.59

数据来源：世界银行 WDI 2010。

如果我们假设中国完成了工业化之后公式(14-9)对应的比例为 3/4,则我们可以计算出中国农村有 3 亿农民,那时中国的城市化率还可以提高到 75%。这意味着中国农村还将至少有 3 亿人口转移进入城市,而如果假设这期间中国的劳动力年龄人口比例为 60%,那么这意味着将有 1.95 亿个劳动力可以转移进入城市,如果这个转移过程分 30 年完成的话,那么中国农村平均每年可以为城市部门新增供给 650 万个劳动力。

另外,通过上述跨国比较我们可以看出中国实现农业现代化过程中的技术变迁方向。表 14-19 中的数据表明:中国在 2005 年平均每平方公里上所使用的拖拉机的数量只相当于德国和美国的 1/19 和 1/4,而由于中国的人口基数庞大,尽管中国的谷物的平均产量与他们的差距不到 30%,但是每个中国农民能够额外养活的人口数量在 2005 年只有大约 0.2 个人,而美国和德国的一个农民能够额外养活 15 个和 4 个人。从这个对比角度看,中国未来的农业发展要走向现代化并接近于欧美的生产力水平,根本的途径就是增加机械动力投入和进一步降低农民的数量。用机械替代农民的人力,不仅能够提高农业生产效率,还能够进一步解放农业生产力以供城市的工业部门和服务业部门使用,同时,还能够提高农民人均耕种的土地面积,提高农业生产的规模经济,增加每个农民能够额外养活的人口数量。沿着这一道路发展下去,世界第一人口大国将是最不可能面临劳动力短缺的。尽管中国近年来城市劳动力市场上的简单劳动的工资水平出现了增长的趋势,但是这并不能意味着劳动力短缺将是中国经济的一个巨大挑战。

五、总结及政策建议

本节在假设实现粮食安全的前提下测算了中国在现有农业生产技术及实现了工业化之后还可以继续转移的农村劳动力数量,发现中国农村至少还可以继续转移的劳动力数量分别高达 0.552 亿和 1.95 亿,它们所对应的城市化率分别为 55.56% 和 75%。这表明中国在未来很长一段时期内将不会面临严重的劳动力短缺问题。

通过上述跨国比较我们可以看出,中国实现农业现代化过程中的技术变迁方向和政府政策的导向。结合中国的农业生产条件,将中国的农业现代化水平定位于2005年德国的水平较为合适,但是,中国在2005年平均每平方公里上所使用的拖拉机的数量只相当于德国的1/19,而中国的谷物的平均产量与德国的差距不到30%,因此中国未来的农业发展走向现代化的根本途径就是增加机械动力的投入和进一步降低农民的数量,用机械替代农民的人力,不仅能够提高农业生产力,保证粮食平均亩产量不下降及粮食安全,而且还能够进一步解放农业生产力供城市的工业部门和服务业部门使用。当然,这也能够提高城市化水平,减少农村人口数量,进而缩小城乡收入差距。

另外值得强调的是,尽管中国近年来城市劳动力市场上的简单劳动工资水平出现了增长的趋势,但是这并不能意味着中国的劳动力短缺将是中国经济的一个巨大挑战。近几年也有很多研究从"人口红利"消失及人口老龄化程度加重等角度提出中国的刘易斯转折点已经到来,认为中国经济将会面临严重的劳动力短缺问题。本节认为这些问题在短期和中期内并不足虑,理由在于:目前农村地区依然蕴藏着一定的剩余劳动力,局部地区出现农业生产的某些劳动力短缺现象并不足以证明中国的经济在整体上已经到了刘易斯转折点。实际上,即使是刘易斯转折点到来了也并不可怕,它只是经济发展进入下一个阶段的标志,它的出现也并不意味着未来的经济增长速度会因此而下降或显著下降,这是因为:刘易斯转折点并不会瞬间完成,欠发达国家这个转折过程可能需要几十年才能完成。刘易斯转折点的出现只意味着劳动工资上涨速度会加快,对于农村经济或者农村部门而言,这其实是它们分享到工业化所推动的经济增长成果的一个起点,也是城乡收入差距和地区间差距缩小的一个重要渠道和起点。就中国而言,部分地区可能还有剩余劳动力,中国依然可以通过放松劳动力流动的限制来继续充分利用这部分剩余劳动力,通过消除劳动力流动障碍鼓励中西部地区的剩余劳动力流动到东部①,在不减少中西部产出的情况下可以显著增加东部地区的产出,从而对于整体经济增长有利。而且,即使出现了简单劳动工资上升速度加快的情况,中国依然可以继续通过将劳动力从边际生产力低的农业和农村部门向边际生产力高的工业和城市部门转移来推动经济增长。只要农村劳动力的边际产出低于城市劳动力的边际产出,都可以通过这种结构转变来推动经济增长。只有当二者相等时,这种结构转变所带来的

---

① 目前东部的资本向西部地区转移,也能够起到充分利用中西部地区剩余劳动力的作用。

经济增长才会停止。

本节将粮食安全作为约束条件,分别测算了中国在现有农业生产技术水平下及在实现了工业化的条件下可以转移的农村劳动力规模,描绘了中国工业化道路中的劳动力转移、城市化和农业现代化的路径,为中国的经济发展战略提供了基本的数据和启示。本节认为,世界第一人口大国将是最不可能面临劳动力短缺的国家,目前中国的人均资本存量水平还很低,与发达工业化国家的差距还很大。尽管中国近年来的劳动工资水平出现了增长的趋势,但是这并不能意味着中国将面临劳动力短缺,也不意味着劳动力短缺将是中国经济的一个巨大挑战。根据本节的测算,如果中国在完成工业化过程中分30年转移1.95亿个农村劳动力进入城市部门,如果不考虑存量劳动力的退休,这意味着政府每年要在城市部门创造出650万个就业岗位来吸纳他们,这个数字对于政府而言将是一个艰巨的任务。因此,中国作为世界第一人口和世界第一劳动力大国,不应该为劳动力短缺问题而苦恼,而应该为没有严重的失业问题而感到庆幸。从长远来看,中国目前并不必修改或制定新的人口政策来增加劳动力数量。在劳动力质量上做文章,要比在劳动力数量上做文章更加明智,或者更多地使用高效率的机器以解放出更多的劳动力,也都是更加符合经济发展规律和历史发展潮流的对策。

参考文献:

Avner Ahituv, Ayal Kimhi, 2002, Off-farm Work and Capital Accumulation Decisions of Farmers Over the Life-cycle: The Role of Heterogeneity and State Dependence, *Journal of Development Economics*, 68(2): 329 – 353.

Brown Lester R., 1994, Who Will Feed China? *World Watch*, September/October.

Charlotte Goodburn, 2009, Learning from Migrant Education: A Case Study of the Schooling of Rural Migrants Children in Beijing, *International Journal of Educational Development*, 29(5): 495 – 504.

Golley Jane, Xin Meng, 2011, Has China Run Out of Surplus Labor? *China Economic Review*, 22(4): 555 – 572.

Johnson D. Gale,1990,"Is Agriculture A Threat to China's Growth?", *The People's Republic of China 1978—1990*,Chapter 9,California:ICS Press.

Knight John,Quheng Deng,and Shi Li,2010,The Puzzle of Migrant Labor Shortage and Rural Labor Surplus in China,Discussion Paper Series,No. 494,University of Oxford,Department of Economics.

Kwan F. ,2009,AgriculturalLabour and the Incidence of Surplus Labor: Experience from China during Reform,*Journal of Chinese Economic and Business Studies*,7(3):341–361.

Lewis W. Arthur,1954,*Economic Development with Unlimited Supplies of Labor*,The Manchester School.

Li Hongbin,Lei Li,Binzhen Wu,and Yanyan Xiong,2012,The End of Cheap Chinese Labor,*Journal of Economic Perspectives*,26(4):57–74.

Mancinelli Susanna,Mazzanti Massimiliano,Piva Nora,and Ponti Giovanni,2010,Education,Reputation or Network? Evidence on Migrant Worker Employability,*Journal of Socio-Economics*,39(1): 64–71.

Minami Ryoshin,*Ma Xinxin*,2010,*The Lewis Turning Point of Chinese Economy: Comparison with Japanese Experience*,China Economic Journal,3(2):163–179.

Minami Ryoshin,1968,The Turning Point in the Japanese Economy,*The Quarterly Journal of Economics*,82:380–402.

Qiang Li,Mieke Reuser,Cornelia Kraus,and Juha Alho,2009,Ageing of A Giant: A Stochastic Population Forecast for China,2006—2060,*Journal of Population Research*,26: 21–50.

Xiaobo Zhang,Jin Yang,Shenglin Wang,2011,China Has Reached theLewis Turning Point,*China Economic Review*,22 (4): 542–554.

蔡昉,2007a,《中国经济面临的转折及其对发展和改革的挑战》,《中国社会科学》第 3 期 4–12 页。

蔡昉,2007b,《中国劳动力市场发育与就业变化》,《经济研究》第 7 期 4–14＋22 页。

蔡昉,2008,《刘易斯转折点后的农业发展政策选择》,《中国农村经济》,第 8 期。

陈百明,2002,《未来中国的农业资源综合生产能力与食物保障》,《地理研究》第21卷第3期。

陈锡文,2010,《当前农业和农村经济形势与"三农"面临的挑战》,《中国农村经济》第1期。

杜鹰:《粮食安全问题》,北京:中国农业出版社2001年版。

郭金兴,2007,《1996—2005年中国农业剩余劳动力的估算——基于随机前沿模型的分析》,《南开经济研究》第4期。

黎煦,2007,《刘易斯转折点与劳动力保护—国际经验比较与借鉴》,《首都经济贸易大学学报》第4期60-66页。

吕新业,2003,《我国粮食安全现状及未来发展战略》,《农业经济问题》第11期43-47页。

马树庆,王琪,2010,《区域粮食安全的内涵、评估方法及保障措施》,《资源科学》第32卷第1期。

茅于轼,2010,《为什么市场能够保障粮食安全》,《中国发展观察》第7期。

秦立建,张妮妮,蒋中一,2011,《土地细碎化、劳动力转移与中国农户粮食生产——基于安徽省的调查》,《农业技术经济》第11期16-23页。

许庆,刘守英,高汉,2013,《农村劳动力尚未消耗完毕——基于省、县和农户数据的研究》,《中国人口科学》第2期33-41页。

张培刚:《新发展经济学》,郑州:河南人民出版社1999年版。

张平,2010,《国务院关于国家粮食安全工作情况的报告》,2010年8月26日第十一届全国人民代表大会常务委员会第十六次会议公报。

中国农业科学院《食物发展研究》课题组,1991,《再论人均400公斤粮食必不可少》,《科技进步与对策》第8卷第4期。

钟甫宁,2009,《世界粮食危机引发的思考》,《农业经济问题》第4期。

朱农:《中国劳动力流动与"三农"问题》,武汉:武汉大学出版社2005年版。

第六篇
中国战胜农村贫困的展望与经验总结

第十五章

城市化、歧视与农民工市民化

第一节　户籍歧视及地域歧视

一、引言

中华人民共和国成立后实施的重工业优先发展战略加剧了城乡二元社会的分割,从而使中国成为一个典型的城乡二元经济。随着中国工业化和城市化进程的深入,大量农村剩余劳动力进入城市,然而在这一过程中,因为户籍身份的不同,民工在城市劳动力市场上受到了歧视,这些歧视一方面导致城市劳动力市场的低效率,另一方面也扩大了城市劳动力市场上城镇居民和民工之间的收入差距。例如,蔡昉等(2001)的研究发现,中国劳动力市场的扭曲影响了资源配置效率,从而构成了中国地区间收入扩大的重要因素。城市劳动力市场上的歧视不仅会影响资源配置效率,同时还不利于通过农村剩余劳动力进入城市来缩小城乡收入差距,进而也会对城乡二元社会的融合产生阻碍作用。因而,研究城市劳动力市场对于民工的歧视就具有重要的现实意义和政策含义。

对于民工在中国城市二元劳动力市场上的就业和工资待遇等问题,现有文献已经进行了很多深入的研究,比如 Knight et al. (1999)、Meng(2000)、Meng and Zhang (2001)、蔡昉(2000)、杨云彦和陈金永(2000)、姚先国和赖普清(2004)、王美艳(2003;2005)、钟笑寒(2006)、严善平(2006;2007)、李春玲和李实(2008)等。在这一组文献中:Meng(2000)基于 Blinder-Oaxaca-Cotton 分解方法发现民工与工人[①]

[①]　不同的研究采用了不同的称呼,例如外来劳动力、民工、移民与城镇劳动力、工人、本地劳动力等,为了简便起见,本节统一将非农户口劳动力简称为工人,将农业户口劳动力简称为民工。

工资差距的50%左右不能用他们的劳动生产率差异解释,她利用Brown分解方法的结果则发现,有超过100%的职业内工资差距是歧视导致的。王美艳(2003)利用Oaxaca分解方法的研究发现,民工和城镇劳动力的工资差异中只有24%能用个人特征的差异来解释,而剩余的76%则是由歧视导致的。她的另一个研究利用Brown分解方法则发现他们工资差异中的59%是行业间差异,41%则属于行业内差异,并且工资差异的43%是由歧视等不可解释的因素造成的(王美艳,2005)。谢嗣胜和姚先国(2006)也运用Blinder-Oaxaca-Cotton工资差异分解方法,发现民工和城镇居民的工资差距的一半以上是由歧视造成的。这些研究为我们提供了关于歧视是造成民工与城镇居民工资差异的重要推动因素之一的确凿证据。然而,还有很多理由要求我们沿着这一组文献将研究继续推进:

第一,现有大部分实证研究所使用的数据大多来自对劳动力的问卷调查,而调查得到的工资水平其实大多是他们最终拿到的可支配工资,而并非是雇佣者支付的劳动力价格。我们知道,由于中国经济发展早期采取的城市倾向政策导致城乡居民在社会保障上明显不同。从雇佣者的角度看,劳动力的价格除了被雇佣者最终拿到的可支配工资外,还包括为其缴纳的失业保险、医疗保险、养老保险金(以下简称"三金"),而且被雇佣者自己也会承担一定比例的"三金"。问卷调查得到的工资水平往往都是扣除了雇佣者和劳动者缴纳了"三金"后的可支配工资水平,被扣除的这部分在被雇佣者失业、退休或生病时可以构成其有效的消费。因此,从劳动力价格的角度看,仅仅比较可支配工资显然并不合适,这一点对于研究中国城市劳动力市场上的歧视问题尤其重要。因为中国经济发展过程中的城乡分割使得民工与工人在缴纳"三金"上有着显著的不同,从而也导致不同类型劳动力的价格有很大不同,忽略了这种不同必然会导致相当大的误差;而且最要紧的是,如果直接考察劳动力的可支配工资水平的差异,被歧视劳动力的可支配工资水平未必就比其他劳动力的可支配工资水平更低。例如表15-2提供的简单统计数据表明:外来工人的月平均和小时平均工资比本地工人的月平均和小时平均工资更高,外来农民的月平均工资和小时平均工资比本地农民的更高(调整后的小时工资水平则相差不大)。这一结果与我们关于外来劳动力和外来农民往往总是成为被歧视者的感觉截然相反,所以,如果将可支配工资作为劳动力价格来研究歧视,则很有可能会得出有偏的结论。

第二,与上述问题类似,导致劳动力价格与可支配工资存在差异的另一个重要因素是个人所得税。工人会由于人力资本或技能比民工高而获得更高的工资水平,从而也会缴纳更多的个人所得税,如同"三金"一样,未扣除个人所得税之前的工资水平才是劳动力的真正价格。由于个人所得税采取的是超额累进,所以,税前工资的差距应该比税后工资的差距更大。如果只比较税后可支配工资的差距而不是税前工资的差距,则会低估民工所受到歧视的程度。然而遗憾的是,现有的大部分研究在处理数据时都没有考虑这一问题。

实际上,本节后续的研究显示:如果不考虑上述两个问题,直接根据可支配工资度量歧视会出现很大的偏误,而且不同类型劳动力导致的偏误也不相同。

第三,在很多实证研究中,对于是否将样本中的自我雇佣者删除都没有明确交代。在 Neumark(1988)的研究中,他明确交代了将自我雇佣者及不是为了工资而工作的劳动力样本从研究中删除。删除这些样本的原因是因为他们所获得的收入在很大程度上不是劳动力价格而是经营收入,甚至还包括投资收入等,因而本节后面的研究将自我雇佣者从样本中删除。

第四,国内有些研究在考察歧视问题时直接使用的是月工资而不是小时工资,这也可能会导致严重的度量误差问题,因为不同的工作岗位或者不同类型劳动力的每周工作小时数有系统性的差异,很多研究和调查都发现民工每天工作的小时数要比城镇居民多,所以只有比较小时工资才能够真正反映劳动力价格的差异。对于这一问题,本节的后续研究将考察比较月工资和小时工资是否会得出不同的结果。同样,后文的研究还将发现,对于不同类型劳动力使用月工资而不是小时工资导致的偏误也不相同。

第五,在现有研究中,有部分文献直接从工资差异中分解出对于外来劳动力的歧视,然而这种分解出来的歧视实际上包含了两部分内容:对于非农户口的歧视及对非本地户口的歧视。我们知道,城市劳动力市场上的外来民工具有两个特征:拥有外地户口及拥有农业户口。换言之,相对于本地工人而言,他们是外来农民,导致两者之间工资差距的因素除了户籍歧视外,还可能包括地域歧视,即城市劳动力市场上对于外地劳动力的歧视。根据现有文献,歧视一般被定义为在保持劳动生产率一致的情况下,仅仅由于性别、种族、宗教等的不同而导致的就业或工资差异,所以我们将对外来劳动力的地域歧视定义为:在保持劳动生产率一致的情况下,仅仅由于户口所在地的不同而导致的就业或工资差异,即本地人与外地人的工资差异,显然这样的就业或工资差距与外来劳动力是否拥有非农户口没有关系。比如,在保持劳动生产率一定的情况下,本地农民的就业或工资水平也比外地农民更高的话,那么我们就可以认为外地农民受到了地域歧视。现有基于中国数据的一些研究并没有做这样的区分,而如果地域歧视确实存在的话,笼统地考察外来劳动力与城市劳动力的工资差异所得到的就既有户籍歧视又有地域歧视。由于这两者在本质上完全不同,因而混同在一起既不利于我们正确理解歧视的原因,也不利于制定更加科学的政策以减少歧视。

第六,与上一问题相关的,现有研究大多简单地将劳动力分为两类:本地劳动力与外来劳动力,或者工人与民工,然后把外来劳动力或者民工当作被歧视的对象,然而在城市劳动力市场上也有相当多数量的外来工人,在劳动生产率一致的情况下,他们与本地工人的工资水平差异显然与户籍歧视没有任何关系。同样的,城市劳动力市场上还有来自郊区的农民,他们与外来农民的工资水平也可能有差异,在劳动生产率一致的情况下,他们之间的工资差异也同样和户籍歧视没有任何关系。所以,如果将城市劳动力按照上述方法区分为四类而不是两类,那么我们就有可能将对农业户口的歧视和对外来户口的歧视区分开,因而会加深我们对于中国城市劳动力市场上的歧视问题的理解。

基于上述原因,本节将利用 2005 年全国 1‰ 人口抽样调查的上海市 10 000 个家庭样本展开实证研究。由于这是一个大样本,因而使得我们能够将劳动力区分为本地工人、本地农民、外来工人和外来农民,这样的划分有利于我们分别度量户籍歧视(本节特指对农业户口的歧视)和地域歧视(本节特指对外地户口的歧视)。另外,上海市的城市化进程及劳动力市场的发育程度走在中国城市的前列,因而研究上海市劳动力市场上的歧视对未来中国也有重要的启示作用。

二、数据来源与统计描述

本节使用的数据来自 2005 年 1‰ 人口抽样调查,该调查由国家统计局和中央政府等机构统一组织,因此其抽样方法无疑是值得信赖的。本节使用的样本是从上海市的全部样本中随机抽取的 10 000 个家庭,共计 28 717 个居民。由于人口调查包含了城镇居民和外来人口,并且包含了他们的就业情况及工资水平,所以它能够满足本节的研究需要。为了进一步展开实证研究,本节还进行了数据清理:删除了在校学生、小于18岁大于60岁、丧失劳动能力、生活来源为依靠家庭其他成员或社会保障的样本,最后得到了一个包含12 435个劳动力的样本。①

现有关于歧视的研究一般将外来劳动力与本地劳动力进行对比,或者将农业户口劳动力与非农户口劳动力进行对比,所以本节首先也依据这样的分类在表15-1中提供了他们的个人特征及就业情况的简单统计描述。

在表15-1中,签订劳动合同的比例是指签订了固定期限和无固定期限两种合同的劳动力比例。2005年的1‰人口抽样调查还询问了被调查者的受教育程度而不是教育年限,本节将其折合成教育年限(根据附表A15-1的标准进行转换)。已婚包括初婚有配偶、再婚有配偶、离婚和丧偶等四种情况。另外,人口抽样调查还询问了被调查者上个月的收入水平及上周工作的小时数,由于不同类型劳动力的工作小时数有很大差异,所以,我们还计算了平均小时工资,它比月工资能够更准确地反映劳动力价格。另外,由于本节特别关注因为缴纳"三金"而导致企业支付的劳动力价格与劳动力得到的可支配工资的差异,我们需要根据每个劳动力拥有的社会保险金信息还原出企业支付的实际劳动力价格。本节的还原方法是:根据附表A15-2中由上海市劳动局制定的标准,对于机关、事业单位、国有及国有控股企业、集体企业的劳动力,假设企业和个人缴纳的基本养老金分别为月平均工资(工资超过缴纳基数的则以基数为准,以下同)的30%,失业金的比例为3%,医疗保险金为14%;而对于其他劳动力,则按基本养老金为30%、失业金为3%、医疗保险金为8%的标准。同时,我们还基于他们的实际工资水平,依据第三次修正之前的《中华人民共和国个人所得税法》规定的税率和起征点还原出税前工资。② 下文所有的"工资A"都表示没有还原所得税和"三金"的可支配工资,"工资B"则表示还原了所得税和"三金"后的实际劳动力价格水平。

为了考察劳动力所从事的行业,我们将所有的行业划分为五大类:第一产业(包括农、林、牧、渔业)、制造业(包括制造业及电、煤、水的供应)③、建筑业、服务业

---

① 在后文,由于进行了其他数据清理或运算,在有些回归中样本量会略少于这个数字。

② 当然我们必须承认,本节只是还原了劳动力的"三金"和个人所得税,部分劳动力可能还缴纳了住房公积金、补充公积金、女性缴纳的生育保险金等,由于人口普查数据没有这些信息,所以本节无法还原。在数据可得的情况下,对这部分保险基金继续进行还原无疑可以得出更加精确的结果。

③ 本节使用的样本里有3个工人在采矿业,为了简单起见,我们把他们并入到了制造业中去。

A(包括信息传输、计算机服务和软件业,金融业,科学研究、技术服务和地质勘查业,教育,卫生、社会保障和社会福利,文化、体育和娱乐业,公共管理与社会组织,国际组织等)、服务业 B(除了前面包括的种类以外的其他服务业)。这里,将服务业区分为 A、B 两类的理由在于:前一类服务业对于技术或人力资本的要求更高,或者由于体制的原因而与其他服务业有明显的不同,特别是对于外来劳动力或者农民而言,虽然都是服务业,他们几乎不可能进入比如公共管理与社会组织、教育、文化等产业。

表 15-1　不同类型劳动力的特征及就业情况

	本地劳动力	外地劳动力	工人	农民
数量(人)	6 498	5 800	6 676	5 618
年龄(岁)	39.86	32.25	38.13	34.05
教育年限(年)	10.24	8.96	11.28	7.68
男性比例(%)	0.58	0.59	0.59	0.58
已婚比例(%)	0.84	0.71	0.77	0.79
月工资 A(元)	1 642.79	1 519.82	2 033.16	1 051.25
月工资 B(元)	2 399.16	1 897.58	2 844.79	1 221.30
小时工资 A(元)	9.38	8.04	11.66	5.28
小时工资 B(元)	13.71	10.16	16.34	6.18
周工作时间(小时)	41.77	48.01	41.70	48.30
签订劳动合同的比例(%)	0.76	0.48	0.82	0.37
有失业保险的比例(%)	0.67	0.23	0.78	0.08
有基本养老保险的比例(%)	0.89	0.32	0.89	0.30
有基本医疗保险的比例(%)	0.93	0.34	0.89	0.37
在农林牧渔就业的比例(%)	0.02	0.06	0.01	0.08
在制造业就业的比例(%)	0.42	0.38	0.34	0.46
在建筑业就业的比例(%)	0.08	0.04	0.03	0.09
在服务业 A 就业的比例(%)	0.07	0.18	0.22	0.04
在服务业 B 就业的比例(%)	0.40	0.33	0.40	0.33

数据来源:2005 年 1%人口抽样调查上海市 10 000 个家庭样本。以下同。

从表 15-1 中可以得到如下三个结论:第一,本地劳动力或工人的年龄更高一些,教育年限也更长,两者的性别和已婚的比例则差异不大。第二,我们通常认为,被歧视的外地劳动力或者农民的就业条件和工资水平普遍比本地劳动力或工人差,这一点也得到了证实。比如,无论是否考虑"三金"还是个人所得税,前者的月工资或小时工资都明显更高,后者的周平均工作小时数则更多;前者签订劳动合同和拥有"三金"的比例也明显高于后者。第三,工人或外地劳动力在第一产业的就业比例明显更高,他们在其他产业就业的分布的区别则不是很清晰。

然而,我们还可以将城市劳动力市场上的劳动力划分为四类:本地工人、本地农民、外地工人和外地农民。这样划分的优点是可以分别考察户籍来源地的不同对于本地工人与外来工人的工资差异、对于本地农民与外来农民的工资差异的影响,以及考察是否农业户口对于本地农民与本地工人、外来工人与外来农民的工资差异的影响。前面一个比较可以在很大程度上分离出地域歧视,而后一个比较则可以在很大程度上分离出户籍歧视。这样的对比相对于只考察城市劳动力市场上对于外来劳动力或者对于农业户口劳动力的歧视而言具有突出的优点。

我们还可以从表15-2中得出如下结论:第一,外地工人比本地工人年轻,外地农民比本地农民年轻,对于本地工人与外地工人、本地农民和外地农民,前者已婚的比例都明显高于后者。第二,本地农民和工人的就业条件都比外地农民和工人的条件好,这主要体现在前者拥有更高的签订劳动合同比例、拥有"三金"的比例等。第三,在制造业、技术水平要求较高的服务业 A 中就业的本地工人和本地农民的比例,都要比外地工人和外地农民的比例高,而对于在建筑业和不需要较高技术水平的服务业 B 中就业的比例,前者比后者低。

表 15-2　不同类型劳动力的特征及其就业分布

	本地工人	外地工人	本地农民	外地农民
数量(人)	4 979	1 697	1 515	4 103
年龄(岁)	39.40	34.43	41.36	31.34
教育年限(年)	11.01	12.07	7.68	7.67
男性比例(%)	0.60	0.57	0.54	0.59
已婚比例(%)	0.81	0.68	0.95	0.73
月工资 A(元)	1 874.47	2 498.75	878.77	1 114.94
月工资 B(元)	2 774.17	3 480.61	1 162.98	1 242.84
小时工资 A(元)	10.77	14.27	4.80	5.46

续表

	本地工人	外地工人	本地农民	外地农民
小时工资 B(元)	15.95	19.95	6.37	6.12
周工作时间(小时)	41.41	42.57	42.99	50.26
签订劳动合同的比例(%)	0.83	0.78	0.45	0.34
有失业保险的比例(%)	0.83	0.64	0.13	0.06
有基本养老保险的比例(%)	0.96	0.70	0.68	0.16
有基本医疗保险的比例(%)	0.96	0.70	0.83	0.19
在农林牧渔业就业的比例(%)	0.01	0.00	0.20	0.03
在制造业就业的比例(%)	0.35	0.33	0.49	0.46
在建筑业就业的比例(%)	0.03	0.04	0.07	0.10
在服务业 A 就业的比例(%)	0.22	0.20	0.07	0.02
在服务业 B 就业的比例(%)	0.38	0.43	0.17	0.39

将表 15-1 和 15-2 的统计数据进行对比,首先可以得出一个非常重要而且有趣的结果:如果将本地工人与外地工人进行对比,以及将本地农民与外地农民进行对比,则后者的周平均工作小时数都要比前者多。而且,即使还原了"三金"和个人所得税,后者的月平均工资或者小时平均工资也要比前者要高(外地农民调整后的小时工资比本地农民调整后的小时工资略低,这是唯一的例外)。这一结果颠覆了我们通常关于外来劳动力的平均工资水平比本地劳动力的平均工资水平更低的印象。

然而,上述统计描述只向我们揭示了一些非常初步的信息,而本节更关心的问题是:在保持决定劳动生产率的因素(教育、工作经历、性别、年龄等)一致的情况下,外地工人的工资水平是否依然高于本地工人,以及外地农民的工资水平是否依然高于本地农民。下面我们就展开更进一步的实证分析。

三、实证分析

为了更深入地考察城市劳动力市场上对于外来工人和外来农民的歧视,我们首先利用全部劳动力样本进行回归,表 15-3 报告了工资方程的回归结果,方程的被解释变量为小时工资和月工资的对数(以下同),其中我们关心两个虚拟变量(即如果是"外地户口"和"农业户口"则等于1,否则等于0)的回归系数,因为这两个虚拟变量回归系数可以度量外地户口和农业户口所受到的歧视程度。其他控制变量包括影响劳动生产率的个人特征(年龄、性别、教育年限、工作经历等),以及他们所从事工作的行业虚拟变量。根据 Mincer(1958)工资方程,劳动力的工作经验也是其工资水平的重要决定因素,由于本节使用的 2005 年全国 1‰ 人口抽样调查数据无法获得这一信息,所以我们将被调查时劳动力的年龄减去其教育年限,再减去 8(假设每个劳动力都是从 8 岁开始接受小学教育),然后将剩余的年限作为劳动力的工作经验的代理变量,现有研究在无法获得工作经验的情况下也曾采用了这样的方法。另外,为了考虑工作小时数的差异,我们在以月工资水平为被解释变量的方程中控制了"工作小时数",即每个劳动力在一个月中工作的小时数。从表 15-3 中可以得出如下结论:

第一,"外地户口"在所有的模型中都为正,并且在前 6 个模型中都在 1% 的程度上显著,这表明保持其他条件不变的情况下,拥有外地户口反而能够显著提高劳动力价格,将"三金"和个人所得税还原之后这一结论依然成立,这与前面的统计描述结果保持一致;在后两个模型中这一变量的回归系数依然为正,只是不再显著,但是正的回归系数依然传达了类似的信息。另外,如果我们将模型 1、2 与模型 5、6 进行对比[①],将模型 3、4 与模型 7、8 进行对比,还可以发现:如果以还原后的工资水平为被解释变量,而不是以还原前的可支配工资为被解释变量,则"外地户口"的回归系数变小了,这说明如果不更准确地度量劳动力的价格,则会高估外地户口劳动力所受到的歧视。当然,这一结果能否说明外地户口在城市劳动力上不但没有受到地域歧视,反而能够获得更高的工资,本节后面会展开进一步的研究。

第二,"农业户口"在所有的模型中都在 1% 的水平上显著为负,这表明在保持其他条件不变的情况下,拥有农业户口的劳动力确实受到了很大程度的歧视。而且,将模型 1、2 与模型 5、6 进行对比,将模型 3、4 与模型 7、8 进行对比,我们发现以调整后的工资水平为被解释变量时,"农业户口"的回归系数都一致地变大了大

---

① 当然,我们必须承认,本节所做的所有跨模型间的系数对比都是无法进行统计检验的。但是我们认为,由于模型的结果稳健,而且不同模型间系数的差异也很稳健,这种比较得出的差异也同样具有学术含义。

约10个百分点,这表明如果简单地考察劳动力的可支配工资而不是实际劳动力价格,则农业户口劳动力被歧视的程度会被低估10个百分点。

第三,将上述两个结论结合在一起,又可以得出另一个重要结论:在城市劳动力市场上,外地户口劳动力不但没有被歧视反而被"优待"了,而拥有农业户口的劳动力则被歧视了。如果我们笼统地考察外来劳动力所受到的歧视,对来自外地的农业户口和非农业户口不加区分的话,则必然会得出有偏差的结果。这一点也直接证明了本节将城市劳动力区分为四个类型的意义。

表15-3 外地户口与农业户口所受到的歧视(全样本)

	月工资A		小时工资A		月工资B		小时工资B	
	1	2	3	4	5	6	7	8
外地户口	0.170***	0.172***	0.117***	0.118***	0.058***	0.060***	0.000	0.002
	(0.011)	(0.011)	(0.012)	(0.012)	(0.012)	(0.012)	(0.012)	(0.012)
农业户口	−0.262***	−0.261***	−0.316***	−0.316***	−0.377***	−0.376***	−0.436***	−0.436***
	(0.013)	(0.013)	(0.013)	(0.013)	(0.014)	(0.014)	(0.014)	(0.014)
年龄	0.026***	0.124***	0.025***	0.130***	0.027***	0.134***	0.025***	0.141***
	(0.004)	(0.004)	(0.004)	(0.004)	(0.004)	(0.004)	(0.004)	(0.005)
年龄平方	−0.000***	−0.000***	−0.000***	−0.000***	−0.000***	−0.000***	−0.000***	−0.000***
	(0.000)	(0.000)	(0.000)	(0.000)	(0.000)	(0.000)	(0.000)	(0.000)
男性	0.195***	0.194***	0.185***	0.184***	0.203***	0.202***	0.193***	0.192***
	(0.009)	(0.009)	(0.010)	(0.010)	(0.010)	(0.010)	(0.011)	(0.011)
少数民族	0.035	0.035	0.073	0.073	0.023	0.023	0.069	0.068
	(0.049)	(0.049)	(0.051)	(0.051)	(0.052)	(0.052)	(0.055)	(0.055)
教育年限	0.098***		0.105***		0.108***		0.116***	
	(0.002)		(0.002)		(0.002)		(0.002)	
已婚	0.034**	0.031**	0.034**	0.031*	0.032*	0.030*	0.033*	0.030*
	(0.016)	(0.016)	(0.017)	(0.017)	(0.017)	(0.017)	(0.018)	(0.018)
工作经验		−0.098***		−0.106***		−0.108***		−0.117***
		(0.002)		(0.002)		(0.002)		(0.002)
工作小时	0.001***	0.001***			0.001***	0.001***		
	(0.000)	(0.000)			(0.000)	(0.000)		

续表

	月工资 A		小时工资 A		月工资 B		小时工资 B	
	1	2	3	4	5	6	7	8
制造业	0.731***	0.730***	0.506***	0.505***	0.803***	0.801***	0.566***	0.564***
	(0.025)	(0.025)	(0.026)	(0.026)	(0.027)	(0.027)	(0.028)	(0.028)
建筑业	0.794***	0.793***	0.550***	0.549***	0.819***	0.818***	0.562***	0.561***
	(0.030)	(0.030)	(0.031)	(0.031)	(0.033)	(0.033)	(0.034)	(0.034)
服务业 A	0.837***	0.836***	0.623***	0.622***	0.920***	0.918***	0.695***	0.693***
	(0.028)	(0.028)	(0.029)	(0.029)	(0.030)	(0.030)	(0.031)	(0.031)
服务业 B	0.747***	0.745***	0.509***	0.507***	0.788***	0.785***	0.537***	0.534***
	(0.025)	(0.025)	(0.026)	(0.026)	(0.027)	(0.027)	(0.028)	(0.028)
常数项	4.709***	3.937***	−0.145**	−0.977***	4.924***	4.074***	0.021	−0.896***
	(0.072)	(0.078)	(0.073)	(0.079)	(0.077)	(0.083)	(0.079)	(0.085)
观察值	12 294	12 294	12 238	12 238	12 294	12 294	12 238	12 238
R^2	0.467 9	0.468 2	0.474 8	0.474 9	0.515 4	0.515 7	0.528 8	0.529 0

注：括号中的数值为标准误；*、**、***分别表示在10%、5%、1%的程度上显著。以下同。

第四，我们还可以从其他变量的回归系数中得出与现有研究基本一致的结论：年龄与工资成"倒U"形关系；男性的工资水平更高；教育年限能够显著提高工资水平；月工作小时数越多，月工资水平越高；已婚劳动力的工资水平更高；相对于第一产业，在制造业、建筑业和服务业中就业能够获得更高的工资；另外，如果不控制教育水平而控制"工作经验"，则它的回归系数显著为负，这表明劳动力工作的时间越长，保持劳动生产率等其他因素不变的情况下，工资水平会越低；而且，控制"工作经验"或者"教育年限"对于我们关心的变量的系数的符号和大小并没产生什么影响，所以，在后文我们将只控制教育年限而不报告控制工作经验的回归结果。最后，我们还发现少数民族劳动力的工资水平与其他劳动力的工资水平没有显著差异，所以，后文也不再报告同时控制了这个变量的回归结果。

然而，表15-1中的回归检验并不能明确告诉我们城市劳动力市场上的户籍歧视及地域歧视是否真的必然存在，这是因为我们所关心的"外地户口"和"农业户口"可能具有一定的内生性：首先，如果本地户口与外地户口劳动力及农业户口与非农业户口的劳动力的某些个人特征（比如能够吃苦的精神）具有系统性差异，而这些个人特征能够影响其工资水平，这将会导致工资方程的遗漏变量内生性。其次,影响劳动力工资水平的因素还包括他们对于劳动力市场信息的了解程度、就工资水平进行讨价还价的能力、保留工资的水平,甚至语言等因素,不同类型劳动力的上述特征可能具有系统性差异,比如本地劳动力比外地劳动力了解更多的信息,所以如果不控制上述特征,则也可能会导致内生性。

本节下面将采取两个策略来减轻这种内生性问题:

第一,将全样本分为两个子样本后分别进行回归。我们首先将样本分为只包含本地工人和外地工人的子样本,以及只包含本地农民和外地农民的子样本,然后考察"外地户口"分别在基于两个子样本的工资方程中是否显著;其次,我们将样本分为只包含外地工人和外地农民的子样本,以及只包含本地农民与本地工人的子样本,然后考察"非农户口"分别在基于两个子样本的工资方程中的显著性。进行样本分割后,利用前两个子样本进行回归,可以在一定程度比较干净地度量户籍歧视;利用后两个子样本进行回归,可以在一定程度比较干净地度量户籍歧视。

第二,上述策略并不能完全解决所有的内生性问题,比如不同类型的劳动力对劳动力市场的信息了解程度,以及他们的保留工资的水平也可能具有系统性差异,所以本节采取的第二个策略是控制其他三个重要变量:距离、外出时间和家乡收入。距离代表劳动力来源地到上海市的铁路距离(外地劳动力以其所在省份的省会城市到上海市的铁路距离来衡量,本地居民对应的距离为0)。外出时间是劳动力离开户籍所在地的时间长度(劳动力离开户籍所在地的时间长度可以反映他们进入城市劳动力市场的时间长度。在人口普查中,询问了离开户口登记地的时间,但是它并非连续变量,本节按照附表3的标准进行折算;本地工人和农民的外出时间设为0)。家乡收入是指劳动力所在省份2004年的收入水平(城镇可支配收入及农民纯收入)。这三个变量中,到上海市的铁路距离可以反映外来劳动力对于上海市劳动力市场的信息了解程度,以及控制语言、风俗习惯等因素的影响;劳动力所在省份的收入水平可以用来反映他们的保留工资水平,当被解释变量为月工资水平时,我们在方程中控制了劳动力所在地的月收入水平,当被解释变量为小时工资时,我们在方程中控制劳动力所在省份的小时收入水平(根据一年365天、每天工作8小时折算),对于非农户口样本,我们使用的是劳动力所在省份的城镇居民可支配收入,对于农业户口的样本,我们控制的是所在省份的农村居民纯收入。

表15-4首先报告了分别基于本地工人和外地工人子样本、本地农民和外地农

民子样本进行的回归结果,我们关心的是"外地户口"这一变量的回归系数。从表15-4中的前4个模型中可以得出如下结论:第一,"外地户口"在所有的4个模型中都显著为正,这表明在保持劳动生产率一致的情况下,相对于本地工人而言,外地工人不但没有被歧视,反而获得了更高的工资;第二,横向比较"外地户口"在不同模型中的系数大小,我们可以发现:它在模型1和3中及模型2和4中都几乎相同,这表明本地工人和外地工人在工作小时数、"三金"和个人所得税方面的差异不大,事实上表15-2提供的统计描述也基本上支持了这一点。所以,根据表15-4的前4个模型我们可以得出结论:在保持其他条件不变的情况下,外地工人不但没有被歧视,反而比本地工人获得了大约高10%的工资水平。对于这一结果,本节给出如下尝试性的解释:上海作为国内和国际大都市,在现行的户籍制度下,它所吸引来和允许进入的外来工人一般都是属于本地"短缺"的劳动力或人才,这种劳动力在市场上往往供小于求,因而他们反而能够获得比本地工人更高的工资。①

根据表15-4中的后4个模型,我们发现:第一,"外地户口"在所有的模型中都为负,并且在后3个模型中都在1%的程度上显著,这表明相对于本地农民而言,在保持其他条件不变的情况下,外地农民受到了明显的地域歧视。第二,由于调整后的小时工资是劳动力价格水平的更准确度量,所以在后4个模型中,以"小时工资B"为被解释变量的模型8被接受,它表明:相对于本地农民,外地农民受到的地域歧视达到30%;模型间的对比还表明:如果忽略工作小时数及"三金"和个人所得税,则会严重低估外地农民所受到的地域歧视。

根据表15-4的前4个模型和后4个模型进行对比还可以发现:对于本节所定义的地域歧视,外地工人和外地农民受到的歧视方向完全相反,前者为正,后者为负。所以这一结果也告诉我们:如果不将外地工人和外地农民区分对待而将他们混同在一起来研究城市劳动力市场对于外来劳动力的歧视,则可能会得出有偏差的结果,比如我们可以发现在表15-3中使用全样本回归时,"外地户口"在模型7和8中都不显著,导致它不显著的一个可能原因就是混合在一起的两类劳

---

① 当然,我们必须承认,本节给出的这一解释只是尝试性的,因为这里可能还存在着一定的内生性问题,如果外来工人的能力更高,那么他们的工资水平也可能会更高。从理论上看,本节所采取的子样本回归的策略并不能完全解决内生性,在有更丰富变量的数据的情况下,还可以采取更好的策略对外来工人是否受到了地域歧视继续展开深入的研究。

动力存在着方向完全相反的地域歧视。

表 15-4　外地户口所受到的地域歧视

	本地工人和外地工人子样本				本地农民和外地农民子样本			
	月工资 A	月工资 B	小时工资 A	小时工资 B	月工资 A	月工资 B	小时工资 A	小时工资 B
	1	2	3	4	5	6	7	8
外地户口	0.114***	0.096***	0.108***	0.090***	−0.012	−0.163***	−0.148***	−0.307***
	(0.023)	(0.024)	(0.023)	(0.025)	(0.036)	(0.039)	(0.038)	(0.042)
年龄	0.012**	0.016***	0.010*	0.014**	0.023***	0.021***	0.021***	0.019***
	(0.006)	(0.006)	(0.006)	(0.006)	(0.005)	(0.005)	(0.005)	(0.006)
年龄平方	−0.000*	−0.000**	−0.000	−0.000*	−0.000***	−0.000***	−0.000***	−0.000***
	(0.000)	(0.000)	(0.000)	(0.000)	(0.000)	(0.000)	(0.000)	(0.000)
男性	0.177***	0.184***	0.165***	0.171***	0.237***	0.254***	0.233***	0.250***
	(0.013)	(0.014)	(0.014)	(0.015)	(0.013)	(0.014)	(0.014)	(0.015)
教育年限	0.123***	0.132***	0.130***	0.139***	0.049***	0.058***	0.056***	0.065***
	(0.002)	(0.003)	(0.002)	(0.003)	(0.003)	(0.003)	(0.003)	(0.003)
已婚	0.039*	0.036	0.030	0.026	−0.004	−0.007	0.009	0.008
	(0.021)	(0.023)	(0.022)	(0.024)	(0.023)	(0.025)	(0.024)	(0.027)
工作小时	0.001***	0.000			0.001***	0.001***		
	(0.000)	(0.000)			(0.000)	(0.000)		
制造业	0.556***	0.592***	0.446***	0.475***	0.808***	0.899***	0.574***	0.658***
	(0.064)	(0.068)	(0.067)	(0.070)	(0.026)	(0.028)	(0.027)	(0.030)
建筑业	0.613***	0.648***	0.492***	0.519***	0.842***	0.868***	0.586***	0.602***
	(0.072)	(0.076)	(0.075)	(0.079)	(0.032)	(0.035)	(0.034)	(0.037)
服务业 A	0.613***	0.665***	0.510***	0.556***	0.823***	0.926***	0.641***	0.738***
	(0.065)	(0.069)	(0.068)	(0.071)	(0.039)	(0.043)	(0.042)	(0.046)
服务业 B	0.541***	0.562***	0.424***	0.437***	0.835***	0.879***	0.583***	0.618***
	(0.064)	(0.068)	(0.066)	(0.070)	(0.027)	(0.030)	(0.028)	(0.031)
外出时间	−0.000**	0.010**	−0.000***	0.012***	−0.000***	0.039***	−0.000	0.037***
	(0.000)	(0.004)	(0.000)	(0.004)	(0.000)	(0.003)	(0.000)	(0.004)
家乡收入	0.001	−0.000**	0.000	−0.005***	0.000*	0.000	0.011***	0.011***
	(0.001)	(0.000)	(0.002)	(0.002)	(0.000)	(0.000)	(0.004)	(0.004)

续表

	本地工人和外地工人子样本				本地农民和外地农民子样本			
	月工资A	月工资B	小时工资A	小时工资B	月工资A	月工资B	小时工资A	小时工资B
	1	2	3	4	5	6	7	8
距离	0.011***	−0.000***	0.013***	−0.000***	0.035***	−0.000***	0.034***	−0.000
	(0.004)	(0.000)	(0.004)	(0.000)	(0.003)	(0.000)	(0.003)	(0.000)
常数项	4.918***	5.133***	−0.090	0.058	4.918***	5.078***	0.070	0.196*
	(0.123)	(0.129)	(0.122)	(0.128)	(0.088)	(0.097)	(0.092)	(0.101)
观察值	6 676	6 676	6 636	6 636	5 618	5 618	5 602	5 602
R^2	0.373 9	0.375 3	0.377 1	0.380 4	0.395 4	0.347 9	0.274 9	0.258 0

下面我们分别利用外地工人和外地农民子样本，以及本地工人和本地农民子样本进行回归以考察户籍歧视。表15-5报告了回归结果，从中可以得出非常稳健的结论：第一，在所有的模型中，我们关心的变量"农业户口"都在1%的程度上显著为负，这表明相对于外地工人和本地工人而言，在保持其他条件一致的情况下，外地农民和本地农民都受到了明显的户籍歧视。第二，根据前4个模型的系数横向比较可以看出：如果忽略工作小时数的差异，则外地农民受到的户籍歧视会被低估大约10个百分点，而如果忽略"三金"和个人所得税，则也会被低估至少10个百分点。第三，根据后4个模型的对比可以看出：如果忽略"三金"和个人所得税，则本地农民所受到的户籍歧视会被低估大约10个百分点，如果忽略了工作小时数的差异，则本地农民的户籍歧视也会被低估大约2个百分点，而如果两者都被忽略，则歧视会被低估大约12个百分点。

表15-5 农业户口所受到的户籍歧视

	外地工人和外地农民子样本				本地工人和本地农民子样本			
	月工资A	月工资B	小时工资A	小时工资B	月工资A	月工资B	小时工资A	小时工资B
	1	2	3	4	5	6	7	8
农业户口	−0.301***	−0.442***	−0.404***	−0.551***	−0.222***	−0.320***	−0.245***	−0.346***
	(0.020)	(0.022)	(0.021)	(0.023)	(0.018)	(0.019)	(0.018)	(0.019)
年龄	0.028***	0.029***	0.031***	0.032***	0.006	0.008	0.002	0.004
	(0.005)	(0.006)	(0.006)	(0.006)	(0.005)	(0.006)	(0.006)	(0.006)

续表

	外地工人和外地农民子样本				本地工人和本地农民子样本			
	月工资 A	月工资 B	小时工资 A	小时工资 B	月工资 A	月工资 B	小时工资 A	小时工资 B
	1	2	3	4	5	6	7	8
年龄平方	−0.000***	−0.000***	−0.000***	−0.000***	−0.000	−0.000	−0.000	−0.000
	(0.000)	(0.000)	(0.000)	(0.000)	(0.000)	(0.000)	(0.000)	(0.000)
男性	0.190***	0.204***	0.181***	0.194***	0.190***	0.194***	0.185***	0.189***
	(0.013)	(0.014)	(0.014)	(0.016)	(0.013)	(0.014)	(0.014)	(0.014)
教育年限	0.081***	0.095***	0.091***	0.105***	0.113***	0.118***	0.117***	0.122***
	(0.003)	(0.003)	(0.003)	(0.003)	(0.003)	(0.003)	(0.003)	(0.003)
已婚	−0.013	−0.013	−0.014	−0.014	0.055**	0.053**	0.056**	0.055**
	(0.021)	(0.023)	(0.023)	(0.025)	(0.023)	(0.025)	(0.024)	(0.025)
工作小时	0.000	−0.000*			0.002***	0.002***		
	(0.000)	(0.000)			(0.000)	(0.000)		
制造业	0.239***	0.298***	0.223***	0.281***	0.896***	0.982***	0.651***	0.728***
	(0.044)	(0.048)	(0.048)	(0.052)	(0.031)	(0.033)	(0.031)	(0.033)
建筑业	0.352***	0.371***	0.301***	0.317***	0.895***	0.941***	0.639***	0.677***
	(0.047)	(0.052)	(0.052)	(0.057)	(0.043)	(0.046)	(0.043)	(0.046)
服务业 A	0.317***	0.388***	0.325***	0.395***	0.974***	1.076***	0.740***	0.835***
	(0.050)	(0.055)	(0.055)	(0.060)	(0.035)	(0.037)	(0.034)	(0.036)
服务业 B	0.281***	0.301***	0.240***	0.257***	0.874***	0.945***	0.626***	0.688***
	(0.043)	(0.047)	(0.048)	(0.052)	(0.033)	(0.035)	(0.032)	(0.034)
外出时间	−0.000***	0.028***	0.024***	0.027***				
	(0.000)	(0.003)	(0.003)	(0.003)				
家乡收入	−0.000	−0.000***	−0.002*	−0.007***				
	(0.000)	(0.000)	(0.001)	(0.001)				
距离	0.025***	−0.000***	−0.000***	−0.000***				
	(0.003)	(0.000)	(0.000)	(0.000)				
常数项	5.681***	5.847***	0.355***	0.452***	4.573***	4.773***	0.005	0.183
	(0.105)	(0.114)	(0.111)	(0.121)	(0.106)	(0.113)	(0.106)	(0.113)
观察值	5 800	5 800	5 800	5 800	6 494	6 494	6 458	6 458
R^2	0.425 1	0.425 1	0.455 0	0.510 0	0.526 4	0.542 0	0.495 4	0.514 7

另外,我们将外地工人和本地农民样本删除,并利用剩余的样本考察外来农民相对于本地工人所受到的歧视。此时,"外地户口"与"农业户口"保持一致,并且不再受到前面提到的将外来工人与外来农民混同在一起的问题的困扰。当然,此时"外地农业户口"的系数所度量的是外地农民相对于本地工人所受到的地域歧视和户籍歧视的总和,表15-6报告了回归结果。根据表15-6的回归结果可以看出:第一,"外地农业户口"在所有4个模型中的系数都显著为负,这表明相对于本地工人而言,在保持其他条件不变的情况下,外地农民遭受到了非常显著的歧视。第二,将模型1与2对比,以及模型3与4对比,则可以发现,如果忽略"三金"及个人所得税,外地农民受到的歧视会被低估大约25个百分点;将模型1与3对比,以及模型2与4对比,则可以发现,如果忽略工作小时数的差异,则外地农民受到的歧视会被低估大约17个百分点。如果将它们全部忽略,则歧视将会被低估大约42个百分点。

最后,我们还进行了一系列的其他稳健性检验,在模型中以"工作经验"替代教育年限,以及加入劳动力是否为少数民族等变量,或者控制两位数工作行业虚拟变量,都没有改变本节的结论。另外,其他控制变量的回归系数也与前面的回归基本一致并且符合理论预期,这里不再详细讨论。

表15-6 外地农业户口所受到的歧视

	本地工人和外地农民子样本			
	月工资A	月工资B	小时工资A	小时工资B
	1	2	3	4
外地农业户口	−0.137***	−0.385***	−0.306***	−0.565***
	(0.036)	(0.038)	(0.037)	(0.040)
年龄	0.016***	0.015***	0.017***	0.017***
	(0.004)	(0.004)	(0.004)	(0.005)
年龄平方	−0.000***	−0.000***	−0.000***	−0.000***
	(0.000)	(0.000)	(0.000)	(0.000)
男性	0.167***	0.181***	0.159***	0.173***
	(0.011)	(0.011)	(0.011)	(0.012)
教育年限	0.098***	0.105***	0.105***	0.112***
	(0.002)	(0.002)	(0.002)	(0.002)

续表

	本地工人和外地农民子样本			
	月工资 A	月工资 B	小时工资 A	小时工资 B
	1	2	3	4
已婚	0.018	0.019	0.016	0.017
	(0.017)	(0.019)	(0.019)	(0.020)
工作小时	0.000 ***	0.000		
	(0.000)	(0.000)		
制造业	0.365 ***	0.424 ***	0.313 ***	0.369 ***
	(0.036)	(0.038)	(0.038)	(0.041)
建筑业	0.456 ***	0.476 ***	0.373 ***	0.388 ***
	(0.040)	(0.043)	(0.043)	(0.046)
服务业 A	0.479 ***	0.541 ***	0.433 ***	0.492 ***
	(0.039)	(0.041)	(0.041)	(0.044)
服务业 B	0.374 ***	0.407 ***	0.304 ***	0.333 ***
	(0.036)	(0.038)	(0.038)	(0.041)
外出时间	0.027 ***	0.030 ***	0.026 ***	0.028 ***
	(0.003)	(0.003)	(0.003)	(0.003)
家乡收入	0.000	0.000	0.006 *	0.006
	(0.000)	(0.000)	(0.004)	(0.004)
距离	−0.000 ***	−0.000 ***	−0.000 ***	−0.000 **
	(0.000)	(0.000)	(0.000)	(0.000)
常数项	5.354 ***	5.629 ***	0.190 **	0.417 ***
	(0.086)	(0.091)	(0.088)	(0.093)
观察值	9 082	9 082	9 082	9 082
R^2	0.381 7	0.481 3	0.431 9	0.525 0

在表 15-6 中，由于我们剔除掉外来工人和本地农民，则可以很干净地考察大多数文献所谓的劳动力市场对于外来民工的歧视问题，表 15-6 中的模型 4 的结果告诉我们：相对于城市工人而言，外来农民受到的总歧视为 56.5%，即控制了决定劳动生产率的一系列变量之后，拥有农业户口和外地户口的劳动力得到的小时工资比前者低了 56.5%，而这个比例则包含了对于外来农民的地域歧视和户籍歧视。根据表 15-4 的模型 8，外地农民相对于本地农民而言受到了 30% 的地域歧

视,而根据表15-5的模型8,本地农民相对于本地工人而言受到了35%的户籍歧视,如果我们粗略地将56.5%按照30∶35的比例进行分解,则可以得出26%的地域歧视与30.5%的户籍歧视,外地农民相对于本地工人所受到的户籍歧视比他们所受到的地域歧视大约高出5%。尽管这种简单的分解并不严密,但是它也揭示出重要的信息,那就是在城市劳动力市场上,相对于本地工人而言,外来农民受到了相当大的地域歧视和户籍歧视,并且户籍歧视比地域歧视略高一些。同时,它也告诉我们,现有研究所分解出来的本地工人与外来民工的工资差异中的歧视部分,即包括了对农业户口的户籍歧视,也包括了对外地户口的地域歧视。

四、结论

本节利用一个城市劳动力样本首次将它们区分为本地工人、本地农民、外地工人和外地农民,并通过分割子样本分别研究了城市劳动力市场对于外来工人和外来农民的地域歧视及户籍歧视,并得出了一系列重要的结论:第一,如果不考虑工作小时数的差异而直接比较不同类型劳动力的月工资水平,则可能会在相当程度上低估对于外来农民的歧视程度,但是外地工人相对于本地工人的地域歧视则没有被明显低估。第二,如果不考虑"三金"和个人所得税,会严重低估对于外来农民的歧视程度。第三,地域歧视对于外来工人和外来农民具有完全相反的表现:在保持决定生产率的一系列变量一致的情况下,相对于本地工人,外地工人的工资水平显著更高,而相对于本地农民,外地农民则受到了30%的地域歧视;这一结论表明我们在研究城市劳动力市场上的歧视时不能将外来工人与外来农民混在一起,而有必要将他们区分开进行研究。第四,利用只包含本地工人和外地农民的子样本进行的研究得出更干净的结果表明:在保持决定劳动生产率的一系列因素一定的情况下,相对于本地工人而言,外地农民受到了56.5%的歧视,我们可以粗略地将这个比例分解为26%的地域歧视与30.5%的户籍歧视,户籍歧视比地域歧视大约高出5%,这也表明外地农民工相对于本地工人而受到的歧视中,户籍歧视还是占主要成分。

最后我们必须承认,由于数据变量的限制,本节在通过回归方法来考察城市劳动力市场对于外来劳动力的歧视时,能够控制的决定劳动生产率的因素是有限的。

歧视的定义是"在劳动生产率保持一致的情况下,仅仅因为性别、种族或身份等的不同而受到不公平的待遇",但是控制什么变量及控制多少变量才算是"保持劳动生产率一致",实证文献并没有达成统一的标准。不同的研究控制了不同的变量,而研究者所能做到的就是在数据允许的情况下控制尽量多的决定劳动生产率的因素,本节所能做的也是基于人口普查中的信息尽量挖掘更多的会影响劳动生产率的信息并将其控制在工资方程中。当然,即便面临上述约束,本节的研究结论也能够给研究者和政策制定者提供很多有益的启示:第一,在度量或分解工资水平时,如果忽略小时工资数的差异或者忽略社会保险金及个人所得税,仅仅依据可支配工资会带来很大的误差,用还原后的小时工资无疑更准确。第二,在劳动生产率一致的情况下,外来农民与本地工人的工资差异并非仅仅是对于农业户口的歧视,其中还包含了相当比例的地域歧视,所以,对于政策制定者而言,消除歧视的政策需要分别考虑消除地域歧视及户籍歧视,这两者都不可忽略。第三,本节将是否还原"三金"和所得税的结果进行对比揭示出了很大差异,其中人均"三金"的数量是人均个人所得税的7倍,而是否给劳动力支付"三金"主要与中国的城乡二元经济体制下城乡分割的社会保障体制有关,所以,要降低城市劳动力市场上的歧视,则应该以消除支付"三金"的差异为重点。总体而言,目前对于城市劳动力市场上的歧视还存在很多值得深入研究的问题。

第二节 二元劳动力市场上的户籍歧视与地域歧视

一、引言与假说的提出

1. 研究背景与文献综述

中华人民共和国成立后实施的重工业优先发展战略加剧了城乡二元社会的分割,从而使中国成为一个典型的城乡二元经济。而伴随着中国的工业化和城市化进程,大量农村剩余劳动力进入城市和工业部门就业,但是民工因为户籍身份的不同在城市劳动力市场上受到了歧视。对民工的歧视既会导致城市劳动力市场的低效率,也会导致民工和工人之间的收入差距扩大,进而对城乡二元社会的融合产生阻碍。因而,研究城市劳动力市场对于民工的歧视具有重要的现实意义和政策含义。

上一节的文献综述表明,很多研究注意到了中国城市劳动力市场上由于户籍身份的不同而给民工带来的歧视,但是很少有研究考虑到城市劳动力市场的二元性。二元劳动力市场理论最早由 Doeringer and Piore(1971)提出,按照就业岗位和工资水平等特征,可以将劳动力市场分割为一级市场和二级市场两大非竞争性部门:一级市场的工资水平较高,就业稳定,工作环境良好并拥有被提升的机会;而二级市场只能提供较低的工资、不稳定的就业和较差的工作条件,并且没有被提升的机会。有大量的研究提供了中国城市劳动力市场具有二元性的明确证据。例如,蔡昉(1998)的调查发现,民工主要分布在自我雇佣、私人企业、集体企业和三资企业中,而他们在国有企业中的比重远远低于城镇居民的比重,并且大多在从事着脏、险、累的工作。Meng(2000)利用1995年上海市居民和外来人口调查数据的研究发现:如果不存在对民工的歧视,他们成为白领的比例将会从3%上升到9%。王美艳(2005)利用2001年全国五个城市的调查数据研究发现,如果没有歧视,民工中自我雇佣的比例将会下降30%以上,进入公有单位的比例将提高近30%左右,而城市劳动力进入公有单位的比例将会降低50%。

2. 研究动机与理论假说的提出

上述两方面的研究为我们提供民工在城市二元劳动力市场上被歧视的证据,然而没有考虑民工在两个子市场上所受到的歧视是否有所不同,而这一问题对于理解民工歧视及制定降低歧视的政策显然都具有重要意义,因为它直接决定了政府是否需要针对不同的劳动力子市场采取不同的政策或不同的政策力度来降低歧视。

我们知道,二元劳动力市场上的竞争程度是不同的,工作条件较好的一级市场对于民工存在着很明显的进入"门槛",并且具有垄断性质的大型国有企业也几乎都属于一级市场;而二级市场上的工作岗位大多是不需要很高的技能或技术,对于拥有较低人力资本和技术的民工而言,他们大多只能在二级劳动力市场上进行竞争,所以这就决定了二级市场上的竞争激烈程度要高于一级市场。根据 Becker(1957)的研究,如果一个雇佣者仅仅因为歧视而拒绝雇佣一个有生产率的工人,那么他将失去一个有价值的机会,所以歧视对于他来说是有成本的。竞争激烈程度也会降低歧视,这是因为有歧视的雇佣者相对于没有歧视的雇佣者将会失去部分市场份额。同时Becker还提供证据证明：在一个更多管制、更少竞争的产业中会出现更高的歧视。另外，竞争之所以能够降低歧视，还有一个原因在于被歧视的劳动力可以通过"用脚投票"来选择其他的雇佣者，或者说竞争会迫使利润最大化的雇佣者消除歧视。因而我们可以根据上述理论机制提出如下假说：在中国城市二元劳动力市场上，民工在二级市场上所受到的工资歧视要低于在一级市场上所受到的工资歧视。

另外，现有研究在数据处理过程中普遍存在着两大问题：第一，大部分研究几乎都是将被调查者的可支配工资作为雇佣者支付的劳动力价格，而忽略了雇佣者和劳动力所缴纳的"三金"等，实际上，这些被忽略的也属于劳动力价格的重要组成部分；同样道理，个人所得税缴纳数量的不同也会导致可支配工资水平与实际劳动力价格之间产生巨大的差异。在研究工资歧视时，应该使用还原了"三金"和个人所得税的"名义"工资水平，而不应该使用可支配工资水平；另外，由于民工和城镇劳动力在工作小时数上有着显著的差异，所以衡量劳动力价格更准确的指标应该是小时工资而不是月工资。第二，现有研究大多简单地将劳动力分为两类：本地劳动力与外来劳动力，或者工人与农民，然后把后者视为被歧视的对象，然而在城市劳动力市场上，除了外来农民，也有相当数量的外来工人，在劳动生产率一致的情况下，他们获得的工资水平与本地工人的工资水平很有可能也存在差异，而这种差异显然不是由于对农业户口的歧视而导致的。同样的，城市劳动力市场上还有来自城市郊区的农民，在劳动生产率一致的情况下，他们与外来农民的工资水平也可能有差异，而这种差异与对农业户口的歧视没有关系。所以，在劳动生产率一致的情况下，我们可以将由于户籍来源地的不同而导致的本地工人与外地工人的工资差异、本地农民与外地农民的工资差异定义为地域歧视。所以，研究工资歧视时还需要明确界定研究的目的是为了度量户籍歧视还是地域歧视。

基于上述理由，本节进一步提出如下扩展的假说：在中国城市二元劳动力市场上，民工在二级市场上所受到的户籍歧视和地域歧视都要分别低于在一级市场上所受到的户籍歧视和地域歧视。

下面将基于2005年全国1‰人口抽样调查上海市的10 000个家庭样本展开实证研究以检验上述理论假说。

二、数据来源与统计描述

本节的数据来自 2005 年 1‰ 人口抽样调查,该调查由国家统计局和中央政府统一组织,本节使用的样本是该调查中上海市的 10 000 个家庭,共计 28 717 个居民。由于 2005 年的人口调查包含了城镇居民和外来人口,并且包含了他们的就业情况及工资水平,所以它能够满足本节的研究需要。在删除了小于 18 岁和大于 60 岁、在校学生、丧失劳动能力、生活来源靠家庭其他成员或社会保障的样本后,我们得到了 12 435 个劳动力样本。

由于本节要研究的是城市二元劳动力市场上的民工歧视问题,所以首先需要划分一级市场和二级市场。在现有研究中,严善平(2006)曾明确给出了区分二元劳动力市场的标准,参照他的划分标准,本节依据人口普查的信息对两级劳动力市场的划分标准如表 15-7 所示:

表 15-7　二元劳动力市场的划分

一级市场	二级市场
国家机关、党群组织、企业、事业单位负责人 专业技术人员 在机关团体事业单位、国有及国有控股企业、集体企业内工作的全部职工等	在私营、个体工商户及其他类型工作单位就业的人员: 办事人员和有关人员 商业、服务人员 农、林、牧、渔、水利业生产人员 生产、运输设备操作人员及有关人员 土地承包者等

根据人口普查所提供的信息,本节对民工的定义是:农业户口、户口登记地不在上海、离开户口登记地的目的是为了务工经商的劳动力。表 15-8 提供了两级市场上的劳动力特征的对比,其中,签订劳动合同的比例是指签订了固定期和无固定期合同所占的比例;人口普查在调查教育情况时,询问了被调查者的受教育程度,本节将其折合成教育年限[①];已婚虚拟变量则包括初婚有配偶、再婚有配偶、离婚和丧偶四种情况。

另外,由于本节特别关注因为缴纳"三金"而导致名义劳动价格与可支配工资

---

① 本节采用的教育年限折算标准为:未上学=0;小学=5;初中=8;高中=11;大学专科=13;大学本科=15;研究生及以上=20。

的差异,我们需要根据每个劳动力拥有的各种社会保险金信息还原出名义劳动力价格。本节的还原方法是:根据上海市劳动局制定的标准,对于机关、事业单位、国有及国有控股企业、集体企业的劳动力,假设企业和个人缴纳的基本养老金为他们月平均工资(工资超过缴纳基数的则以基数为准,以下同)的30%,失业金的比例为3%,医疗保险金为14%;而对于其他劳动力,则按如下标准:基本养老金为30%,失业金为3%,医疗保险金为8%。同时,我们也以他们的税后收入为月收入,并依据第二次修正的《中华人民共和国个人所得税法》规定的税率和起征点进行还原。

从表15-8提供的统计描述可以清晰地看出城市二元劳动力市场的特征:民工更多地在二级市场上就业,一级市场上劳动力的年龄、教育年限、男性和已婚的比例都更高;一级市场上签订了劳动合同及拥有各种社会保险的劳动力的比例都比二级市场上的更高,他们的工作时间更短,月平均工资和小时平均工资水平更高,这表明一级市场上的工作条件和福利待遇更高。

表15-8 二元劳动力市场特征的统计描述

	一级市场	二级市场
工人数量(人)	3 496	1 483
民工数量(人)	1 082	3 021
年龄(岁)	38.97	32.50
教育年限(年)	10.52	8.48
男性比例	0.63	0.56
已婚比例	0.84	0.71
签订劳动合同的比例	0.84	0.45
有失业保险的比例	0.71	0.25
有基本养老保险的比例	0.79	0.40
有基本医疗保险的比例	0.80	0.43
月工资(调整后)(元)	2 697.71	1 457.88
小时工资(调整后)(元)	15.27	7.69
每周工作时间(小时)	43.23	47.61

注:数据来源为2005年1%人口抽样调查上海市10 000个家庭样本;调整后是指将"三金"和个人所得税还原后的工资水平;以下同。

表15-9进一步提供了两级市场上民工和工人的特征对比,从中可以看出:第一,无论是在一级还是在二级市场上,民工拥有各种社会保障和签订劳动合同的比例都明显低于工人,月平均和小时平均工资也明显更低。第二,对于民工而言,他们在一级市场上的工作条件和待遇比二级市场上更好(只有一个例外,就是他们在一级市场上的每周工作小时数比二级市场上的每周工作小时数略长)。第三,一级市场上工人的工作条件及待遇也比二级市场上更好。上述统计描述再次揭示了二元劳动力市场的特征及民工得到的更低待遇的事实。但是,上述统计描述并不能告诉我们工资差异在多大程度上是歧视导致的,以及在一级和二级市场上的户籍歧视和地域歧视分别是多少,下面我们就利用这个样本展开实证检验。

表15-9 二元劳动力市场上民工和工人的特征对比

	一级市场		二级市场	
	民工	工人	民工	工人
年龄(岁)	34.17	40.45	30.33	36.91
教育年限(年)	7.64	11.41	7.69	10.10
男性比例	0.68	0.61	0.56	0.56
已婚比例	0.85	0.83	0.68	0.76
月工资(调整后)(元)	1 563.33	3 048.39	1 128.05	2 129.78
小时工资(调整后)(元)	7.68	17.63	5.56	12.03
每周工作时间(小时)	50.71	40.92	50.10	42.54
签订劳动合同的比例	0.51	0.89	0.32	0.70
有失业保险的比例	0.13	0.89	0.03	0.69
有基本养老保险的比例	0.20	0.97	0.15	0.92
有基本医疗保险的比例	0.23	0.97	0.18	0.93

三、实证检验

1. 度量方法

为了度量民工在城市二元劳动力市场上所受到的户籍歧视和地域歧视,本节采取如下方法:首先,通过如下回归方程度量歧视:

$$loghourwage_i = \beta_0 + \beta_1 \cdot D_i + \sum \beta \cdot X_i + u \tag{15-1}$$

其中，X_i是决定劳动生产率的一系列外生变量，D_i是民工虚拟变量，β_1是对民工歧视程度的度量；现有利用回归方法度量歧视的实证研究也曾采用过上述方法。

其次，为了分别度量城市二元劳动力市场对于外来农民的户籍歧视和地域歧视，我们采取如图15-1所示的策略：

图 15-1 对外来民工的歧视

图15-1中，在控制了决定劳动生产率的所有因素后，如果本地工人的工资水平还比外地农民的工资水平高，那么这个高出的部分就可以度量外来民工相对于本地工人受到的歧视，由于外地农民具有两个特征：拥有农业户口和外地户口，所以这里保持劳动生产率一致情况下的工资差异其实包括了他们所受到的户籍歧视及地域歧视。

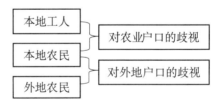

图 15-2 对农业户口和外地户口的歧视

在图15-2中我们将劳动力进行分类，基于这种分类可知：在保持劳动生产率一致的情况下，如果本地农民比外地农民的工资水平高，那么高出的部分就可以用来度量对外地户口的歧视，它显然与对农业户籍的歧视无关。类似的，保持劳动生产率一致，如果本地工人的工资水平比本地农民高，那么这个高出的部分就可以度量对于农业户口的歧视，它与地域歧视无关。

基于上述策略，我们在表15-10中分别报告了采用不同子样本进行OLS回归的结果，从中可以看出：只有利用本地农民和外地农民的子样本进行回归时，外地户口在一级劳动力市场中受到的歧视比在二级劳动力市场中所受到的歧视高，而且高出的幅度并不明显。然而这种回归还面临着内生性问题，因为在上述模型中，我们直接将不同的子样本根据表15-7的标准拆分后进行回归,但实际上每个劳动力能否进入一级劳动力市场还可能与其他很多不可观测的因素有关,或者每个劳动力在面临着是否进入一级市场时都存在着自己选择的问题,所以,简单的OLS回归可能会带来有偏的结果。

表15-10 城市二元劳动力市场上的工资方程(OLS模型)

	本地工人和外地农民		本地农民外地农民		本地农民和本地工人	
	一级市场	二级市场	一级市场	二级市场	一级市场	二级市场
农业户口					−0.251***	−0.278***
					(0.030)	(0.026)
外地户口			−0.289***	−0.207***		
			(0.051)	(0.025)		
外地农业户口	−0.420***	−0.521***				
	(0.033)	(0.023)				
年龄	0.006	0.023***	0.014	0.016***	0.008	−0.000
	(0.007)	(0.006)	(0.013)	(0.006)	(0.008)	(0.009)
年龄平方	−0.000	−0.000***	−0.000	−0.000***	−0.000	−0.000
	(0.000)	(0.000)	(0.000)	(0.000)	(0.000)	(0.000)
已婚	0.051*	−0.015	−0.010	−0.007	0.062*	0.028
	(0.031)	(0.024)	(0.067)	(0.027)	(0.032)	(0.039)
教育年限	0.113***	0.082***	0.084***	0.047***	0.116***	0.095***
	(0.003)	(0.003)	(0.007)	(0.004)	(0.003)	(0.005)
男性	0.130***	0.153***	0.187***	0.202***	0.147***	0.143***
	(0.019)	(0.016)	(0.036)	(0.017)	(0.019)	(0.023)
外出时间	0.021***	0.033***	0.045***	0.033***	0.001	0.031***
	(0.005)	(0.004)	(0.007)	(0.004)	(0.006)	(0.009)
常数项	0.727***	0.554***	0.828***	0.296***	0.811***	0.420**
	(0.157)	(0.113)	(0.244)	(0.105)	(0.164)	(0.164)
行业虚拟变量	是	是	是	是	是	是
观察值	4 545	4 493	1 522	4 080	3 915	2 543
R^2	0.485	0.447	0.276	0.307	0.397	0.544

注:括号中的数据为标准误;*** $p<0.01$,** $p<0.05$,* $p<0.1$。

2. 内生性问题的解决

对于上述内生性问题,本节采用工具变量和转换模型(Switching Model)来解决:我们首先利用外生的、能够直接影响劳动力能否进入一级市场的工具变量和其他外生变量预测每个劳动力能否进入一级市场,然后根据预测的结果来分别回归两个子市场的工资方程。

本节使用的工具变量包括劳动力户籍所在省份的省会城市到上海市的铁路距离,以及户籍所在省份的平均收入水平(分别为2004年的城镇居民可支配收入及农村居民纯收入)。使用它们作为工具变量的理由在于:首先,从劳动力户籍所在省份省会城市到上海市的铁路距离是一个地理变量,它不会直接影响劳动力的个人特征,也不会直接影响他们在城市劳动力市场上的工资水平,但是它会对劳动力掌握劳动力市场的信息产生直接影响——距离越远,了解和掌握市场信息的程度就越低,从而进入条件比较好的一级市场的可能性就越低。其次,劳动力户籍所在地的收入水平也不会直接影响他们在上海的工资水平,但是它可以看成是劳动力的保留工资,因而会直接影响他们对工作岗位的选择。比如,假设在二级市场上被支付的工资低于他们能够在家乡获得的收入(考虑了交通成本等因素以后),那么他们就会选择回家乡就业,或者选择工资更高的一级市场就业。家乡收入作为一种保留工资,会直接影响他们在上海市的就业选择,但是从劳动力的需求方来看,雇佣者并不会根据他们户籍所在地的收入水平来支付工资,而是要根据他们的劳动生产率来决定工资水平,所以家乡的收入水平在工资方程中是外生的。最后,虽然从理论上无法完全排除上述两个工具变量在工资方程中的内生性,但是我们可以进行过度识别检验,表15-11报告了检验结果,过度识别检验的P值都远远大于10%,这表明这两个工具变量在工资方程中具有内生性的原假设被拒绝,因而满足了工具变量的外生性假设;另外,表15-11中还报告了工资方程中的弱工具变量检验结果,从中可以看出F值都非常高,因而也不存在弱工具变量问题。

表15-11 转换模型中工具变量的适用性检验

	本地农民和外地农民	本地工人外地农民
弱工具变量检验	F=38.92	F=21.76
过度识别检验	P=0.4063	P=0.7377

表 15-12 民工遭受的户籍歧视和地域歧视

	本地农民和外地农民			本地工人和本地农民			本地工人外地农民		
	一级市场	二级市场	转换模型	一级市场	二级市场	转换模型	一级市场	二级市场	转换模型
外地户口	−0.335***	−0.150***	−0.521***						
	(0.085)	(0.027)	(0.111)						
农业户口				−0.435***	−0.165***	−0.541***			
				(0.032)	(0.018)	(0.057)			
外地农业户口							−0.651***	−0.510***	−0.838***
							(0.053)	(0.028)	(0.104)
距离		−0.059***							−0.182***
		(0.014)							(0.039)
家乡收入		0.041***							0.031***
		(0.010)							(0.010)
年龄	0.010	0.015**	0.030*	0.016*	−0.010	0.029**	0.007	0.028***	0.047***
	(0.015)	(0.006)	(0.016)	(0.007)	(0.010)	(0.013)	(0.008)	(0.006)	(0.013)
年龄平方	−0.000	−0.000***	−0.000	−0.000	0.000	−0.000	−0.000	−0.000***	−0.000*
	(0.000)	(0.000)	(0.000)	(0.008)	(0.010)	(0.015)	(0.000)	(0.000)	(0.000)
已婚	0.088***	0.051***	0.011	0.075**	−0.033	0.194***	0.037	−0.030	0.159***
	(0.007)	(0.004)	(0.009)	(0.000)	(0.000)	(0.000)	(0.031)	(0.025)	(0.052)
教育年限	−0.023	−0.040	0.349***	0.140***	0.078***	0.104***	0.122***	0.089***	0.072***
	(0.095)	(0.029)	(0.075)	(0.035)	(0.042)	(0.062)	(0.004)	(0.004)	(0.006)
男性	0.235***	0.191***	0.312***	0.218***	0.123***	0.185***	0.167***	0.168***	0.172***
	(0.067)	(0.018)	(0.041)	(0.004)	(0.006)	(0.007)	(0.020)	(0.016)	(0.032)
外出时间	0.038***	0.024***	0.063***	0.007	0.026***	0.023*	0.023***	0.031***	0.051***
	(0.015)	(0.004)	(0.010)	(0.032)	(0.000)	(0.046)	(0.006)	(0.004)	(0.008)
常数项	1.025	0.264**	−2.581***	−0.329*	0.772***	−3.045***	0.599**	0.418***	−2.480***
	(0.772)	(0.110)	(0.283)	(0.185)	(0.180)	(0.281)	(0.244)	(0.114)	(0.247)
行业虚拟变量	是	是	是	是	是	是	是	是	是
观察值	5 602			6 458			9 038		
方程独立性检验	P=0.00			P=0.00			P=0.00		

注：括号中的数据为标准误差；*** p<0.01，** p<0.05，* p<0.1。

表 15-12 报告了使用上述两个工具变量的转换模型回归结果。从转换模型的回归结果可以看出：首先，"家乡收入"和"距离"两个变量都在 1% 的程度上显著，前者的符号为正，后者的符号为负，这说明家乡收入越高，越有利于劳动力进入一级市场就业；而如果他们到上海市的距离越远，则进入一级市场的概率越低，这与理论预测的结果保持一致。其次，将表 15-12 与表 15-10 进行比较，度量户籍的三个虚拟变量的回归系数和显著程度没有任何区别，但是回归系数的绝对值却发生了变化，这表明 OLS 模型中存在内生性问题。另外，劳动力的年龄、性别、教育年限和外出时间等变量在转换模型中都显著，这说明它们对于劳动力进入一级市场的概率有显著影响，回归系数的符号也都符合理论预期。

从表 15-12 的回归结果中可以得出如下几个核心结论：第一，在使用第一个子样本的情况下，"外地户口"在一级市场中的回归系数为 -33.5%，而在二级市场中的回归系数为 -15%，一级市场上的地域歧视要比二级市场上的地域歧视高 18.5%。第二，在使用第二个子样本的情况下，"农业户口"在一级市场中的回归系数为 -43.5%，而在二级市场中的回归系数为 -16.5%，一级市场上的户籍歧视要比二级市场上的户籍歧视高 27%。第三，当使用第三子样本进行回归时，"外地农业户口"在一级市场上的回归系数也比二级市场中的回归系数更高。当然，此时两者之间的差距不是十分明显，这可能是因为使用的子样本不同，因而被解释变量的变异程度也不同。所以，基于上述结果我们可以判断本节提出的理论假说无法被推翻。

同时，我们还可以从其他变量的回归系数中得出如下结论：第一，劳动力的年龄与他们的工资水平基本上都成"倒 U"形关系，这说明随着年龄的增加，工资水平会增加，但是到达一定程度后则会拐头向下，这一结果与现有其他很多实证研究的结论保持一致。第二，男性虚拟变量在所有的方程中都显著为正，这说明男性在所有市场中的工资水平都显著高于女性，这与现有研究结论也保持一致。第三，教育年限在大部分工资方程中都显著为正，这说明更多人力资本确实可以提高工资水平。第四，外出年限在所有的方程中都显著为正，这说明外出时间越长，劳动力获得的工资水平越高。我们对于这一结果的解释是：劳动力外出就业的时间越长，他们对于外部劳动力市场的信息了解程度就会越高，或者他们就会有更多的时间去搜寻工作，以及在不同的工作之间做出最优的选择，这些机制都会有利于提高他们的工资水平。

四、结论及政策含义

现有关于城市劳动力市场对于民工的歧视的研究大多忽视了劳动力市场的二元性,本节则基于中国城市二元劳动力市场的特征提出理论假说认为:相对于一级市场,政府对二级市场的管制更少,就业岗位之间的替代性强,所以二级市场上的竞争程度比一级市场上的竞争程度更激烈,这使得一级市场上对民工的工资歧视高于二级市场上的工资歧视。然后,本节利用一个来自 2005 年 1‰人口抽样调查的上海市 10 000 个家庭样本进行了实证检验,并同时将对民工的歧视区分为户籍歧视和地域歧视,结果发现一级市场上对民工的户籍歧视和地域歧视都明显更高。本节的理论假说和实证研究结果对于政府制定更加有针对性的降低歧视的政策具有一系列的重要含义。

第一,现有研究大都忽视了城市劳动力市场的二元性,而本节的研究结果表明:民工在一级劳动力市场上所受到的户籍歧视和地域歧视都比在二级市场上所受到的户籍歧视和地域歧视更高,因而这就意味着政府降低民工歧视的主要努力方向和政策重点应该放在一级市场而不是二级市场上,更不必笼统地将政策瞄准全部劳动力市场,这样可以大大降低政府的政策执行难度和执行成本。

第二,本节的理论假说、实证检验和分析都表明:提高劳动力市场上的竞争程度有利于降低对民工的歧视,所以政府可以通过一系列的政策促进劳动力市场的竞争来达到降低歧视的目的。换言之,凡是有利于增强劳动力市场竞争程度的政策或措施都可以成为政府降低歧视的可选工具。本节认为,政府对于某些行业的管制或者某些行业存在自然垄断现象,这些因素都会通过抑制竞争而不利于降低歧视,所以,降低政府管制或者打破某些行业的自然垄断或者垄断地位等措施,都可以通过提高劳动力市场的竞争程度来达到降低歧视的结果。

第三,本节采取的研究策略发现对于民工的工资歧视中还包括相当程度的地域歧视,即劳动力市场对于来自外地劳动力的歧视,这一歧视与他们是否拥有农业户口并没有必然关系。地域歧视与户籍歧视显然是两种完全不同的力量,因而政府有必要采取不同的政策措施来应对不同的歧视。很明显,我们可以预见在不远的将来,中国即使取消了户籍制度,对于民工的地域歧视也不可能随之而消失,对于劳动力市场信息的掌握程度和获得渠道等众多因素都可能导致地域歧视,因而有必要采取不同的措施来应对地域歧视。当然,对于地域歧视的来源或决定因素还需要更进一步地深入研究,这也是未来的重要研究方向。

第四,根据本节表15-12中转换模型的回归结果,我们可以看出:拥有外地户口或者农业户口,使得劳动力进入一级市场的概率明显降低,另外,劳动力的性别、教育程度等个人特征也对他们能否进入工作条件和工资待遇较好的一级市场具有显著影响。所以,降低民工进入一级市场的制度性或体制性障碍,提高他们同等条件下进入一级市场的概率,也是政府降低城市劳动力市场上的民工歧视的努力方向。

第五,上述政策含义对于政府制定降低性别歧视的政策也具有类似的启示意义。这是因为,性别歧视和户籍歧视是类似的力量,它们表现为劳动力市场对于不同性别或户籍的劳动力以不同的待遇,因而政府也可以通过增加劳动力市场的竞争性、降低管制和垄断力量的存在等措施来降低各种歧视的存在,从而能够更好地促进劳动力市场的发育和城市二元劳动力市场的融合。

第三节　农民工歧视与就业机会

一、引言

中华人民共和国成立后实施的重工业优先发展战略加剧了城乡二元社会的分割,而随着中国工业化和城市化进程的加深,大量的农村剩余劳动力流入城市工业部门,使得城乡融合成为必然趋势,这也是中国经济下一个发展阶段的重要内容。根据2010年第六次人口普查数据显示,2010年居住地与户口登记地所在的乡镇街道不一致且离开户口登记地半年以上的人口为2.61亿人,与2000年相比增加了1.17亿人[①],而这部分人口中的大部分都是进入城市的民工。规模如此庞大的民工流动已经成为中国经济发展阶段中的一个独特现象,因而以他们为对象的研究就具有重要意义。对应于城乡二元经济,中国城市劳动力市场也存在二元特征,有大量

---

① 数据来源为国家统计局公布的《2010年第六次全国人口普查主要数据公报(第1号)》,参见国家统计局网站 http://www.stats.gov.cn/tjfx/jdfx/t20110428_402722253.htm。

的研究提供这方面的证据。例如,杜鹰(1997)和蔡昉(1998)的调查研究发现:由于政府的歧视性制度安排,民工的工作条件大多较差,在国有企业中的比重远低于城镇居民的比重。Knight et al.(1999)的研究发现,具有相同技能的民工相对于城市劳动力而言,他们获得好工作的可能性较低。杨云彦与陈金永(2000)、杨云彦等(2001)认为由于户口屏障的作用,农民工进入的行业选择有限,他们主要进入那些处于职业队列末端、城市劳动力所不愿从事的行业。

分割的城市劳动力市场因为民工的户籍身份不同而产生就业歧视,这种歧视一方面会导致城市劳动力市场配置资源的低效率,另一方面也会扩大城市劳动力市场上城镇居民和民工之间的收入差距,同时也不利于通过民工进城缩小城乡收入差距,进而也会对城乡二元社会的融合及城市二元劳动力市场的融合产生阻碍作用。同时,歧视的存在与中国构建和谐社会的目标也是相冲突的,所以,研究城市劳动力市场对民工的歧视及其决定因素对于实现城乡融合、推动城市劳动力市场的成熟和降低城乡收入差距等问题都具有重大意义。本节的目的就是利用 2010 年人口普查昆山市经济开发区的 43 200 个样本研究民工能否进入工作条件和待遇较好的一级劳动力市场,以及周工作小时数的决定因素,以考察他们在就业机会方面所受到的歧视。

二、文献综述

国内对于城市二元劳动力市场上的民工就业和工资待遇等问题已经有了很多深入的研究,包括 Meng and Miller(1995)、Knight et al.(1999)、Meng(2000)、Meng and Zhang(2001)、蔡昉(2000)、杨云彦和陈金永(2000)、姚先国和赖普清(2004)、王美艳(2003;2005)、钟笑寒(2006)、严善平(2006;2007)、李春玲和李实(2008)、章元和王昊(2011)、章元和高汉(2011)等。例如,Meng(2000)利用 Brown 分解方法的结果发现:有超过 100% 的职业内工资差距是歧视导致的;王美艳(2003)也利用 Oaxaca 分解方法研究发现,民工和城市劳动力的工资差异中的 76% 是由歧视导致的;谢嗣胜和姚先国(2006)也运用 Blinder-Oaxaca-Cotton 工资差异分解方法,发现民工和城市劳动力工资差距中的一半以上是由歧视造成的。这些研究为我们提供了关于歧视在民工与城市劳动力工资差异中占了相当大比例的确凿证据。

但是上述分解方法只依赖于劳动力已经达到的工资水平,因而对于理解歧视影响劳动力福利水平的差异并不能提供很多的帮助。首先，这里的问题在于：如果有一部分民工因为歧视而无法进入工资水平更高的一级市场，那么他们就只能在二级市场上就业并获得较低的工资；并且进入二级市场后，他们得到的报酬仍然可能因为二级市场的工资歧视而更低；对于那些即使不存在歧视时也无法进入条件更好的一级市场的民工而言，他们所受到的仅仅是二级市场上的工资歧视。那些因为歧视而无法进入一级市场就业的民工不但无法获得一级市场上更高的工资，只能在二级市场上获得被歧视的工资。通过分解工资差距而得到的歧视部分，实际上会对民工所受到歧视程度产生估计偏误。

其次，现有研究在考察民工的户籍歧视问题时大多忽视了城市劳动力市场对于外来民工的地域歧视。很明显，保持劳动生产率一致的情况下，如果外来民工比本地农民的就业机会或报酬更差，则我们就不能把它归咎于户籍歧视，而应该是一种地域歧视，这种地域歧视来自雇主对外地劳动力的某种偏见或认知；对应的，保持劳动力生产率一致，如果本地工人比外地工人的工作条件或报酬更高，那么也可以同样归咎于地域歧视。在现有研究中，章元和王昊（2011）利用2005年1‰人口抽样调查的上海市10 000个家庭样本，发现总歧视中大约有将近一半的歧视是地域歧视而并非农业户口歧视。所以，本节也将利用2010年的普查数据继续考察在民工能否进入一级市场方面是否受到了地域歧视。

除了将要考虑户口所在地对于民工进入一级市场的影响，本节还将进一步地控制劳动力的出生地，这是因为：

第一，有相当比例的劳动力的出生地和户口登记地不一致。

第二，对于中国的劳动力而言，出生地往往是该劳动力的语言、社会关系、所接受的传统习惯和信息等的地点，由于中国居民的流动性不高，所以大多数劳动力所拥有的社会网络和所接受的传统习惯等可能都来自出生地。很明显，劳动力的户口登记地与出生地之间高度相关，所以如果在考察地域歧视时只控制了户口登记地而不控制出生地，则会得出有偏的估计结果。

第三，中国的城市劳动力市场具有二元性，但是现有关于民工歧视或工资差距分解的研究却忽视了这一点。很明显，如果两个子市场有重大的区别，那么民工在不同的子市场中所受到的歧视、甚至歧视的形成机制就有可能完全不同。例如，章元和高汉（2011）基于二元城市劳动力市场上一级市场的竞争程度低于二级市场的事实提出了民工在二级市场上所受到的歧视程度是否会低于一级市场上所受到的歧视的理论假说,他们利用上海市的数据发现无法推翻这一理论假说。所以,基于本节使用的数据,我们还将检验户籍在两个劳动力子市场上对周工作小时数是否有显著的影响。

第四,上述提到的大部分研究所使用的数据大多是 2000 年前的,所得到的研究结果只能反映 20 世纪末的中国城市劳动力市场的状况,进入 21 世纪后中国城市劳动力市场是否还对民工有户籍歧视及地域歧视,现有研究所提供的实证证据并不多。

基于上述理由,本节将利用 2010 年全国人口普查数据研究民工在进入一级劳动力市场和周工作时间方面是否受到了户籍歧视及地域歧视。

三、数据来源与统计描述

本节使用的数据来自 2010 年第六次全国人口普查江苏省昆山市经济开发区的样本,这是一个于 2000 年 4 月 27 日经国务院批准设立的首家封关运作的出口加工区,2009 年经国务院批准成为国家级经济技术开发区,规划面积 5.86 平方公里。这也是全国首个由封关运作出口加工区转型而成的综合保税区,该区集保税加工、保税物流、货物贸易、服务贸易、展览展示、口岸服务、研发、检测、维修等功能为一体,从业人员 12 万余人,外来人口(非本市户口)占 80% 左右,它是长三角地区外来人口推动长三角经济发展的一个缩影,因此,外来人口的状况具有典型的代表性。在没有进行数据清理前的样本量为 43 200 个,为了进行研究,我们进行了若干数据清理,删除非劳动力、失业者、在校生等样本,最后得到了包含 31 235 个就业者的样本。

在没有展开实证检验之前,本节先提供一些初步的统计描述。表 15-13 报告了数据清理后的劳动力样本的个人特征、户口分布及周工作时间,从中可以看出:劳动力的平均年龄在 30 岁以下,男性和已婚劳动力略微超过 50%,受教育程度主要集中于初中和高中;有超过 70% 的劳动力拥有农业户口,60% 以上的劳动力的户口登记地或出生地在外省;他们的平均周工作时间为 48.49 小时。

表 15-13　样本特征的统计描述

	均值	最小值	最大值
年龄（岁）	28.63	18	60
男性比例	52.92%	0	1
已婚比例	50.16%	0	1
汉族比例	99.18%	0	1
文盲比例	0.19%	0	1
小学比例	4.14%	0	1
初中比例	34.00%	0	1
高中比例	42.23%	0	1
专科比例	12.29%	0	1
本科比例	6.31%	0	1
研究生比例	0.84%	0	1
农业户口比例	74.38%	0	1
本村（居委会）户口比例	13.45%	0	1
本乡（镇、街道）户口比例	2.30%	0	1
本县（市区）户口比例	3.60%	0	1
外县（市区）户口比例	16.52%	0	1
外省户口比例	64.12%	0	1
本县（市区）出生比例	17.37%	0	1
外县（市区）出生比例	17.74%	0	1
外省出生比例	64.89%	0	1
周工作时间（小时）	48.49	0	98

为了考察城市二元劳动力市场上民工的歧视问题，我们首先需要一个对劳动力市场的划分标准。仅就国内的文献而言，严善平（2006）曾明确给出了区分二元劳动力市场的标准，相对于他的这个标准，以及 2010 年人口普查数据所能够得到的信息，本节结合国家统计局制定的行业和职业分类两个维度来划分两级劳动力市场：

（1）工作的行业：信息传输计算机和软件业、金融业、房地产业、科研技术服务和地质勘查业、水利环境和公共设施管理业、教育业、卫生社会保障和社会福利业、文化体育和娱乐业、公共管理和社会组织业。

（2）从事的职业：机关企事业单位负责人、专业技术人员。

只要符合上述两个维度之一的劳动者都被认为属于一级劳动力市场,这样划分的理由在于:首先,维度(1)所包括的行业大都需要较高水平的人力资本,其中的很多行业属于国有或自然垄断,或者属于政府组织,对于这些行业而言,工作条件和待遇显然更高,而且有被提升的机会。其次,维度(2)所包括的两类职业要么需要国有或政府组织,要么必须有较高的技能,这与二元劳动力市场理论相符。当然,由于人口普查提供的关于就业的信息非常有限,上述划分标准比较粗略,在有更多就业信息的前提下还可以给出更精确的划分标准。

表 15-14 劳动力子市场的统计描述

	一级市场	二级市场
劳动力数量(人)	5 164	26 071
年龄(岁)	32.65	27.83
男性比例	57.90%	51.94%
已婚比例	69.66%	46.29%
少数民族比例	99.28%	99.16%
文盲比例	0.17%	0.19%
小学比例	3.08%	4.35%
初中比例	19.15%	36.94%
高中比例	21.61%	46.32%
专科比例	29.59%	8.86%
本科比例	22.00%	3.20%
研究生比例	4.40%	0.14%
农业户口比例	41.73%	80.84%
本村(居委会)户口比例	30.21%	10.13%
本乡(镇、街道)户口比例	6.35%	1.50%
本县(市区)户口比例	9.90%	2.35%
外县(市区)户口比例	15.01%	16.82%
外省户口比例	38.54%	69.19%
本县(市区)出生比例	39.56%	12.98%
外县(市区)出生比例	18.09%	17.67%
外省出生比例	42.35%	69.35%
周工作时间(小时)	44.51	49.28

依据上述划分标准,表 15-14 提供了两个子市场的劳动力特征的统计描述,从中

可以看出:第一,在31 235个劳动力中,有5 164个属于一级市场,剩余的26 071个属于二级市场;一级市场劳动力的比例为16.53%,这个比例之所以不高,是因为本节使用的数据来自城市郊区的经济开发区而不是中心城区,开发区的主要劳动力大多是外来民工,最集中的行业为电子制造业。第二,相对于二级劳动力市场,在一级市场上的劳动力年龄更小,男性和已婚的比例更高,拥有高中以上教育程度的比例更高,农业户口的比例更低。第三,户口和出生地来源具有相似的分布,但是一级市场上,来自本乡的劳动力的比例更高,来自外省的比例则更低。第四,二级市场上的周工作时间比一级市场平均高出将近5个小时。上述指标的对比,也符合二元劳动力市场理论关于劳动力特征的论述。下面我们利用上述数据展开实证研究。

四、实证检验

为了检验民工是否因为户籍和户籍来源地的不同而在二元劳动力市场上受到歧视,本节将分别检验他们能否进入一级市场及周工作小时数的决定因素,并特别关注农业户籍、户籍所在地和出生地等变量在回归模型中的系数。特别的,为了更干净地考察地域歧视是否存在,我们还将利用只包含本地农民和外地农民的子样本进行回归,然后考察户籍来源地和出生地的不同是否显著影响他们进入一级市场的概率及周工作小时数。

表15-15首先报告了基于31 235个样本进行Logit模型回归的结果,从中可以看出:在模型1中,只控制劳动力的个人特征,他们的年龄与进入一级市场的概率成"倒U"形关系,这说明随着年龄的增长,他们进入一级市场的概率先增加后下降;已婚和拥有更高教育水平的劳动力进入一级市场的概率更高。模型2-4逐步增加了农业户籍、户籍登记地和出生地等虚拟变量,由于这些变量与劳动力的个人特征相关,并且属于本节关心的自变量,因而我们接受模型4的回归结果。

从模型4的结果中可以得出如下结论:第一,农业户口显著为负,这表明拥有农业户口的劳动力进入一级市场的概率确实更低。第二,以户口登记地为本村(街道居委会)为比较基准,登记地为本乡和本县的劳动力进入一级市场的概率更高一些。第三,以出生在本县为比较基准,出生在本省外县及外省的回归系数都显著为负,这表明保持其他条件不变的情况下,出生在外县及外省的劳动力受到了地域歧视;而且,将户口登记地与出生地的回归系数进行对比可以发现,户口登记地的虚拟变量的回归系数没有出现显著为负的,这表明在控制了出生的情况下,户口登记地在外地并不能显著降低一个劳动力进入一级市场的概率。这一结论也揭示出地域歧视的来源是由于出生地不同而导致的,户口登记地并不是导致地域歧视的关键原因。

表15-15 进入一级市场就业的概率(Logit模型)(全样本)

	模型1	模型2	模型3	模型4
农业户籍		−0.660***	−0.438***	−0.432***
		(0.040)	(0.044)	(0.045)
外县(市区)户籍			−0.527***	0.208***
			(0.056)	(0.075)
外省户籍			−0.600***	−0.101
			(0.049)	(0.106)
外县(市区)出生				−0.410***
				(0.101)
外省出生				−0.567***
				(0.052)
年龄	0.102***	0.076***	0.084***	0.083***
	(0.015)	(0.015)	(0.015)	(0.015)
年龄平方/100	−0.048**	−0.028	−0.048**	−0.047**
	(0.020)	(0.020)	(0.020)	(0.020)
男性	−0.009	0.038	0.058	0.061*
	(0.036)	(0.036)	(0.036)	(0.036)
已婚	0.275***	0.223***	0.161***	0.157***
	(0.056)	(0.057)	(0.058)	(0.058)
少数民族	0.208	0.205	0.084	0.079
	(0.211)	(0.214)	(0.211)	(0.210)
小学	−0.006	−0.109	−0.284	−0.284
	(0.376)	(0.380)	(0.381)	(0.381)
初中	0.503	0.310	0.107	0.100
	(0.371)	(0.375)	(0.376)	(0.376)

续表

	模型1	模型2	模型3	模型4
高中	1.000***	0.701*	0.513	0.502
	(0.372)	(0.376)	(0.377)	(0.377)
专科	2.777***	2.307***	2.104***	2.091***
	(0.373)	(0.377)	(0.379)	(0.378)
本科	3.597***	3.039***	2.839***	2.817***
	(0.375)	(0.380)	(0.381)	(0.381)
研究生	4.712***	4.067***	3.984***	3.960***
	(0.414)	(0.419)	(0.420)	(0.419)
常数项	−6.067***	−4.723***	−4.127***	−4.137***
	(0.480)	(0.491)	(0.494)	(0.493)
观察值	31 235	31 207	31 207	31 207
拟 R^2	0.217 0	0.233 5	0.239 1	0.239 4

注:括号中的数字为标准误;*** $p<0.01$,** $p<0.05$,* $p<0.1$。

为了进一步考察户籍登记地与出生地是否会显著影响劳动力进入一级市场的概率,下面我们进一步采取利用子样本回归的策略:仅仅保留农业户籍劳动力,如果户籍登记地和出生地显著为负,那么就表明存在地域歧视而并非对农业户籍的歧视;同样道理,仅仅保留非农业户籍劳动力,如果户籍登记地和出生地显著为负,也表明地域歧视的存在。表15-16报告了分别用两个子样本进行回归的结果。

表15-16　进入一级市场就业的概率(Logit模型)(劳动力子样本)

	非农户籍子样本		农业户籍子样本	
	模型1	模型2	模型1	模型2
外县(市区)户籍	0.385***	0.254***	0.507***	−0.051
	(0.081)	(0.083)	(0.152)	(0.169)
外省户籍	−0.306***	−0.248**	0.028	0.012
	(0.081)	(0.124)	(0.061)	(0.239)
外县(市区)出生		−0.305***		−0.652***
		(0.110)		(0.236)

续表

	非农户籍子样本		农业户籍子样本	
	模型1	模型2	模型1	模型2
外省出生		−0.461***		−0.733***
		(0.065)		(0.093)
年龄	0.037	0.033	0.072***	0.087***
	(0.024)	(0.024)	(0.021)	(0.021)
年龄平方/100	0.014	0.014	−0.028	−0.059**
	(0.031)	(0.031)	(0.028)	(0.029)
男性	−0.037	−0.027	0.101**	0.120**
	(0.052)	(0.052)	(0.050)	(0.051)
已婚	0.152*	0.073	0.307***	0.281***
	(0.085)	(0.086)	(0.078)	(0.079)
少数民族	0.807**	0.644*	−0.306	−0.319
	(0.329)	(0.330)	(0.251)	(0.251)
小学	−0.525	−0.661	0.012	−0.152
	(0.663)	(0.668)	(0.489)	(0.490)
初中	−0.206	−0.330	0.474	0.274
	(0.657)	(0.663)	(0.482)	(0.483)
高中	0.339	0.269	0.775	0.582
	(0.659)	(0.664)	(0.484)	(0.485)
专科	1.652**	1.571**	2.535***	2.299***
	(0.660)	(0.665)	(0.487)	(0.487)
本科	2.116***	2.037***	3.785***	3.546***
	(0.661)	(0.667)	(0.492)	(0.493)
研究生	3.571***	3.583***	3.625***	3.444***
	(0.689)	(0.694)	(0.693)	(0.692)
常数项	−3.844***	−3.206***	−5.059***	−4.336***
	(0.815)	(0.825)	(0.622)	(0.630)
观察值	7 996	7 996	23 211	23 211
拟 R^2	0.139 8	0.144 7	0.151 8	0.156 1

注：括号中的数字为标准误；＊＊＊ $p<0.01$，＊＊ $p<0.05$，＊ $p<0.1$。

从表15-16可以得出如下结论：无论采用哪一个子样本，度量出生地的两个虚拟变量在模型2中都显著为负。这表明在保持其他条件不变的情况下,相对于出生在本县的劳动力而言,出生在外县和外省的劳动力在进入一级市场方面受到了明显的歧视。有趣的是,在以农业户籍子样本进行回归时,户籍登记地虚拟变量在模型2中都不显著,这一对比说明:地域歧视的原因主要在于出生地的不同而并非户口登记地的不同。这一结果比较容易理解:出生地的文化和传统往往从一个劳动力刚出生时就开始产生深远的影响,如果一个劳动力在出生若干年后才离开了出生地而导致户籍登记地与出生地不同,那么原来植根于他身上的出生地的文化、传统、社会关系网络等并不会随着户口登记地的改变而改变。

另外,从表15-16中还可以得出其他结论:年龄的回归系数都为正,说明它对于进入一级市场具有正向促进作用;已婚劳动力进入一级市场的概率显著更高;受教育的程度越高,进入一级市场的概率也更高。这些结论都符合理论预期。

上述实证检验只是为了进一步考察地域歧视在两级劳动力市场上是否有所不同,我们在表15-17中首先报告了基于全部样本的OLS回归,被解释变量为劳动力的周工作小时数。从表15-17中可以看出:首先,农业户籍在所有的模型中都显著为正,这表明两级市场中的农业户籍劳动力平均而言比城镇劳动力要工作更长时间。其次,我们发现外省户籍都显著为正,表明外省户籍劳动力在两个市场上平均而言都比户籍为本县的劳动力的工作时间更长。第三,外省出生在两个模型中都显著为正,这表明出生在外省的劳动力工作时间比在本省的劳动力时间更长。但是,在一级市场上,出生外县的劳动力工作时间并不比出生本县劳动力的工作时间更长;而在二级市场上,出生外县的劳动力工作时间比出生本县劳动力的工作时间更长。另外,我们横向比较两个市场回归模型的系数大小,也可以看出它们之间存在明显的差异。上述结果再一次表明了出生地的不同对劳动力能否进入一级劳动力市场具有显著影响,而户口登记地的影响则相对较弱。

表15-17 周工作小时数的决定因素(全样本)

	一级市场		二级市场	
	模型1	模型2	模型1	模型2
农业户籍	1.856***	1.471***	1.943***	0.866***
	(0.264)	(0.284)	(0.209)	(0.231)

续表

	一级市场		二级市场	
	模型1	模型2	模型1	模型2
外县(市区)户籍		−0.263		−0.123
		(0.403)		(0.509)
外省户籍		1.312**		1.127**
		(0.637)		(0.550)
外县(市区)出生		−0.589		0.918*
		(0.590)		(0.549)
外省出生		1.022***		3.022***
		(0.320)		(0.285)
年龄	−0.103	−0.099	−0.074	−0.111*
	(0.101)	(0.101)	(0.065)	(0.065)
年龄平方/100	0.074	0.077	−0.018	0.080
	(0.132)	(0.132)	(0.089)	(0.090)
男性	1.191***	1.121***	0.501***	0.447***
	(0.238)	(0.238)	(0.146)	(0.146)
已婚	0.123	0.279	1.336***	1.456***
	(0.355)	(0.357)	(0.245)	(0.245)
少数民族	−0.103	−0.013	−0.273	0.131
	(1.330)	(1.330)	(0.785)	(0.784)
小学	−3.303	−3.183	−3.214*	−2.489
	(2.758)	(2.755)	(1.689)	(1.687)
初中	−5.378**	−5.332*	−5.090***	−4.150**
	(2.724)	(2.722)	(1.675)	(1.673)
高中	−7.131***	−7.108***	−6.583***	−5.685***
	(2.733)	(2.731)	(1.681)	(1.679)
专科	−8.921***	−8.892***	−8.653***	−7.637***
	(2.737)	(2.735)	(1.701)	(1.699)
本科	−8.487***	−8.412***	−10.829***	−9.810***
	(2.747)	(2.745)	(1.737)	(1.735)
研究生	−8.648***	−8.683***	−12.023***	−11.867***
	(2.793)	(2.791)	(2.559)	(2.553)

续表

	一级市场		二级市场	
	模型1	模型2	模型1	模型2
常数项	54.651***	54.013***	56.609***	53.950***
	(4.158)	(4.158)	(2.390)	(2.398)
行业和职业虚拟变量	是		是	
观察值	5 149	5 149	26 031	26 031
调整 R^2	0.096 4	0.098 4	0.035 6	0.040 4

注：括号中的数字为标准误；***$p<0.01$，**$p<0.05$，*$p<0.1$。

为了进一步考察户籍登记地和出生地的影响，我们依然采用子样本进行回归，以考察它们在不同市场上对劳动力工作时间长短的影响是否显著，表15-18报告了回归结果，从中可以看出非常有趣的结果：第一，根据模型1可知，在一级市场上，无论出生地和户口登记地在哪里，本地工人和外地工人之间的工作时间长度都没有显著差异；根据模型2可知，在二级市场上，户口登记地为外县或外省的城镇居民工作时间要比户口登记地在本县的劳动力工作时间明显更长，但是出生地的不同却对他们的工作时间长度没有任何影响。第二，根据模型3和4可知，相对于户籍和出生地在本县的农民而言，户籍和出生地在外县和外省的农民在一级和二级市场上的工作时间普遍更长（唯一例外的是外省户籍在二级市场回归模型中不显著，但系数为正），但是在一级市场上，出生在外省的民工比出生在本省的农民工作时间反而更短，而在二级市场上恰好相反。上述结果再次印证了地域歧视对于不同户籍劳动力在二元劳动力市场上的不同作用机制。

表15-18 劳动力周工作小时数决定方程（劳动力子样本）

	非农户籍子样本		农业户籍子样本	
	模型1	模型2	模型3	模型4
	一级市场	二级市场	一级市场	二级市场
外县(市区)户籍	0.919	1.322*	6.557**	2.054**
	(0.665)	(0.712)	(2.612)	(0.996)
外省户籍	0.880	2.389***	9.163***	0.884
	(0.559)	(0.633)	(2.044)	(0.894)

续表

	非农户籍子样本		农业户籍子样本	
	模型1	模型2	模型3	模型4
	一级市场	二级市场	一级市场	二级市场
外县(市区)出生	−0.739	0.500	−3.545	1.201
	(0.563)	(0.652)	(2.580)	(0.920)
外省出生	0.319	0.457	−6.119***	3.354***
	(0.500)	(0.585)	(1.978)	(0.786)
年龄	0.027	0.138	−0.221	−0.154**
	(0.134)	(0.131)	(0.164)	(0.077)
年龄平方/100	−0.049	−0.242	0.217	0.178
	(0.171)	(0.170)	(0.220)	(0.110)
男性	0.832***	0.817***	1.463***	0.353**
	(0.277)	(0.295)	(0.404)	(0.166)
已婚	0.094	−0.000	0.664	1.952***
	(0.451)	(0.511)	(0.594)	(0.279)
少数民族	1.886	1.791	0.379	−0.119
	(1.861)	(1.637)	(2.042)	(0.892)
小学	−3.064	−2.330	−2.747	−3.100*
	(3.785)	(4.231)	(4.127)	(1.857)
初中	−4.014	−4.115	−6.027	−4.811***
	(3.739)	(4.213)	(4.047)	(1.842)
高中	−4.741	−6.551	−8.743**	−6.371***
	(3.744)	(4.221)	(4.059)	(1.848)
专科	−6.710*	−9.482**	−11.335***	−7.671***
	(3.737)	(4.235)	(4.066)	(1.877)
本科	−6.658*	−11.069***	−10.199**	−10.649***
	(3.746)	(4.249)	(4.088)	(1.989)
研究生	−7.111*	−12.765***	−11.423**	−10.673**
	(3.778)	(4.631)	(4.871)	(4.831)
常数项	46.157***	48.813***	55.157***	53.527***
	(4.621)	(4.956)	(5.204)	(2.325)
行业和职业虚拟变量	是		是	

续表

	非农户籍子样本		农业户籍子样本	
	模型1	模型2	模型3	模型4
	一级市场	二级市场	一级市场	二级市场
观察值	3 001	4 985	2 148	21 046
拟 R^2	0.025 6	0.060 2	0.075 7	0.020 3

注:括号中的数字为标准误;＊＊＊ $p<0.01$,＊＊ $p<0.05$,＊ $p<0.1$。

本节对于上述回归结果的解释是:首先,在两个劳动力子市场中,就业岗位的竞争程度和职业特征等都有着显著的差异,因而同样是地域歧视或户籍歧视,在不同的子市场上的情况也必然不同。其次,民工和城镇居民也具有显著的个人特征差异。例如,由于城镇居民大多接受了更高的教育并从事更高技术水平的工作,所以,即使他们的出生地不同,对于他们的就业机会也不会产生显著影响,但是对于外来民工和本地农民,则情况可能完全不同。以语言为例,如果外来民工接受的教育水平不高,那么他可能无法说普通话而只会用方言,这样,他们在城市劳动力市场上就很可能因此受到不同的待遇。最后,对于出生地而言,运用不同的子样本也得出了不同的结论,或者在不同的子市场中的符号不同,这一方面与上述两点相关,另一方面也可能存在内生性。因为工作时间的长短可能也同时受工资水平的影响,当工资水平提高时,对于不同户籍或来自不同地方的劳动力而言,他们的收入效应和替代效应具有很大差异,因而他们的劳动供给时间也有显著的不同。如果要对此问题进行深入的分析,还需要借助于更多的就业信息和工资水平才可能进行。本节在这里只进行一些非常初步的探讨。

五、结论

本节利用2010年人口普查的昆山市经济开发区样本检验了农业户口、外地户口及出生地的不同对劳动力进入城市一级市场及在两个劳动力子市场上周工作小时数的影响,结果发现:第一,农业户口劳动力进入工作条件较好的一级市场的概率显著低于非农户口劳动力,前者的周工作小时数明显更长。第二,相对于本省户口劳动力而言,外省户口劳动力在进入一级市场时并没有受到明显的歧视,但是相对于出生在本县的劳动力而言,出生在本省外县和外省的劳动力进入一级市场的概率明显更低。第三,户口所在地和出生地在一级和二级市场上对周工作小时数的影响机制有所不同,本省外县和外省户口相对于本省户口劳动力的周工作小时数在两级市场上都更长,出生在外省的劳动力在一级市场上的周工作小时数与本省的劳动力没有显著差异,但是前者在二级市场上的周工作小时数比后者显著更高。

上述结论对于我们理解户口和出生地的不同对于城市劳动力市场就业条件的影响及它们在二元劳动力市场中的不同影响提供了启示。首先,本节的研究进一步揭示了民工在城市劳动力市场上还承受着相当程度的地域歧视,这一点与利用2005年的数据的类似研究得出的结论保持一致,这说明随着时间的推移,地域歧视并没有消失。其次,本节的研究进一步发现,对于地域歧视而言,出生地的不同比户口登记地的不同更重要,前者对于劳动力的就业机会的影响程度显著高于后者。第三,本节的研究进一步揭示出各种歧视在不同的劳动力子市场上对于城镇居民或民工都有着不同的影响,这都是现有研究没有发现的,因而本节对于该领域的实证研究具有重要的启示作用。

最后,我们还可以从上述结论中得出一些有益的政策建议:政府在关注对于民工的户籍歧视时不能忽视了地域歧视的存在,需要制定不同的政策来应对不同类型歧视;同时,政府还需要采取不同的策略和不同的政策力度在城市的两个劳动力市场上降低不同类型的歧视,一个笼统的干预政策可能因为不够细致而效率低下。

第四节　生产技术与民工歧视的变动趋势

一、引言

党的十八届三中全会给中国提出了建设新型城镇化的目标,2014年两会上,李克强总理的《政府工作报告》中也明确提出,今后一段时间内的新型城镇化建设要解决"3个1亿人的问题",第一个就是要"促进约1亿农业转移人口落户城镇",这确定了中国新型城镇化进程中农民工市民化的任务和目标。在中国经济发展过程中,大量的农民工进入城市,为中国的经济增长做出了重要贡献。《2012年全国农民工监测调查报告》提供的数据表明,2011年全国农民工总量达到2.6261亿。

如此庞大数量的农民工进入城市就业,本应该对于中国城乡收入差距的扩大起到遏制作用,但是我们发现,近年来中国城乡收入差距扩大的趋势并没有明显改变,这与分层城市劳动力市场上的农民工歧视密切相关。农民工在城镇劳动力市场上遭受到歧视,首先不符合社会发展的公平正义原则,其次也是未来农民工市民化进程中需要解决的深层次矛盾,不解决农民工歧视问题,就无法实现中国新型城镇化建设的目标。换言之,即使农业转移人口实现了户籍的转变,如果他们在城市劳动力市场上还在遭受歧视,那么他们就没有实现市民化。

前文的文献综述表明,有很多文献提供了中国城市劳动力市场分层的证据,也有很多文献提供了城市劳动力市场上农民工歧视的证据,然而,现有文献关于农民工歧视的研究还存在如下几个问题:

第一,现有文献没有对农民工歧视问题展开纵向的比较研究,随着时间的推移或者城市部门生产技术的变迁,我们不知道他们所受到的歧视是在变大还是变小。近年来,我们可以观察到农民工与城镇工人的工资差距在保持扩大的趋势,例如国家统计局报告的农民工与城市单位职工的工资之比从2003年的76%下降到2009年的65%;而根据中国家庭收入调查(CHIPS)数据计算,农民工与城市居民工资之比从2002年的70%下降到2007年的63%(Knight et al.,2010)。一个自然而然产生的问题是:在这个扩大的工资差距中,对于农民工的歧视是上升还是下降了?本节则试图通过实证检验部分地回答这一问题。

第二,虽然有不少利用工资差距分解技术的研究度量了其中的歧视成分,但是这些研究无法解释农民工歧视的原因,更无法解释农民工歧视上升或下降的原因。劳动力市场上的歧视又可以进一步分为就业歧视(Job Discrimination)和工资歧视(Wage Discrimination),体现为农民工与城镇工人在就业机会和工资待遇两方面的不平等,它们是否各自随着时间的推移而上升或下降?推动它们上升或下降的力量分别是什么?下一节我们将围绕上述问题展开讨论,并提出若干理论假说,然后利用2005年和2010年人口普查的上海市样本展开实证检验。

二、理论假说

本章前文部分及前文中综述的文献对于理解歧视的原因及推动歧视在工资差距上升中的作用提供了帮助。然而,这些研究并不能回答本节所关心的问题。实际上，随着时间的推移，城市劳动力市场上的劳动供给情况及城市部门的生产技术在发生着重大变化：

首先，随着中国城市化和工业化水平的不断提高，城市化率到2012年已经超过50%，东部地区的部分大城市，特别是北京、上海等特大城市正面临着人口膨胀导致的交通阻塞、环境污染、城市治理、公共资源短缺等各种难题的挑战。在这种情况下，城市地方政府从20世纪末、21世纪初就开始加大了对于户籍迁移和农民工流入的限制，以控制人口规模的膨胀和保护城镇居民的就业。例如，章元等（2011）的研究提供了北京、上海、南京等城市的劳动管理部门制定的各种限制本地企业单位招聘农民工的更加严厉的措施的证据。[①] 北京市2014年的政府工作报告将"加强人口规模调控"列为"破解城市发展难题，不断提高可持续发展水平"的第一项重点任务。类似的，上海市2014年的政府工作报告也指出要"严格落实以积分制为主体的居住证制度，严格控制人口规模"。从上述内容可以看出，各地政府，特别是东部地区的城市政府，确实在加大力度采取对于进城农民工更加严厉的歧视政策以控制人口规模、保护本地居民。这些政策措施的出台，降低了农民工在劳动力市场上的博弈力量，因此我们可以推断城市劳动力市场上的就业歧视会因此而有所提高。

其次，作为一个发展中国家，中国资本深化的进程不断加深，中国的人均资本存量，特别是城市部门的人均资本存量，与发达国家及新兴工业化国家之间的差距越来越小。在上述过程中，资本替代劳动力的程度会逐步上升，但是，资本在边际上替代劳动力的难度会逐步增加，即资本对劳动力的边际替代率越来越难以进一步提高，这会增加劳动力相对于资本的博弈力量，并变得对劳动力有利。因此，我们可以推断劳动力进入资本密集型产业的概率会有所上升，即资本密集型产业的就业歧视会有所下降。另外，如果从横向比较来看，不同生产部门的资本密集程度有很大差异，由于资本密集程度越高，就越难以观测到工人的生产率，那么资本密集程度高的行业就有可能更容易在确定工资水平时歧视农民工，而资本密集程度

[①] 例如，2000年，北京市的劳动管理部门限制农民工进入的行业从1999年的5个增加到8个，限制性工种从34个增加到103个；上海市从2000年起，要求需要新招用外来劳动力的单位先进入上海职业介绍网络招用本地劳动力，在招不到的情况下才可招用外来劳动力，招到外来劳动力后，须由单位统一办理就业证；南京市于1999年发布了《南京市外来劳动力劳动管理规定》，要求"用人单位应当严格控制使用外来劳动力，优先使用本市城镇劳动力。用人单位未经批准，不得擅自招用外来劳动力"。

不那么高的行业就可能不那么容易在确定工资水平时歧视农民工,即一个行业的资本密集程度与农民工在这个行业中所遭受到工资歧视是正相关的。实际上,有研究也给出生产率的可观测程度与歧视之间的关系,例如 Fang and Heywood (2006)基于加拿大的调查数据研究发现,采用计件工资时,相对于采用计时工资,企业更不容易歧视少数民族,这是因为在计件工资情况下,工人的生产率很容易观测到,但是在计时工资条件下就不那么容易观测到,或者不那么容易准确地观测到。本节的理论逻辑与他们的理论逻辑保持一致。基于上述分析,我们提出如下三个待检验的理论假说:

假说一 随着大城市人口规模的膨胀,政府实施各种歧视性就业政策限制外来人口的进入,从而导致农民工进入一级市场的歧视上升。

假说二 在中国城市劳动力市场上,城市部门生产技术的进步会促使资本替代劳动力,但是随着人均资本存量的上升,劳动力的稀缺程度和成本开始明显上升,这会使得资本进一步替代劳动力的难度上升,从而会提高农民工进入资本密集型行业的概率,即资本密集型行业的工作歧视下降。

假说三 在中国城市劳动力市场上,在资本密集型行业内,对于农民工的工资歧视更高;在劳动力密集型行业内,对农民工的工资歧视更低。

三、数据来源与实证检验

1. 数据来源

本节使用的数据为 2005 年和 2010 年人口普查的上海市样本,2005 年有 77 667 个样本,2010 年则有 50 000 个样本。该数据具有样本量大、抽样方法严谨、行业和职业代码详细等优点,而且 2005 年的人口普查中还问了被调查者的月工资收入及每周工作的小时数,可以计算出就业者的小时工资水平,因而能够满足本节检验资本密集程度与农民工的工资歧视之间的关系。

2. 变量与统计描述

为了考察城市二元劳动力市场上农民工的歧视问题,我们首先根据表 15-7 的标准对劳动力市场进行划分。然后,为了检验前面所提出来的假说,我们还需要把所有的产业划分为劳动力密集型和资本密集型。现有文献对于什么产业属于资本密集型、什么产业属于劳动力密集型并没有明确的标准,因此,我们在表 15-19 中根据不同行业的生产情况进行了划分,左边的行业被定义为资本密集型,剩余的行业大多为服务业,或者不需要大规模的机器、设备、厂房等固定资产的行业,因而我们认为它们属于劳动力密集型行业。

表 15-19　资本密集型与劳动力密集型行业的划分

资本密集型行业	劳动力密集型行业
制造业、水电煤的生产和供应、建筑业、交通运输仓储业、采矿业、信息传输计算机和软件、房地产业、采矿业、金融业、科研技术服务和地质勘探、水利环境和公共设施管理、教育、卫生社会保障和社会福利、文化体育和娱乐业	农林牧渔业、批发和零售业、住宿和餐饮业、租赁和商业服务、居民服务及其他服务、公共管理和社会组织、国际组织

最后,我们在表 15-20 中给出了后面实证检验中所需要的所有变量的定义,其中,前三个为被解释变量,其他的为解释变量。

表 15-20　回归模型的变量定义

变量	变量定义
market1	子市场一虚拟变量(市场一＝1)
kintensive	资本密集型产业虚拟变量(资本密集型＝1)
hourwage	小时工资(取对数或不取对数)
out_rural	外来农民工虚拟变量(外来农村户口＝1)
sex	性别(1＝男性)
age	年龄
age_sq	年龄的平方
minority	少数民族虚拟变量(1＝少数民族)
married	婚姻状况(1＝已婚)
edu	教育年限

3. 实证检验与结果

为了检验前面提出的理论假说是否成立,我们下面利用两次人口普查的上海市样本展开回归分析。为了检验是否存在对于外来农民工的进入歧视及工资歧视,回归模型的被解释变量是劳动力是否在一级市场或者资本密集型行业内就业,以及小时工资,核心解释变量是一个度量劳动力是否为外来农民工的虚拟变量,在保持年龄、性别、婚姻状况、是否少数民族、教育年限等个人特征一致的情况下,如果这个虚拟变量显著为负,则表明存在有对外来农民工的就业歧视和工资歧视。

表15-21首先报告了劳动力能否进入一级市场的概率决定方程,分别用Logit模型和Probit模型进行回归估计。

表15-21 能否进入一级市场的概率决定方程

	2005年		2010年	
	logit	probit	logit	probit
out_rural	−0.435***	−0.269***	−0.573***	−0.359***
	(0.029 3)	(0.017 7)	(0.034 6)	(0.021 1)
sex	0.198***	0.114***	0.146***	0.082 7***
	(0.023 3)	(0.014 0)	(0.028 5)	(0.017 1)
age	−0.055 2***	−0.032 0***	−0.083 7***	−0.050 0***
	(0.008 4)	(0.005 1)	(0.011 0)	(0.006 6)
age_sq	0.089 8***	0.052 6***	0.116***	0.069 6***
	(0.010 8)	(0.006 52)	(0.013 9)	(0.008 38)
minority	0.211*	0.132*	−0.244**	−0.143**
	(0.118)	(0.070 0)	(0.122)	(0.071 3)
married	0.011 7	0.006 52	0.094 0**	0.054 3**
	(0.028 4)	(0.017 1)	(0.045 4)	(0.027 1)
edu	0.296***	0.176***	0.261***	0.156***
	(0.004 9)	(0.002 8)	(0.005 9)	(0.003 4)
constant	−2.168***	−1.299***	−1.067***	−0.623***
	(0.155)	(0.093 5)	(0.200)	(0.121)
N	39 055	39 055	26 574	26 574
Pseudo R^2	0.148 3	0.147 3	0.153 2	0.152 9

注:括号中的数字为标准误;*、**、***分别表示10%、5%、1%的显著性。

从表15-21的回归结果中可以看出:第一,我们关心的自变量"out_rural"在所有模型中的回归系数都显著为负,这表明保持其他条件一致的情况下,外来农民工进入一级市场的概率确实显著更低。第二,男性和已婚劳动力进入一级市场的概率更高,这些结果也符合理论预期。这是因为女性在劳动力市场上也往往处于弱势地位,从而更难竞争到劳动条件和工资待遇较好的一级市场上的工作岗位;而已婚劳动力的人力资本及努力程度会增加,从而有助于其进入一级市场。第三,年龄的一次项为负、二次项为正,这说明年龄与进入一级市场的概率成"倒U"形关系,即随着年龄的上升,劳动力进入一级市场的概率先上升后下降。第四,教育的回归系数显著为正,也符合理论预期。

最后,我们根据上述回归结果计算出自变量"out_rural"的回归系数所对应的边际效应,即外来农民工在进入一级市场时所受到的就业歧视程度,基于2005年样本回归时,Logit模型和Probit模型对应的边际效应为-0.1080和-0.1066;而基于2010年样本回归时,Logit模型和Probit模型对应的边际效应为-0.1412和-0.1417。因此我们可以看出,相对于2005年,外来农民工进入一级市场的就业歧视在2010年确实有所上升。这一结果验证了本节提出的第一个理论假说。

表 15-22 劳动力进入资本密集型行业的概率决定方程

	2005年	2005年	2010年	2010年
	Logit	Probit	Logit	Probit
out_rural	-0.0903***	-0.0539***	-0.0737**	-0.0437**
	(0.0286)	(0.0174)	(0.0344)	(0.0210)
sex	0.382***	0.232***	0.438***	0.267***
	(0.0222)	(0.0136)	(0.0270)	(0.0165)
age	0.0095	0.0059	-0.0357***	-0.0217***
	(0.0080)	(0.0049)	(0.0106)	(0.0064)
age_sq	-0.0302***	-0.0185***	0.0338**	0.0205**
	(0.0102)	(0.0062)	(0.0134)	(0.0082)
minority	-0.0288	-0.0166	-0.0478	-0.0320
	(0.1100)	(0.0673)	(0.1110)	(0.0674)
married	0.119***	0.0718***	0.195***	0.118***
	(0.0278)	(0.0166)	(0.0432)	(0.0262)
edu	0.0373***	0.0225***	0.0369***	0.0225***
	(0.0040)	(0.0024)	(0.0050)	(0.0030)
constant	0.1460	0.0937	0.750***	0.462***
	(0.1480)	(0.0901)	(0.1930)	(0.1170)
N	39 055	39 055	26 574	26 574
Pseudo R^2	0.0115	0.0113	0.0120	0.0119

注:括号中的数字为标准误;*、**、***分别表示10%、5%、1%的显著性。

下面我们来继续检验第二个理论假说,表15-22报告了劳动力进入资本密集型行业的概率决定方程的回归结果,从中可以看出:第一,自变量"out_rural"的回归系数在所有模型中的回归系数都显著为负,这说明在保持其他条件一致的情况下,外来农民工进入资本密集型行业的概率确实显著更低。第二,男性和已婚劳动力进入资本密集型行业的概率明显更高,这一结果也符合理论预期。第三,教育的回归系数显著为正,表明接受更多的教育能够显著增加劳动力进入资本密集型行业的概率,这一结果也符合理论预期。

最后,我们根据上述回归结果计算出自变量"out_rural"的回归系数所对应的边际效应,即外来农民工在进入资本密集型行业时所受到的就业歧视程度。基于2005年样本回归时,Logit模型和Probit模型对应的边际效应为-0.020 1和-0.019 7;而基于2010年样本回归时,Logit模型和Probit模型对应的边际效应为-0.016 3和-0.015 9。因此我们可以看出,相对于2005年,外来农民工进入资本密集型行业的就业歧视在2010年确实有所下降。这验证了本节提出的第二个理论假说。

表 15-23 资本密集型行业和劳动力密集型行业的工资方程

	资本密集型行业工资方程		劳动力密集型行业工资方程	
	小时工资	小时工资对数	小时工资	小时工资对数
out_rural	-0.353***	0.140	-0.100***	-0.005 3
	(0.119)	(0.179)	(0.007 14)	(0.011 9)
sex	1.415***	1.194***	0.148***	0.133***
	(0.092 8)	(0.142)	(0.005 6)	(0.009 4)
age	0.363***	0.292***	0.022 2***	0.026 2***
	(0.033 9)	(0.049 9)	(0.002 0)	(0.003 3)
age_sq	-0.419***	-0.322***	-0.026 1***	-0.034 3***
	(0.043 5)	(0.063 8)	(0.002 6)	(0.004 2)
minority	0.163	1.513**	-0.010 8	0.088 5*
	(0.453)	(0.709)	(0.027 1)	(0.047 1)
married	0.081 0	0.060 7	0.008 76	-0.029 7***
	(0.118)	(0.161)	(0.007 1)	(0.010 7)
edu	1.458***	1.354***	0.114***	0.121***
	(0.016 5)	(0.025 4)	(0.001 0)	(0.001 7)

续表

	资本密集型行业工资方程		劳动力密集型行业工资方程	
	小时工资	小时工资对数	小时工资	小时工资对数
constant	−13.38***	−11.19***	0.478***	0.320***
	(0.625)	(0.920)	(0.037 5)	(0.061 1)
N	25 863	12 987	25 863	12 987
Adjusted R²	0.307 7	0.248 6	0.456 6	0.396 8

注:括号中的数字为标准误;*、**、***分别表示10%、5%、1%的显著性。

最后,我们继续检验本节提出的第三个理论假说。基于2005年的数据,表15-23报告了资本密集型行业和劳动力密集型行业的工资方程回归结果,其中的被解释变量是取了对数和未取对数的小时工资。从表中的回归结果可以看出:首先,如果以小时工资为被解释变量,则我们关心的自变量"out_rural"都显著为负,这表明外来农民工在资本密集型行业和劳动力密集型行业内都受到了工资歧视。在利用2005年样本回归时的回归系数为−0.353,而在利用2010年样本回归时的回归系数为−0.100,回归系数出现了明显的下降,这说明外来农民工在资本密集型行业内所受到的工资歧视明显高于在劳动力密集型行业内所受到的工资歧视,这一结果印证了本节提出的第三个理论假说。其次,如果以小时工资的对数为被解释变量,则我们关心的自变量"out_rural"的回归系数在资本密集型行业的工资方程中为负,但是在劳动力密集型行业的工资方程中为正,这表明,尽管统计上不显著,但是外来农民工在资本密集型行业内受到工资歧视,但是在劳动力密集型行业内没有受到工资歧视,这一结果与本节提出的第三个理论假说依然保持一致。

另外,在工资方程中,身为男性和受教育程度的提升能显著提高工资水平,年龄与工资水平之间成"倒U"形关系,这些结果与现有文献的实证结果完全一致。婚姻状况和是否为少数民族变量基本上不显著,或者显著程度不高,这里不再赘述。

4. 稳健性检验

另外,由于变量信息的限制,我们在前面划分一级市场与二级市场时,以及划分资本密集型和劳动力密集型行业时,采取了比较粗的划分标准。为了保证本节结论的稳健性,我们尝试做了如下三个方面的稳健性检验:

第一,在划分资本密集型和劳动力密集型行业时,制造业的归属问题争议较大,这是因为部分制造业属于资本密集型,比如大型机电设备的制造,而部分制造业属于劳动力密集型,例如服装等轻工业的生产,由于没有更细的行业代码,因此我们无法将制造业再进一步细分,我们采取了如下措施以考察回归结果的稳健性:删除制造业样本、将制造业归于劳动力密集型行业,结果得到了表15-24中的回归结果。从表15-24中可以看出,在这两种情况下,我们关心的自变量"*out_rural*"的回归系数在两个工资方程中都显著为负。但是,在第一种情况下,它在劳动力密集型方程中不显著;在第二种情况下,劳动力密集型工资方程中的回归系数小于前者。这些结果与前面的理论假说保持一致。

表15-24 调整制造业归类后的工资方程

	资本密集型	劳动力密集型
删除制造业样本	−0.070 4***	−0.005 3
将制造业归于劳动力密集型产业	−0.070 5**	−0.062 9***

注:表格中汇报的是关心的自变量"*out_rural*"的回归系数及其显著程度,被解释变量为对数小时工资,其他变量没有报告以节省篇幅,以下同。

第二,在划分资本密集型和劳动力密集型行业时,建筑业的归属问题也有争议。这是因为有些大型建筑企业属于资本密集型,比如建筑桥梁及铁路等大型工程的国有或国有控股企业;而部分建筑企业属于劳动力密集型,他们只拥有较少的机械设备,生产时使用的劳动力较多。由于没有关于每个劳动力就业单位的信息,因此我们无法将他们再进一步细分,所以,我们采取如下措施以考察回归结果的稳健性:删除建筑业样本,将建筑业归于劳动力密集型产业,结果得到了表15-25中的回归结果。从表15-25中可以看出,在这两种情况下,我们关心的自变量"*out_rural*"的回归系数在两个工资方程中都显著为负,但是,在第二种情况下,它的回归系数都不显著,这些结果与前面的理论假说保持一致。

表15-25 调整建筑业归类后的工资方程

	资本密集型	劳动力密集
删除建筑业样本	−0.111 7***	−0.004 9
将建筑业归于劳动力密集型产业	−0.111 7***	−0.004 9

第三,现有文献讨论对于农民工的歧视时,大多是指对于农民工的户籍歧视,但实际上,城市劳动力市场上的农民工有两个特征,一个是有农业户口,一个是外

地人。对应这两个特征,城市劳动力可以区分为本地工人、本地农民、外地工人、外地农民四个类型。而如果仅仅控制"out_rural"这一个虚拟变量,则相当于比较的基准为本地工人、本地农民和外地工人,将这三类劳动力混合在一起作为比较基准,会导致对农民工歧视的估计偏误,为了考虑上述因素的存在,我们采取如下策略:删除本地农民和外地工人,只保留外地农民和本地城市人,然后进行回归,回归结果报告在表 15-26 中。

表 15-26 调整子样本后的工资方程与概率方程

	资本密集型	劳动力密集
删除本地农民和外地工人	−0.149 0***	−0.128 2***
	2005 年	2010 年
进入一级市场的概率	−0.179 9***	−0.188 4***
进入资本密集型产业的概率	−0.062 6***	−0.018 8**

从表 15-26 的上半部分可以看出,"out_rural"的回归系数在劳动力密集型行业工资方程中依然更小,这与前面的理论假说保持一致。从表 15-26 的下半部分可以看出,在 2010 年的一级市场的进入概率方程中,"out_rural"的回归系数确实比 2005 年有所上升,而在 2010 年的资本密集型产业的进入概率方程中,"out_rural"的回归系数确实比 2005 年有所下降,这与前面的理论假说仍然保持一致。上述检验表明,本节的理论对理论假说的实证检验结果是稳健的。

四、结论

本节基于对中国城市劳动力市场的观察和分析提出了三个关于农民工歧视的理论假说,并利用 2005—2010 年人口普查的上海市样本进行了实证检验,结果发现了三种力量在显著影响着农民工歧视的程度及他们与城镇工人的工资差距:第一,随着城市人口规模的膨胀,政府实施各种歧视性就业政策限制外来人口的进入,从而导致农民工进入工作条件和待遇较好的一级市场的就业歧视上升。第二,在城市劳动力市场上,城市部门的技术进步会促使资本替代劳动,但是随着人均资本存量的上升,劳动力的稀缺程度和成本开始明显上升,这会使得资本进一步替代劳动力的难度上升,从而降低了资本密集型行业对农民工的就业歧视。第三,在城市劳动力市场上,随着人均资本存量的提高,生产越来越偏向资本密集型,而在资本密集型行业内,对于农民工的工资歧视较高,但是在劳动力密集型行业内,对农民工的工资歧视则相对较低。

本节发现影响农民工歧视的三种显著力量中,有两种力量对于缩小农民工与城镇工人之间的收入差距不利,有一种力量对于缩小他们之间的工资差距有利,因此,这有助于解释为什么进入新世纪后城市劳动力市场上农民工与城镇工人的工资差距呈扩大趋势。另外,本节的理论假说也有助于我们理解农民工歧视的决定机制、影响因素,以及它随着生产技术的改变而发生的改变趋势,也有助于政府制定相应的措施来降低农民工歧视和缩小他们与城镇工人之间的工资差距,最终推动中国新型城镇化建设和农民工市民化目标的实现。最后,由于数据的限制,我们没有检验资本密集型行业内的工资歧视是否随时间而上升或下降,这也成为未来研究的一个方向。

参考文献:

Becker Gary S., 1957, *The Economics of Discrimination*, Chicago: University of Chicago Press.

Doeringer P. B., M. J. Piore, 1971, *Internal Labor Markets and Manpower Analysis*, Lexington, MA: D. C. Heath.

Fang Tony, John S. Heywood, 2006, Output Pay and Ethnic Wage Differentials: Canada Evidence, *Industrial Relations*, 45(2): 173 – 194.

Knight John, Lina Song, and Huaibin Jia, 1999, Chinese Rural Migrants in Urban Enterprises: Three Perspectives, *Journal of Development Studies*, 35(3): 73 – 104.

Knight John, Quheng Deng, and Shi Li, 2010, "The Puzzle of Migrant Labor Shortage and Rural Labor Surplus in China," University of Oxford Discussion Paper from: http://economics.ouls.ox.ac.uk/14813/1/paper494.pdf

Meng Xin, Junsen Zhang, 2001, The Two-Tier Labor Market in Urban China: Occupational Segregation and Wage Differentials between Urban Residents and Rural Migrants in Shanghai, *Journal of Comparative Economics*, 29: 485 – 504.

Meng Xin, 2000, *Labor Market Reform in China*, Cambridge: Cambridge University Press.

Meng Xin, Paul Miller, 1995, Occupational Segregation and its Impact on Gender Wage Discrimination in China's Rural Industrial Sector, *Oxford Economic Papers*, 47: 136-155.

Mincer Jacob, 1958, Investment in Human Capital and Personal Income Distribution, *Journal of Political Economy*, 66(4): 281-302.

Neumark D., 1988, Employers' Discriminatory Behavior and the Estimation of Wage Discrimination, *The Journal of Human Resources*, 23(3): 279-295.

蔡昉,1998,《二元劳动力市场条件下的就业体制转换》,《中国社会科学》第 2 期 4-14 页。

蔡昉,王德文,都阳,2001,《劳动力市场扭曲对区域差距的影响》,《中国社会科学》第 2 期 4-14 页。

蔡昉,2000,《中国城市限制外地民工就业的政治经济学分析》,《中国人口科学》第 4 期 1-10 页。

杜鹰,1997,《现阶段中国农村劳动力流动的群体特征与宏观背景分析》,《中国农村经济》第 6 期 4-11 页。

李春玲,李实,2008,《市场竞争还是性别歧视——收入性别差异扩大趋势及其原因解释》,《社会学研究》第 2 期。

王美艳,2005,《城市劳动力市场上的就业机会与工资差异——外来劳动力就业与报酬研究》,《中国社会科学》第 5 期 36-46 页。

王美艳,2003,《转轨时期的工资差异:歧视的计量分析》,《数量经济技术经济研究》第 5 期 94-98 页。

谢嗣胜,姚先国,2006,《民工工资歧视的计量分析》,《中国农村经济》第 4 期 49-55 页。

严善平,2006,《城市劳动力市场中的人员流动及其决定机制——兼析大城市的新二元结构》,《管理世界》第 8 期 8-17 页。

严善平,2007,《人力资本、制度与工资差别——对大城市二元劳动力市场的实证分析》,《管理世界》第 6 期。

杨云彦,陈金永,刘塔,2001,《外来劳动力对城市奔地劳动力市场的影响—"武汉调查"的基本框架与主要观点》,《中国人口科学》第 2 期 52 - 58 页。

杨云彦,陈金永,2000,《转型劳动力市场的分层与竞争——结合武汉的实证分析》,《中国社会科学》第 5 期 28 - 38 页。

姚先国,赖普清,2004,《中国劳资关系的城乡户籍差异》,《经济研究》第 7 期 82 - 90 页。

章元,高汉,2011,《城市二元劳动力市场对民工的户籍歧视与地域歧视——以上海市为例》,《中国人口科学》第 5 期 67 - 74 页。

章元,刘时菁,刘亮,2011,《城乡收入差距、民工失业与中国犯罪率的上升》,《经济研究》第 2 期 59 - 72 页。

章元,王昊,2011,《城市劳动力市场上的户籍歧视与地域歧视:基于人口普查数据的研究》,《管理世界》第 7 期 42 - 51 页。

钟笑寒,2006,《劳动力流动与工资差异》,《中国社会科学》第 1 期。

附录:

附表 A15-1　教育程度转换成教育年限的标准

(单位:年)

未上学	小学	初中	高中	大学专科	大学本科	研究生及以上
0	5	8	11	13	15	20

附表 A15-2　2005 年上海市"三金"缴纳比例

	缴费基数（元）	养老保险		医疗保险		失业保险	
		单位	个人	单位	个人	单位	个人
机关、事业单位、企业、社会团体	1220—6099	22%	8%	12%	2%	2%	1%
个体工商户		22%	8%	8%或14%		2%	1%
自由职业者		30%		8%或14%		…	…
非正规劳动组织	635—6 099	30%		14%		3%	

标准执行时间:2005 年 4 月 1 日至 2006 年 3 月 31 日

数据来源:上海市劳动局。

附表 A15-3　离开户口登记地时间转换标准

没有离开	半年以下	半年至一年	一年至两年	两年至三年	三年至四年	四年至五年	五年至六年	六年以上
0	0.25	0.75	1.5	2.5	3.5	4.5	5.5	7

第十六章

摆脱城市化的低水平均衡

第一节 问题的提出与文献综述

一、问题的提出

根据国际标准,劳动力由农村向城市转移是城市化的唯一定义,也是经济发展的重要标志。特别是对于发展中国家而言,那些促进劳动力流动的公共政策,是实现其经济可持续增长的结构性动力。然而,在当前的中国,虽然城市化的速度比较快,但相对于工业化进程来看,城市化进程明显滞后,城市面积的扩张速度远远快于非农业人口的增长速度(陆铭,2010;陆铭,2011)。这些现象促使我们更深入地去探究劳动力流动的决定因素。

人际之间决策的相互依赖性是导致经济出现多重均衡的重要原因,而一旦经济陷于低水平均衡就难以摆脱(Zanella,2004)。根据这一原理,在本章中,我们试图回答两个相关的问题:第一,同群效应(邻里间决策的相互依赖性)如何影响农村居民的外出打工决策?第二,异质性的社会距离(Social Distance)如何影响同群效应的大小?利用中国社会科学院2002年中国家庭收入调查(CHIPS2002)数据,我们发现同群效应显著地影响农村居民外出打工的决策。我们同时也构造了模型来研究劳动力流动决策中的异质性同群效应。研究发现,更高频率地与其他村民在信息交流上的互动有利于提高同群效应,然而在消耗时间的劳动力互助方面有更高的频率反而会削弱同群效应的正效应。当同群效应存在时,相应产生社会乘数(Social Multiplier)(Glaeser et al.,2003),借助于人与人之间行为的依赖性,放大一个因素对市场结果的影响,可能导致市场的多重均衡。根据模型的模拟结果,中国的城市化是一个劳动力流动率的低水平均衡。本章的政策模拟显示,提高教育水平对于提高劳动力流动的倾向有促进作用,但作用不大。促进村民之间外出打工信息的交流,或者通过向村民提供有效的公共服务来减少村庄内的劳动力互助等方式可以更有效地促进劳动力流动。然而,当劳动力流动率陷于低水平均衡时,上述政策措施仍不能帮助脱离劳动力流动的低水平均衡。只有通过制度层面的"大推动"政策,消除城乡二元分割和城市偏向的公共政策,加速城乡之间的社会整合,才能够有效地摆脱劳动力流动的低水平均衡,大力推动城市化进程。

二、文献评论

早期的文献主要研究个人和家庭特征对劳动力流动的影响。赵耀辉(1999)发现,一系列个人、家庭特征会影响劳动力外出打工,如女性的外出打工概率显著低于男性;年龄越大,外出打工的概率越低;家庭人均土地数更多会显著降低劳动力流动的概率。朱农(2002)发现农业和非农就业的收入差显著影响劳动力外出打工的概率,这也和哈里斯—托达罗模型契合。蔡昉等(2003)发现,劳动力自中部向东部流动的规模大于自西部向东部流动的规模,因此距离也会影响劳动力流动。在最近的研究中,学者们日益关注社会关系、社会网络在劳动力流动中的作用。Munshi(2003)发现社会网络在墨西哥居民向美国移民过程中发挥着重要作用。Mckenzie and Rapoport(2010)认为随着社会网络的扩展,更多的低收入家庭参与到外出移民中,从而有利于减轻农村贫困。利用中国的数据,Zhang and Li(2003)发现在村庄外有亲朋好友会提高农民的非农就业概率。Bao et al.(2007)发现,劳动力流动目的地的"老乡比例"的增加会显著提高总省际劳动力流动率。赵耀辉(2003)发现村外出打工总人数会显著影响个体的打工决策,她将这解释为移民网络的存在会降低人口流动的心理成本和信息搜寻成本。

除了网络效应,邻里间行为的相互依赖性(即同群效应)也会影响劳动力决策。那么,为什么要专门研究劳动力流动决策中的同群效应呢?因为只有这才能解释经济现象的低水平均衡。网络可以被区分为内向型(约束型,Bonding)和外向型(桥接型,Bridging)网络。村庄外的亲朋好友构成了外向型的网络,而内向型的网络是村庄内形成的社会网络,它提供信息来降低移民的成本。与网络效应不同的是,同群效应发生在内向型网络和成员之间,其作用机制更强调人们行为的相互依赖性,其形成原因一方面是信息不充分,另一方面是人们不愿意与众不同的社会心理。如果说网络效应的发挥需要其他网络成员先行动,并传递信息的话,那么,基于社会心理学机制的同群效应不需要持续一定时间便可发生。Bauer et al.(2002)和 Araujo et al.(2004)分别发现了墨西哥农民向城市的迁移中及墨西哥农民向美国的迁移中存在着同群效应。在本章中,我们也控制了村外的社会网络,以及用历史上的流动率表示的网络效应,仍然发现同群效应在劳动力流动决策中是存在的。同群效应在其他社会和经济行为研究中已经被广泛捕捉到(Durlauf and Fafchamps,2004),但现有的同群效应文献鲜有对于同群效应的异质性进行的实证研究。这也促使我们进一步深入研究劳动力流动决策如何取决于村民之间社会互动的类型与频率。

第二节 一个关于社会互动与同群效应的模型

我们的模型主要基于 Ballester et al.(2006)的网络模型,并简化了其模型中的一些假设条件。在我们的模型中,我们特别假设社会距离是一个关于社会互动类型和频率的函数。

假定一个村庄中共有 N 个村民,社会网络 N = {1,…,n}是一个有限集。n 阶方阵 G 中的元素代表了村内的社会联系。在这里,我们假定每个人和村内的其他村民都是朋友。每个模型中的个体和网络组群的距离是不同的。用模型中的语言来表示,如果 i≠j,则 $g_{ik} \neq g_{jk}$。这也意味着朋友圈并不是对称的。[①] 我们同时设定每个人和自己的距离为 0,即 $g_{ii} = 0$。用矩阵来表示:

$$G = \begin{bmatrix} g_{11} & g_{12} & \cdots & g_{1n} \\ g_{21} & g_{22} & \cdots & g_{2n} \\ \vdots & & \ddots & \vdots \\ g_{n1} & g_{n2} & \cdots & g_{nn} \end{bmatrix} = \begin{bmatrix} 0 & g_1 & \cdots & g_1 \\ g_2 & 0 & \cdots & g_2 \\ \vdots & & \ddots & \vdots \\ g_n & g_n & \cdots & 0 \end{bmatrix} = \begin{bmatrix} g_1 & 0 & \cdots & 0 \\ 0 & g_2 & \cdots & 0 \\ \vdots & & \ddots & \vdots \\ 0 & 0 & \cdots & g_n \end{bmatrix} \begin{bmatrix} 0 & 1 & \cdots & 1 \\ 1 & 0 & \cdots & 1 \\ \vdots & & \ddots & \vdots \\ 1 & 1 & \cdots & 0 \end{bmatrix}$$

---

① Ballester et al.(2006),Calvó-Armengol,以及 Patacchini and Zenou(2008)在模型中讨论了每个人面对不同的朋友圈这种更一般的情况。由于数据的限制,我们放弃了这一想法。

组群影响/同群效应可以表示为：

$$\frac{\sum_{i=1} g_{ij} m_j}{\sum_{i=1} g_{ij}} = \frac{g_i}{n-1} \sum_{i=1} m_j = g_i \overline{m} \tag{16-1}$$

其中，g_i 度量了个体和网络之间的社会距离。在标准的同群效应模型中，g_i 是一个常数。在这里，我们假定 $g_i = J + \lambda_i s_i$。J 是一个常数，而 s_i 是个人与其他村民的互动频率。λ_i 是待估计的参数。很自然地，我们假定当个体更多参与当地的社会互动时，社会距离会更小，从而同群效应更大。

因为更多的社会互动，s_i 可能会挤占外出打工的时间（m_i），我们标准化 s_i 和 m_i 为一个连续变量，同时 $m_i, s_i \in [0,1]$，我们简单地假定：

$$s_i + m_i \leqslant 1 \tag{16-2}$$

在这里，总时间被标准化为 1。社会互动是否使得上述约束为紧取决于互动的方式和频率。通常来说，当人们进行信息分享时，并不需要消耗时间。个体 i 从外出打工中获得的效用函数如下：

$$U(m_i) = a + b_i m_i - c m_i^2 + g_i \cdot m_i \cdot \overline{m} \tag{16-3}$$

其中，$a > 0$，为一个常数；$b_i > 0$，表示外出打工的线性边际效应。外出打工的成本被表示为二次项，其中 $c > 0$。等式右边最后一项表示效用还取决于村平均外出打工率。g_i 表示了个体 i 异质性的社会距离。

如果方程(16-2)的约束是松的，我们将等式 $g_i = J + \lambda_i s_i$ 代入(16-3)式，可以得到：

$$U(m_i) = a + b_i m_i - c m_i^2 + [J + \lambda_i s_i] \cdot m_i \cdot \overline{m} \tag{16-4}$$

个人最优化其外出打工的时间分配（一阶条件）：

$$dU(m_i)/dm_i = b_i - 2c m_i + \overline{m}(J + \lambda_i s_i) = 0 \tag{16-5}$$

因此可得：

$$m_i = \frac{b_i + \overline{m}(J + \lambda_i s_i)}{2c} \tag{16-6}$$

其中，m_i 和 $\overline{m}$ 正相关，并且 s_i 放大了 m_i 和 $\overline{m}$ 之间的相关性。

然而，对于一部分个体来说，他们更多地参与劳动力互助，因此其社会互动需要消耗时间，方程(16-2)可能是紧约束。我们将等式 $g_i = J + \lambda_i s_i$ 和 $m_i = 1 - s_i$ 代入(16-3)式可以得到：

$$U(m_i) = a + b_i m_i - c m_i^2 + [J + \lambda_i (1 - m_i)] \cdot m_i \cdot \overline{m} \tag{16-7}$$

以下的二阶条件可以保证内点解的存在：

$$\partial G(m_i, \overline{m})/\partial m_i = -2c - 2\lambda_i \overline{m} < 0 \quad (16\text{-}8)$$

$$\partial G(m_i, \overline{m})/\partial \overline{m} = J + \lambda_i - 2\lambda_i m_i \quad (16\text{-}9)$$

通过隐函数求导法我们可以得出：

$$\frac{dm_i}{d\overline{m}} = -\frac{G'_{\overline{m}}}{G'_{m_i}} = \frac{J}{-G'_{m_i}} + \frac{\lambda_i}{-G'_{m_i}} + \frac{2\lambda_i m_i}{G'_{m_i}} \quad (16\text{-}10)$$

$\dfrac{dm_i}{d\overline{m}}$ 是我们本章的核心概念——同群效应。在(16-10)式里，我们可以将其分解为三个部分：

(1) $\dfrac{dJ}{-G'_{m_i}} > 0$，代表了标准的线性同群效应模型，我们可以看到，当村外出打工率提高时，个人的外出打工时间也会增加。

(2) $\dfrac{\lambda_i}{-G'_{m_i}} > 0$，外表了社会互动的正效应，当个体增加社会互动频率 λ_i 时，社会距离会缩短，从而使得同群效应增大。

(3) $\dfrac{2\lambda_i m_i}{G'_{m_i}} < 0$，它表示了当个体将更多的时间用于外出打工时，用于社会互动的时间会被挤占，因而同群效应的正效应会下降。

总结而言，方程(16-10)可以引出两个推论：

一是个人的外出打工时间和村平均外出打工时间成正比；

二是社会互动可以对同群效应有正或负的效应，取决于社会互动是否会挤占外出打工的时间。另一个值得特别强调的问题是，根据(16-6)和(16-10)式，社会互动本身并不直接影响劳动力流动，而是通过影响同群效应的大小间接地影响劳动力流动，因此，在本章的实证模型中，社会互动变量并不直接作为劳动力流动的解释变量。

第三节 实证检验与结论

一、数据来源与变量定义

本章的数据来自 CHIPS2002 数据。这一调查共在全国农村分层随机抽取了

121个县、961个行政村、9 200户家庭和37 969个农村个体。CHIPS2002调查是国家统计局对农村家庭调查的一个子样本。① 问卷调查收集于2003年2月,正值新年,因此数据完整包含了外出打工移民和本地居民。数据包含了个人性别、年龄、教育情况、工作状态等信息,家庭的人口结构和经济情况,以及村的地理特征和人口、经济情况。数据还包含了家庭层面的社会互动数据,这为我们的研究提供了可靠的数据来源。

我们的被解释变量"是否外出打工"是一个虚拟变量。将被解释变量定义为一个离散变量使得我们避免了识别中的影像问题(Reflection Problem)。影像问题是Manski(1993)提出的同群效应识别中的一个技术困难。简单而言,在线性模型中,个人特征"线性地"影响被解释变量。个人特征的均值和被解释变量的均值(同时为同群效应的度量)是完全共线性的,因此如果我们控制了个人特征和同群效应,那同群效应的系数就不能被识别。幸运的是,Brock and Durlauf(2001)证明了影像问题在非线性模型中可以避免,因为在诸如Probit和Logit之类的非线性模型中,个人特征非线性地影响被解释变量。

在CHIP2002数据中包括个人自我报告的2002年不在家的天数。由于数据的限制,我们只将城市作为唯一的移民目的地。我们将一年不在家天数超过6个月(180天)及以上的个体定义为外出打工者,并且剔除了长期在异地的学生和在当地乡镇企业工作的农民。对于原始数据最大的一项删减在于,我们将那些小于16岁或者大于60岁的男性个体,以及小于16岁或者大于55岁的女性个体剔除出了样本(共剔除11 404个观察值)。之所以这样处理,是因为参照中国的劳动力统计,这部分人群不处于劳动年龄人口,因此他们的行为不是本章研究的对象。最后,我们的数据处理中还去掉了一些有缺失变量的样本和一些有异常值的样本。经过如上处理,最后共得到16 401个有效的观察值。

在CHIPS2002数据中,村一级的问卷中能够得到2002年年底村总人口和村总的外出打工人口数,本章中我们对同群效应的度量为:

---

① 国家统计局的分层抽样调查分为两个步骤。首先,样本行政村根据收入水平从相应省份之间抽取。其次,样本家庭(一般一村10户)从每个样本行政村随机抽取。关于CHIPS2002的抽样框架和方法,可参见Gustafsson *et al.*(2008)。

$$\text{除本户的村外出打工率}^{①} = \frac{\text{村外出打工人口} - \text{本户外出打工人口}}{\text{村总人口} - \text{本户人口}} \quad (16\text{-}11)$$

这一指标反映了其他村民的劳动力流动决策如何影响个人外出打工决策。我们希望通过这一指标来解释劳动力流动决策中的相互依赖性。在 Zhao(2003)的研究中,她利用了一个村的绝对移民数量来度量移民的网络效应。我们利用移民比率来控制同群效应,同时我们控制了居民在村庄外的亲朋好友数,以此来控制家庭的外向社会网络(Bridging Network)。

一个家庭受到其他村民的影响大小还与这个家庭与其他村民的"亲疏程度"有关,本章中把这种"亲疏程度"定义为社会互动强度,本家庭与其他村民的社会互动越多,就越会受其他村民的影响。在本章中,我们将社会互动区分为两类:在信息分享上的互动,以及在劳动力互助上的互动。在中国农村地区,不断扩大的城乡收入差距使得外出打工成了一种有效提高收入的方式。由于城乡之间的劳动力市场是分割的,大量的农村劳动力需要通过跨省寻找工作,农村居民通过交流信息来搜寻更好的工作目的地和更高的收入。在农村地区,农村劳务服务市场仍然是不成熟的,村民在一系列活动中分享劳动力。CHIP2002 数据中包含了农村居民在两个维度上的社会互动:劳动力市场上的互动("农忙时帮工")和信息上的互动。在 CHIP2002 数据中,有一系列指标分别对家庭与亲戚、邻居之间的社会互动强度做了记录。对于这些问题的回答分别是:①很多,②比较多,③一般,④比较少,⑤很少或没有。我们将上述指标构造为两组基数指标,并将其和同群效应做交互项,以此来捕捉异质性的同群效应。我们用连续型度量的社会互动变量作为基准模型,这是因为其结果最简洁。然后以离散形式度量的社会互动模型作为稳健性检验。所有的解释变量定义在表 16-1 中,统计描述在表 16-2 中。

从表 16-2 中我们可以看到,在 16 401 个样本中,2 675 个样本居民在 2002 年参与了外出打工,即外出打工率为 16.31%。即便在最基本的统计描述中,我们也能看到外出打工者和非外出打工者之间的些许差别:女性更少地外出打工;在移民样本中,50.24% 的个体未婚,和非外出打工者的 25.21% 未婚比例有明显差异;外出打工

---

① 我们在计算这一指标时,扣除了本家庭的影响,因为同群效应本身指的就是"别人"对"我"的影响。同时,这样处理也可以使同群效应的度量在个人层面有变异,否则,对于一个村中的所有村民来说,同群效应的度量都将是相同的。

者的平均年龄为 27.1 岁,相比非外出打工者的平均年龄 36.1 岁来看,更为年轻。所有的解释变量在我们的回归模型中都将被控制。在回归分析中,我们主要关注同群效应的大小及交互项的效应。

表 16-1　变量定义

同群效应	村外出打工率	村 2002 年平均外出打工率(排除自身家庭)
	村 1998 年外出打工率	村 1998 年平均外出打工率
个人特征	女性	哑变量,女性=1
	年龄	年龄
	婚姻状况	哑变量,已婚=1
	小学	哑变量,如果受教育程度为小学,则小学=1
	初中	哑变量,如果受教育程度为初中,则初中=1
	高中	哑变量,如果受教育程度为高中,则高中=1
	技校及更高学历	哑变量,如果受教育程度为技校及更高,则技校及更高学历=1
	共产党员	哑变量,如果是共产党员,则共产党员=1
	健康状况(好)	哑变量,如果健康状况为非常好和良好,则健康状况(好)=1
	健康状况(差)	哑变量,如果健康状况为非常不好和较差,则健康状况(差)=1
家庭特征	家庭劳动力人口	家庭的劳动力人口数
	家庭人均土地	家庭人均土地
	6 岁以下小孩数量	家庭 6 岁以下小孩数量
	6—12 岁小孩数量	家庭 6—12 岁小孩数量
	65 岁以上老人数量	家庭 65 岁以上老人数量
	村外有亲朋好友	哑变量,如果一个家庭在村外有亲朋好友,则村外有亲朋好友=1
	有亲朋好友是村干部	哑变量,如果一个家庭有亲朋好友是村干部,则有亲朋好友是村干部=1
村庄特征	距最近交通站的距离	村庄离最近交通站的距离。单位:公里
	距县城的距离	村庄离县城的距离。单位:公里
	村人均收入	村庄 2002 年人均收入。单位:千元
	山区	哑变量,如果村庄坐落于山区,则山区=1
	丘陵	哑变量,如果村庄坐落于丘陵地区,则丘陵=1

续表

同群效应	村外出打工率	村2002年平均外出打工率(排除自身家庭)
	村1998年外出打工率	村1998年平均外出打工率
与村民的社会互动	信息交换	基数变量。其中"交换打工信息""很多""较多""一般""较少"和"很少"分别计数为5,4,3,2,1
	劳力互助	基数变量。其中"在农忙时互相帮助""很多""较多""一般""较少"和"很少"分别计数为5,4,3,2,1
	信息交换_很多	哑变量,如果"交换打工信息"是"很多",则信息交换_很多=1
	信息交换_较多	哑变量,如果"交换打工信息"是"较多",则信息交换_较多=1
	信息交换_一般	哑变量,如果"交换打工信息"是"一般",则信息交换_一般=1
	信息交换_较少	哑变量,如果"交换打工信息"是"较少",则信息交换_较少=1
	劳力互助_很多	哑变量,如果"在农忙时互相帮助"是"很多",则劳力互助_很多=1
	劳力互助_较多	哑变量,如果"在农忙时互相帮助"是"较多",则劳力互助_较多=1
	劳力互助_一般	哑变量,如果"在农忙时互相帮助"是"一般",则劳力互助_一般=1
	劳力互助_较少	哑变量,如果"在农忙时互相帮助"是"较少",则劳力互助_较少=1

表16-2 变量统计描述

	全样本		移民		非移民	
	16 401个		2 675个		13 726个	
变量名	均值	标准差	均值	标准差	均值	标准差
个人特征:						
女性	0.445 9	0.497 1	0.372 7	0.483 6	0.460 2	0.498 4
年龄	34.634 4	12.449 5	27.116 6	8.348 29	36.099 52	12.588 0
婚姻状况	0.699 3	0.458 6	0.450 1	0.497 6	0.747 9	0.434 3
小学	0.264 9	0.441 3	0.180 6	0.384 7	0.281 3	0.449 6
初中	0.503 3	0.500 0	0.619 6	0.485 7	0.480 7	0.499 6
高中	0.132 1	0.338 6	0.114 0	0.317 9	0.135 6	0.342 4
技校及更高学历	0.065 9	0.248 1	0.078 9	0.269 6	0.063 4	0.243 7

续表

| | 全样本 | | 移民 | | 非移民 | |
| | 16 401 个 | | 2 675 个 | | 13 726 个 | |
变量名	均值	标准差	均值	标准差	均值	标准差
共产党员	0.071 0	0.256 8	0.030 3	0.171 4	0.078 9	0.269 6
健康状况（好）	0.868 8	0.337 6	0.945 8	0.226 5	0.853 9	0.353 3
健康状况（差）	0.032 8	0.178 1	0.012 0	0.108 7	0.036 8	0.188 4
家庭特征：						
家庭劳动力人口	2.767 8	1.271 8	3.354 4	1.258 3	2.653 4	1.242 7
家庭人均土地	2.093 7	2.330 2	1.625 8	1.730 0	2.184 9	2.419 6
6 岁以下小孩数量	0.181 8	0.428 5	0.201 1	0.453 4	0.178 0	0.423 4
6～12 岁小孩数量	0.335 4	0.601 4	0.281 9	0.563 0	0.345 8	0.608 1
65 岁以上老人数量	0.180 6	0.453 5	0.196 4	0.479 4	0.177 5	0.448 2
村外有亲朋好友	0.572 6	0.494 7	0.592 2	0.491 5	0.568 8	0.495 3
有亲朋好友是村干部	0.224 0	0.416 9	0.245 6	0.430 5	0.219 8	0.414 1
村庄特征：						
距县城的距离	25.238 2	21.684 9	27.143 7	20.336 7	24.866 8	21.919 4
距最近交通站的距离	5.465 3	8.317 7	5.391 6	7.965 1	5.479 7	8.384 9
村人均收入	2.388 6	1.395 7	2.180 2	1.152 1	2.429 2	1.434 9
山区	0.218 7	0.413 4	0.242 6	0.428 7	0.214 0	0.410 2
丘陵	0.343 6	0.474 9	0.442 6	0.496 8	0.324 3	0.468 1
同群效应：						
村外出打工率	0.170 3	0.147 4	0.229 7	0.153 3	0.158 8	0.143 4
村外出打工率(1998)	0.088 2	0.078 6	0.120 4	0.081 7	0.081 9	0.076 4
社会互动频率：						
信息交换	2.481 6	1.203 9	2.686 0	1.208 0	2.441 8	1.199 1
劳力互助	2.915 2	1.242 4	2.827 7	1.263 9	2.932 2	1.237 5
信息交换_很多	0.046 5	0.210 6	0.058 7	0.235 1	0.044 1	0.205 4
信息交换_较多	0.172 2	0.377 6	0.221 3	0.415 2	0.162 7	0.369 1
信息交换_一般	0.285 5	0.451 7	0.291 6	0.454 6	0.284 4	0.451 1
信息交换_较少	0.207 7	0.405 7	0.204 1	0.403 1	0.208 4	0.406 2
劳力互助_很多	0.113 8	0.317 6	0.098 3	0.297 8	0.116 9	0.321 3

续表

	全样本		移民		非移民	
	16 401 个		2 675 个		13 726 个	
变量名	均值	标准差	均值	标准差	均值	标准差
劳力互助_较多	0.219 8	0.414 1	0.232 9	0.422 8	0.217 3	0.412 4
劳力互助_一般	0.305 7	0.460 7	0.266 2	0.442 0	0.313 4	0.463 9
劳力互助_较少	0.189 0	0.391 5	0.203 4	0.402 6	0.186 2	0.389 3

二、模型与回归结果

基于理论模型，我们定义了潜在(Latent)变量 Y^*，相应的潜在(Latent)效用函数为：

$$Y_i^* = X_i\beta + g_i\overline{M}_i + \varepsilon_i \tag{16-12}$$

$$M_i = 1 \ if \ Y_i^* \geqslant \alpha_i$$

$$= 0 \ otherwise$$

在这里，M_i 代表了家庭 i 是否选择移民的决策，当移民的效用水平高于一定的主观门槛(α_i)时，$M_i = 1$。因此，我们可以将 Probit 模型写成如下形式：

$$\Pr(M_i = 1) = \Pr(Y_i^* \geqslant \alpha_i) = \Pr(X_i\beta + g_i\overline{M}_i + \varepsilon_i \geqslant \alpha_i)$$

$$= \Pr(\varepsilon_i \geqslant \alpha_i - X_i\beta - g_i\overline{M}_i) = \Phi(-\alpha_i + X_i\beta + g_i\overline{M}_i) \tag{16-13}$$

同群效应的边际效应可以表示为 $\partial \Pr(M_i = 1)/\partial \overline{M}_i = \Phi' \cdot g_i$，假定 ε_i 满足标准正态分布，因此其中 Φ 是标准正态分布函数的累积分布函数，$g_i = J + \lambda_s s_i$ 在模型部分已详细解释。

我们建立了以下的 Probit 模型来考察农村居民的移民决策：

$$P(Y_{ijk} = 1) = \Phi(X_{ijk}\beta + \overline{JM}_{jk} + \overline{M}_{jk} \times \sum \lambda_s s_{jks}) \tag{16-14}$$

方程(16-14)是外出打工概率的决定方程。i, j 和 k 分别代表了个人、家庭和村庄。X_{ijk} 是个人、家庭和村庄的特征向量。$\overline{M}_{jk}$ 是村平均外出打工率，即同群效应的度量。根据我们的变量构造，每个村中的家庭对应的村平均外出打工率是不同的，因为在我们的变量构造中，去除了本家庭的外出打工者。s_{jks} 是家庭和其亲友、邻居的社会互动，s 表示了"交换打工信息"或"农忙时相互帮助"这两种互动形式。

表 16-3 劳动力流动决定因素的 Probit 估计结果(连续型社会互动)

被解释变量:个人是否在 2002 年参与外出打工(是＝1,否＝0)

自变量	(1)	(2)	(3)	(4)	边际效应 (基于回归 4)	(5)
村外出打工率		1.503*** (0.163)	0.650*** (0.194)	0.656*** (0.195)	11.21%***	0.002 (0.228)
村 1998 年外出打工率			2.024*** (0.250)	1.903*** (0.252)	32.56%***	1.111*** (0.317)
信息交换×村外出打工率		0.262*** (0.046)	0.260*** (0.046)	0.241*** (0.046)	4.13%***	0.187*** (0.053)
劳力互助×村外出打工率		−0.176*** (0.044)	−0.164*** (0.044)	−0.184*** (0.044)	−3.15%***	−0.138*** (0.050)
女性	−0.286*** (0.027)	−0.275*** (0.028)	−0.274*** (0.028)	−0.264*** (0.028)	−4.45%***	−0.258*** (0.030)
婚姻状况(已婚＝1)	−0.574*** (0.048)	−0.592*** (0.049)	−0.603*** (0.049)	−0.591*** (0.049)	−11.76%***	−0.649*** (0.054)
年龄	0.198*** (0.011)	0.201*** (0.011)	0.200*** (0.011)	0.199*** (0.011)	3.40%***	0.209*** (0.011)
年龄平方	−0.003*** (0.000)	−0.003*** (0.000)	−0.003*** (0.000)	−0.003*** (0.000)		−0.003*** (0.000)
共产党员(是＝1)	−0.170*** (0.065)	−0.160** (0.066)	−0.163** (0.067)	−0.163** (0.067)	−2.54%***	−0.062 (0.072)
健康状况(好＝1)	0.168*** (0.055)	0.186*** (0.057)	0.209*** (0.057)	0.229*** (0.058)	3.51%***	0.230*** (0.063)
健康状况(差＝1)	−0.053 (0.112)	−0.001 (0.114)	0.020 (0.115)	0.021 (0.115)	0.36%	0.001 (0.123)
小学	0.287** (0.115)	0.291** (0.118)	0.303** (0.118)	0.282** (0.118)	5.25%**	0.293** (0.126)
初中	0.358*** (0.114)	0.383*** (0.117)	0.397*** (0.117)	0.415*** (0.118)	7.13%***	0.416*** (0.127)
高中	0.183 (0.119)	0.220* (0.122)	0.227* (0.122)	0.254** (0.123)	4.90%**	0.223* (0.132)
技校及更高学历	0.118 (0.124)	0.194 (0.126)	0.196 (0.127)	0.243* (0.127)	4.75%*	0.180 (0.138)
家庭劳动力人口	0.240*** (0.011)	0.242*** (0.011)	0.242*** (0.011)	0.234*** (0.011)	4.01%***	0.248*** (0.013)
家庭人均土地	−0.084*** (0.007)	−0.070*** (0.007)	−0.066*** (0.007)	−0.073*** (0.008)	−1.25%***	−0.035*** (0.010)
6 岁以下小孩数量	−0.040 (0.032)	−0.033 (0.033)	−0.030 (0.033)	−0.047 (0.034)	−0.81%	0.011 (0.037)
6—12 岁小孩数量	−0.056** (0.024)	−0.047* (0.024)	−0.045* (0.025)	−0.057** (0.025)	−0.98%**	−0.033 (0.028)

续表

自变量	(1)	(2)	(3)	(4)	边际效应（基于回归4）	(5)
65岁以上老人数量	0.051* (0.027)	0.050* (0.028)	0.049* (0.028)	0.040 (0.028)	0.69%	0.051* (0.031)
村外有亲朋好友(是=1)	0.030 (0.029)	0.047 (0.030)	0.051* (0.030)	0.071** (0.030)	1.20%**	0.095*** (0.034)
有亲朋好友是村干部(是=1)	0.065* (0.034)	0.062* (0.034)	0.070** (0.035)	0.059* (0.035)	1.03%*	0.047 (0.038)
距县城的距离				0.001 (0.002)	0.01%	−0.002 (0.002)
距最近交通站的距离				0.000 (0.001)	0.01%	0.002** (0.001)
村人均收入				−0.054* (0.031)	−0.92%*	−0.041 (0.058)
村人均收入平方				0.001 (0.004)		−0.005 (0.006)
山区				0.163*** (0.039)	2.97%***	−0.027 (0.081)
丘陵				0.189*** (0.032)	3.35%***	0.017 (0.058)
常数项	−4.180*** (0.215)	−4.632*** (0.221)	−4.706*** (0.222)	−4.667*** (0.228)		−10.784*** (0.572)
村庄哑变量	未控制	未控制	未控制	未控制		已控制
样本数	16 401	16 401	16 401	16 401		15 730
拟决定系数(Pseudo R^2)	0.182 8	0.213 6	0.218 1	0.223 2		0.303 0

注：*,**,*** 分别表示系数在10%、5%和1%显著性下显著。标准误报告在括号中。

回归结果报告在表16-3中，方程(1)是基准模型，我们只控制了个人和家庭特征。方程(2)中控制了村外出打工率（同群效应），以及同群效应和社会互动的交互项。拟合优度从0.182 8增加到了0.213 6，说明了同群效应在劳动力流动决策中不可忽视的作用。我们担心潜在的遗漏变量偏误会使得同群效应的估计有偏，因此在方程(3)中放了村庄1998年外出打工率的数据，这一数据来自村层面的回忆数据。鉴于网络效应要发挥作用需要一定时间，因此，也可认为1998年的打工率控制了网络效应，这样，2002年的村移民率就更加代表了同群效应。在方程(4)中我们控制了村层面的特征。方程(5)添加了村的哑变量，以此来避免估计中的遗漏变量偏误。

方程(2)到(5)的结果显示了同群效应具有正效应。和方程(2)相比,方程(3)中同群效应的系数从1.503下降为0.65,而1998年村外出打工率的系数高度显著,并且是2002年外出打工率的系数的三倍。这一发现和Munshi(2003)的一致:过去的流动率比现有的流动率影响更大。直觉来说,当时间流逝时,网络中更多的信息会被积累。在方程(5)中,当我们控制了村的哑变量时,同群效应变得不再显著,同群效应与社会互动的交互项仍然高度显著。

我们对同群效应和社会互动的交互项更感兴趣。在方程(2)到(5)中,所有的交互项都是高度显著的,观察变量的显著性和方向时,我们可以得到如下结论:第一,对于信息交流的社会互动来说,当村民之间互动频率越高时,同群效应的边际效应就越大。第二,对于劳动力市场互助来说,当村民互动频率越高时,反而会削弱同群效应的正边际效应。两组社会互动不同的方向可以解释如下:信息分享增强同群效应,然而,尽管劳动力互助缩短了社会距离,但劳动力互助挤占了外出打工的时间,因此削弱了同群效应的正效应。① 如果劳动力互动和同群效应的交互项为负仅仅是因为村民在帮助他们的邻居之后面临了时间约束,那么,我们需要严肃地考虑外出打工和劳动力的互助是否是互为因果。幸运的是,当我们利用离散的社会互动变量时,我们发现不是每个人都和邻居有大量互动的。我们会在下面的稳健性检验中发现,一定程度的劳动力市场互助有利于增强同群效应的正效应。

基于回归(4),对于一个具有中等程度社会互动水平,其他特征都处于均值水平的代表性的个体来说,同群效应的边际效应为0.141 3。也就是说,当村平均外出打工率提高1%时,个人的外出打工概率会提升0.141 3%。我们的回归结果证实了外出打工决策中存在着同群效应。然而,村外出打工率和个人的外出打工概率之间的正相关性也使得劳动力流动的低均衡可能出现。如果由于城乡分割政策,使得村民们的外出打工倾向较低,这一政策的负效应会通过居民决策的相互影响而被放大。

其他变量的结果与之前的研究相似,我们对回归系数的解释基于方程(4)。

---

① 在问卷中,我们知道一个家庭每年的村内劳动力互换的具体天数。如果我们用劳动力互换的天数来代替劳动力互换的频率时,上述回归结果仍然不变。然而,因为信息的缺漏,样本量会下降到10 200。

第一，个人的特征会显著影响劳动力的外出打工决策。女性的外出打工概率比男性低4.45%。已婚会显著地降低个人打工概率11.76%。年龄对外出打工的影响呈"倒U"形曲线关系，在控制了其他因素之后，33岁左右的劳动力，外出打工概率最大。当劳动力年龄小于33岁时，外出打工概率随年龄增加而增加，当年龄大于33岁时，随着年龄的上升，外出打工概率开始减小。Zhao(2003)发现所有教育水平都不显著提高外出打工的概率。而我们发现，相对于文盲来说，不同的教育水平都会显著提高劳动力外出打工的概率。不同的教育水平对于外出打工的促进作用也是不一样的，拥有初中学历对农村劳动力外出打工概率提高最大(7.13%)，其次为小学学历(5.25%)，而拥有高等教育的个体外出打工倾向反而更低(技术或高等学校为4.75%，高中学历为4.9%)。我们的研究说明，对于农村劳动力来说，接受更高等的教育可能并不一定更大地促使劳动力外出打工。当然，这有可能因为受初中以上教育的农村居民更可能获得城镇户籍，因此，不再被作为"外出打工"的农村居民了。另一种解释是，接受更高等教育的农民更可能参与到当地的非农就业中(Zhao，1999a；Zhao，1999b)，而在我们回归中，当地的非农就业不被统计为移民人口。

第二，家庭的特征也会显著影响劳动力的外出打工决策。如果家庭拥有一个额外的劳动力，那么个人的外出打工概率将会提高4.01%。家庭的人均土地数量的增加会显著降低劳动力外出打工的概率，因为外出打工和本地务农在劳动力利用上是替代性的，有着更多人均土地数的家庭，在农业生产上的边际收益更高，因此会降低外出打工的概率。家庭的人口结构对劳动力外出打工也有影响，有着更多6至12岁小孩的家庭，劳动力外出打工的概率显著下降(边际效应为-0.98%)。家庭中有更多65岁及以上的老人，并不会显著影响劳动力外出打工决策，但回归系数为正。家庭的关系网络也会促进劳动力外出打工，在村庄外有家庭成员、亲戚或者朋友会显著地提高个人外出打工的概率(1.2%)。有家庭成员、亲戚或者朋友在村中是村干部会显著地增加劳动力外出打工的概率(1.03%)。

第三，村庄的特征也会影响到个人外出打工决策。村平均收入每提高1 000元，农民外出打工的概率下降0.92%。相对于平原地区而言，处于山区和丘陵地区的农民，外出打工概率更高，这两个哑变量可能捕捉到了丘陵和山区较差的生活环境。村庄到最近的交通终端的距离和村庄到县城的距离都不显著地影响劳动力外出打工决策。

三、稳健性检验

在上一部分中,我们的模型中利用了连续型的社会互动与同群效应的交互项。为了验证是否劳动力市场互动始终会减弱同群效应,我们利用离散型的劳动力市场互动度量来和同群效应做交互项。我们的假设是,只有那些在劳动力市场上互动频率高的村民,才会面临时间约束,从而降低同群效应的正效应。对于那些互动频率不高的人来说,他们并不受到时间约束,因此由于社会距离的缩短从而放大了同群效应的正效应。

表 16-4　稳健性检验(离散型社会变量)
被解释变量:个人是否在 2002 年参与外出打工(是=1,否=0)

	(6)	(7)	(8)	(9)
村外出打工率	1.422***	0.584***	0.584***	0.138
	(0.148)	(0.181)	(0.182)	(0.213)
村外出打工率(1998)		2.032***	1.907***	1.089***
		(0.251)	(0.253)	(0.318)
信息交换_很多×村外出打工率	0.976***	0.984***	0.930***	0.646**
	(0.244)	(0.245)	(0.246)	(0.283)
信息交换_较多×村外出打工率	0.920***	0.931***	0.832***	0.512***
	(0.170)	(0.170)	(0.171)	(0.190)
信息交换_一般×村外出打工率	0.424***	0.414***	0.368**	0.144
	(0.156)	(0.156)	(0.157)	(0.174)
信息交换_较少×村外出打工率	0.271*	0.339**	0.259	−0.154
	(0.165)	(0.165)	(0.166)	(0.181)
劳力互助_很多×村外出打工率	−0.705***	−0.598***	−0.696***	−0.496**
	(0.218)	(0.219)	(0.220)	(0.246)
劳力互助_较多×村外出打工率	−0.226	−0.240	−0.305*	−0.224
	(0.166)	(0.166)	(0.167)	(0.187)
劳力互助_一般×村外出打工率	−0.300*	−0.330**	−0.373**	−0.306*
	(0.157)	(0.157)	(0.158)	(0.175)
劳力互助_较少×村外出打工率	0.371**	0.349**	0.291*	0.155
	(0.169)	(0.170)	(0.170)	(0.183)
女性	−0.275***	−0.273***	−0.264***	−0.258***
	(0.028)	(0.028)	(0.028)	(0.031)
其他个人和家庭特征	已控制	已控制	已控制	已控制
村特征	未控制	未控制	已控制	已控制
村庄哑变量	未控制	未控制	未控制	已控制

续表

	(6)	(7)	(8)	(9)
样本数	16 401	16 401	16 401	15 730
拟决定系数(Pseudo R^2)	0.214 9	0.219 3	0.224 2	0.303 7

注：*，* *，* * *分别表示系数在10%，5%和1%显著性下显著。标准误报告在括号中。

在表16-4中，我们报告了控制离散型社会互动与同群效应交互项的结果。结果显示，当我们将同群效应和交互项放入回归方程中时，拟合优度从方程(1)的0.182 8上升到方程(6)的0.214 9。在方程(7)到(9)中，我们得出如下结论：第一，对于信息分享的社会互动来说，当人们的信息分享频率越高时，同群效应的正效应越大。在控制了村层面的变量时，低频率的信息分享并不增加同群效应的正效应。第二，对于劳动力市场互助来说，当互动频率越高时，同群效应的正效应越小。有趣的是，当劳动力市场的互相帮助在最低频率时，同群效应反而能够被增强。我们的直觉解释是：当人们进行劳动力互助，但频率又不是太高时，他们并不面临时间约束，因此人们之间的社会距离下降有助于提高同群效应。在这里，因为时间约束并不是一个紧约束，联立内生性问题也不是一个重要问题。

在表16-3和表16-4中，当村的1998年外出打工率被控制时，我们可以看到同群效应的系数和显著性都会较大地下降。因此，我们想要测试1998年村外出打工率是否是一个更好的同群效应度量。我们将1998年村外出打工率变量和社会互动频率的变量做了交互项，并重复了以上的回归，并将结果报告在表16-5中。根据我们的理论分析，如果1998年村外出打工率是一个更好的同群效应度量，那么，其与社会互动的交互项也应该是显著的。对比表16-3中的结果我们可以看出，大部分表16-5中的回归结果是稳健的。唯一的区别是，表16-5中的交互项变得不那么显著。在方程(11)中，我们控制了离散型的社会互动和同群效应的交互项，以及村的哑变量之后，大部分的交互项都变得不显著，但系数的方向和表16-3中的结果一致。总结而言，当利用当期的村外出打工率时，异质性的同群效应更显著。这是可以理解的，因为同群效应在理论上发生于当期，其作用也会更依赖于由社会互动而影响的社会距离。

表 16-5 稳健型检验(利用 1998 年村外出打工率作为同群效应度量)
被解释变量:个人是否在 2002 年参与外出打工(是=1,否=0)

	(10)	(11)	(12)	(13)
村外出打工率	0.749***	0.109	0.777***	0.107
	(0.136)	(0.163)	(0.135)	(0.162)
村外出打工率(1998)	1.694***	1.211***	1.729***	1.013**
	(0.349)	(0.415)	(0.377)	(0.449)
信息交换_很多×村外出打工率(1998)	1.636***	1.012*		
	(0.468)	(0.532)		
信息交换_较多×村外出打工率(1998)	1.389***	0.712**		
	(0.321)	(0.356)		
信息交换_一般×村外出打工率(1998)	0.795***	0.327		
	(0.295)	(0.327)		
信息交换_较少×村外出打工率(1998)	0.678**	−0.173		
	(0.323)	(0.351)		
劳力互助_很多×村外出打工率(1998)	−0.990**	−0.625		
	(0.442)	(0.488)		
劳力互助_较多×村外出打工率(1998)	−0.800**	−0.531		
	(0.323)	(0.366)		
劳力互助_一般×村外出打工率(1998)	−0.937***	−0.749**		
	(0.303)	(0.338)		
劳力互助_较少×村外出打工率(1998)	0.336	0.203		
	(0.329)	(0.354)		
信息交换×村外出打工率(1998)			0.415***	0.278***
			(0.088)	(0.099)
劳力互助×村外出打工率(1998)			−0.332***	−0.231**
			(0.087)	(0.099)
其他个人、家庭和村特征	已控制	已控制	已控制	已控制
村庄哑变量	未控制	已控制	未控制	已控制
样本数	16 401	15 730	16 401	15 730
拟决定系数(Pseudo R^2)	0.223 7	0.303 2	0.222 8	0.302 7

注:*,**,***分别表示系数在 10%、5%和 1%显著性下显著。标准误报告在括号中。

第四节 同群效应与公共政策:为什么需要制度的"大推动"

一、劳动力流动均衡的模拟

在我们的实证结果中,发现了中国农村劳动力流动中存在着同群效应。同时,这种同群效应存在着非线性性质：在劳动力市场上互动越多,会减弱同群效应；而在信息交流上互动越多,会加强同群效应。异质性同群效应的存在有着非常丰富的政策含义。理论上,如果存在着同群效应,那么经济过程就可能存在着多重均衡:当社区(组)平均行为处于较低水平时,经济过程可能收敛于低水平均衡；而当社区(组)平均行为超过一定水平之后,经济过程就将在社会互动的作用下收敛于高水平均衡(Zanella,2004)。在本章的研究主题之下,如果存在着劳动力流动的低水平均衡,那么对中国的城市化进程将是非常不利的。我们利用表16-4中方程(8)的参数,模拟了劳动力流动决策中均衡的情况。

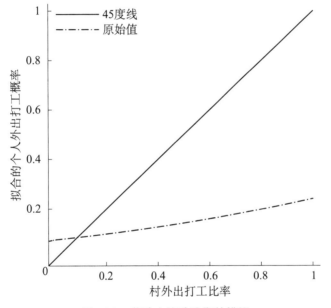

图16-1 劳动力流动均衡的模拟

在图16-1中,我们做了村平均外出打工比率和个人外出打工概率的数值模拟图,X轴表示村平均外出打工比率,Y轴表示个人外出打工概率,实线是45度线,表示个人的流动概率等于村平均流动率的均衡状态。虚线是个人的反应曲线(Response Curve),其含义是当其他解释变量取均值时,个人外出打工概率和村外出打工比率之间的关系。我们可以看到,个人的外出打工概率曲线和45度线只有一个交点,对应的村平均外出打工比率为8.56%,同时,这个交点处反应曲线的斜率小于1,因此是一个稳态均衡。由于Probit模型的概率密度函数是标准正态分布,其累积分布函数呈 S 形,当我们区分均衡属于高水平均衡还是低水平均衡时,是看 45 度线和反应函数相交在哪个位置,如果是交在个人外出打工概率 50% 以下时,就是低水平均衡。此时,在均衡点周围一定范围内的偏离都会在动态调整过程中收敛到这个低均衡。如果交点位于个人外出打工概率 50% 以上时,就是高水平均衡,而且也是稳态均衡,在均衡点周围一定范围内的偏离都会在动态调整过程中收敛到这个高水平均衡。从图 16-1 中可以看到,我们数值模拟得出的曲线与 45 度线交在 S 形曲线的下半部,也就是说,如果不改变模型的参数值,即使在某个外在因素作用下,村平均流动率提高(沿着曲线移动),在同群效应的作用下,劳动力流动比率最终仍然会收敛到"低水平均衡陷阱"(Durlauf and Young,2001)。

促进劳动力流动,不仅可以提高农民收入,减少城乡间收入差距,同时,农村劳动力向城市的流动也有利于中国经济增长。因此,我们设定的政策目标是要促进劳动力从农村向城市的转移。为此,我们区分三个层面的政策措施,并模拟了它们的效果。

第一种政策是平移反应函数的政策,也就是说,这种政策可以提高农民的外出打工概率,但它不影响村民之间的社会互动,从而不改变 S 形曲线的斜率。用模型中的语言来说,我们改变的是除社会互动强度之外的其他解释变量的大小,在我们所控制的解释变量中,只有教育水平可以通过经济政策得以明显的改变。我们假想公共政策是提高村民的受教育程度,使得所有文盲和小学文化程度的农民都接受到初中教育。我们在回归结果中已经知道,如果提高了农民的受教育水平,那么会提高村民的外出打工概率,事实上,政策模拟的结果显示,均衡的村平均外出打工率为 9.47%(见图 16-2)。因此,提高村民的受教育水平的确可以促进劳动力的流动,但是,这一政策的效应较小,同时交点仍然只具有低水平均衡的性质。

第二种政策是提高村民之间有利于外出打工的社会互动,提高同群效应,在图形中,这表现为反应函数的截距不变,但曲线向逆时针方向旋转。由于我们的研究发现同群效应存在着异质性,同群效应还取决于村民之间的互动强度。因此,如果提高村民之间有利于增大同群效应的社会互动,减少不利于增大同群效应的社会互动,同样可以促进劳动力的外出流动。假使政策措施使得村民之间更广泛地进行打工信息交流(我们将"相互交换打工信息"状态定为"很多"),同时建立农村的劳务市场,减少村民之间在劳动力市场上的互动(我们将三个度量劳动力互动强度的变量的状态定为"很少或没有"),我们可以发现,村民的外出打工曲线斜率会明显增大,和45度线交在更高的位置,对应的村平均外出打工率为10.51%(见图16-2)。但是,我们在交点处所得到的均衡点依旧是低水平均衡。

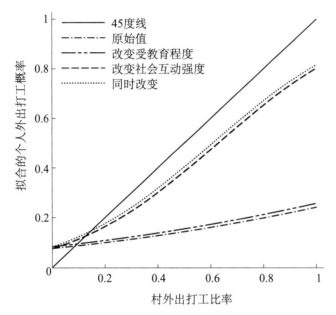

图16-2 接受高等教育程度和同群效应的政策效果

当我们将上述两种政策措施结合时,所对应的均衡外出打工概率为11.89%,依然是一个低水平均衡(见图16-2),换句话说,必须寻找新的政策措施来摆脱劳动力流动和城市化的低水平均衡。

如果想要摆脱这种低均衡的劳动力流动,一种方式是任由城乡之间的收入差距不断扩大,当村平均收入相对更低时,反应曲线可以进一步向上平移。当城乡收入差距扩大到一定程度时,交点的性质将变成高水平的均衡点,这时,在同群效应的作用下,一个小幅度的提高劳动力流动率的正向冲击将自然收敛于高水平均衡点。然而,不断扩大的城乡收入差距并不是无代价的,中国的城乡收入差距已经非常大,城乡收入差距的持续扩大会直接危害到经济的增长(陆铭等,2005;Wan *et al.*,2006)。为了促进劳动力流动从低均衡转变到高均衡,更重要的措施是通过制度的变革促进城乡劳动力市场的整合,而这一政策的效果同样是进一步提高反应曲线的截距。事实上,目前城乡之间劳动力流动的过程虽然已经基本上是一个自由决策的过程,但是由于存在着城市政府的城市倾向经济政策,使得农民工在城市中面临着广泛的歧视,因此城乡劳动力市场依旧是分割的(陈钊和陆铭,2008)。①如果我们能够消除这种城市倾向的经济政策,使得农村和城市居民走向社会融合,就会提高农民外出打工的预期收益,从而提高外出打工概率。我们对此政策的效果做了模拟(见图16-3)。

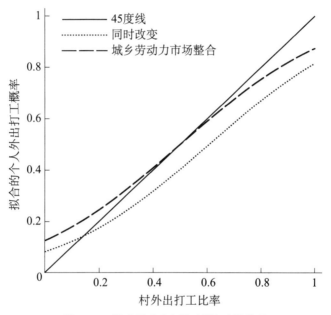

图 16-3 城乡融合"大推动"的政策效果

在图16-3中,我们在提高了农村劳动力的教育水平和有利的社会互动的基础上,将截距项从-4.667 2提高到-4.125 5,即只需要提高0.541 7,就可以将均衡的劳动力流动率提高到50%,这就是进入劳动力流动高均衡的阈值(Threshold Point)。如果高均衡在图形上出现,那么,借助于同群效应,一个小幅度的有利于提高劳动力流动率的正向冲击就可以使劳动力流动率收敛于高均衡。消除城乡分

---

① 在中国的城市部门,依旧存在着对农村劳动力的各种形式的歧视政策。例如差别的社会保障制度、劳动保护和子女的教育政策,甚至意外死亡赔偿。

割的经济政策,促进中国城乡劳动力的社会融合,从而推动劳动力流动和城市化进程,这正是建设和谐社会、促进经济持续增长的必要手段。在本章中,我们所强调的均衡性质从低均衡向高均衡的突变,实际上需要一种通过制度变革促进城乡整合和城市化的"大推动"政策。如果说以教育为主的政策相对来说更具有经济政策的性质,改变社会互动强度的政策更具有社会政策的性质,那么,制度层面的变革则更具有政治政策的性质。

二、结论

本章检验了劳动力流动决策中的同群效应是否存在,以及其作用的大小。我们的实证结果可以总结为以下结论:第一,同群效应在劳动力流动决策中是存在的,其效应在控制了历史的劳动力流动率(网络效应)及其他社会资本之后,依旧是显著的。第二,同群效应存在着异质性。那些较多参与信息分享及较少参与劳动力互助的家庭,同群效应较大,而较多地在劳动力市场互动会减弱同群效应的正效应。

中国的低城市化水平和较高的工业化程度显得极不相称。城市化和农村居民向城市的流动不仅是缓解农村贫困和缩小城乡收入差距的关键,也有利于促进中国经济的持续增长。当劳动力流动的制度环境存在不对称信息时,劳动力流动决策会存在同群效应,外在的阻碍劳动力流动的城乡分割政策就会通过社会互动放大其负面效应,使得劳动力流动率被长期"锁定"在低水平均衡中,而这将对中国的城乡收入差距及和谐社会的建设产生不利影响。为了摆脱中国城市化和劳动力流动的低水平均衡,本章的发现有着重要的政策含义:首先,如果政策可以提升村外出打工率,其作用将在社会互动之下被放大。其次,如果能够促进信息分享,或者用更有效的社会服务来替代村内的劳动力互助,社会乘数在促进城乡劳动力流动方面可发挥更大作用。最后,当同群效应存在时,一个社会的劳动力流动率可能会陷入低水平均衡,只有通过制度的"大推动"才能摆脱劳动力流动的低水平均衡。在中国的现实中,从土地、户籍、社会保障和公共服务等制度入手,消除城乡劳动力市场分割,促进社会融合,其作用要比人力资本投资和增加社会互动更有利于推进城市化。

参考文献：

Araujo Caridad, Alain de Janvry, and Elisabeth Sadoulet, 2004, "Peer Effects in Employment: Results from Mexico's Poor Rural Communities," Working Paper, Berkeley: University of California.

Ballester Coralio, Antoni Calvó-Armengol, and Yves Zenou, 2006, Who's Who in Networks. Wanted: The Key Player, *Econometrica*, 74(5): 1403 – 1417.

Bao Shuming, Örn B. Bodvarsson, Jack W. Hou, and Yaohui Zhao, 2007, "Interprovincial Migration in China: The Effects of Investment and Migrant Networks," IZA, Discussion Paper No. 2924.

Bauer Thomas, Gil Epstein, and Ira N. Gang, 2002, "Herd Effects or Migration Networks? The Location Choice of Mexican Immigrants in the U. S. ." IZA, Discussion Paper No. 551.

Brock William A., Steven N. Durlauf. 2001, Discrete Choice with Social Interactions. *Review of Economic Studies*, 68(2): 235 – 260.

Calvó-Armengol Antonio, Yves Zenou, 2004, Social Networks and Crime Decisions: The Role of Social Structure in Facilitating Delinquent Behavior, *International Economic Review*, 45(3): 939 – 958.

Durlauf Moffitt S., P. Young, 2001, *Policy Interventions, Low-Level Equilibrium, and Social Interactions*, Cambridge: MIT Press.

Durlauf Steven N., Marcel Fafchamps, 2004, "Social Capital," NBER Working Paper No. 10485.

Glaeser Edward L., Bruce I. Sacerdote, and Jose A. Scheinkman, 2003, The Social Multiplier, *Journal of the European Economic Association*, 1(2 – 3): 345 – 353.

Guanghua Wan, Lu Ming, Zhao Chen, 2006, The Inequality-Growth Nexus in the Short and Long Runs: Empirical Evidence from China, *Journal of Comparative Economics*, 34(4): 654 – 667.

Gustafsson Björn, Shi Li, and Terry Sicular, 2008. *Inequality and Public Policy in China*, New York: Cambridge University Press.

Manski Charles F., 1993, Identification of Endogenous Social Effects: The Reflection Problem, *Review of Economic Studies*, 60(3): 531 – 542.

McKenzie David, Hillel Rapoport, 2010, Self-Selection Patterns in Mexico-U. S. Migration: The Role of Migration Networks, *The Review of Economics and Statistics*, 92(4): 811 – 821.

Munshi Kaivan, 2003, Networks in the Modern Economy: Mexican Migrants in the U. S. Labor Market, *Quarterly Journal of Economics*, 118(2): 549 – 599.

Nong Zhu, 2002, The Impact of Income Gaps on Migration Decisions in China, *China Economic Review*, 13(2 – 3): 213 – 230.

Patacchini Eleonora, Yves Zenou, 2008, Juvenile Delinquency and Conformism, Stockholm University, Working Paper.

Xiaobo Zhang, Li Guo, 2003. Does Guanxi Matter to Nonfarm Employment? *Journal of Comparative Economics*, 31(2): 315 – 331.

Yaohui Zhao, 1999a, Leaving the Countryside: Rural-To-Urban Migration Decisions in China, *American Economic Association Papers and Proceedings*, 89(2): 281 – 286.

Yaohui Zhao. 1999b, Labor Migration and Earnings Differences: The Case of Rural China, *Economic Development and Cultural Change*, 47(4): 767 – 782.

Yaohui Zhao. 2003. The Role of Migrant Networks in Labor Migration: The Case of China, *Contemporary Economic Policy*, 21(4): 500 – 511.

Zanella Giulio, 2004, Social Interactions and Economic Behavior, University of Siena, Working Paper.

蔡昉,王美艳,都阳:《劳动力流动的政治经济学》,上海:上海三联出版社和北京:人民出版社 2003 年版。

陈钊,陆铭,2008,《从分割到融合:城乡经济增长与社会和谐的政治经济学》,《经济研究》第 1 期 21 – 32 页。

陆铭,陈钊,万广华,2005,《因患寡,而患不均:中国的收入差距、投资、教育和增长的相互影响》,《经济研究》第 12 期 4-14 页。陆铭,2011,《建设用地使用权跨区域再配置——中国经济增长的新动力》,《世界经济》第 1 期 107-125 页。

陆铭,2010,《重构城市体系——论中国区域和城市可持续发展战略》,《南京大学学报》第 5 期 15-26 页。

第十七章

中国战胜农村贫困的经验与教训

第一节　中国战胜农村贫困的经验和教训

一、战胜农村贫困的经验

改革开放以来，中国在战胜农村贫困方面取得的伟大成就无疑将载入人类史册，这其中有很多具有一般性的经验值得总结，并能够为世界上其他发展中国家甚至发达国家所借鉴。综合本专著前面的分析，我们认为中国农村贫困的减少主要来自工业化所产生的渗透效应，而在这个过程中，农村和城市部门的生产也发生了结构转变——农村贫困人口有机会更多地移民进入城市，并在增长更快的非农部门或城市部门中就业、获得更高的收入；中国减少农村贫困并非是靠优先推动农业增长来实现的，而是通过优先将有限的资本投入到工业部门中去，并反过来以工业部门的壮大来吸收农业剩余劳动力和推动农业技术进步实现的。特别的，我们基于农户面板数据的实证研究发现，中国农村的贫困农户能够和非贫困农户一样分享到工业化的好处，能够比非贫困农户更多地进入城市部门就业并脱离贫困陷阱，这正是中国战胜农村贫困的经验的关键点。

中国是一个农业人口大国，人多地少是一个显著的瓶颈，在这种条件下通过优先发展附加值较低的农业来推动经济发展和减少农村贫困未必是一个好的策略。中国经济增长的奇迹与中国的市场化和工业化密不可分，在这个过程中，中国采取了不平衡的发展战略：首先，通过城市倾向政策快速推进资本深化，并创造了经济的增长点（即工业部门的壮大和快速增长）；其次，逐渐壮大和快速增长的工业部门提供了大量的就业岗位吸收农村剩余劳动力，贫困农户也能够和非贫困农户一样分享到工业化的好处,更多地进入城市或工业部门就业是他们分享到工业化带来的经济增长"蛋糕"的关键渠道。同时,中国的工业部门有相当一部分是劳动力密集型的,拥有低教育和低技能的农村贫困人口完全有机会进入这些部门就业并分享到工业增长的好处。

在这个经验中,我们强调通过给予贫困农户进入城市和工业部门就业的机会这一关键点,因为只有实现了这一点,才能够使他们有机会分享工业化和经济增长的成果。类似的,Bardhan and Udry(1999)也认为,一般来说,通过经济增长帮助贫困人口的最重要方式就是增加他们能够得到有生产力的就业机会,包括在农场和城市非正式部门的自我雇佣机会。因此,使贫困人口能够被纳入经济增长的轨道,对于缓解贫困是非常关键的。但是,有一些贫困人口却因为很多原因被排除在经济增长的过程之外。另外,经济增长过程本身的性质也可能带来问题,比如存在规模经济时,经济增长过程中所存在的集聚向心力可能会使资源流出落后地区,进而强化了区域间的不平等。所以,通过不平衡的发展战略创造了经济增长点之后,贫困人口是否能够有机会获得分享增长的机会,对于能否成功减少贫困就非常关键。就中国而言,中国逐步改革户籍制度和降低对农民工的歧视性就业政策非常关键,因为这是给予他们分享经济增长成果的关键渠道。如果在通过不平衡的发展战略创造了经济增长点后无法保证贫困农户也有机会平等地分享经济增长的成果,则可能会导致严重的两极分化和经济发展成果的夭折。

基于前文的分析也可以看出,允许农业剩余劳动力转移到快速增长的工业部门中就业,对于缓解农村贫困起到了很大的作用,而在未来,这一点对于国民经济的持续健康发展依然具有重要的意义。理由在于:首先,根据张培刚(1949)的发展经济学理论,一个国家是否实现了工业化,不是仅仅看工业产出在整个国民经济产出中所占的比例,还要看工业部门的就业在全部就业中所占的比例。目前中国的工业GDP的比重已经超过50%,但是工业部门所雇佣的劳动力占比还远不到50%。从这个意义上看,中国的工业化还远远没有完成。所以,如何创造更多的非农就业岗位、进一步吸收农业劳动力,将是中国经济未来需要长期面临的重大问题,这也同时是进一步减少农村贫困和缩小城乡收入差距的关键渠道。其次,在制定未来经济发展战略的同时,我们还需要意识到,中国农村劳动力的教育水平和工业技能都相对较低,而且农业的技术进步还会继续解放更多的农业劳动力,工业化进程中的资本深化也会加剧机器对劳动力的替代。所以,继续推进工业化,甚至在一定阶段内继续推进劳动力密集型的工业的发展,以提供更多的非农就业岗位(工业和服务业)依然是未来中国经济发展的一个重要政策考量。另外,继续改革户籍制度和对于农民工的各种歧视性就业政策,建立城乡统一的医疗和养老保障体系及覆盖全体居民的最低生活保障体系,这些都是未来中国经济健康发展的必要条件。

基于前文的研究及现有文献所得出的结论,我们总结出中国战胜农村贫困的如下几条经验:

工业化、城市化和全球化所推动的经济增长,为只拥有低技能的农村剩余劳动力提供了大量的就业机会,是中国战胜农村贫困的核心动力。

经济增长是减少贫困的核心动力,这在其他很多发展中国家已经得到了证实,然而并非所有的经济增长都能够带来贫困的缓解,这要取决于经济增长的模式,以及推动经济增长的工业化、城市化和全球化的特点。就中国而言,工业化、城市化和全球化创造的就业岗位吸纳了两亿多农村劳动力,而这些劳动力的平均教育年限只有 7 年多,因此,就工业化、城市化和全球化创造的如此庞大数量的、能够吸纳低技能劳动力的就业岗位而言,中国的经济增长模式明显是益贫的(Pro-poor),在城市部门发展劳动力密集型产业更有助于减少农村贫困。而且,我们还观察到中国的刘易斯转折点正逐步到来,也同时观察到简单劳动力工资上升速度加快,这意味着中国经济即将进入农村剩余劳动力被消耗完毕之后的阶段,而这意味着城乡两部门发展差距及工资差距的缩小,这无疑将有助于中国战胜未来的贫困——收入差距中的主要部分——城乡收入差距。中国改革开放早期的乡镇企业发展吸纳了部分农村剩余劳动力,一直持续的工业化和城市化继乡镇企业之后又吸纳了大量农民工。众多实证研究显示,外出打工有助于显著降低农户陷入贫困的概率,以及中国政府的反贫困文件中反复强调的扶贫政策要提升"造血"功能而不能单纯地"输血",这些确凿的事实都指明了创造就业机会在中国战胜农村贫困过程中发挥的重要作用。实际上,对于扶贫的要诀,古人早已有了清醒而深刻的认识,"授人以鱼不如授人以渔"已经道出了中国战胜农村贫困的核心要义。

为贫困人口或者欠发达地区提供道路、灌溉设施、电力、通信等基础设施,帮助穷人连接要素与市场并打破贫困陷阱,是政府在反贫困之战中最应该发挥作用的领域。

实际上,政府在反贫困之战中的作用是发展经济学在过去三十年里的一个核心争论。如同政府与市场之间的关系那样,我们既可以看到市场失灵,又可以看到政府失灵,然而反贫困之战中的政府作用无疑应该更加积极,理由在于:第一,贫困人口往往大都面临着基础设施匮乏的问题,然而由于基础设施具有非竞争性和非排他性,因此私人部门对基础设施这种公共品的供给严重不足。第二,即使基础设施由于具有正的外部性,贫困地区的政府有义务和有积极性进行投资,但是由于贫困地区的地方政府的财力往往非常有限,因此也没有足够的资金投入来迅速解决贫困地区的基础设施短板。第三,由于基础设施的建设往往需要很长的投资周期,需要的资金规模庞大,即使财力雄厚的地方政府也未必有积极性来修建跨区域的基础设施与外界进行连通,这时就需要由中央政府出资建设。

正是由于上述三个理由,中国政府在为贫困人口和欠发达地区提供道路、灌溉设施、电力和通信设施建设等方面做出了卓越的努力,主要体现在中央政府通过财政转移支付或者直接投入西部地区重大基础设施项目来改善贫困地区的基础设施条件。过去几十年,中国农村扶贫政策的一个核心就是对贫困地区进行"开发式扶贫",通过给他们提供这些基础设施及生产项目,显著提高了他们的生活条件。同时也能够对他们的生产带来广泛的影响:一方面,灌溉设施和电力通信设施的提供,有助于提升贫困农户和贫困地区的生产能力;另一方面,根据斯密定理,道路基础设施的改善意味着市场的扩大和社会分工的加深,贫困农户不仅可以将生产出来的产品以更高的价格销售到更广阔的市场中,还能够借助便利的交通直接外出务工,将自己的劳动力融入城市化和全球化的价值链生产中。实际上,如果没有中央政府提供的上述基础设施,贫困地区的农户面临着如下几个障碍无法跨越:第一,基本的生活条件恶劣,比如缺乏干净的饮水;第二,农业生产所需的淡水、道路运输等都不具备,因此即使他们能够生产出一些农产品,也只能局限在一个狭小的市场内进行销售,价格和产量都不高;第三,由于交通设施的约束,他们无法加入更大的市场,无法加深社会分工,无法将自己所拥有的资源带到更广阔的市场中去。因此,他们只能陷入贫困陷阱,长期处于一种低水平的均衡状态无法自拔。当然,基础设施的改善,不仅有助于贫困农户外出务工和扩大生产,他们还能够在城市中学习和积累人力资本和物质资本,基础设施的改善也加快了发达地区和贫困地区的信息沟通和交流,因此可以通过外出打工的民工返乡创业及技术的扩散,对贫困地区的经济发展带来积极的影响,并有助于打破原来的低水平均衡。

在为穷人提供硬件基础设施的同时,还应该为他们提供基础教育和医疗保健体系,以使他们的人力资本提高到一定水平,并足以胜任工业化和全球化所提供的就业机会。

接受基本的教育和拥有一个健康的身体,是任何人进行工作和增加收入脱离贫困的前提条件,如果缺乏这些人力资本而又没有家人或者政府的帮扶,则必然意味着陷入贫困。我们可以观察到,因病致贫或者返贫现象在中国农村大量存在。也正因为如此,中国政府的反贫困政策一直在不断完善中,这就包括加大对改善贫困地区的基础教育和医疗卫生条件的投入,这里有两大政策值得一提:一是九年义务教育的大力推行,二是新型农村医疗保险体系的逐步建立和完善。在这两大政策的背后,很多都是通过中央的财政转移支付来增强贫困地区政府投资教育和医疗基础设施的能力,这些投入无疑能够有助于提高农村剩余劳动力的人力资本水平,并使其能够胜任中国的工业化、城市化和全球化所创造的就业岗位。

发展农业的作用,对于人均耕地资源狭窄的人口大国,并不是一条可行之路,对于中国这样的人口大国,农业发展的主要作用在于为城市化提供口粮。

农业发展及农业政策无疑在反农村贫困之战中具有举足轻重的地位。很多经典的发展经济学文献也都强调农业发展对于减少农村贫困的关键作用。农业的壮大当然有助于其生产者——农民的脱贫致富,但是对于人均耕地面积不足 2 亩的中国而言,仅仅依靠农业部门的壮大显然难以战胜农村贫困,理由在于:第一,人均耕地狭窄的条件下,中国的农业就无法实现欧美等发达农业国那样的机械化生产。并且,在中国这样的发展中人口大国,资本在现在和未来很长一段时期内都是非常稀缺的,因此即使有广阔的耕地,也难以在短期内达到发达农业国那样的资本投入水平,从而没有能力与发达农业国进行竞争。第二,中国庞大的人口需要消耗大量的农产品,这就决定了中国不可能成为农产品出口大国,从而在国际农产品市场上不可能具备很强的竞争力。因此,中国只有依靠城市化才能打破几千年来农业发展的"内卷",然后通过"工业反哺农业"推动中国农业和农村走出低水平均衡陷阱。在此过程中,农业的核心作用是为城市化尽可能地提供口粮。在一个封闭经济中,农民的余粮率等于它的城市化率,一个农民除了养活自己以外还能额外养活一个人,那么这个国家的城市化率就可以达到50%;一旦一个国家的农民能够销售的余粮下降,在不进口粮食的情况下,就会对其城市化进程产生抑制作用。因此,对于中国这样的人均耕地面积狭小的大国而言,农业和农业政策的主要目标是解决"吃饭问题",而解决庞大人口的贫困问题,则必须依靠城镇部门。

建立一个全覆盖的社会保障体系对于战胜贫困必不可少。

让贫困人口参与生产,通过自己的努力来脱贫,当然是政府所希望看到的结果,但是对于那些"老弱病残"而言,他们丧失了基本的人力资本和进行生产的能力,此时一般的扶贫政策往往难以奏效,因此,就需要政府建立一套最低生活保障体系来对他们进行"兜底"。而建立一套程序简化、标准明确、规则公平、过程透明的低保体系,可谓是战胜农村贫困的最后一条防线。

二、与农村贫困战斗中的教训

虽然中国在战胜农村贫困方面取得了巨大的成就,但是并不意味着在中国所有扶贫政策的制定和实施中没有教训,因此我们总结出具有共性的教训,希望能够对以后扶贫政策的制定及其他发展中国家带来一些启示。

宏观层面,扶贫战略和扶贫政策需要和社会经济及区域经济发展统筹安排,避免出台零碎化的扶贫政策。

落入贫困陷阱的农户及贫困地区处于一种低水平的均衡状态,而要打破这种均衡状态,则需要很强的外力同时改变多种限制性因素的影响,因此,扶贫战略必须与社会经济发展统筹安排,而不能零敲碎打,不能只解决贫困人口或者落后地区的某一方面,而忽略了其他方面。比如不能先解决道路问题,等道路修好再去解决灌溉和排水问题,再比如向贫困地区进行撒胡椒面式的资金投入,这些都会导致扶贫资金使用的低效率。因此,扶贫开发需要顶层设计,并且需要中央政府的大力推进和地方政府的积极配合。

中观层面,扶贫任务的目标制定要尽可能地科学和切合实际,不能搞大跃进,不能忽略地方官员的积极性。

对于大国而言,很多扶贫政策的实施都要倚重地方政府,因此,中央政府在制定扶贫任务目标时,要避免大跃进,否则,容易导致扶贫战略的顶层设计时间不足,地方政府理解和消化政策的时间不足,部署扶贫工作的时间不足,调集统筹扶贫资金的时间不足,仓促出台和仓促执行的政策往往都难以取得很好的效果。同时,还要避免忽视地方官员的积极性。地方政府制定和执行扶贫政策,往往比从事其他方面的工作难度更大,面临的风险也更高,因此,如果中央政府不解决好他们的参与约束和激励约束相容的话,往往导致扶贫政策的失败或者低效。

微观层面,要尽可能地避免实施"输血式"扶贫政策,政策的制定和执行标准要简单明晰。

扶贫政策的制定和执行的微观机制也会直接影响其成败,世界各国的实践表明,向贫困户进行"输血式"扶贫最容易导致失败,因此,直接向穷人提供转移支付历来不被认为是减贫的好方法(针对"老弱病残"的帮扶政策除外)。原因在于:一方面,向贫困户发放财物容易导致寻租;另一方面,发放财物容易破坏公平,养成贫困户的惰性和依赖思想。另外,扶贫政策要尽可能做到程序简化、标准明确、规则公平、过程透明,这样才有利于基层官员去执行和实施,有利于形成公众监督,也有利于政府的扶贫资源更准确地流向真正需要帮扶的贫困户。

城市化要更具包容性。

对于一个人口大国而言,解决农村贫困问题及城乡差距问题的关键不在于农业部门而在于城镇部门,因此,为了能够更好地消除绝对贫困和相对贫困(收入差距),就需要城市化更具包容性。例如,要消除对于农民工进入城市后在就业和分享公共服务等方面的歧视性政策,要允许甚至鼓励城市非正规部门的发展,以创造更多的非正规就业来吸纳农村剩余劳动力。

第二节 精准扶贫调研报告

当然,中国正在实施全国范围内的精准扶贫,目标是到2020年消除现行标准下的全部农村贫困。限于还没有可得的农户调查数据对该政策的实施效果进行科学的评价,我们对精准扶贫展开了深入的调研,并总结了调研中发现的经验和教训。

一、精准扶贫实践情况的调研

2013年11月,习近平总书记在湖南湘西考察时首次提出了精准扶贫的思想,有力地推动了中国扶贫攻坚战的进程。3年后,中国的扶贫攻坚战就已经取得了重要成果,农村贫困人口从2014年年底的7 017万减少到2015年年底的5 575万,2016年也减少了1 000万以上。这一成果彰显了精准扶贫思想的强大生命力和战斗力。截至2016年年底,我国剩余的4 000多万农村贫困人口大部分分布在中西部18个集中连片贫困地区,较典型的两个区域是甘肃、宁夏部分黄土高原干旱区,以及滇桂黔喀斯特地区。我们通过分析中国剩余农村贫困人口的分布和致贫因素后发现,除部分特殊农户群体以外,绝大部分剩余的农村贫困都与地理因素有关。因此,课题组于2016年年底和2017年年初分赴桂滇黔鄂川藏的18个贫困县市调研,我们发现这些当前的精准扶贫实践还存在一些共性问题,需要引起有关部门的高度重视,并加以改进和完善。

1. 西南、西北地区的农村贫困大多与地理因素有关

在调查中,很多基层干部告诉我们:"只要家里有一个劳动力外出打工,这个农户基本上就能够脱离现行标准下的贫困。"这充分说明农村剩余劳动力进城打工对于西南、西北地区农户脱贫的重要意义,也验证了城市化和工业化在缓解农村贫困中的关键作用。

我们观察剩余的贫困户后发现,家庭中无劳动力、有家庭成员患重病或者有残疾的农户,大多都属于贫困户。但是,除了这些特殊群体外,剩余的农村贫困与地理因素高度相关。西南地区和西北地区的自然条件决定了该地区从事生产面临了巨大障碍。在西南山区修建一个60立方米的水柜(水窖),蓄满水后只能供一个中等规模的农户人畜饮用3个月。若连续3个月无降雨,就会面临人畜饮水问题。西北的西海固地区年降雨量200—700毫米,而年蒸发量达1 000—2 400毫米,人畜饮水和农业灌溉都十分困难。都安瑶族自治县是广西贫困人口最多的一个县,人均耕地不足0.7亩。因此,如果没有政府的强有力的、系统性的帮扶,剩余的贫困户想要靠勤劳致富几乎是不可能的。正因为如此,过去的"输血式"扶贫政策在这些地区不可能具有长效机制,也很难帮助这些贫困户逃离贫困陷阱。

2. 西南、西北地区精准扶贫工作中存在的共性问题

我们在西南和西北地区调研中发现,当前的精准扶贫工作中存在如下几个共性问题。

第一,部分地区在确定贫困户数量时给地方政府的时间太短,从而出现由上级

官员做出仓促决定贫困数量的现象,这就可能导致某些贫困程度低的地区划定的贫困户数量多,某些贫困程度高的地区划定的贫困户数量少。科学的方法应该是结合国家或者省统计局的抽样调查数据计算贫困发生率,根据农户总量推算出贫困户数量,然后采取问卷打分,根据打分制定全省统一的贫困线,最后判断哪些农户属于贫困。

第二,仍然有少数地区在实施"输血式"扶贫政策,这是"懒政"的表现,不仅不能有效消除贫困,而且会带来很大的负面影响。在调研中发现,某省广电系统直接给所在省份的部分贫困户发放价值 2 000 元左右的平板电视,有些贫困户得到了 50 000 元贴息贷款或者分红,有些农户却没有得到。这种"输血式"扶贫政策只有短期效果,一旦停止"输血",贫困就会立即反弹。而且,这种直接分配的做法使未得到平板电视或贷款的贫困户丧失公平感,不仅会激化邻里矛盾,而且有损基层政府的声誉。

第三,目前普遍实施的小额信贷扶贫是给予每个贫困户 50 000 元贴息贷款,使用期限为 3 年,这笔贷款对贫困户扩大生产规模或者加入农业合作社有重要意义。但是,如果投资项目的回收期超过 3 年,例如油桃或者蜜柚从种植到挂果至少需要 3—5 年的时间,那么仅提供 3 年期的贷款将会对项目的持续经营带来严重的负面影响。

第四,不同地区的贫困程度和贫困人口数量差别巨大,地理条件也非常不同。例如,在山区修建 1 公里水泥路的成本在 30 万元以上,而平原地区则在 20 万元以下。基层政府在分配扶贫资金时,往往没有充分考虑这种差异。缺乏灵活性的标准或者预算方案使得贫困程度高或者贫困人口基数大的基层政府面临的筹措资金难度更大。

第五,所有地区已经陆续对扶贫政策或项目的实施效果开展第三方评估,评估的依据是考察地方政府能否按期完成减贫任务。但是,由于不同县市的贫困人口存量也有巨大差异,不同基层官员所面临的减贫任务和工作难度也有巨大差异,因此,在评估时如果不考虑减贫任务的难度,会有损公平公正。

第六,目前很多地方政府为了提高扶贫工作的精准程度和针对性,规定大部分政府官员都与贫困户"结对子"进行帮扶,但由于不同地方贫困农户数量不同,导致不同地区每个官员结对子的农户数量差异非常大。我们调研中发现,有的县每个官员需要帮扶30多个贫困户,而有的县每个官员则只需要帮扶3个贫困户。这可能会引起帮扶任务繁重的地方官员走过场、应付差事。

第七,目前开始实施的减贫成效第三方评估中,一个重要的考核指标是脱贫农户的主观满意度。该指标容易诱发贫困户要挟地方政府官员以获得更多的扶持或者资金,使得基层政府官员面临巨大的工作压力。类似的,在识别贫困户时,非贫困户隐瞒资产和收入以获得贫困户资助的案例也时有发生。

3. 对当前精准扶贫政策的改进建议

基于调研中发现的问题,我们建议对精准扶贫中的若干政策做如下调整,以提高精准扶贫政策的效率:

第一,在后续年份中,要努力校正因为时间仓促而出现划定贫困户数量的程序不科学所导致的问题,将被漏出的贫困户重新纳入建档立卡范围。

第二,针对西南、西北地区陷入贫困陷阱的农户,如果他们所在的区域还有较多的耕地,就继续加强各种基础设施投入,给他们创造脱离陷阱的条件;如果所在区域耕地较少,就坚定不移地实施移民搬迁,并解决好他们在迁入地的就业和生计问题。

第三,制止少数地区依然实施的给贫困户发财物的"输血式"扶贫措施,鼓励贫困农户在政府的帮助下自己勤劳致富,而不是通过政府的直接资助脱贫。

第四,对于小额信贷扶贫的5万元资金,明确告知贫困户或者合作社,使用期限可以视投资项目的回收期进行延长,而不采取3年后一刀切的回收政策。

第五,上级政府在给下级政府分配扶贫资金时,必须充分考虑不同县市的贫困人口存量,充分考虑精准识别开始前一年份的贫困发生率,以及不同地区的投资项目建设成本差异,不能简单地给予不同县市以等量资金投入,也不能简单地由上级政府官员拍脑袋决定。

第六,上级政府对下级政府的减贫任务完成情况进行考核时,不要采取一刀切的评价标准,要充分考虑贫困程度高、贫困人口存量大的县市政府官员的工作难度,以及他们付出的更大努力。

第七,在对基层官员分配"结对子"任务时必须要考虑工作量,贫困户数量大的省份要尽可能动员行政事业单位人员参与,以减轻基层政府人员的工作压力,并提高他们的工作积极性。

第八,在进行第三方评估时,降低脱贫农户的满意度的主观指标的权重,加大可以更容易度量的房屋面积和质量、耐用消费品的价值、消费水平等客观指标的权重。

二、提升精准扶贫的长效机制

长远来看,2020年中国消灭了现行标准下的农村贫困以后,势必还要继续消灭更高标准的农村贫困,以及进一步缩小城乡差距。目前,我国剩余的4 000多万农村贫困人口大多分布在中西部18个集中连片贫困地区,较典型的是西北的黄土高原干旱区,以及滇桂黔喀斯特地区,帮助这些贫困人口脱贫的任务非常不易。因此,有必要深入研究精准扶贫政策的成效和实施中的问题,努力提高脱贫的内生动力,以避免2020年后出现返贫。课题组的调研发现,部分精准扶贫政策在执行中并不具备长效机制。我们将调研中成功的案例与失败的案例进行了对比,然后提出了若干进一步提升精准扶贫政策长效机制的建议。

1. 成功案例和失败案例的对比:启示意义深远

在调研中我们发现了很多成功的案例,但也有很多失败的案例不具备减贫的长效机制,并且具有一定的代表性:

第一,简单地给予部分贫困户分配资金或者财物,破坏了公平,且鼓励懒惰。如前所述,某省广电总局给部分贫困户发放价值2 000元的平板电视;某县政府直接将贫困户获得的50 000元小额信贷投入政府背景的投资平台,贫困农户只能在3年内获得每年4 000—5 000元的分红……但是,同村的其他贫困户却没有分到电视,部分贫困户没有获得小额信贷或分红,这会导致邻里矛盾,并且产生奖懒罚勤的负面效应。

第二,农户无法直接或者间接参与扶贫项目,没有产生就业或生产带动效应。某省A县将部分小额信贷给一个养兔专业户,而B县将部分小额信贷给予了肉牛专业户。A县养兔子的饲料从其他省份购买,而B县肉牛的饲料则主要是当地贫困户提供的香蕉叶和杂草等。与B相比,A县的养兔项目既不能带动贫困人口的就业增加,也不能购买贫困户可以提供的饲料,因此,该项目无法通过贫困户的参与来增加其收入。

第三,不少扶贫项目仅仅给贫困户简单地提供单一要素或者服务,而不是一套科学的方案。某贫困县适宜养殖黑山羊,政府通过小额信贷支持一个企业家引进种山羊繁殖项目,该项目只将羊羔卖给贫困户,并不负责饲养过程中的疾病防治及羊肉的销售。而广西田东县真良火龙果专业合作社吸收了70个贫困户的耕地入股及小额信贷350万元,还负责建立火龙果的灌溉体系及果实销售渠道。火龙果合作社项目给贫困户提供了全方位的生产销售服务,因而获得了巨大的成功。

第四,劳动力密集型或者当地要素密集型投资项目一般都能获得成功,并且具有长效机制。广西都安瑶族自治县利用本地山区所产的藤条,由当地妇女和老人利用农闲时间编制竹藤花篮,将其远销欧美,直接带动了2 000户农户脱贫。该县的宏坤旱藕种养合作社在小额信贷支持下,能够加工和销售全乡6个贫困村生产的360亩旱藕,带动了贫困户增收。湖北省黄州区李家湾村利用本地传统的花卉苗木种植优势,全村所有贫困人口(包括残疾人、留守老人、留守妇女)在花卉苗木基地进行花卉苗木种植、移栽、除草、剪枝等工作,有效地带动贫困户参与产业发展,实现村集体经济发展同时带动贫困户增收。

第五,投资周期过长、得不到农户普遍认可的种养项目往往不易受贫困户欢迎,从而无法生根落地、产生长效机制。广西某县希望引进和发展红心蜜柚带动贫困户脱贫,但是从种苗到挂果需要五六年之久,因此并没有受到贫困户的欢迎;而该县另一个村发展辣椒种植产业基地则获得了成功,这是因为辣椒种植周期短,投资失败的风险易控制。湖北某县政府帮助贫困户发展养猪项目,为了获得良种猪,政府通过考察专程从河南某县引进优良生猪,但是当地贫困户并不认可该"优良品种",养殖不到1个月,贫困户纷纷将该品种猪出售。

2. 具有减贫长效机制的扶贫政策应该抓住的要点

第一,对于西南和西北地区陷入地理贫困陷阱、耕地匮乏、自然条件极其恶劣的山区农户,以及缺乏劳动力、因病致贫的农户来说,只有依靠政府强有力的"兜底"政策,才能推动他们摆脱低水平均衡陷阱。

第二,在高等教育资源依然稀缺的情况下,鼓励贫困户子女接受职业技术教育,或者接受更多的基础教育,有助于斩断贫困的代际传递,无疑是世界第一人口大国应该积极实践并长期坚持的兴国之策。

第三,对于居住在拥有一定资源地区的贫困户,以及拥有一定劳动力或者技能的贫困户,给他们提供信息或者基础设施,连接他们所拥有的资源与市场,充分发挥他们自己的能动性,可以推动他们用自己的双手勤劳致富。

第四,地方政府鼓励发展的产业或者投资项目,必须符合本地的比较优势,而且必须保证贫困户能够直接或间接参与进来。发展当地资源密集型、劳动力密集型、具有当地特色的产业或企业,都有助于贫困户建立长期稳定的增收渠道。

3. 进一步提升精准扶贫政策长效机制的建议

第一,停止针对贫困户发放资金或者财物的做法,鼓励贫困户通过自己的努力勤劳致富。不鼓励将每家贫困户对应的 50 000 元扶贫贷款投入给地方政府设立的投资平台;不鼓励投入给那些不具有生产或者就业带动效应的项目,然后简单地给贫困户分红;鼓励将扶贫资金或者物资投入到能够激发贫困户直接参与的生产项目中去。

第二,将十二年免费义务教育和免费职业技能培训作为减轻贫困的基本国策,并重点在中西部地区率先推行。提高人力资本和职业技能是斩断贫困代际传递的根本,是最具长效机制和正外部性的干预政策。建议在西部贫困地区率先试点十二年义务教育,特别建议给予西部地区的适龄女童优先享受十二年免费义务教育及免费职业技能培训。

第三,小额信贷扶贫资金的投入项目或者合作者必须至少满足一个下列的条件:贫困农户能够为项目生产提供原材料,能够直接为项目生产提供劳动力,能够得到项目或者合作社的全方位服务。

第四,鼓励地方政府结合本地的比较优势,给予劳动力密集型和本地资源密集型产业或者项目以税费减免。促进这些企业的发展,可以创造对于贫困户所拥有的劳动力和他们能够提供的当地资源的需求,从根本上提升精准扶贫政策的长效机制。

第三节 2020 年后的农村扶贫政策设想

我们可以很乐观地预期,到 2020 年,现行标准(2010 年的 2 300 元)下的农村贫困人口将会在精准扶贫的推动下而消除,届时中国政府必将提高贫困标准,继续消除更高标准的绝对贫困,以及继续缩小相对贫困——收入差距。由于中国的绝对贫困大多集中于农村,相对贫困中的主要成分也是城乡居民的收入或者福利差距,因此,基于对中国改革开放以来战胜农村贫困的经验教训总结,以及基于对当前精准扶贫政策实施的调研,我们建议2020年后中国的农村扶贫政策设计思路如下:

1. 构筑城乡无差别化的"医保+低保+养老+失业"政策体系

2020年以后,现行标准下的农村贫困将会消失,贫困地区的软硬基础设施已经基本完备,低收入农户的生产和生活条件也得到了极大的改善,而且新型农村合作医疗、新型农村养老保障及农村低保政策逐步走向完善,城乡居民公共服务差距缩小,中国完全可以简化扶贫政策,将扶贫政策与社会医疗和养老保障体系融合起来,构筑起一个城乡无差别化的"医保+低保+养老+失业"政策体系:城乡居民医疗保险用以保障居民的身体健康和疾病治疗,城乡居民最低生活保障用以保证低收入人群的基本生活水平,城乡居民养老体制则用以维持60岁以上或者退休居民的生活水平不下降。在这个政策体系中,扶贫标准的提高只需要提高低保的水平即可。

为此,我们建议简化对低保户的识别和低保发放程序,只根据客观标准识别低保户,而忽略低收入家庭的收入水平,这是因为由于信息不对称,核算低收入家庭的收入水平很困难,容易导致低收入家庭瞒报收入信息,或者隐藏家庭财产,也容易导致扶贫资金发放中地方官员的寻租,破坏公平正义及基层政府的公信力;而如果仅仅根据客观标准,则一方面可以克服信息不对称难题,另一方面可以公开透明,克服寻租且利于公众监督。

我们建议采取如下类似于认定失业的简化标准来认定低保享受对象:凡是家庭中有重病或者残疾,并且丧失劳动能力的,都将这些患病或者残疾的家庭成员纳入低保,按照低保标准对个人提供低保;凡是身体健康、有劳动能力而不愿意就业或者从事农业生产的劳动力,都按照失业者界定,给予最低生活保障。这样,那些没有劳动力的鳏寡孤独户,或者没有劳动力的住户,就自动一律纳入低保体系。根据"老弱病残"的客观标准来识别低保对象,一方面是因为老弱病残是新背景下的关键致贫原因,另一方面是因为比较容易认定,不会产生分歧,也容易接受公众监督,政策的执行成本较低,更符合社会发展的公平正义原则。

2. 提高义务教育年限,发展职业技能培训,斩断贫困代际传递

上述政策只是被动地识别和对抗贫困,属于消极对抗贫困,而一种更加积极主

动的消除贫困的方式则是通过提高人力资本来斩断贫困的代际传递。中国作为世界上人口数量最庞大的发展中国家,提高劳动力的人力资本水平对于社会经济的持续健康发展具有关键意义。但是由于政府财力的限制,目前中国只能普及九年义务教育,职业技能培训体系还不够完善,很多适龄劳动力并没有接受职业技能培训就直接进入劳动力市场就业,从而不具备成为高水平的产业工人的条件。因此,我们建议中国考虑制定普及十二年义务教育的规划,以及适龄人口的职业技能培训规划,提升年轻一代的人力资本,斩断贫困的代际传递,提高国民素质和科技创新能力,为社会经济的持续发展和中国梦的实现奠定坚实的基础。对于普及十二年义务教育及适龄人口的职业技能培训规划,我们建议可以先在西部展开试点,特别是率先展开对适龄女童的试点。

后　记

这本专著经由北京大学出版社的编辑闫格格专业而认真的编辑而即将付梓之时,恰逢中国改革开放40周年。在过去的40年里,党领导全国人民创造了举世瞩目的"中国奇迹"——经济保持了40年的持续快速增长,使得中国迅速成长为世界第二大经济体。在这个过程中,有2.5亿赤贫的农村人口脱离了贫困,这毫无疑问是"中国奇迹"背后的一个伟大成就,必将载入史册。我们有幸见证和参与了这一经济奇迹,并且也有幸在农村贫困的学术研究方面坚持了多年。

尽管这本专著是我们过去多年学术研究的积累,但是我们最初决定出版这本专著时,并不想让它变成一本晦涩难懂的学术著作。因此,我们也将过去多年赴中国中西部贫困山区调研后的一系列成果融入其中,并使它们成为一个有机的整体。我们想在本专著中分析中国扶贫政策的变动,解释中国贫困缓解的原因,并总结中国战胜农村贫困的经验,这也算是我们多年关注和研究农村贫困问题后为纪念中国改革开放40周年而做出的努力。

实际上,这本专著并非完全属于我们两个人努力的结果,而是一个集体智慧的结晶。在本书的章节构思和筹划过程中,我们的良师益友、上海交通大学的陆铭教授提供了很多有益的建议,并且还直接对本专著的第16章做出了主要贡献。另外,陈胜良、王洪涛、龚三乐、庞娟、温雪、罗胜、滕明兰、彭忠平、那鹏等对第三篇中涉及精准扶贫政策的部分章节也做出了一定贡献。为筹划本专著,我们在过去几年中赴中西部贫困山区展开了多次深入调研,特别是在对广西石漠化地区的深入调研中,我们得到了广西壮族自治区扶贫办的成伟光副主任及自治区党校的凌经球教授的大力支持,以及百色、河池、大化、来宾、都安、田东、田阳、金秀、靖西等地相关领导和部门提供的大力支持。在此一并表示感谢!

另外,本专著的出版,也得到了李实、张军、万广华等几位著名经济学家的大力帮助,以及北京大学出版社徐冰女士的大力支持,我们对他们的帮助表示衷心的感谢!

本专著也得到了国家社科基金重大项目"全面建成小康社会背景下新型城乡关系研究"(批准号:17ZDA066)、国家社会科学基金重点项目"西南民族地区农村精准脱贫的内生动力与长效机制研究"(项目编号:16AJL014)、广西社科重大项目"广西推进精准扶贫与区域扶贫协同发展对策研究"(项目编号:GXZC2017-G3-3126-GXYL)和广西区主席科技资金项目"广西健康养老养生产业发展融资创新研究"(合同编号:16449-03)、国家自然科学基金"城乡融合中的农民工歧视:度量和分解方法及干预政策研究"(项目批准号:71273057)、教育部重点研究基地十三五规划课题"结构变迁、城市发展与中国经济增长"的部分资助。

最后,我们想借此机会向生活在艰苦地区而没有放弃奋斗的贫困人口致敬,向正致力于精准扶贫的基层干部致敬。

潘慧　章元